的摩尼寶珠作為蓮器，用閻浮檀金：莊嚴瑩潤連台，

微妙的珠網覆蓋其上，顯現了無邊清淨的光色：在一念當中，示現了諸佛無邊而

不可思議的……神……

普賢……的音聲……佛陀

以摩尼的妙色身發出微妙演說著一切……

這朵蓮花出生之後，

第六冊

[白話]

華嚴經 的佛陀

在一念之間從佛陀眉間的白毫相之中

薩摩訶薩 名為：一切法勝音菩薩 他與世界

皈命頌

南無大智海毘盧遮那如來
南無大方廣佛華嚴經
南無蓮華藏海華嚴會上佛菩薩

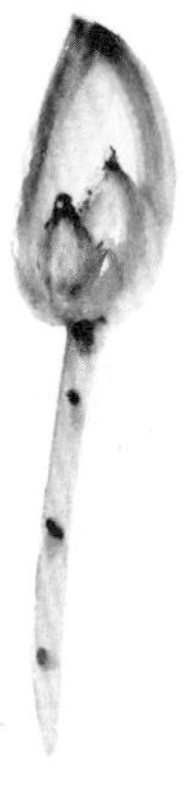

皈命聖不動自性大悲者　大智海普賢現流清淨道
因道果圓滿毘盧遮那智　唯佛與佛究竟大華嚴經
淨信為能入道源功德母　發心即成墮佛數成正覺
殊勝了義不可思議佛音　住不退真實隨順如來語
願佛攝我蓮華藏清淨海　性起惟住帝珠正覺道場
相攝相入廣大悲智力用　平等受用寂滅金剛法界
皈命大方廣佛常住華嚴　隨順華嚴法流永無退轉

大方廣佛華嚴經第六冊

目錄

白話華嚴經 第六冊

如來出現品 第三十七

如是我聞

卷五十一

卷五十二

THE HUA-YEN SUTRA

大方廣佛華嚴經卷　第五十一

如來出現品　第三十七之二

【白話語譯】

佛子啊！菩薩摩訶薩應當如何了知如來的音聲呢？

佛子啊！菩薩應知諸佛能普遍發出無量的種種音聲，所以諸佛的音聲能夠遍至一切世間；應知如來音聲說法明了，所以能隨著眾生心之所樂，令他們心生歡喜；應知如來的心境清涼，所以他的音聲能隨著眾生的信解，使他們都心生歡喜。因為所應聽聞佛陀教化的眾生都能聽聞佛陀的開示，所以如來以音聲教化眾生都不錯失因緣時節。如來的音聲宛如空谷呼響般無常，所以如來的音聲是性空而無生無滅的；因為如來修習一切淨業，所以他的音聲都是從無自性而生；如來的音聲甚深，難可度量；如來的音聲毫無邪曲，遍布法界；如來的音聲毫無斷絕，普入法界；如來的音聲毫無變易，到達究竟。

佛子啊！菩薩摩訶薩應了知如來的音聲不是能計量、也不是不能計量的；不是有主體、也不是沒有主體；不可以說示現世間、也不可以說不曾示現世間。為什麼呢？

佛子啊！譬如世界將要毀滅時，沒有主體、也沒有造作者，但是自然會出現四種音聲。是哪四種音聲呢？

第一種音聲說：「你們這些人應當了知初禪的安樂，遠離一切的欲念邪惡，而超離欲界。」眾生聽了之後，自然就會成就初禪，捨棄欲界的身體，出生初禪的梵天中。

第二種音聲說：「你們這些人應當了知二禪的安樂，二禪中沒有粗糙的覺觀等外來的感受，所以這個境界遠遠超出初禪的梵天。」眾生聽聞之後，自然就成就二禪，捨棄初禪梵天的身體，而出生二禪的光音天中。

第三種音聲說：「你們這些人應當了知三禪的安樂，這裡的大樂遍身，不像二禪的大喜讓心中湧動不安，這個境界確實超出二禪的光音天許多啊！」眾生聽聞之後，自然就成就三禪，捨棄二禪的光音身體，而出生在三禪遍淨天。

第四種音聲說：「你們當知四禪的不動寂靜，超出三禪遍淨天的大樂境界。」眾生聽聞之後，自然就成就四禪的安樂境界，捨棄遍淨的身體，出生在四禪的廣果天。就是以上這四種聲音。

佛子啊！這些種種音聲既沒有主體、也沒有造作的人，這些音聲都是從眾生種種的善業力出生的。

佛子啊！如來的音聲也是如此，沒有主體、也沒有造作者，更沒有分別，非入、也非出。如來的功德法力，能生四種廣大的音聲。是哪四種呢？

第一種音聲說：「你們應當了知所有的業都是苦，就是：地獄的苦、畜生的苦、餓鬼的苦、無福德的苦、執著於我以及我所有的苦、造作各種惡行的苦。如果你們要捨離各種苦難，就應投生人間、天上，並且種下人天的善根，才能離苦得樂。」眾生聽聞之後，就遠離各種顛倒，修習種種善行，遠離各種苦難之處，而投生人天。

第二種音聲說：「你們這些人應當了知諸行的各種苦惱，熾烈得就像熱鐵丸一樣難以執握。所以諸行都是無常，應當磨滅的。如果你們能現證涅槃寂靜，就能獲得無為的安樂，遠離一切熾烈的痛苦，除滅各種煩惱。」眾生聽聞之後，便勤修善法，得證了聲聞乘隨順音聲而開悟的安忍境界。

第三種音聲說：「你們這些人應當了知，只有智慧較狹小低劣的聲聞乘，才會隨順他人的言語而解悟。你們這些人如果要學習，就要學習不必經由師長教導，就能自行開悟的獨覺乘。」樂於殊勝之道的人一聽聞這個音聲，就捨棄聲聞道，修習獨覺乘。

第四種音聲說：「你們應當了知比二乘階位更為殊勝的大乘、第一乘、勝乘、最勝乘、上乘、無上乘、利益一切眾生乘；此乘是大乘菩薩所行，能隨順修持六波羅蜜，不斷絕菩薩行，不捨離菩提心，即使為眾生示現無量的生死輪轉也毫不疲厭。」如果有人信解廣大，身根勇猛銳利，宿世且曾種下無數的善根，並為諸佛如來的神力所加持，志樂意欲殊勝，希求圓證佛果，聽聞此音之後，就能發起菩提心。

佛子啊！如來的音聲不是從身上發出的，也不是從心裡發出的，但卻能利益無量眾生。佛子啊！以上就是如來音聲的第一相，諸菩薩摩訶薩應如此了知。

再者，佛子啊！譬如在山谷中的迴響音聲，無有形狀，看不見，也指不出方位及位置，但這聲音也不是沒有方位處所，因為聲音可以隨著眾生的意欲了解而出現。它的體性完全究竟圓滿，空寂而無言語、無示現，不可宣說。佛子啊！以上就是如來音聲的第二相，諸菩薩摩訶薩應如是了知。

再者，佛子啊！譬如諸天有一座名為覺悟的大法鼓。如果諸天子的行為放逸時，大法鼓便會在虛空中發出警告的聲音：「你們應當了知所有的欲樂都是無常、虛妄顛倒的，須臾之間就會毀壞。只有欺誑愚笨的人，才會貪戀執著。所以，你們切莫放逸。如果放逸無度，墮入各種惡趣時，就後悔也來不及了。」放逸的天人聽到這個音聲之後，心中無不憂心忡忡，紛紛捨棄自己宮中所有的欲樂，前往參拜天王，祈求佛法實行佛道。

佛子啊！那個天鼓的音聲既無主體、也無造作者。更無生起、無消滅，但卻能利益無量眾生。你們應當深知如來也是如此，他為了覺悟放逸的眾生，常常發出無量妙法的音聲，就是：無執著的聲音、不放逸的聲音、無常的聲音、苦的聲音、無我的聲音、不淨的聲音、寂滅的聲音、涅槃的聲音、無量自然智的聲音、不可壞菩薩行的聲音、至一切處如來無功用智慧境地的聲音。如來以這些音聲遍布法界，使眾生一聽聞這些聲音，都能心生歡喜，勤修善法，各於本來所修的階位而求出離開悟。這些階位就是：聲聞乘、獨覺乘、菩薩無上大乘。而如來的音聲卻不安住任何方位處所，也無有言說。佛子啊！以上就是如來音聲的第三相，諸菩薩摩訶薩應當如是了知。

佛子啊！譬如自在天王有一位名叫善口的天女。她一發出某種音聲，這個音聲就會與百千種樂音共同相應，每一樂音中又有百千種差別的音聲。佛子啊！那個善口天女從口中一發出聲音就能幻化如此無量的音聲。所以，你們應當了知如來也是如此，能在一音中發出無量的聲音。所以能隨著眾生心之喜樂差別，完全遍至，令他們覺悟解脫。佛子啊！以上就是如來音聲的第四相，諸菩薩摩訶薩應如此了知。

再者，佛子啊！譬如大梵天王安住梵宮時發出大梵的音聲，一切的梵天大眾沒有不聽聞的，而那音聲實際上卻沒有傳出任何一位梵天天人之外。每一個梵天天人心裡都這樣想著：「大梵天王在跟我談話。」如來的妙音也是如此，道場內的大眾沒有不聽聞，而他的音聲也沒有超出任何一位梵天天眾之外。為什麼呢？因為根器未成熟者根本聽不到。所以，凡是聽到音聲的人沒有不這樣想的：「如來世尊單獨為我說法。」佛子啊！如來的音聲性空如幻、無示現也無止住，而能成就一切事業。以上就是如來音聲的第五相，諸菩薩摩訶薩應如此了知。

再者，佛子啊！譬如所有的水都是一樣的，但是隨著盛水的容器形狀的不同，水就有了各種形狀的差別。而水本身其實根本沒有任何憶念思慮，也沒分別。如來的言語音聲也是如此，本來就是相同一味的解脫味，只是隨著各種眾生不同的心器而有不同。其實，如來的聲音沒有量上的差別，也沒有憶念思慮，也沒有分別。佛子啊！以上就是如來音聲的第六相，諸菩薩摩訶薩應如此了知。

再者，佛子啊！譬如阿那婆達多龍王，興起廣大的密雲遍滿閻浮提洲時，牠普遍注下的甘霖，能生長百穀苗稼，盈滿所有的江河泉池。這大雨水雖不是出自龍王的身心，但卻能饒益種種眾生。佛子啊！如來也是如此，他能興起大悲雲遍布十方法界，雨下無上的甘露法雨，使眾生都心生歡喜，增長善法，並且滿足各種法乘。佛子啊！如來的音聲不從外來，不從內出，但是卻能饒益一切的眾生。以上就是如來音聲的第七相，諸菩薩摩訶薩應如此了知。

再者，佛子啊！譬如摩那斯龍王不是一想到要降雨就立刻降雨，而是先生起廣大的雨雲彌覆整個虛空，並且凝住虛空七日。七日之後，再降下微細雨，普遍潤澤大地，等待眾生把該做的事都做完了之後再下雨。為什麼呢？因為那位大龍王非常慈悲，不想惱亂各種眾生啊！佛子啊！如來也是如此，如來不是想要降下法雨就立刻降下法雨，而是先興起法雲，使眾生成熟，這是為了不使眾生驚畏恐怖。等到他們成熟之後，再普遍降下甘露法雨，演說甚深的微妙善法，讓眾生的心漸漸地盈滿如來一切智智的無上法味。佛子啊！以上就是如來音聲的第八相，諸菩薩摩訶薩應如此了知。

佛子啊！譬如海中有名為大莊嚴的龍王。在大海中降雨時，有時降下十種莊嚴雨，有時百種，有時千種，有時百千種莊嚴雨。佛子啊！水本來毫無分別，但是因為龍王不可思議的力量而使水有種種莊嚴，乃至有百千無量種的差別。如來也是如此，他為各種眾生說法時，有時以十種差別音聲演說，有時百種，有時千種，有時以百千種，有時以八萬四千種音聲，說八萬四千行。乃至有時以無量百千億那由他的音聲各別說法，使聽聞的人無不心生歡喜。但如來的音聲本來無所分別，但是諸佛在甚深法界早已圓滿清淨，因此能隨著眾生根器的不同，發出種種言語音聲，使他們都心生歡喜。佛子啊！以上就是如來音聲的第九相，諸菩薩摩訶薩應如此了知。

再則，佛子啊！譬如娑竭羅龍王，想要示現龍王的大自在力饒益、歡喜眾生時，就會從四天下及至他化自在天處興起大雲網，周匝彌覆整個天界。這些雲彩的色相各各差別，有的或是現出閻浮檀金的光明顏色；或是現出毘琉璃的光明顏色；或是現出白銀的光明顏色；或是現出玻璃的光明顏色；或是現出牟薩羅車渠的光明顏色；或是現出瑪瑙的光明顏色；或是現出殊勝寶藏的光明顏色；或是現出赤紅真珠的光明顏色；或是現出無量的香光明顏色；或是現出無垢衣的光明顏色：或是現出清淨水的光明顏色；或是現出種種莊嚴具的光明顏色，用像這樣的大雲網周匝遍布。

龍王將廣大雲網彌蓋滿布虛空後，又出現種種色的電光，就是：以閻浮檀金色的雲，發出琉璃色的電光；以琉璃色的雲，發出金色的電光；以銀色的雲，發出玻璃色的電光；以玻璃色的雲，發出銀色的電光；以牟薩羅色的雲，發出瑪瑙色的電光；以瑪瑙色的雲，發出牟薩羅色的電光；以殊勝藏寶色的雲，發出赤真珠色的電光；以赤真珠色的雲，發出殊勝藏寶色的電光；以無量的香色的雲，發出無垢衣色的電光；以無垢衣色的雲，發出無量的香色的電光；以清淨水色的雲，發出種種莊嚴具足色的電光；以種種莊嚴具足色的雲，發出清淨水色的電光：乃至以種種色雲，發出一色的電光；或以一色雲，發出種種色的電光。

再在這些雲中發出種種隨順眾生心的雷聲，使他們歡喜雀躍，就是：或是宛如天女歌詠的聲音；或是宛如天上伎樂的聲音；或是宛如龍女歌詠的聲音；或是宛如乾闥婆女歌詠的聲音；或是宛如緊那羅女歌詠的聲音；或是宛如大地震動的聲音；或是宛如海水浪潮的聲音；或是宛如獸王哮吼的聲音；或是宛如好鳥鳴囀的聲音，及其它無量種音聲。

震雷之後，龍王又吹起涼風，悅樂各種眾生。然後才降下種種的雨，利益安樂眾生。欲界的第六天從他化自在天及至地上，在每一處降下不同的雨。就是：在大海中雨下名為無斷絕的清冷水；在他化自在天雨下簫笛等種種名為美妙的樂音；在化樂天雨下名為放大光明的摩尼寶；在兜率天雨下名為垂髻的大莊嚴器具；在夜摩天雨下名為種種莊嚴具的妙華；在三十三天雨下名為悅意的眾妙香；在四天王天雨下名為覆蓋的天寶衣；在龍王宮雨下名為湧出光明的赤真珠；在阿修羅宮雨下各種名為降伏怨敵的兵仗；在此鬱單越雨下名為開敷的種種華；其餘三天下也都是如此，然後各隨著不同處所，雨下不同的東西。

雖然那位龍王的心念平等，不分彼此，但是因為眾生善根各各相異，所以牠雨下的事物就有種種差別。

佛子啊！如來也是如此，他想要教化眾生正法時，先佈滿身雲彌滿覆蓋法界，然後再隨著眾生的樂欲為他們示現不同的境界。就是：或是示現生身的雲；或是示現化身的雲；或是示現佛力執持身雲；或是示現色的身雲；或是示現相好的身雲；或是示現福德的身雲；或是示現智慧的身雲；或是示現諸力不可壞的身雲；或是示現無畏的身雲；或是示現法界的身雲。

佛子啊！如來能以如此等等無量的身雲，普遍覆蓋十方世界，隨著眾生不同的喜樂，各別示現種種光明的電光。就是：或是示現名為無所不至的光明電光；或是示現名為無邊光明的電光；或是示現名為入佛祕密法的光明電光；或是示現名為影現光明的光明電光；或是示現名為光明照耀的光明電光；或是示現名為入無盡陀羅尼門的光明電光；或是示現名為正念不亂的光明電光；或是示現名為究竟不壞的光明電光；或是示現名為順入諸趣的光明電光；或是示現名為圓滿一切願皆令歡喜的光明電光。

佛子啊！如來示現如此等無量光明的電光後，再隨順眾生心之喜樂，出生無量禪定三昧的雷聲。就是：善覺智禪定三昧的雷聲；明盛離垢海禪定三昧的雷聲；一切法自在禪定三昧的雷聲；金剛輪禪定三昧的雷聲；須彌山幢禪定三昧的雷聲；海印禪定三昧的雷聲；日燈禪定三昧的雷聲；無盡藏禪定三昧的雷聲；不壞解脫力禪定三昧的雷聲。

佛子啊！如來的身雲出現如此等無量差別的禪定三昧雷聲後，在降下法雨前，先示現瑞相開悟眾生。就是：從無障礙的大慈悲心，出現如來名為能令眾生生起不可思議歡喜適悅的大智風輪。此相出現之後，一切菩薩及眾生的身心無不清涼。然後如來的大法身雲、大慈悲雲、大不可思議雲雨下不思議的廣大法雨，令一切眾生身心清淨。就是：為坐菩提道場的菩薩雨下名為法界無差別的大法雨；為最後身菩薩雨下名為菩薩遊戲如來祕密教法的大法雨；為一生所繫菩薩雨下名為清淨普光明的大法雨；為灌頂菩薩雨下如來莊嚴具莊嚴的大法雨；為證得法忍的菩薩雨下功德寶智慧華開敷不斷菩薩大悲行的大法雨；為安住十迴向、十行的菩薩雨下入現前變化甚深法門菩薩行，而無休息無疲勞、厭倦的大法雨；為初發心的菩薩雨下出生如來大慈悲行救護眾生的大法雨；為求獨覺乘的眾生雨下深知緣起法、遠離二邊，得到不壞解脫的大法雨；為求聲聞乘的眾生雨下以大智慧劍斷除一切煩惱怨賊的大法雨；為積集善根決定、不決定的眾生，雨下能使其成就種種法門、生起大歡喜的大法雨。

佛子啊！諸佛如來能隨順眾生心，雨下如此等廣大的法雨，充滿無邊的世界。佛子啊！如來的心念平等，對法毫無吝惜，但因眾生根器欲想不同，所雨下的法雨示現也就有種種差別。以上就是如來音聲的第十相，諸菩薩摩訶薩應當如是了知。

再者，佛子啊！菩薩應當了知如來音聲有十種無量。是哪十種呢？就是：一、宛如虛空無量，因為如來的聲音能遍至一切處；二、宛如法界無量，因為如來的聲音無不周遍；三、宛如眾生無量，因為如來的聲音能使一切眾生都心生歡喜；四、宛如諸業無量，因為如來的聲音能宣說果報；五、宛如煩惱無量，因為如來能完全消滅煩惱；六、宛如眾生的言語音聲無量，因為如來的聲音能隨著眾生心中的悟解、言語，而使聽者了解；七、宛如想要解脫的眾生無量，因為如來的聲音能普遍觀察救度眾生；八、宛如三世無量，因為如來的聲音無有邊際；九、宛如智慧無量，因為如來的聲音能明白分別一切；十、宛如佛境界無量，因為如來的聲音能趣入諸佛法界。佛子啊！如來的音聲，能成就了如此無量的阿僧祇，諸菩薩摩訶薩應當如此了知。

這時，普賢菩薩摩訶薩為了要重新明示這個意義，就宣說下面的偈頌：

三千世界將壞之時，眾生福力音聲告言，
四禪寂靜無諸苦惱，令其聞已悉皆離欲。

十力世尊亦復如是，出妙音聲遍於法界，
為說諸行皆苦無常，令其永度生死大海。
譬如深山大谷之中，隨有音聲悉皆響應，
雖能隨逐他人言語，而響畢竟無有分別。
十力言音亦復皆然，隨其根熟而為示現，
令其調伏心生歡喜，不念我今能為演說。
如天有鼓名為能覺，常於空中大震法音，
誡彼放逸諸天子等，令其聞已得離執著。
十力法鼓亦復如是，出於種種微妙音聲，
覺悟一切諸群生眾，令其悉證菩提道果。
自在天王亦有寶女，口中善奏諸般音樂，
一聲能出百千音聲，一一音中復有百千。
善逝音聲亦復如是，一聲而出一切之音，
隨其性欲有所差別，各令聞已斷除煩惱。
譬如梵王吐一音聲，能令梵眾悉皆歡喜，
音唯及梵不出於外，一一皆言自己獨聞。

十力梵王亦復皆然，演一言音充滿法界，
唯霑眾會而不遠出，以無信故未能信受。
譬如眾水同一體性，八功德味無有差別，
因地在器各有不同，是故令其種種差異。
一切智音亦復如是，法性一味無有分別，
隨諸眾生所行不同，故使聽聞種種差異。
譬如無熱大力龍王，降雨普洽閻浮地中，
能令草樹悉皆生長，而不從身及心中出。
諸佛妙音亦復如是，普雨法界悉皆充洽，
能令生善滅除諸惡，不從內外而得有具。
譬如摩那斯大龍王，興雲七日未先雨下，
待諸眾生作務完竟，然後始降成就利益。
十力演義亦復如是，先化眾生使彼成熟，
然後為說甚深妙法，令其聞者心不驚怖。
大莊嚴龍王於海中，霔於十種莊嚴大雨，
或百或千或百千種，水雖一味莊嚴無別。

究竟辯才亦復如是，說十二十諸種法門，
或百或千乃至無量，不生心念有殊差別。
最勝龍王名娑竭羅，興雲普覆於四天下，
於一切處雨下各別，而彼龍王心無二念。
諸佛法王亦復如是，大輩身雲遍滿十方，
為諸修行雨下各異，而於一切無所分別。

佛子啊！諸菩薩摩訶薩要怎樣才能了知諸佛如來的心呢？佛子啊！諸佛如來的心、意、識都是性空寂滅了不可得的。我們應以如來無量的智慧，來了知如來的心❶。譬如一切萬物都依止虛空，但虛空自身卻無所依止；如來的智慧也是如此，他的智慧為一切世間、出世間的人所依止，而如來的智慧卻無所依止。以上就是如來心的第一相，諸菩薩摩訶薩應當如此了知。

再者❷，佛子啊！譬如法界常能出生一切聲聞、獨覺、菩薩的解脫，而法界卻無有增減；如來的智慧也是如此，恆常超出一切世間、出世間的種種智慧，但如來的智慧卻無有增減。佛子啊！以上就是如來心的第二相，諸菩薩摩訶薩應當如此了知。

再者❸，佛子啊！譬如大海，海水潛流在世界四天下的地下，以及幾十億人口的各個洲渚。任何人只要穿鑿地底，沒有不得到水的。而大海也不會認為：你挖鑿的水源都是由我而來的。佛陀的智慧海水也像這樣流入眾生心中，凡是觀察如來境界，修習諸佛法門的眾生，沒有不得到清淨明了的智慧的。而如來的智慧本來平等無二，無有分別，但是因為眾生的心性行為各各不同，所以他們得到的智慧也就各不相同。佛子啊！以上就是如來心的第三相，諸菩薩摩訶薩應當如此了知。

再者❹，佛子啊！譬如大海有四顆寶珠，具足無量的福德，能出生大海之內的一切珍寶。如果大海沒有這寶珠，那麼即使是一寶也無法獲得。是哪四顆寶珠呢？就是：積集寶珠、無盡藏寶珠、遠離熾然寶珠、具足莊嚴寶珠。

佛子啊！娑竭龍王因為這些寶珠十分端嚴方正，所以就把它們放在宮中最隱密的地方，以致一切的凡夫及種種龍神等都看不見這四顆寶珠。

佛子啊！如來大智慧海也有四顆大智寶珠，具足無量的福德、智慧功德，能生出一切眾生聲聞、獨覺，學、無學位，及諸位菩薩的智慧之寶。是哪四種智慧寶呢？就是：無染著善巧方便的大智慧寶；善於分別有為、無為法的大智慧寶；分別宣說無量法而不壞法性的大智慧寶；了知時或非時未曾失誤的大智慧寶。如果諸佛如來的大智慧海沒有這四種寶珠，任何眾生就不可能趣入大乘。但薄福的眾生並無法看見這四種智寶。為什麼呢？因為這四種智慧寶平均正直、端潔妙好，能利益所有的菩薩，令他們得到智慧光明。所以是放在如來非常幽深隱密的地方啊！佛子啊！以上就是如來心的第四相，諸菩薩摩訶薩應當如此了知。

再者❺，佛子啊！譬如海底滿布四種熾然的光明大寶，這些光明大寶非常猛烈熱熾，常能飲下或收容百川注入的無量大水，所以大海始終沒有任何增減。是哪四種熾然光明的大寶呢？第一種叫做日藏，第二種叫做離潤，第三種叫做大焰光，第四種叫做盡無餘。佛子啊！若大海沒有這四種寶，四天下乃至地上所有高聳的山峰，都會被大海漂流吞沒。

佛子啊！當海水一觸及日藏大寶的光明，就會化為乳水。乳水一觸及離潤大寶的光明，就會提煉成酪塊。酪塊一觸及大焰光寶的光明，就會變成酥塊。酥塊一觸及盡無餘大寶的光明，就會變成醍醐。假如這四寶的大火十分熾然，就會化整個大海為醍醐，無有剩餘。

佛子啊！如來的大智慧海也像這樣，有四種大智慧寶，具足無量的威德光明。諸位菩薩一被這些大智慧寶照觸之後，就會獲得如來的大智慧。是哪四種大智慧寶呢？就是：一、消滅一切離散善心波浪的大智慧寶，二、除去一切法愛執著的大智慧寶，三、智慧光明普照的大智慧寶，四、與如來平等無邊，無功用的大智慧寶。

佛子啊！當諸位菩薩修習一切輔助道法的時候，就會生起世間天人、阿修羅都無法破壞的無量離散善心波浪。如來以消滅一切離散善心波浪的大智慧寶光明，照觸那些菩薩時，能使他們捨棄一切未入定境的離散善心波浪，而持心一境，安住禪定三昧。如來又以除去一切法愛執著的大智慧寶光明照觸那些菩薩，令他們捨離三昧境界，生起廣大的神通。又以智慧光明普照的大智慧光明照觸那些菩薩，令他們生起捨離的廣大神通，安住大光明的功用行。又以與如來平等無邊的無功用大智慧寶光明照觸那些菩薩，令他們捨離生起的大光明功用行，安住無功用，乃至證得如來的平等境地，止息一切的功用，停息一切的功用無復有餘。

佛子啊！如果如來沒有這四大智慧寶光的照觸，就不可能有任何一位菩薩得證如來的境地。佛子啊！以上就是如來心的第五相，諸位菩薩摩訶薩應當如此了知。

再者❻，佛子啊！譬如從水際起，上至非想、非非想天，其中所有的大千國土，欲界、色界、無色界眾生聚集的地方，莫不是依止虛空而起，而安住虛空。為什麼呢？因為虛空遍及一切，包容三界而沒有任何的分別。

佛子啊！如來的智慧也是如此，無論是聲聞智，或是獨覺智、菩薩智；或有為行智、無為行智，莫不是依止如來的智慧而生，依止如來的智慧而安住。為什麼呢？因為如來的智慧遍布一切，如來雖然普遍無私地包容無量智慧，卻不曾有任何分別。佛子啊！以上就是如來心的第六相，諸菩薩摩訶薩應當如此了知。

再者❼，佛子啊！雪山頂上有名為無盡根的藥王樹，那棵藥王樹根長十六萬八千由旬，不斷向下生長，窮盡金剛地水輪的邊際。藥王樹如果長根的時候，能令閻浮提的一切樹根生長。長莖時，能令閻浮提一切的樹莖生長，枝葉、花、果實等也都是如此。這藥王樹的根能生莖，莖能生根，根無有止盡，所以叫做無盡根。佛子啊！藥王樹雖然能使一切樹生長繁茂，但是它卻唯獨沒有讓兩個地方的樹生長繁茂，就是：處在地獄深坑及水輪的樹。儘管如此，藥王樹還是一樣滋潤它們，從不厭棄捨離。

佛子啊！如來智慧的大藥王樹也像這樣，以過去所發的誓願，成就一切的智慧善法。普遍覆蓋一切眾生，除滅一切惡道之苦。他以廣大的悲願做根，從一切如來真實智慧的種性中出生，堅固不動搖，再用善巧方便做莖；再以遍滿法界的智慧，各種波羅蜜做枝幹；以禪定解脫諸大三昧做樹葉；以憶念不忘總持的辯才及各種菩提分法做華朵；以究竟不變，如同諸佛的解脫做果實。

佛子啊！如來智慧的大藥王樹，為何也叫做無盡根呢？因為如來究竟精進不曾休息，不曾斷絕菩薩行。菩薩行即是如來性，如來性即是菩薩行，所以才叫做無盡根。佛子啊！如來智慧的大藥王樹根生長時，會使一切菩薩生起不捨離眾生的大慈悲根。莖在生長的時候，會使一切菩薩增長堅固精進的深心莖。枝在生長的時候，會使一切菩薩增長一切諸波羅蜜枝。樹葉在生長的時候，會使一切菩薩生長淨戒頭陀功德的少欲知足葉。華朵在生長的時候，會使一切菩薩具足所有善根的相好莊嚴華。果實在生長的時候，會使一切菩薩得證無生法忍乃至諸灌頂忍的果實。

佛子啊！如來智慧的大藥王樹唯獨設法滋長兩個地方的花果，就是：聲聞、緣覺二乘，因為他們墮入無為的廣大深坑，無法生起大慈悲心行菩薩行；還有敗壞善根的眾生，因為他們在大邪見的貪愛大水中漂溺流轉不止。儘管如此，佛陀也從不曾捨棄厭離他們。佛子啊！如來智慧無有任何增減，這都是因為他的根性善於安住，精進從不休息。佛子啊！以上就是如來心的第七相，諸位菩薩摩訶薩應當如此了知。

再者❽，佛子啊！譬如三千大千世界生起劫火時，能夠把一切的草木叢林，乃至於大鐵圍山，都燒得無有剩餘。佛子啊！假使有人把乾草投入劫火中，會怎麼樣呢？會不燃燒嗎？這是不可能的。佛子啊！如來能以智慧分別三世一切的眾生、國土、劫數、諸法，無不了知的。如果說有什麼是如來不了知的，那是不可能的。為什麼呢？因為佛陀的智慧平等，能夠完全明了通達一切。佛子啊！以上就是如來心的第八相，諸菩薩摩訶薩應當如此了知。

再者❾，佛子啊！譬如宇宙被名為散壞的大風吹起，破壞世界時，能吹壞三千大千世界，甚至連鐵圍山等也會被吹成碎末。又有名為能障的大風，這風能周匝圍繞三千大千世界，使散壞風不致吹到其它的地方。佛子啊！如果沒有這「能障」的大風，十方世界恐怕早就毀壞殆盡了。如來也是如此，有名為能滅的大智風，能滅除一切菩薩的煩惱習氣；又有名為巧持的大智風，能善巧護持善根尚未成熟的菩薩，使他們不會被能滅的大智風滅除。佛子啊！所以如來的大智風輪雖能斷除菩薩的所有煩惱習氣，如果沒有如來善巧執持的智風，那麼，無量菩薩都會墮入聲聞、辟支佛的境地。所以這個智風，能讓諸菩薩超出二乘，安住如來的究竟位。佛子啊！以上就是如來心的第九相，諸菩薩摩訶薩應當如此了知。

再者⑩，佛子啊！如來智慧無所不至。為什麼呢？因為沒有一個眾生不具有如來智慧的，只是因為妄想、顛倒、執著而不能證得。如果眾生能遠離妄想。那麼一切的智慧、自然的智慧、無礙的智慧就都能夠示現在前。佛子啊！譬如有數量等同三千大千世界的大經卷，三千大千世界的一切事情無不盡載其中。就是：記載大鐵圍山中的事，數量等同大鐵圍山；記載大地中的事，數量等同大地；記載中千世界的事，數量等同中千世界；記載小千世界的事，數量等同小千世界。如此一般，不管是大海，或是須彌山，或是地天宮殿，或是欲界的空居天宮殿，或色界的宮殿，或是無色界的宮殿，都能一一記載，數量都等同這部大經卷。雖然這數量等同大千世界，而卻能完全止住一微塵中，如同一粒微塵，一切的微塵也都是這樣。

這時，有一個人他的智慧明了通達，具足成就清淨的天眼，見到此經卷隱藏在微塵內，根本沒法大大利益眾生。他心裡就這樣想：「我應當以精進力打破這些微塵，取出這經卷，使它得以饒益一切眾生。」他這樣想之後，就生起了方便心，破除這些微塵，取出這件大經卷，普遍饒益所有的眾生。就像這一微塵，他對一切的微塵也都是這樣想。

佛子啊！如來的智慧也是如此，無量無礙、能普遍利益一切眾生，具足眾生身中。只是愚昧凡夫，因為妄想、執著、不知、不覺，所以沒法得到利益。這時，如來以無障礙的清淨智慧，普遍觀察法界眾生，而說了下面的話：「奇怪啊！奇怪啊！這些眾生有如來的智慧，但為什還如此愚痴迷惑，不能了知明見。我應當以聖道教導他們，使他們永遠遠離妄想執著。自身就見到如來的廣大智慧，與佛無異。」他就教導眾生修習聖道，使他們捨離妄想，證得如來的無量智慧，利益安樂一切的眾生。佛子啊！以上就是如來心的第十相，諸位菩薩摩訶薩應當如此了知。

佛子啊！菩薩摩訶薩應當以如此無量無礙不可思議的廣大相，了知如來的心。

這時，普賢菩薩摩訶薩為了要重新明示這個義理，就宣說下面的偈頌：

若欲知諸佛心，當觀諸佛智慧，
佛智無有依處，如空亦無所依。
眾生種種喜樂，及諸方便智慧，
皆依止佛智慧，佛智無所依止。
聲聞與獨覺等，以及諸佛解脫，

皆依止於法界，法界無有增減。
佛智亦復如是，出生一切智慧，
無增亦復無減，無生亦無有盡。
如水潛流於地，求之無不得之，
無念亦無窮盡，功力遍於十方。
佛智亦復如是，普在眾生心中，
若有勤修行者，疾得智慧光明。
如龍具有四珠，出生一切珍寶，
置之深密之處，凡人莫能見之。
諸佛四智亦然，出生一切智慧，
餘人莫能得見，唯除諸大菩薩。
如大海有四寶，能飲一切眾水，
令海恆不流溢，亦復無有增減。
如來智慧亦爾，息浪除諸法愛，
廣大無有邊際，能生諸佛菩薩。
下方至有頂天，欲色及無色界，

一切依於虛空，虛空亦不分別。
聲聞與獨覺等，菩薩眾之智慧，
皆依止於佛智，佛智無有分別。
雪山有大藥王，其名為無盡根，
能生一切眾樹，根莖葉及華實。
佛智亦復如是，如來種中出生，
既得菩提道已，復生菩薩妙行。
如人手把乾草，置之於劫火燒，
金鋼猶皆洞然，此無不燒之理。
三世時劫與剎，及於其中眾生，
彼草容或不燒，此佛無不了知。
有風名為散壞，能於大千世界，
若無別風止息，壞及無量世界。
大智之風亦爾，滅諸菩薩痴惑，
別有善巧妙風，令住如來勝地。
如有一大經卷，量等三千世界，

在於一塵之內，一切塵中悉然。
有一聰慧之人，淨眼悉能明見，
破塵出此經卷，普皆饒益眾生。
佛智亦復如是，遍在眾生心中，
妄想之所纏縛，不覺亦復不知。
諸佛廣大慈悲，令其去除妄想，
如是乃為出現，饒益諸菩薩眾。

【註釋】

❶以上就法而總說，以下同前段一樣舉比喻分別解釋。有十個比喻，顯示如來十種大智慧。開始用虛空以無依為依之喻，以闡明佛無依成事之智。
❷法界湛然的比喻，以示顯佛體無增減之智。
❸大海潛益的比喻，以比喻佛體均饒益眾生之智。
❹大寶出生的比喻，以比喻佛用與體密之智。

❺珠消海水的比喻，以比喻佛滅除眾生疑惑成德之智。
❻虛空含受的比喻，以比喻佛依持無礙之智。
❼藥王生長的比喻，以比喻佛窮劫利樂眾生之智。
❽劫火燒盡的比喻，以比喻佛知一切無不盡之智。
❾劫風持壞的比喻，以比喻佛善巧方便能留惑潤生之智。
❿塵含經卷的比喻，以比喻佛性通平等之智。

【原典】

佛子！菩薩摩訶薩應云何知如來、應、正等覺音聲？

佛子！菩薩摩訶薩應知如來音聲遍至，普遍無量諸音聲故；應知如來音聲隨其心樂皆令歡喜，說法明了故；應知如來音聲隨其信解皆令歡喜，心得清涼故；應知如來音聲化不失時，所應聞者無不聞故；應知如來音聲無生滅，如呼響故；應知如來音聲無主，修習一切業所起故；應知如來音聲甚深，難可度量故；應知如來音聲無邪曲，法界所生故；應知如來音聲無斷絕，普入法界故；應知如來音聲無變易，至於究竟故。佛子！菩薩摩訶薩應知如來音聲，非量、非無量，非主、非無主，非示、非無示。何以故？佛子！譬如世界將欲壞時，無主無作，法爾而出四種音聲。其四者何？一曰：「汝等當知初禪安樂，離諸欲惡，超過欲界。」眾生聞已，自然而得成就初禪，捨欲界身，生於梵天。二曰：「汝等當知二禪安樂，無覺無觀，超於梵天。」眾生聞已，自然而得成就二禪，捨梵天身，生光音天。三曰：「汝等當知三禪安樂，無有過失，超光音天。」眾生聞已，自然而得成就三禪，捨光音身，生遍淨天。四曰：「汝等當知四禪寂靜，超遍淨天。」眾生聞已，自然而得成就四禪，捨遍淨身，生廣果天。是為四。佛子！此諸音聲無主無作，但從眾生諸善業力之所出生。佛子！如來音聲亦復如是，無主無作，無有分別，非入非出，但從如來功德法力，出於四種廣大音聲。其四者何？一曰：「汝等當知一切諸行皆悉是苦，所謂：地獄苦、畜生苦、餓鬼苦、無福德苦、著我我所苦、作諸惡行苦。欲生人、天當種善根；生人、天中，離諸難處。」眾生聞已，捨離顛倒，修諸善行，離諸難處，生人、天中。二曰：「汝等當知一切諸行眾苦熾然，如熱鐵丸。諸行無常，是磨滅法；涅槃寂靜，無為安樂，遠離熾然，消諸熱惱。」眾生聞已，勤修善法，於聲聞乘得隨順音聲忍。三曰：「汝等當知聲聞乘者，隨他語解，智慧狹劣；更有上乘，名：獨覺乘，悟不由師，汝等應學。」樂勝道者聞此音已，捨聲聞道，修獨覺乘。四曰：「汝等當知過二乘位更有勝道，名為：大乘。菩薩所行，順六波羅蜜，不斷菩薩行，不捨菩提心，處無量生死而不疲厭，過於二乘，名為：大乘、第一乘、勝乘、最勝乘、上乘、無上乘、利益一切眾生乘。」若有眾生信解廣大，諸根猛利，宿種善根，為諸如來神力所加，有勝樂欲，希求佛果；聞此音已，發菩提心。佛子！如來音聲不從身出、不從心出，而能利益無量眾生。佛子！是為如來音聲第一相，諸菩薩摩訶薩應如是知。

復次，佛子！譬如呼響，因於山谷及音聲起，無有形狀，不可覩見，亦無分別，而能隨逐一切語言。如來音聲亦復如是，無有形狀，不可覩見，非有方所，非無方所；

但隨眾生欲解緣出，其性究竟，無言無示，不可宣說。佛子！是為如來音聲第二相，諸菩薩摩訶薩應如是知。

復次，佛子！譬如諸天有大法鼓，名為：覺悟。若諸天子行放逸時，於虛空中出聲告言：「汝等當知一切欲樂皆悉無常，虛妄顛倒，須臾變壞，但誑愚夫令其戀著。汝莫放逸，若放逸者，墮諸惡趣，後悔無及。」放逸諸天聞此音已，生大憂怖，捨自宮中所有欲樂，詣天王所求法行道。佛子！彼天鼓音，無主無作，無起無滅，而能利益無量眾生。當知如來亦復如是，為欲覺悟放逸眾生，出於無量妙法音聲，所謂：無著聲、不放逸聲、無常聲、苦聲、無我聲、不淨聲、寂滅聲、涅槃聲、無有量自然智聲、不可壞菩薩行聲、至一切處如來無功用智地聲，以此音聲遍法界中而開悟之。無數眾生聞是音已，皆生歡喜，勤修善法，各於自乘而求出離，所謂：或修聲聞乘、或修獨覺乘、或習菩薩無上大乘。而如來音，不住方所，無有言說。佛子！是為如來音聲第三相，諸菩薩摩訶薩應如是知。

復次，佛子！譬如自在天王有天采女，名曰：善口，於其口中出一音聲，其聲則與百千種樂而共相應，一一樂中復有百千差別音聲。佛子！彼善口女從口一聲，出於如是無量音聲。當知如來亦復如是，於一音中出無量聲，隨諸眾生心樂差別，皆悉遍至，悉令得解。佛子！是為如來音聲第四相，諸菩薩摩訶薩應如是知。

復次，佛子！譬如大梵天王住於梵宮出梵音聲，一切梵眾靡不皆聞，而彼音聲不出眾外。諸梵天眾咸生是念：「大梵天王獨與我語。」如來妙音亦復如是，道場眾會靡不皆聞，而其音聲不出眾外。何以故？根未熟者不應聞故。其聞音者皆作是念：「如來世尊獨為我說。」佛子！如來音聲無出無住，而能成就一切事業。是為如來音聲第五相，諸菩薩摩訶薩應如是知。

復次，佛子！譬如眾水皆同一味，隨器異故水有差別，水無念慮亦無分別。如來言音亦復如是，唯是一味，謂解脫味，隨諸眾生心器異故無量差別，而無念慮亦無分別。佛子！是為如來音聲第六相，諸菩薩摩訶薩應如是知。

復次，佛子！譬如阿那婆達多龍王興大密雲，遍閻浮提普霔甘雨，百穀苗稼皆得生長，江河泉池一切盈滿；此大雨水不從龍王身心中出，而能種種饒益眾生。佛子！如來、應、正等覺亦復如是，興大悲雲遍十方界，普雨無上甘露法雨，令一切眾生皆生歡喜，增長善法，滿足諸乘。佛子！如來音聲不從外來、不從內出，而能饒益一切眾生。是為如來音聲第七相，諸菩薩摩訶薩應如是知。

復次，佛子！譬如摩那斯龍王將欲降雨，未便即降，先起大雲彌覆虛空凝停七日，待諸眾生作務究竟。何以故？彼大龍王有慈悲心，不欲惱亂諸眾生故。過七日已，降微細雨普潤大地。佛子！如來、應、正等覺亦復如是，將降法雨，未便即降，先興法雲成熟眾生，為欲令其心無驚怖；待其熟已，然後普降甘露法雨，演說甚深微妙善法，漸次令其滿足如來一切智智無上法味。佛子！是為如來音聲第八相，諸菩薩摩訶薩應如是知。

復次，佛子！譬如海中有大龍王，名：大莊嚴，於大海中降雨之時，或降十種莊嚴雨，或百、或千、或百千種莊嚴雨。佛子！水無分別，但以龍王不思議力令其莊嚴，乃至百千無量差別。如來、應、正等覺亦復如是，為諸眾生說法之時，或以十種差別音說，或百、或千、或以百千，或以八萬四千音聲說八萬四千行，乃至或以無量百千億那由他音聲各別說法，令其聞者皆生歡喜；如來音聲無所分別，但以諸佛於甚深法界圓滿清淨，能隨眾生根之所宜，出種種言音皆令歡喜。佛子！是為如來音聲第九相，諸菩薩摩訶薩應如是知。

復次，佛子！譬如娑竭羅龍王，欲現龍王大自在力，饒益眾生咸令歡喜，從四天下乃至他化自在天處，興大雲網周匝彌覆。其雲色相無量差別，或閻浮檀金光明色，或毘瑠璃光明色，或白銀光明色，或玻瓈光明色，或牟薩羅光明色，或碼碯光明色，或勝藏光明色，或赤真珠光明色，或無量香光明色，或無垢衣光明色，或清淨水光明色，或種種莊嚴具光明色，如是雲網周匝彌布。既彌布已，出種種色電光。所謂：閻浮檀金色雲出瑠璃色電光，瑠璃色雲出金色電光，銀色雲出玻瓈色電光，玻瓈色雲出銀色電光，牟薩羅色雲出碼碯色電光，碼碯色雲出牟薩羅色電光，勝藏寶色雲出赤真珠色電光，赤真珠色雲出勝藏寶色電光，無量香色雲出無垢衣色電光，無垢衣色雲出無量香色電光，清淨水色雲出種種莊嚴具色電光，種種莊嚴具色雲出清淨水色電光；乃至種種色雲出一色電光，一色雲出種種色電光。復於彼雲中出種種雷聲，隨眾生心皆令歡喜。所謂：或如天女歌詠音，或如諸天妓樂音，或如龍女歌詠音，或如乾闥婆女歌詠音，或如緊那羅女歌詠音，或如大地震動聲，或如海水波潮聲，或如獸王哮吼聲，或如好鳥鳴囀聲，及餘無量種種音聲。既震雷已，復起涼風，令諸眾生心生悅樂，然後乃降種種諸雨，利益安樂無量眾生。從他化天至於地上，於一切處所雨不同。所謂：於大海中雨清冷水，名：無斷絕；於他化自在天雨簫笛等種種樂音，名為：美妙；於化樂天雨大摩尼寶，名：放大光明；於兜率天雨大莊嚴具，名為：垂髻；於夜摩天雨大妙華，名：種種莊嚴具；於三十三天雨眾妙香，名為：悅意；於四天王天雨天寶衣，名為：覆蓋；於龍王宮雨赤真珠，名：涌出光明；於阿修羅宮雨諸兵仗，名：降伏怨敵；於此鬱單越雨種種華，名曰：開敷；餘三天下悉亦如是，然各隨其處，所雨不同。雖彼龍王其心平等無有彼此，但以眾生善根異故，雨有差別。佛子！如來、應、正等覺無上法王亦復如是，欲以正法教化眾生，先布身雲彌覆法界，隨其樂欲為現不同。所謂：或為眾生現生身雲，或為眾生現化身雲，或為眾生現力持身雲，或為眾生現色身雲，或為眾生現相好身雲，或為眾生現福德身雲，或為眾生現智慧身雲，或為眾生現諸力不可壞身雲，或為眾生現無畏身雲，或為眾生現法界身雲。佛子！如來以如是等無量身雲，普覆十方一切世界，隨諸眾生所樂，各別示現種種光明電光。所謂：或為眾生現光明電光，名：無所不至；或為眾生現光明電光，名：無邊光明；或為眾生現光明電光，名：入佛祕密法；或為眾生現光明電光，名：影現光明；或為眾生現光明電光，名：光明照耀；或為眾生現光明電光，名：入無盡陀羅尼門；或為眾生現光明電光，名：正念不亂；或為眾生現光明電光，名：究竟不壞；或為眾生現光明電光，名：順入諸趣；或為眾生現光明電光，名：滿一切願皆令歡喜。佛子！如來、應、正等覺現如是等無量光明電光已，復隨眾生心之所樂，出生無量三昧雷聲。所謂：善覺智三昧雷聲、明盛離垢海三昧雷聲、一切法自在三昧雷聲、金剛輪三昧雷聲、須彌山幢三昧雷聲、海印三昧雷聲、日燈三昧雷聲、無盡藏三昧雷聲、不壞解脫力三昧雷聲。佛子！如來身雲中出如是等無量差別三昧雷聲已，將降法雨，先現瑞相開悟眾生。所謂：從無障礙大慈悲心，現於如來大智風輪，名：能令一切眾生生不思議歡喜適悅。此相現已，一切菩薩及諸眾生，身之與心皆得清涼。然後從如來大法身雲、大慈悲雲、大不思議雲，雨不思議廣大法雨，令一切眾生身心清淨。所謂：為坐菩提場菩薩雨大法雨，名：法界無差別；為最後身菩薩雨大法雨，名：菩薩遊戲如來祕密教；為一生所繫菩薩雨大法雨，名：清淨普光明；為灌頂菩薩雨大法雨，名：如來莊嚴具所莊嚴；為得忍菩薩雨大法雨，名：功德寶智慧華開敷不斷菩薩大悲行；為住向行菩薩雨大法雨，名：入現前變化甚深門而行菩薩行無休息無疲厭；為初發心菩薩雨大法雨，名：出生如來大慈悲行救護眾生；為求獨覺乘眾生雨大法雨，名：深知緣起法遠離二邊得不壞解脫果；為求聲聞乘眾生雨大法雨，名：以大智慧劍斷一切煩惱怨；為積集善根決定、不決定眾生雨大法雨，名：能令成就種種法門生大歡喜。佛子！諸佛如來隨眾生心，雨如是等廣大法雨，充滿一切無邊世界。佛子！如來、應、正等覺其心平等，於法無吝，但以眾生根欲不同，所雨法雨示有差別。是為如來音聲第十相，諸菩薩摩訶薩應如是知。

復次，佛子！應知如來音聲有十種無量。何等為十？所謂：如虛空界無量，至一切處故；如法界無量，無所不遍故；如眾生界無量，令一切心喜故；如諸業無量，說其果報故；如煩惱無量，悉令除滅故；如眾生言音無量，隨解令聞故；如眾生欲解無量，普觀救度故；如三世無量，無有邊際故；如智慧無量，分別一切故；如佛境界無量，入佛法界故。佛子！如來、應、正等覺音聲成就如是等阿僧祇無量，諸菩薩摩訶薩應如是知。

爾時，普賢菩薩摩訶薩欲重明此義而說頌言：

三千世界將壞時，眾生福力聲告言，四禪寂靜無諸苦，令其聞已悉離欲。

十力世尊亦如是，出妙音聲遍法界，為說諸行苦無常，令其永度生死海。
譬如深山大谷中，隨有音聲皆響應，雖能隨逐他言語，而響畢竟無分別。
十力言音亦復然，隨其根熟為示現，令其調伏生歡喜，不念我今能演說。
如天有鼓名能覺，常於空中震法音，誡彼放逸諸天子，令其聞已得離著。
十力法鼓亦如是，出於種種妙音聲，覺悟一切諸群生，令其悉證菩提果。
自在天王有寶女，口中善奏諸音樂，一聲能出百千音，一一音中復百千。
善逝音聲亦如是，一聲而出一切音，隨其性欲有差別，各令聞已斷煩惱。
譬如梵王吐一音，能令梵眾皆歡喜，音唯及梵不出外，一一皆言己獨聞。
十力梵王亦復然，演一言音充法界，唯霑眾會不遠出，以無信故未能受。
譬如眾水同一性，八功德味無差別，因地在器各不同，是故令其種種異。
一切智音亦如是，法性一味無分別，隨諸眾生行不同，故使聽聞種種異。
譬如無熱大龍王，降雨普洽閻浮地，能令草樹皆生長，而不從身及心出。
諸佛妙音亦如是，普雨法界悉充洽，能令生善滅諸惡，不從內外而得有。
譬如摩那斯龍王，興雲七日未先雨，待諸眾生作務竟，然後始降成利益。
十力演義亦如是，先化眾生使成熟，然後為說甚深法，令其聞者不驚怖。
大莊嚴龍於海中，霔於十種莊嚴雨，或百或千百千種，水雖一味莊嚴別。

究竟辯才亦如是，說十二十諸法門，或百或千至無量，不生心念有殊別。
最勝龍王娑竭羅，興雲普覆四天下，於一切處雨各別，而彼龍心無二念。
諸佛法王亦如是，大悲身雲遍十方，為諸修行雨各異，而於一切無分別。

佛子！諸菩薩摩訶薩應云何知如來、應、正等覺心？佛子！如來心、意、識俱不可得，但應以智無量故，知如來心。

譬如虛空為一切物所依，而虛空無所依。如來智慧亦復如是，為一切世間、出世間智所依，而如來智無所依。佛子！是為如來心第一相，諸菩薩摩訶薩應如是知。

復次，佛子！譬如法界常出一切聲聞、獨覺、菩薩解脫，而法界無增減。如來智慧亦復如是，恆出一切世間、出世間種種智慧，而如來智無增減。佛子！是為如來心第二相，諸菩薩摩訶薩應如是知。

復次，佛子！譬如大海，其水潛流四天下地及八十億諸小洲中，有穿鑿者無不得水，而彼大海不作分別：「我出於水。」佛智海水亦復如是，流入一切眾生心中，若諸眾生觀察境界、修習法門，則得智慧清淨明了，而如來智平等無二、無有分別，但隨眾生心行異故，所得智慧各各不同。佛子！是為如來心第三相，諸菩薩摩訶薩應如是知。

復次，佛子！譬如大海有四寶珠，具無量德，能生海內一切珍寶；若大海中無此寶珠，乃至一寶亦不可得。何等為四？一名：積集寶，二名：無盡藏，三名：遠離熾然，四名：具足莊嚴。佛子！此四寶珠，一切凡夫諸龍神等悉不得見。何以故？娑竭龍王以此寶珠端嚴方正置於宮中深密處故。佛子！如來、應、正等覺大智慧海亦復如是，於中有四大智寶珠，具足無量福智功德，由此能生一切眾生聲聞、獨覺、學、無學位，及諸菩薩智慧之寶。何等為四？所謂：無染著巧方便大智慧寶、善分別有為無為法大智慧寶、分別說無量法而不壞法性大智慧寶、知時非時未曾誤失大智慧寶。若諸如來大智海中無此四寶，有一眾生得入大乘，終無是處。此四智寶，薄福眾生所不能見。何以故？置於如來深密藏故。此四智寶，平均正直，端潔妙好，普能利益諸菩薩眾，令其悉得智慧光明。佛子！是為如來心第四相，諸菩薩摩訶薩應如是知。

復次，佛子！譬如大海，有四熾然光明大寶布在其底，性極猛熱，常能飲縮百川所注無量大水，是故大海無有增減。何等為四？一名：日藏，二名：離潤，三名：火焰光，四名：盡無餘。佛子！若大海中無此四寶，從四天下乃至有頂，其中所有悉被漂沒。佛子！此日藏大寶光明照觸，海水悉變為乳；離潤大寶光明照觸，其乳悉變為酪；火焰光大寶光明照觸，其酪悉變為酥；盡無餘大寶光明照觸，其酥變成醍醐；如火熾然，悉盡無餘。佛子！如來、應、正等覺大智慧海亦復如是，有四種大智慧寶，具足無量威德光明；此智寶光觸諸菩薩，乃至令得如來大智。何等為四？所謂：滅一切散善波浪大智慧寶、除一切法愛大智慧寶、慧光普照大智慧寶、與如來平等無邊無功用大智慧寶。佛子！諸菩薩修習一切助道法時，起無量散善波浪，一切世間天、人、阿修羅所不能壞；如來以滅一切散善波浪大智慧寶光明觸彼菩薩，令捨一切散善波浪，持心一境，住於三昧；又以除一切法愛大智慧寶光明觸彼菩薩，令捨離三昧味著，起廣大神通；又以慧光普照大智慧寶光明觸彼菩薩，令捨所起廣大神通，住大明功用行；又以與如來平等無邊無功用大智慧寶光明觸彼菩薩，令捨所起大明功用行，乃至得如來平等地，息一切功用，令無有餘。佛子！若無如來此四智寶大光照觸，乃至有一菩薩得如來地，無有是處。佛子！是為如來心第五相，諸菩薩摩訶薩應如是知。

復次，佛子！如從水際，上至非想非非想天，其中所有大千國土，欲、色、無色眾生之處，莫不皆依虛空而起、虛空而住。何以故？虛空普遍故；雖彼虛空，普容三界而無分別。佛子！如來智慧亦復如是，若聲聞智，若獨覺智，若菩薩智，若有為行智，若無為行智，一切皆依如來智起、如來智住。何以故？如來智慧遍一切故；雖復普容無量智慧而無分別。佛子！是為如來心第六相，諸菩薩摩訶薩應如是知。

復次，佛子！如雪山頂有藥王樹，名：無盡根。彼藥樹根從十六萬八千由旬下盡金剛地水輪際生。彼藥王樹若生根時，令閻浮提一切樹根生；若生莖時，令閻浮提一切樹莖生；枝、葉、華、果悉皆如是。此藥王樹，根能生莖，莖能生根，根無有盡，名：

無盡根。佛子！彼藥王樹於一切處皆令生長，唯於二處不能為作生長利益，所謂：地獄深坑及水輪中；然亦於彼初無厭捨。佛子！如來智慧大藥王樹亦復如是，以過去所發成就一切智慧善法、普覆一切諸眾生界、除滅一切諸惡道苦廣大悲願而為其根，於一切如來真實智慧種性中生堅固不動善巧方便以為其莖，遍法界智、諸波羅蜜以為其枝，禪定、解脫、諸大三昧以為其葉，總持、辯才、菩提分法以為其華，究竟無變諸佛解脫以為其果。佛子！如來智慧大藥王樹，何故得名為：無盡根？以究竟無休息故，不斷菩薩行故；菩薩行即如來性，如來性即菩薩行，是故得名為：無盡根。佛子！如來智慧大藥王樹，其根生時，令一切菩薩生不捨眾生大慈悲根；其莖生時，令一切菩薩增長堅固精進深心莖；其枝生時，令一切菩薩增長一切諸波羅蜜枝；其葉生時，令一切菩薩生長淨戒頭陀功德少欲知足葉；其華生時，令一切菩薩具諸善根相好莊嚴華；其果生時，令一切菩薩得無生忍乃至一切佛灌頂忍果。佛子！如來智慧大藥王樹唯於二處不能為作生長利益，所謂：二乘墮於無為廣大深阬及壞善根非器眾生溺大邪見貪愛之水；然亦於彼曾無厭捨。佛子！如來智慧無有增減，以根善安住，生無休息故。佛子！是為如來心第七相，諸菩薩摩訶薩應如是知。

復次，佛子！譬如三千大千世界劫火起時，焚燒一切草木叢林，乃至鐵圍、大鐵圍山皆悉熾然無有遺餘。佛子！假使有人手執乾草投彼火中，於意云何，得不燒不？答言：不也。佛子！彼所投草容可不燒；如來智慧分別三世一切眾生、一切國土、一切劫數、一切諸法，無不知者；若言不知，無有是處。何以故？智慧平等悉明達故。佛子！是為如來心第八相，諸菩薩摩訶薩應如是知。

復次，佛子！譬如風災壞世界時，有大風起，名曰：散壞，能壞三千大千世界，鐵圍山等皆成碎末。復有大風，名為：能障，周匝三千大千世界障散壞風，不令得至餘方世界。佛子！若令無此能障大風，十方世界無不壞盡。如來、應、正等覺亦復如是，有大智風，名為：能滅，能滅一切諸大菩薩煩惱習氣；有大智風，名為：巧持，巧持其根未熟菩薩不令能滅大智風輪斷其一切煩惱習氣。佛子！若無如來巧持智風，無量菩薩皆墮聲聞、辟支佛地；由此智故，令諸菩薩超二乘地，安住如來究竟之位。佛子！是為如來心第九相，諸菩薩摩訶薩應如是知。

復次，佛子！如來智慧無處不至。何以故？無一眾生而不具有如來智慧，但以妄想顛倒執著而不證得；若離妄想，一切智、自然智、無礙智則得現前。佛子！譬如有大經卷，量等三千大千世界，書寫三千大千世界中事，一切皆盡。所謂：書寫大鐵圍山中事，量等大鐵圍山；書寫大地中事，量等大地；書寫中千世界中事，量等中千世界；書寫小千世界中事，量等小千世界；如是，若四天下，若大海，若須彌山，若地天宮殿，若欲界空居天宮殿，若色界宮殿，若無色界宮殿，一一書寫，其量悉等。此大經卷雖復量等大千世界，而全住在一微塵中；如一微塵，一切微塵皆亦如是。時，有一人智慧明達，具足成就清淨天眼，見此經卷在微塵內，於諸眾生無少利益，即作是念：「我當以精進力，破彼微塵，出此經卷，令得饒益一切眾生。」作是念已，即起方便，破彼微塵，出此大經，令諸眾生普得饒益。如於一塵，一切微塵應知悉然。佛子！如來智慧亦復如是，無量無礙，普能利益一切眾生，具足在於眾生身中；但諸凡愚妄想執著，不知不覺，不得利益。爾時，如來以無障礙清淨智眼，普觀法界一切眾生而作是言：「奇哉！奇哉！此諸眾生云何具有如來智慧，愚癡迷惑，不知不見？我當教以聖道，令其永離妄想執著，自於身中得見如來廣大智慧與佛無異。」即教彼眾生修習聖道，令離妄想；離妄想已，證得如來無量智慧，利益安樂一切眾生。佛子！是為如來心第十相，諸菩薩摩訶薩應如是知。

佛子！菩薩摩訶薩應以如是等無量無礙不可思議廣大相，知如來、應、正等覺心。

爾時，普賢菩薩摩訶薩欲重明此義而說頌言：

欲知諸佛心，當觀佛智慧，佛智無依處，如空無所依。

眾生種種樂，及諸方便智，皆依佛智慧，佛智無依止。

聲聞與獨覺，及諸佛解脫，皆依於法界，法界無增減。

佛智亦如是，出生一切智，無增亦無減，無生亦無盡。
如水潛流地，求之無不得，無念亦無盡，功力遍十方。
佛智亦如是，普在眾生心，若有勤修行，疾得智光明。
如龍有四珠，出生一切寶，置之深密處，凡人莫能見。
佛四智亦然，出生一切智，餘人莫能見，唯除大菩薩。
如海有四寶，能飲一切水，令海不流溢，亦復無增減。
如來智亦爾，息浪除法愛，廣大無有邊，能生佛菩薩。
下方至有頂，欲色無色界，一切依虛空，虛空不分別。
聲聞與獨覺，菩薩眾智慧，皆依於佛智，佛智無分別。
雪山有藥王，名為無盡根，能生一切樹，根莖葉華實。
佛智亦如是，如來種中生，既得菩提已，復生菩薩行。
如人把乾草，置之於劫燒，金剛猶洞然，此無不燒理。
三世劫與剎，及其中眾生，彼草容不燒，此佛無不知。
有風名散壞，能壞於大千；若無別風止，壞及無量界。
大智風亦爾，滅諸菩薩惑；別有善巧風，令住如來地。
如有大經卷，量等三千界，在於一塵內，一切塵悉然。

有一聰慧人，淨眼悉明見，破塵出經卷，普饒益眾生。
佛智亦如是，遍在眾生心，妄想之所纏，不覺亦不知。
諸佛大慈悲，令其除妄想，如是乃出現，饒益諸菩薩。

大方廣佛華嚴經卷　第五十二

如來出現品　第三十七之三

【白話語譯】

佛子啊！❶菩薩應該如何了知如來的境界呢？佛子啊！菩薩摩訶薩能以無障礙的智慧，了知世間所有的境界無不是如來境界。了知一切過去、現在、未來的三世境界；一切佛剎的、一切法的境界；一切眾生的境界；真如無差別的境界；法界無障礙的境界；真如、實際無邊的境界；虛空無法分量的境界；無境界的境界等等，都是如來的境界。

佛子啊！就如同世間所有的境界無量，如來的境界也是無量的。如同一切過去、現在、未來的三世無量，如來的境界也是無量的。乃至如同無境界的境界無量，如來的境界也是無量的。如同無境界的境界在一切處無所有，如來的境界也是如此，在一切處都是無所有的。

佛子啊！菩薩摩訶薩應當了知心的境界就是如來的境界，就如同心的境界無量無邊，即無有所謂纏縛、也無有所謂解脫，如來的境界也是無量無邊，沒有所謂的束縛或解脫。

為什麼呢？因為如來是用「如是」、「如是」的實相思惟分別，用「如是」、「如是」顯現無量的實相。

佛子啊！❷就如同大龍王是隨著自己的心意而下雨，這雨既不是從身內而出，也不是從身外出。如來的境界也是如此，隨著「如是」的思惟分別就能顯現無量的「如是」。因此，如來在十方世界，都是無來也無去。佛子啊！❸就好像海水都是龍王的心力所化現，諸佛如來的所有智慧海也是這樣，都是從如來往昔的大願所生起。

佛子啊！❹一切智慧大海雖然無量無邊，不可思議，沒法用言語述說，但是我現在仍然要用譬諭為你們宣說，你們應當仔細聆聽。

佛子啊！在這個世界南方的閻浮提洲，有兩千五百條河流流入大海；西方的拘耶尼洲則有五千條河流流入大海；東方的弗婆提洲則有七千五百條河流流入大海；北方的鬱單越洲更有一萬條河流流入大海。佛子啊！這個世界的四方，各有如同上述的兩萬五千條河流相續不絕地流入大海。你認為這樣流注的水有多少呢？

聽法的大眾回答：

很多。

佛子啊！又有十位光明龍王在大海中降雨，他們降下的雨量是前述所說水量的一倍以上；一百位光明龍王降雨大海時，降下的雨水又是前述所說雨水的兩倍以上；大莊嚴龍王、摩那斯龍王、雷震龍王、難陀跋難陀龍王、無量光明龍王、連霔不斷龍王、大勝龍王、大奮迅龍王，如前述等八十億位諸大龍王，在大海中降下的雨水，都倍於前者。娑竭羅龍王名為閻浮幢的太子，在大海中降雨時，所降的雨水又比前面八十億位龍王所降的雨水加倍。

佛子啊！如果十座光明龍王宮殿中的水流入大海，那些水又倍於前者雨下的水；百座光明龍王宮殿中的水流入大海時，那些水又倍於前者的水量。

大莊嚴龍王、摩那斯龍王、雷震龍王、難陀跋難陀龍王、無量光明龍王、連霔不斷龍王、大勝龍王、大奮迅龍王，如上所述等八十億位諸大龍王，各有他們自己的宮殿，宮殿中各自有水流入大海，都是展轉倍於前面所述。娑竭羅龍王太子閻浮幢宮殿中所流入大海的水量，又倍於前者。

佛子啊！娑竭羅龍王連續降雨大海時，這些水又倍於前者的水量；娑竭羅龍王宮湧出流入海中的水，又倍於前面所說的水量。這宮殿所流出的水是紺青琉璃色，這水會在一定的時間湧出，所以大海潮汐才會固定周而復始。

佛子啊！如同這大海的水流廣大，無邊無量、又寶藏無量，眾生無量，它所依止的大地也是無量的。佛子啊！你們認為如何呢？那些大海是無量的嗎？

聽法的大眾回答：

大海實在是非常廣大，大到無法比喻。

佛子啊！這大海的無量若和如來智慧大海的無量相較，還不及如來智慧大海的百分之一，也不及千分之一，乃至不及優婆尼沙陀分❺之一。這只是隨著眾生的理解譬喻。其實佛的境界，根本沒法用譬諭形容。

佛子啊！菩薩摩訶薩應該了知，如來的智慧海無量，因為他從發心以來，修持一切菩薩行不曾間斷；應該了知如來聚集的法寶無量，因為一切的菩提分法從不斷絕三寶的種性；應該了知如來安住的眾生無量，因為一切在學位、無學位的聲聞、獨覺等賢聖都能受用；應該了知他所安住的境地無量，因為從初歡喜地到究竟無障礙地，乃至諸位菩薩所安住的境地，他都安住在。

佛子啊！菩薩摩訶薩為了證入無量的智慧利益一切眾生，應該如此了知如來的境界。

這時，普賢菩薩想要重新說明這個義理，就說了下面的偈頌：

如心境界無有限量，諸佛境界亦復皆然，
如心境界從意出生，佛境如是應當觀察。
如龍不離於其本處，以心威力霔下大雨，
雨水雖無有來去處，隨龍心故悉皆充洽。
十力牟尼亦復如是，無所從來亦無所去，

若有淨心則示現身，量等法界入於毛孔。
如海珍奇無有限量，眾生大地亦復皆然，
水性一味等無差別，於中生者各蒙其利。
如來智海亦復如是，一切所有皆無限量，
有學無學住地聖人，悉在其中而得饒益。

佛子啊！菩薩摩訶薩應該如何了知如來的行願？

佛子啊！菩薩摩訶薩應當了知無礙行是如來行，應該了知真如行是如來行。佛子啊！就如同真如是不生前際的境界，不動後際的境界，也不現起現在的境界。就如同了知過去、未來、現在都是性空如幻，不生不滅。如來行也是如此，不生、不動、不起。

佛子啊！就如同法界是不能計量的，但也不是無法計量的，因為法界如同虛空無形、無相。如來行也是如此，不是能計量的，也不是無法計量的，因為如來行如同虛空無形無相。佛子啊！假如飛翔虛空的鳥兒，不斷地飛了百年，牠所經過的地方，或尚未經過的地方，都是不可計量的。為什麼呢？因為虛空沒有邊際。如來行也是這樣。假如有人經過百千億那由他劫分別演說如來行，不管他已經宣說的有多少，或還有多少尚未宣說，這一切都是不可思量的。為什麼呢？因為如來行沒有邊際。

佛子啊！如來安住在無礙行時，無有住處。所以能普遍為一切眾生示現所行，使他們看見之後，超越所有的障礙。佛子啊！就像金翅鳥王飛行虛空，迴翔不去，能不斷以清淨明亮的雙眼觀察海中各類龍族的宮殿，只要牠一發現龍宮，就會奮勇猛力地向前飛去。鼓動翅膀揚起海水，使海水向兩側分開，好讓牠觀察龍族的男女。如果有壽命即將窮盡者，就飛下去擢取他們。

如來的金翅鳥王也是如此，當他安住無礙行時，能用清淨的佛眼觀察法界各宮殿裡的所有眾生。如果有曾經種下善根，已經成熟的，如來就奮勇猛力地鼓動「止」與「觀」的雙翅，揚起廣大的生死愛欲之海。分這海為兩側，而攝取善根成熟的眾生，安置他們在佛法中。讓他們斷絕一切妄想戲論，安住如來無分別、無礙行的境界。

佛子啊！譬如日月單獨安住虛空，沒有和它們一樣的伴侶。日月周行虛空，利益眾生時，也不會這樣想：「我從某處來，將要到某處去。」如來也是這樣，他的體性本來寂滅，沒有分別。示現遊行一切法界，只是為了饒益眾生。興作各種佛事，不曾稍歇，但是他不會產生如此的戲論分別：「我從這裡來，要往那裡去。」佛子啊！菩薩摩訶薩應該以如此等無量的方便、無量的性相，知見如來所行之行。

這時，普賢菩薩為了要重新說明這個義理，就說了下面的偈頌：

譬如真如本不生滅，無有方所無能見之，

大饒益者妙行如是，出過三世不可限量。
法界非界與非非界，非是有量亦非無量，
大功德者妙行亦然，非量無量無身之故。
如鳥飛行億千歲時，前後虛空等無差別，
眾劫演說如來妙行，已說未說不可限量。
金翅在空觀諸大海，闢水博取男女龍眾，
十力能拔諸善根人，令出有海拔除眾惑。
譬如日月遊於虛空，照臨一切不可分別，
世尊周行於諸法界，教化眾生無有動念。

佛子啊！諸位菩薩摩訶薩怎樣才能了知如來所成就的正覺？

佛子啊！菩薩摩訶薩應當了知如來成就正等正覺現證一切義理，無所觀察，對諸法平等也毫無疑惑。現前的一切都是無二、無相、無行、無止、無量、無際，遠離兩邊對待，安住中道第一義諦。他雖遠離一切的文字言說，卻明白了知一切眾生的心念所行、根器體性、志欲、喜樂與煩惱染習。簡單地說，他一念之間就能完全了知過去、現在、未來三世一切諸法。

佛子啊！譬如大海能普遍印現四天下一切眾生的身形，因為這個特質，我們便說這就是大海。諸佛菩提也是如此，因為他能普遍示現所有眾生的心念、根性、樂欲，所以我們稱他為諸佛菩提。佛子啊！❻諸佛菩提是一切文字所不能宣說，一切聲音所不能到達，一切言語所不能說盡的。只能隨著眾生所相應根器因緣，方便開示。

佛子啊！❼如來成就正覺的時候，得到了等同一切數量身形；得到了等同一切法數量的身形；得到了等同一切剎數量的身形；得到了等同過去、現在、未來三世數量的身形；得到了等同諸佛數量的身形；得到了等同語言數量的身形；得到了等同所有真如數量的身形；得到了等同法界數量的身形；得到了等同虛空界數量的身形；得到了等同無礙界數量的身形；得到了等同一切誓願數量的身形；得到了等同一切行數量的身形；得到了等同一切寂滅涅槃數量的身形。

佛子啊！如同前述佛陀所證得的身形，他的言語及心念也是如此，得到了等同上述無量無數的清淨身、語、意三輪。

佛子啊！❽如來成就正覺的時候，他自身中能普見眾生成就正覺，乃至於普見眾生進入涅槃，都是同一體性。這個體性就是：無性。是哪些無性呢？就是：無相性、無盡性、無生性、無滅性、無我性、無非我性、無眾生性、無非眾生性、無菩提性、無法界性、無虛空性，也無有成正覺性。因為他了知諸法都是無性，所以他能證得一切智慧，大悲相續不絕，救度眾生。

佛子啊！❾譬如虛空，不會因為世界成就或毀壞，就增加或減少。為什麼呢？因為虛空無生。諸佛菩提也是如此，成正覺與不成正覺，都絲毫不會增加或減少。為什麼？因為菩提無相。也不是非相，不能說它們是一樣的，但也不能說他們各各相異。

佛子啊！❿假如有人能幻化等同恆河沙數的心，每一心識又再幻化等同恆河沙數無色、無形、無相。如此地窮盡恆河沙數的時劫，沒有休息地幻化。佛子啊！你們怎麼想呢？那些人所幻化的心、幻化的如來到底有多少？

如來性起妙德菩薩回答說：

如同我對仁者所說義理的了解，幻化與不幻化都是同一的，沒有差別，所以怎麼能問有多少呢？

普賢菩薩說：

善哉！善哉！佛子啊！如同你所說，假設一切眾生，能在一念之間成就正覺，或不成就正覺，兩者都是平等沒有差異的。為什麼？因為菩提無相。既然無相，就沒有所謂的增加、或是減少。佛子啊！⓫菩薩摩訶薩應當了知不管成就正等正覺與否，都是等同菩提的一相無相。如來成就正覺的時候，能以一相的方便證入善覺智的三昧禪定，證入之後，又能以一個成就正覺的廣大身，示現等同一切眾生數量的身形。並仍然安住原來的廣大身形，如同一個成就正覺的廣大身形，如此度化一切成就正覺的廣大身也是如此。

佛子啊！如來有等同上述無量成就正覺的法門，所以，你們應該了知如來示現的身形是無量的。因為無量，所以說如來的身形無量，等同眾生。佛子啊！⑫菩薩摩訶薩應當了知如來身的一個毛孔中，有等同眾生數量的佛身。為什麼這樣說呢？因為如來成就正覺身，究竟沒有生滅。如同一毛孔遍於法界，一切毛孔也都是如此。所以菩薩應了知佛身是周遍法界，無所不在的。為什麼這樣說？因為如來已經成就正覺，無處不到。因此，如來能利用他的力量、勢力，或示現道場，或示現菩提樹下的師子座，用種種身形成就正覺。

佛子啊！⑬菩薩摩訶薩應當了知自心念念之間都有佛陀圓滿成就正覺。為什麼這樣說？因為諸佛不曾離開這個心而圓滿成就正覺。如同自心，一切的眾生心也是如此，都有如來成就正覺，廣大周遍一切法界。而且不遠離、不斷絕、從不休息，因此證入不可思議的方便法門。

佛子啊！菩薩摩訶薩應當如是了知如來成就正覺。

這時，普賢菩薩想重新說明這個義理，而說了如下的偈頌：

正覺了知一切諸法，無二離二悉皆平等，
自性清淨宛如虛空，我與非我亦不分別。
如海印現諸眾生身，以此說其名為大海，

菩提普印諸心妙行，是故說此名為正覺。
譬如世界有成有敗，而於虛空亦不增減，
一切諸佛出世間中，菩提一相恆皆無相。
如人化心化作佛陀，化與不化體性無異，
一切眾生成就菩提，成與不成無有增減。
佛有三昧名為善覺，菩提樹下證入此定，
放眾生等無量光明，開悟群品宛如蓮敷。
如同三世劫剎眾生，所有心念以及根欲，
如是數等妙身皆現，是故正覺名為無量。

佛子啊！⓮菩薩摩訶薩怎樣才能了知如來轉動法輪？

佛子啊！菩薩摩訶薩應當了知如來能以心的自在力量，無生、無轉而常轉法輪，這是因為了知一切法常住不斷，恆常無生起的緣故。以隨著眾生根器指示諸法的「示相轉」、使眾生如法修行的「勸修轉」，以及使其正證其身的「依作證轉」行等三種轉，斷除所應斷除的境界而轉動法輪，因為他了知一切的法遠離兩邊的相對見地；能遠離欲際、非欲際而常轉法輪，這是因為他已證入一切法的虛空際；能無言無語而常轉法輪，因為他了知一切法不可言說；用究竟寂滅而常轉法輪，因為了知一切法的涅槃體性⓯；能用一切文字、一切言語而常轉法輪，因為如來的聲音無處不到；能了知聲音如空谷迴響而常轉法輪，因為他明白了知諸法的真實體性；能以一個聲音生出一切的聲音而常轉法輪，因為如來畢竟性空，無有主體；能夠無有遺漏、無有窮盡地常轉法輪，因為他內外皆無執著。

佛子啊！例如一切的文字、語言窮盡未來劫數不可窮盡，諸佛也是如此轉動法輪，安立顯示一切文字，沒有休息，沒有窮盡。

佛子啊！如來的法輪完全證入一切語言文字不曾安住。例如寫字，普遍入於一切事、一切語言、一切算數、一切世間、出世間等處所，沒有安住。如來的聲音也是如此，遍入一切地方、一切眾生、一切法、一切業、一切報中而沒有安住。一切眾生的種種語言，都不離如來的法輪。為什麼？因為言語聲音的實相即是法輪。佛子啊！菩薩摩訶薩對於如來的轉法輪應如是了知。

其次，佛子啊！⓰菩薩摩訶薩若想了知如來所轉的法輪，應當了知如來法輪的出處。什麼是如來法輪的出處？佛子啊！如來能隨順眾生的心行、志欲、喜樂等無量的差別，而發出種種不同的聲音常轉法輪。佛子啊！如來有一種叫究竟無礙無畏的三昧。他一進入這個三昧之後，能從每一位成正覺的身中、口中，各各發出等同眾生數量的語言聲音。每一個聲音都具足所有的聲音，各各不同而轉法輪，使一切眾生心生歡喜。凡是能夠如此了知轉法輪者的菩薩，就是隨順佛法的人，如果不能如是了知的，就稱不上是隨順佛法的人。

佛子啊！菩薩摩訶薩應當如是了知佛陀之所以轉法輪，是因為他已普遍趣入無量的眾生界。

這時，普賢菩薩摩訶薩為了想要重新說明這個義理，就說了下面的偈頌：

如來法輪本無所轉，三世無起亦無所得，
譬如文字無有盡時，十力法輪亦復如是。
如字普入而無所至，正覺法輪亦復皆然，
入諸言音而無所入，能令眾生悉生歡喜。
佛有三昧名為究竟，入此定已乃為說法，
一切眾生無有邊際，普出其音令皆悟解。
一一音中復更演說，無量言音各有差別，
於世自在無所分別，隨其欲樂普皆使聞。
文字不從內外而出，亦不失壞無所積聚，
而為眾生恆轉法輪，如是自在甚為奇特。

佛子啊！菩薩摩訶薩要怎樣才能知道如來大般涅槃的境界？

佛子啊！想要了知如來大涅槃的菩薩摩訶薩，應當了知涅槃的根本自性，就如同真如涅槃，如來的涅槃也是如此；如同實際涅槃，如來的涅槃也是如此；如同法界涅槃，如來的涅槃也是如此；如同虛空涅槃，如來的涅槃也是如此；如同法性涅槃，如來的涅槃也是如此；如同遠離欲望涅槃，如來的涅槃也是如此；如同無相際涅槃，如來的涅槃也是如此；如體性際涅槃，如來的涅槃也是如此；如同一切法性際涅槃，如來的涅槃也是如此；如同真如際涅槃，如來的涅槃也是如此。為什麼呢？

因為涅槃是無生起、無出興的。如果諸法是無生起、無出興，就沒有所謂的殞滅。

佛子啊！⑰如來不會為菩薩宣說諸佛如來的究竟涅槃，也不會為他們示現這些境界。為什麼呢？這是為了使他們見到諸佛如來常住其前，能夠在一念之間就看見過去、未來的諸佛色相圓滿，如同當下，不生起二或是不二等分別的念頭。為什麼呢？因為菩薩摩訶薩永遠離棄了一切名利心想的執著。

佛子啊！⑱諸佛如來為了使眾生生起欣樂，而出現世間；又為了使眾生戀眷羨慕諸佛，而示現涅槃。其實，如來既不曾出現世上，也沒有涅槃。為什麼這樣說呢？因為如來始終安住清淨的法界，只是隨著眾生心而示現涅槃。

佛子啊！譬如太陽出來的時候，普照世間，一切裝著淨水的器皿沒有不出現太陽影像的。它雖然出現在許多地方，而實際上卻沒有任何來往。如果有器皿破了，就沒法看到太陽的影像。佛子啊！你們怎麼想呢？那些影像沒有出現，是太陽的過失嗎？

大眾回答：不是的，這並非太陽的過錯，而是因為器皿壞了。

佛子啊！如來的智慧也是如此，能像太陽普遍示現法界，沒有前後。因此，只要眾生的心器清淨，諸佛沒有不示現的。若人心器常清淨，就可以常見諸佛；如果心器混濁，或是破滅了，就沒法見到諸佛。

佛子啊！如果有眾生應當因為見佛涅槃而度脫的，如來就會為他示現涅槃。其實，如來既沒有生，也沒有死，更沒有真實的滅度。佛子啊！例如大火，雖能在世間的任何地方燃燒任何東西，但如果某個時候，某個地方的火熄滅了，你們會認為世間所有的火都熄滅了嗎？

大眾回答：不會的。

佛子啊！如來也是如此，某位如來在世界興作佛事。有時，他在某個世界間能做的事已經做完了，就示現涅槃，難道世間諸佛也都跟著滅度了嗎？佛子啊！菩薩摩訶薩應如是了知如來的大般涅槃。

其次，佛子啊！例如幻化大師善巧明了一切的幻術，因此能利用幻術，在三千大千世界一切的國土、城邑、聚落示現幻化之身。即使過了一個時劫，幻化之身仍然安住。但是幻化師其他地方幻化的事早已結束，而隱身不現。佛子啊！你們認為那些幻化大師在一個地方隱身不現，難道連在所有的地方都隱藏消滅了嗎？

大眾回答：不是的。

佛子啊！如來也是如此。諸佛明白了知無量智慧方便的種種幻術，因此能在一切佛界中普遍示現身形，盡未來際使身常住。有時在某個地方，隨順眾生結束所作的事業後，就示現涅槃。難道他在一個地方示現入涅槃，便說他在一切國土都滅度了嗎？佛子啊！菩薩摩訶薩應如上所述地了知如來的大般涅槃境界。

其次，佛子啊！如來示現涅槃時，進入不動三昧的禪定。進入這個三昧後，能在一一身中各自放出無量百千億那由他大光明，一一光明各現出阿僧祇蓮華，一一蓮華各有不可說妙寶花蕊，一一花蕊中各有師子座，一一座上都有如來結跏趺坐。那些佛身數量剛好等同眾生的數量，都具足了從根本願力所生起的上妙功德莊嚴。如果眾生的善根成熟，一見到諸佛身形，就能受佛陀教化開示。但是這教化眾生的佛身卻是窮盡未來際，都究竟安住，他只是隨著最適宜眾生的時機因緣，教化救度他們。所以，佛子啊！你們應當了知如來身是沒有方向處所，既不能說是實在的、也不能說是虛幻的。諸佛只是依著根本誓願的力量，有眾生堪以救度時，就出現在世間。菩薩摩訶薩應該像上面所說的了知如來的大般涅槃。

佛子啊！如來安住無量無礙的究竟法界、虛空界時，真如的法性沒有生起，也沒有滅絕。因為他能及用究竟實際的境界，為眾生隨時示現總持不變的本願，沒有休息，也不捨棄一切眾生、一切剎土、一切法門。

這時，普賢菩薩摩訶薩為了要重新說明這個義理而說出下面的偈頌：

如日舒光照映法界，器壞水漏影像隨滅，
最勝智日亦復如是，眾生無信見彼涅槃。
如火世間現作火事，於一城邑或時休息，
人中最勝遍諸法界，化事訖處示現終盡。
幻師現身一切剎土，能事畢處則便示現，
如來化託亦復皆然，於餘國土恆常見佛。
佛有三昧名為不動，化眾生迄入於此定，
一念身放無量光明，光出蓮華華中有佛。
佛身無數等諸法界，有福眾生所能親見，
如是無數一一妙身，壽命莊嚴悉皆具足。
如無生性諸佛出興，如無滅性佛示涅槃，
言辭譬諭悉皆斷絕，一切義成無與等比。

佛子啊！⑲菩薩摩訶薩應該怎樣才能見聞親近如來所種的善根？

佛子啊！菩薩摩訶薩應當了知，凡在諸佛的處所，見聞以及親近諸佛所種的善根，都是功不唐捐，且不會虛過的。因為親近諸佛如來能出生無盡的覺悟智慧；能遠離一切的障礙困難；能決定無礙直至究竟，毫不虛假誑語；能圓滿一切的誓願，有為行從不窮盡；能隨順無為的智慧；能生起諸佛的智慧；能窮盡未來際，成就一切種勝行，達到無功用的智慧。

佛子啊！例如有人吞下少量的金剛，終究是無法消化的，金剛甚至會穿過他的身體，露出身外。為什麼呢？因為金剛不會和雜穢的肉身共同安止。眾生在如來處所種下的少量善根也是如此，能穿過一切的有為行、煩惱身，而到達無為究竟的智慧。為什麼能夠這樣？因為像這樣微小的善根是不會再與各種有為行共同安住的。佛子啊！假如乾草堆得跟須彌山一樣廣大，只要投入芥子的火苗，就可以燒盡這座乾草堆。為什麼呢？因為火能燃燒草堆。眾生在如來處所種下的微少善根也是如此，定能燒盡所有的煩惱，得到究竟的無餘涅槃。為什麼呢？這都是因為這種微小善根性的究竟本性。

佛子啊！譬如雪山，有一棵名叫善見的藥王樹。凡是看見這樹的眾生，眼根莫不變得清淨；凡是聽到它名字的人，耳根莫不變得清淨；凡是嗅到它味道的人，鼻根莫不變得清淨；凡是嚐到它味道的人，舌根莫不變得清淨；凡是接觸到它的人，身體莫不變得清淨。

即使眾生，只是挖取那樹附近的泥土，也能除去病厄。

佛子啊！如來這位無上藥王也是如此，能作一切饒益眾生的事業。如果有人得見如來的色身，就能清淨眼根；如果有人得以聽聞如來的名號，就能清淨耳根；如果有人得以嗅到如來的戒香，就能清淨鼻根；如果有人得以嘗到如來的法味，就能清淨舌根，具備廣長舌相，了解一切語言之法；如果有人得以接觸如來的光明，就能清淨身體，獲得究竟無上的法身；如果有人能憶念如來，就能得到念佛三昧的清淨；如果有人能供養如來，即使連如來經過的土地和塔廟也供養的話，就具足了能滅除所有煩惱憂愁的善根，得到賢聖的喜樂。

佛子啊！我現在告訴你們：「如果有業障深重的眾生得以見聞諸佛，即使不心生信心喜樂，但也能種下善根，絲毫不會空過，一直到究竟入涅槃。佛子啊！菩薩摩訶薩應如是了知，在如來的處所，見聞親近諸佛所種下的善根，都能完全遠離一切的不善法，具足善法。

佛子啊！如來雖能運用一切的譬諭宣說種種佛事，但其實卻沒有任何譬諭能夠宣說這個法。為什麼呢？因為這不是用心智可以思惟的，境界不可思議。諸佛菩薩只是隨順眾生的心，使他們歡喜，為他們引用譬諭，本來就不算究竟。佛子啊！這法門叫做：如來秘密之處的法門；或稱：一切世間所不能了知的法門；或稱：入如來印法門；或稱：開大智慧的法門；或稱：示現如來種性的法門；或稱：成就一切菩薩的法門；或稱：一切世間所不能破壞的法門；或稱：一向隨順如來境界的法門；或稱：能清淨一切眾生界的法門；或稱：演說如來根本實性，不可思議的究竟法門。

佛子啊！這些法門，如來不為一般的眾生演說，只為趣向大乘的菩薩演說，或為不可思議的菩薩乘演說。這些法門不會流入一般眾生的手中，除了菩薩摩訶薩之外。

佛子啊！譬如轉輪聖王的處所有七寶，人們因為這七寶而知道他是輪王。就像這些寶物不會落入其他人的手中，除了第一夫人所生的太子，具足成就轉輪聖王條件的人。假如轉輪聖王沒有這位具足眾多德性的太子，那麼這些寶物在轉輪聖王命終之後七天，就會全部散失滅絕。佛子啊！這經典珍寶也是如此，不會落入一般眾生的手中，只會承傳如來的正法王子，或生於如來之家，種下如來相諸善根的人。

佛子啊！如果沒有這些佛陀的真子，這些法門不久之後就會散失滅絕。為什麼呢？因為一切聲聞、緣覺二乘不曾聽聞此經，怎麼談得上受持、讀誦、書寫此經，甚至為人分別解說呢？所以，也只有諸位菩薩才能這樣做。因為這個緣故，所以菩薩摩訶薩聽聞這個法門之後應當歡喜、善重恭敬地頂禮接受。為什麼呢？因為菩薩摩訶薩能信受喜樂這經典，立刻證得無上正等正覺。佛子啊！假設有菩薩於無量百千億那由他劫行六度波羅蜜，修習種種菩提分法。如果沒有聽聞這種如來不思議大威德法門，或是當時聽了之後，無法相信、或無法理解、不能隨順或證入的話，就不能稱為真實菩薩，因為他無法出生於如來家中。如果菩薩聽聞如來這種無量不可思議無障礙的智慧法門之後，能相信理解或隨順悟入，那麼這位菩薩一定能生在如來家中，隨順一切如來境界；具備所有的菩薩法門，安住一切種智；遠離所有的世間法，出生一切如來所行；通達一切菩薩的法性，對佛陀的自在，心毫無疑惑；安住無師之法，深入如來無礙的境界。

佛子啊！菩薩摩訶薩聽聞這個法門之後，就能用平等的智慧了知無量法門；就能用正直的心遠離各種分別；就能用殊勝的欲樂現見諸佛；就能以作意的力量，趣入平等的虛空界；就能以自在的憶念行於無邊法界；就能以智慧力具足一切功德；就能用本然如是的智慧遠離世間所有的塵垢；就能用菩提心證入一切十方網；就能用廣大的觀察了知三世諸佛，都是同一體性；就能用善根迴向的智慧趣入這個法門。這就是不入而入⑳；不會攀緣任何一法，恆常以一法觀一切法㉑。佛子啊！大菩薩成就如此功德，少作功用時，就能得到無師的自然智慧。

這時，普賢菩薩為了重新說明這個義理而說出如下的偈頌：

見聞供養諸佛如來，所得功德不可思量，
於有為中終不可盡，要滅煩惱離於聚苦。
譬人吞服少許金剛，終不消化必要當出，

供養十力諸般功德，滅惑必至金剛智地。
如乾草積等須彌山，投芥子火悉皆燒盡，
供養諸佛少許功德，必斷煩惱至於涅槃。
雪山有藥名為善見，見聞嗅觸消除眾疾，
若有見聞於十力尊，得勝功德到於佛智。

這時，因為佛陀的威神力，法爾如是，十方不可說百千億那由他世界都同時起了六種震動。這六種震動，就是：東邊涌出西邊沒入、西邊涌出東邊沒入、南邊涌出北邊沒入、北邊涌出南邊沒入、邊境涌出中間沒入、中間涌出邊境沒入。從六種震動中又發生十八種的震動，這十八相動就是：搖動、普遍地搖動、平等普遍地搖動浮起、普遍地浮起、平等普遍地浮起、涌出、普遍地涌出、平等普遍地涌出、震撼、普遍地震撼、平等普遍地震撼、發出吼聲、普遍地吼聲、平等普遍地吼聲、叩擊、普遍地叩擊、平等普遍地叩擊。雨下過諸天的一切華雲、一切寶蓋雲、寶幢雲、香雲、鬘雲、塗香雲、莊嚴具足雲、大光明摩尼寶雲、諸菩薩讚歎雲、不可說菩薩各差別身雲、雨下成正覺雲、嚴淨不思議世界雲、雨下如來言語音聲雲，充滿無邊法界。如此四天下，如來的神力如是示現，使諸位菩薩都心生歡喜，周圍一切的十方世界也是如此。

這時，十方各過八十不可說百千億那由他佛國剎土微塵數世界外，各有八十不可說百千億那由他佛國剎土微塵數的如來都同稱名為：普賢如來，都出現其前而這麼說：

善哉！佛子啊！只有你才能承受諸佛的威力，隨順法性，演說如來出現不可思議之法。佛子啊！我們十方世界。各有八十不可說百千億那由他佛國剎土微塵數共同名號的佛，都在宣說此法，如同我所說的，十方世界一切諸佛也是這麼演說。

佛子啊！今天這個聚會，十萬佛國剎土微塵數的菩薩摩訶薩，都已得到一切菩薩的神通三昧。我等都為他們授記，使他們以一生就可證得無上正等正覺。又佛國剎土微塵數裡凡是發無上正等正覺的眾生，我等也為他們授記。他們在未來世，經過不可說佛國剎土微塵數劫後，都得以成佛，他們共同的名號是：佛殊勝境界如來。我為了使未來諸位菩薩聽聞此法，所以都前來護持。如此四天下所度的眾生，數量無盡，乃至於不可說不可說，法界虛空等一切世界中應當度化的眾生，也是如此。

這時，因為十方諸佛的威神力；因為毘盧遮那如來的本願力；因為法本來如此；又因為諸佛的善根力；又因為如來生起的智慧，當下即證而不越過心念；又因為如來隨應因緣而不錯失時節；又因為諸佛能隨時覺悟諸菩薩；又諸佛往昔所有的作為毫無過失敗壞；又諸佛能使諸菩薩得到普賢廣大的行願，顯現一切的智慧自在。所以，十方各過不可說百千億那由他佛國剎土微塵數世界外，各有不可說百千億那由他佛國剎土微塵數，充滿十方一切法界的菩薩都來此處拜謁，示現菩薩的廣大莊嚴。放大光明網，震動十方世界，諸魔的宮殿無不壞散，所有的惡道苦無不除滅，而顯現一切如來的威德。並且歌詠歎讚如來的無量差別功德法，更普遍雨下種種雨。又示現無量差別身，領受無量的諸佛法，他們受諸佛神力加持，說著：

善哉！佛子啊！你能宣說這個如來不可破壞之法。佛子啊！我們共同的名號是：普賢菩薩，各從普光明世界普幢自在如來的處所來到這裡，那裡的一切處所也都演說這個法。那裡所說的文句、義理，宣說的情形、決定的情形，都與您這兒相同，既不增加，也不減少。我們都因為佛陀的威神力，而證得如來法，所以特別前來此處，為你作證。如同我出現此處，為您作證；十方等虛空遍法界一切世界諸四天下的道場，也是如此。

這時，普賢菩薩承受佛的神力，觀察一切菩薩，想要重新說明如來出現的廣大威德，及如來正法不可破壞，及無量的善根都是不空，諸佛出世必定具足最殊勝之法。又觀察所有眾生的心念，能隨時應時機說法，因此能生起諸菩薩的無量法光。一切諸佛自在莊嚴，一切如來一身無異，都是從本來大行願生起，而說出下面的偈頌：

一切如來所有作業，世間譬諭無能及者，
為令眾生能得悟解，非諭為諭而為顯示。
如是微密甚深妙法，百千萬劫難可得聞，

精進智慧大調伏者，乃得聞此秘奧妙義。
若聞此法心生欣慶，彼曾供養無量諸佛，
為佛加持為所攝受，人天讚歎常為供養。
此為超世第一寶財，此能救度一切群品，
此能出生清淨妙道，汝等當持慎莫放逸。

【註釋】

❶第五段，說明出現之意境。
❷以下舉三個比喻解釋，初為降雨無從之喻，以正明無餘脫。
❸次為海水從心之喻，比喻無縛脫之因。
❹次為海水宏深之喻，以比喻無量無邊。
❺優波尼沙陀　古印度形容極少數量之名稱。
❻此段說明體相甚深。
❼此段說明三輪平等。
❽此段說明因果交徹。

❾此段說明菩提之體離虧盈。
❿此段說明菩提之相無增減。
⓫此段說明菩提之用該動寂。
⓬此段說明菩提周遍法界。
⓭此段說明菩提普遍諸心。
⓮此段說明出現之轉法輪，所以菩提必可轉換之。
⓯以上五句顯示法輪、體性寂寥，次四句頌相用深廣。
⓰以下說明法所起之因。
⓱前段說明涅槃體性真常，此段說明涅槃德用圓備。
⓲說明出沒自在，示現涅槃無為而無所為。
⓳這段說明出現之見聞親近所生之善根。
⓴此句釋前之不入，即指入相之不可留。
㉑此句釋不入之入，即寂然無入而不失覺照作用之意。

【原典】

佛子！菩薩摩訶薩應云何知如來、應、正等覺境界？佛子！菩薩摩訶薩以無障無礙智慧，知一切世間境界是如來境界，知一切三世境界、一切剎境界、一切法境界、一切眾生境界、真如無差別境界、法界無障礙境界、實際無邊際境界、虛空無分量境界、無境界境界是如來境界。佛子！如一切世間境界無量，如來境界亦無量；如一切三世境界無量，如來境界亦無量；乃至，如無境界境界無量，如來境界亦無量；如無境界境界一切處無有，如來境界亦如是一切處無有。佛子！菩薩摩訶薩應知心境界是如來境界。如心境界無量無邊、無縛無脫，如來境界亦無量無邊、無縛無脫。何以故？以如是如是思惟分別，如是如是無量顯現故。佛子！如大龍王隨心降雨，其雨不從內出、不從外出。如來境界亦復如是，隨於如是思惟分別，則有如是無量顯現，於十方中悉無來處。佛子！如大海水，皆從龍王心力所起。諸佛如來一切智海亦復如是，皆從如來往昔大願之所生起。

佛子！一切智海無量無邊，不可思議，不可言說；然我今者略說譬諭，汝應諦聽。佛子！此閻浮提有二千五百河流入大海，西拘耶尼有五千河流入大海，東弗婆提有七千五百河流入大海，北欝單越有一萬河流入大海。佛子！此四天下，如是二萬五千河相續不絕流入大海。於意云何，此水多不？答言：甚多。佛子！復有十光明龍王，雨大海中水倍過前；百光明龍王，雨大海中水復倍前；大莊嚴龍王、摩那斯龍王、雷震龍王、難陀跋難陀龍王、無量光明龍王、連霔不斷龍王、大勝龍王、大奮迅龍王，如是等八十億諸大龍王，各雨大海，皆悉展轉倍過於前；娑竭羅龍王太子，名：閻浮幢，雨大海中水復倍前。佛子！十光明龍王宮殿中水流入大海，復倍過前；百光明龍王宮殿中水流入大海，復倍過前；大莊嚴龍王、摩那斯龍王、雷震龍王、難陀跋難陀龍王、無量光明龍王、連霔不斷龍王、大勝龍王、大奮迅龍王，如是等八十億諸大龍王，宮殿各別，其中有水流入大海，皆悉展轉倍過於前；娑竭羅龍王太子閻浮幢宮殿中水流入大海，復倍過前。佛子！娑竭羅龍王連雨大海，水復倍前；其娑竭羅龍王宮殿中水涌出入海，復倍於前；其所出水紺瑠璃色，涌出有時，是故大海潮不失時。佛子！如是大海，其水無量，眾寶無量，眾生無量，所依大地亦復無量。佛子！於汝意云何？彼大海為無量不？

答言：實為無量，不可為諭。

佛子！此大海無量於如來智海無量，百分不及一，千分不及一，乃至優波尼沙陀分不及其一；但隨眾生心為作譬諭，而佛境界非譬所及。佛子！菩薩摩訶薩應知如來智海無量，從初發心修一切菩薩行不斷故；應知寶聚無量，一切菩提分法、三寶種不斷故；應知所住眾生無量，一切學、無學、聲聞、獨覺所受用故；應知住地無量，從初歡喜地乃至究竟無障礙地諸菩薩所居故。佛子！菩薩摩訶薩為入無量智慧利益一切眾生故，於如來、應、正等覺境界應如是知。

爾時，普賢菩薩摩訶薩欲重明此義而說頌言：

如心境界無有量，諸佛境界亦復然；如心境界從意生，佛境如是應觀察。
如龍不離於本處，以心威力霔大雨，雨水雖無來去處，隨龍心故悉充洽。
十力牟尼亦如是，無所從來無所去，若有淨心則現身，量等法界入毛孔。
如海珍奇無有量，眾生大地亦復然，水性一味等無別，於中生者各蒙利。
如來智海亦如是，一切所有皆無量，有學無學住地人，悉在其中得饒益。

佛子！菩薩摩訶薩應云何知如來、應、正等覺行？佛子！菩薩摩訶薩應知無礙行是如來行，應知真如行是如來行。佛子！如真如，前際不生，後際不動，現在不起；如來行亦如是，不生、不動、不起。佛子！如法界，非量、非無量，無形故；如來行亦如是，非量、非無量，無形故。佛子！譬如鳥飛虛空，經於百年，已經過處、未經過處皆不可量。何以故？虛空界無邊際故。如來行亦如是，假使有人經百千億那由他劫分別演說，已說、未說皆不可量。何以故？如來行無邊際故。佛子！如來、應、正等覺住無礙行，無有住處，而能普為一切眾生示現所行，令其見已，出過一切諸障礙道。佛子！譬如金翅鳥王，飛行虛空，迴翔不去，以清淨眼觀察海內諸龍宮殿，奮勇猛力，以左右翅鼓揚海水悉令兩闢，知龍男女命將盡者而搏取之。如來、應、正等覺金翅鳥王亦復如是，住無礙行，以淨佛眼觀察法界諸宮殿中一切眾生，若曾種善根已成熟者，如來奮勇猛十力，以止觀兩翅鼓揚生死大愛水海，使其兩闢而撮取之，置佛法中，令斷一切妄想戲論，安住如來無分別無礙行。佛子！譬如日月，獨無等侶，周行虛空，利益眾生，不作是念：「我從何來，而至何所。」諸佛如來亦復如是，性本寂滅，無有分別，示現遊行一切法界，為欲饒益諸眾生故，作諸佛事無有休息，不生如是戲論分別：「我從彼來，而向彼去。」佛子！菩薩摩訶薩應以如是等無量方便、無量性相，知見如來、應、正等覺所行之行。

爾時，普賢菩薩欲重明此義而說頌言：

譬如真如不生滅，無有方所無能見；大饒益者行如是，出過三世不可量。
法界非界非非界，非是有量非無量；大功德者行亦然，非量無量無身故。
如鳥飛行億千歲，前後虛空等無別；眾劫演說如來行，已說未說不可量。
金翅在空觀大海，闢水搏取龍男女；十力能拔善根人，令出有海除眾惑。
譬如日月遊虛空，照臨一切不分別；世尊周行於法界，教化眾生無動念。

佛子！諸菩薩摩訶薩應云何知如來、應、正等覺成正覺？佛子！菩薩摩訶薩應知如來成正覺，於一切義無所觀察，於法平等無所疑惑，無二無相，無行無止，無量無際，遠離二邊，住於中道，出過一切文字言說，知一切眾生心念所行、根性欲樂、煩惱染習；舉要言之，於一念中悉知三世一切諸法。佛子！譬如大海普能印現四天下中一切眾生色身形像，是故共說以為大海；諸佛菩提亦復如是，普現一切眾生心念、根性樂欲而無所現，是故說名諸佛菩提。佛子！諸佛菩提，一切文字所不能宣，一切音聲所不能及，一切言語所不能說，但隨所應方便開示。佛子！如來、應、正等覺成正覺時，得一切眾生量等身，得一切法量等身，得一切剎量等身，得一切三世量等身，得一切佛量等身，得一切語言量等身，得真如量等身，得法界量等身，得虛空界量等身，得無礙界量等身，得一切願量等身，得一切行量等身，得寂滅涅槃界量等身。佛子！如所得身，言語及心亦復如是，得如是等無量無數清淨三輪。佛子！如來成正覺時，於其身中普見一切眾生成正覺，乃至普見一切眾生入涅槃，皆同一性，所謂：無性。無何等性？所謂：無相性、無盡性、無生性、無滅性、無我性、無非我性、無眾生性、無非眾生性、無菩提性、無法界性、無虛空性，亦復無有成正覺性。知一切法皆無性故，得一切智，大悲相續，救度眾生。佛子！譬如虛空，一切世界若成若壞，常無增減。何以故？虛空無生故。諸佛菩提亦復如是，若成正覺、不成正覺，亦無增減。何以故？菩提無相、無非相，無一、無種種故。佛子！假使有人能化作恆河沙等心，一一心復化作恆河沙等佛，皆無色、無形、無相，如是盡恆河沙等劫無有休息。佛子！於汝意云何？彼人化心，化作如來，凡有幾何？如來性起妙德菩薩言：如我解於仁所說義，化與不化等無有別，云何問言凡有幾何？普賢菩薩言：善哉善哉！佛子！如汝所說，設一切眾生，於一念中悉成正覺，與不成正覺等無有異。何以故？菩提無相故；若無有相，則無增無減。佛子！菩薩摩訶薩應如是知成等正覺同於菩提一相無相。如來成正覺時，以一相方便入善覺智三昧；入已，於一成正覺廣大身，現一切眾生數等身住於身中。如一成正覺廣大身，一切成正覺廣大身悉亦如是。佛子！如來有如是等無量成正覺門，是故應知如來所現身無有量；以無量故，說如來身為無量界、等眾生界。佛子！菩薩摩訶薩應知如來身一毛孔中，有一切眾生數等諸佛身。何以故？如來成正覺身究竟無生滅故。如一毛孔遍法界，一切毛孔悉亦如是，當知無有少許處空無佛身。何以故？如來成正覺，無處不至故；隨其所能，隨其勢力，於道場菩提樹下師子座上，以種種身成等正覺。佛子！菩薩摩訶薩應知自心念念常有佛成正覺。何以故？諸佛如來不離此心成正覺故。如自心，一切眾生心亦復如是，悉有如來成等正覺，廣大周遍，無處不有，不離不斷，無有休息，入不思議方便法門。佛子！菩薩摩訶薩應如是知如來成正覺。

爾時，普賢菩薩摩訶薩欲重明此義而說頌言：

正覺了知一切法，無二離二悉平等，自性清淨如虛空，我與非我不分別。
如海印現眾生身，以此說其為大海；菩提普印諸心行，是故說名為正覺。
譬如世界有成敗，而於虛空不增減；一切諸佛出世間，菩提一相恆無相。
如人化心化作佛，化與不化性無異；一切眾生成菩提，成與不成無增減。
佛有三昧名善覺，菩提樹下入此定，放眾生等無量光，開悟群品如蓮敷。
如三世劫剎眾生，所有心念及根欲，如是數等身皆現，是故正覺名無量。

佛子！菩薩摩訶薩應云何知如來、應、正等覺轉法輪？佛子！菩薩摩訶薩應如是知如來以心自在力無起無轉而轉法輪，知一切法恆無起故；以三種轉斷所應斷而轉法輪，知一切法離邊見故；離欲際、非際而轉法輪，入一切法虛空際故；無有言說而轉法輪，知一切法不可說故；究竟寂滅而轉法輪，知一切法涅槃性故；以❶一切文字、一切言語而轉法輪，如來音聲無處不至故；知聲如響而轉法輪，了於諸法真實性故；於一音中出一切音而轉法輪，畢竟無主故；無遺無盡而轉法輪，內外無著故。佛子！譬如一切文字語言，盡未來劫說不可盡；佛轉法輪亦復如是，一切文字安立顯示，無有休息，無有窮盡。佛子！如來法輪悉入一切語言文字而無所住。譬如書字，普入一切事、一切語、一切算數、一切世間出世間處而無所住；如來音聲亦復如是，普入一切處、一切眾生、一切法、一切業、一切報中而無所住。一切眾生種種語言，皆悉不離如來法輪。何以故？言音實相即法輪故。佛子！菩薩摩訶薩於如來轉法輪應如是知。

復次，佛子！菩薩摩訶薩欲知如來所轉法輪，應知如來法輪所出生處。何等為如來法輪所出生處？佛子！如來隨一切眾生心行欲樂無量差別，出若干音聲而轉法輪。佛子！如來、應、正等覺有三昧，名：究竟無礙無畏，入此三昧已，於成正覺一一身、一一口，各出一切眾生數等言音，一一音中眾音具足，各各差別而轉法輪，令一切眾生皆生歡喜。能如是知轉法輪者，當知此人則為隨順一切佛法；不如是知，則非隨順。佛子！諸菩薩摩訶薩應如是知佛轉法輪，普入無量眾生界故。

爾時，普賢菩薩摩訶薩欲重明此義而說頌言：

如來法輪無所轉，三世無起亦無得，譬如文字無盡時，十力法輪亦如是。
如字普入而無至，正覺法輪亦復然，入諸言音無所入，能令眾生悉歡喜。
佛有三昧名究竟，入此定已乃說法，一切眾生無有邊，普出其音令悟解。
一一音中復更演，無量言音各差別，於世自在無分別，隨其欲樂普使聞。
文字不從內外出，亦不失壞無積聚，而為眾生轉法輪，如是自在甚奇特。

佛子！菩薩摩訶薩應云何知如來、應、正等覺般涅槃？佛子！菩薩摩訶薩欲知如來大涅槃者，當須了知根本自性。如真如涅槃，如來涅槃亦如是；如實際涅槃，如來涅槃亦如是；如法界涅槃，如來涅槃亦如是；如虛空涅槃，如來涅槃亦如是；如法性涅槃，如來涅槃亦如是；如離欲際涅槃，如來涅槃亦如是；如無相際涅槃，如來涅槃亦如是；如我性際涅槃，如來涅槃亦如是；如一切法性際涅槃，如來涅槃亦如是；如真如際涅槃，如來涅槃亦如是。何以故？涅槃無生無出故；若法無生無出，則無有滅。佛子！如來不為菩薩說諸如來究竟涅槃，亦不為彼示現其事。何以故？為欲令見一切如來常住其前，於一念中見過去、未來一切諸佛色相圓滿皆如現在，亦不起二、不二想。何以故？菩薩摩訶薩永離一切諸想著故。佛子！諸佛如來為令眾生生欣樂故，出現於世；欲令眾生生戀慕故，示現涅槃；而實如來無有出世，亦無涅槃。何以故？如來常住清淨法界，隨眾生心示現涅槃。佛子！譬如日出，普照世間，於一切淨水器中影無不現，普遍眾處而無來往，或一器破便不現影。佛子！於汝意云何，彼影不現為日咎不？答言：不也。但由器壞，非日有咎。佛子！如來智日亦復如是，普現法界無前無後，一切眾生淨心器中佛無不現，心器常淨常見佛身，若心濁器破則不得見。佛子！若有眾生應以涅槃而得度者，如來則為示現涅槃，而實如來無生、無歿、無有滅度。佛子！譬如火大，於一切世間能為火事，或時一處其火息滅。於意云何，豈一切世間火皆滅耶？答言：不也。佛子！如來、應、正等覺亦復如是，於一切世界施作佛事，或於一世界能事已畢示入涅槃，豈一切世界諸佛如來悉皆滅度？佛子！菩薩摩訶薩應如是知如來、應、正等覺大般涅槃。

復次，佛子！譬如幻師善明幻術，以幻術力，於三千大千世界一切國土、城邑、聚落示現幻身，以幻力持經劫而住；然於餘處，幻事已訖，隱身不現。佛子！於汝意云何，彼大幻師豈於一處隱身不現，便一切處皆隱滅耶？答言：不也。佛子！如來、應、正等覺亦復如是，善知無量智慧方便種種幻術，於一切法界普現其身，持令常住盡未來際；或於一處，隨眾生心，所作事訖，示現涅槃。豈以一處示入涅槃，便謂一切悉皆滅度？佛子！菩薩摩訶薩應如是知如來、應、正等覺大般涅槃。

復次，佛子！如來、應、正等覺示涅槃時，入不動三昧；入此三昧已，於一一身各放無量百千億那由他大光明，一一光明各出阿僧祇蓮華，一一蓮華各有不可說妙寶華藥，一一華藥有師子座，一一座上皆有如來結跏趺坐，其佛身數正與一切眾生數等，皆具上妙功德莊嚴，從本願力之所生起。若有眾生善根熟者，見佛身已，則皆受化。然彼佛身，盡未來際究竟安住，隨宜化度一切眾生未曾失時。佛子！如來身者，無有方處，非實非虛，但以諸佛本誓願力，眾生堪度則便出現。菩薩摩訶薩應如是知如來、應、正等覺大般涅槃。佛子！如來住於無量無礙究竟法界、虛空界，真如法性無生無滅及以實際，為諸眾生隨時示現；本願持故，無有休息，不捨一切眾生、一切剎、一切法。

爾時，普賢菩薩摩訶薩欲重明此義而說頌言：

如日舒光照法界，器壞水漏影隨滅；最勝智日亦如是，眾生無信見涅槃。
如火世間作火事，於一城邑或時息；人中最勝遍法界，化事訖處示終盡。
幻師現身一切剎，能事畢處則便謝；如來化訖亦復然，於餘國土常見佛。
佛有三昧名不動，化眾生訖入此定，一念身放無量光，光出蓮華華有佛。
佛身無數等法界，有福眾生所能見，如是無數一一身，壽命莊嚴皆具足。
如無生性佛出興，如無滅性佛涅槃，言辭譬諭悉皆斷，一切義成無與等。

佛子！菩薩摩訶薩應云何知於如來、應、正等覺見聞親近所種善根？佛子！菩薩摩訶薩應知於如來所見聞親近所種善根皆悉不虛，出生無盡覺慧故，離於一切障難故，決定至究竟故，無有虛誑故，一切願滿故，不盡有為行故，隨順無為智故，生諸佛智故，盡未來際故，成一切種勝行故，到無功用智地故。佛子！譬如丈夫，食少金剛，終竟不消，要穿其身，出在於外。何以故？金剛不與肉身雜穢而同止故。於如來所種少善根亦復如是，要穿一切有為諸行煩惱身過，到於無為究竟智處。何以故？此少善根不與有為諸行煩惱而共住故。佛子！假使乾草積同須彌，投火於中如芥子許，必皆燒盡。何以故？火能燒故。於如來所種少善根亦復如是，必能燒盡一切煩惱，究竟得於無餘涅槃。何以故？此少善根性究竟故。佛子！譬如雪山有藥王樹，名曰：善見。若有見者，眼得清淨；若有聞者，耳得清淨；若有嗅者，鼻得清淨；若有嘗者，舌得清淨；若有觸者，身得清淨；若有眾生取彼地土，亦能為作除病利益。佛子！如來、應、正等覺無上藥王亦復如是，能作一切饒益眾生。若有得見如來色身，眼得清淨；若有得聞如來名號，耳得清淨；若有得嗅如來戒香，鼻得清淨；若有得嘗如來法味，舌得清淨，具廣長舌，解語言法；若有得觸如來光者，身得清淨，究竟獲得無上法身；若於如來生憶念者，則得念佛三昧清淨；若有眾生供養如來所經土地及塔廟者，亦具善根，滅除一切諸煩惱患，得賢聖樂。佛子！我今告汝，設有眾生見聞於佛，業障纏覆不生信樂，亦種善根無空過者，乃至究竟入於涅槃。佛子！菩薩摩訶薩應如是知於如來所見聞親近所種善根，悉離一切諸不善法，具足善法。

佛子！如來以一切譬諭說種種事，無有譬諭能說此法。何以故？心智路絕，不思議故。諸佛菩薩但隨眾生心，令其歡喜，為說譬諭，非是究竟。佛子！此法門名為：如來祕密之處，名：一切世間所不能知，名：入如來印，名：開大智門，名：示現如來種性，名：成就一切菩薩，名：一切世間所不能壞，名：一向隨順如來境界，名：能淨一切諸眾生界，名：演說如來根本實性不思議究竟法。佛子！此法門，如來不為餘眾生說，唯為趣向大乘菩薩說，唯為乘不思議乘菩薩說；此法門不入一切餘眾生手，唯除諸菩薩摩訶薩。佛子！譬如轉輪聖王所有七寶，因此寶故顯示輪王，此寶不入餘眾生手，唯除第一夫人所生太子，具足成就聖王相者。若轉輪王無此太子具眾德者，王命終後，此諸寶等於七日中悉皆散滅。佛子！此經珍寶亦復如是，不入一切餘眾生手，唯除如來法王真子，生如來家，種如來相諸善根者。佛子！若無此等佛之真子，如是法門不久散滅。何以故？一切二乘不聞此經，何況受持、讀誦、書寫、分別解說！唯諸菩薩乃能如是。是故，菩薩摩訶薩聞此法門應大歡喜，以尊重心恭敬頂受。何以故？菩薩摩訶薩信樂此經，疾得阿耨多羅三藐三菩提故。佛子！設有菩薩於無量百千億那由他劫行六波羅蜜，修習種種菩提分法。若未聞此如來不思議大威德法門，或時聞已不信、不解、不順、不入，不得名為真實菩薩，以不能生如來家故。若得聞此如來無量不可思議無障無礙智慧法門，聞已信解，隨順悟入，當知此人生如來家，隨順一切如來境界，具足一切諸菩薩法，安住一切種智境界，遠離一切諸世間法，出生一切如來所行，通達一切菩薩法性，於佛自在心無疑惑，住無師法，深入如來無礙境界。佛子！菩薩摩訶薩聞此法已，則能以平等智知無量法，則能以正直心離諸分別，則能以勝欲樂現見諸佛，則能以作意力入平等虛空界，則能以自在念行無邊法界，則能以智慧力具一切功德，則能以自然智離一切世間垢，則能以菩提心入一切十方網，則能以大觀察知三世諸佛同一體性，則能以善根迴向智普入如是法，不入而入；不於一法而有攀緣，恆以一法觀一切法。佛子！菩薩摩訶薩成就如是功德，少作功力，得無師自然智。

爾時，普賢菩薩欲重明此義而說頌言：

見聞供養諸如來，所得功德不可量，於有為中終不盡，要滅煩惱離眾苦。
譬人吞服少金剛，終竟不消要當出；供養十力諸功德，滅惑必至金剛智。
如乾草積等須彌，投芥子火悉燒盡；供養諸佛少功德，必斷煩惱至涅槃。
雪山有藥名善見，見聞嗅觸消眾疾；若有見聞於十力，得勝功德到佛智。

爾時，佛神力故，法如是故，十方各有十不可說百千億那由他世界六種震動，所謂：東涌西沒，西涌東沒，南涌北沒，北涌南沒，邊涌中沒，中涌邊沒。十八相動，所謂：動、遍動、等遍動，起、遍起、等遍起，涌、遍涌、等遍涌，震、遍震、等遍震，吼、遍吼、等遍吼，擊、遍擊、等遍擊。雨出過諸天一切華雲、一切蓋雲、幢雲、幡雲、香雲、鬘雲、塗香雲、莊嚴具雲、大光明摩尼寶雲、諸菩薩讚歎雲、不可說菩薩各差別身雲，雨成正覺雲、嚴淨不思議世界雲，雨如來言語音聲雲，充滿無邊法界。如此四天下，如來神力如是示現，令諸菩薩皆大歡喜；周遍十方一切世界，悉亦如是。

是時，十方各過八十不可說百千億那由他佛剎微塵數世界外，各有八十不可說百千億那由他佛剎微塵數如來，同名：普賢，皆現其前而作是言：

善哉！佛子！乃能承佛威力，隨順法性，演說如來出現不思議法。佛子！我等十方八十不可說百千億那由他佛剎微塵數同名諸佛皆說此法；如我所說，十方世界一切諸佛亦如是說。佛子！今此會中，十萬佛剎微塵數菩薩摩訶薩，得一切菩薩神通三昧；我等皆與授記，一生當得阿耨多羅三藐三菩提。佛剎微塵數眾生，發阿耨多羅三藐三菩提心；我等亦與授記，於當來世經不可說佛剎微塵數劫，皆得成佛，同號：佛殊勝境界。我等為令未來諸菩薩聞此法故，皆共護持。如此四天下所度眾生，十方百千億那由他無數無量，乃至不可說不可說法界虛空等一切世界中所度眾生，皆亦如是。

爾時，十方諸佛威神力故，毘盧遮那本願力故，法如是故，善根力故，如來起智不越念故，如來應緣不失時故，隨時覺悟諸菩薩故，往昔所作無失壞故，令得普賢廣大行故，顯現一切智自在故，十方各過十不可說百千億那由他佛剎微塵數世界外，各有十不可說百千億那由他佛剎微塵數菩薩來詣於此，充滿十方一切法界，示現菩薩廣大莊嚴，放大光明網，震動一切十方世界，壞散一切諸魔宮殿，消滅一切諸惡道苦，顯現一切如來威德，歌詠讚歎如來無量差別功德法，普雨一切種種雨，示現無量差別身，領受無量諸佛法，以佛神力各作是言：

善哉！佛子！乃能說此如來不可壞法。佛子！我等一切皆名：普賢，各從普光明世界普幢自在如來所而來於此，彼一切處亦說是法，如是文句，如是義理，如是宣說，如是決定，皆同於此，不增不減。我等皆以佛神力故，得如來法故，來詣此處為汝作證。如我來此，十方等虛空遍法界一切世界諸四天下亦復如是。

爾時，普賢菩薩承佛神力，觀察一切菩薩大眾，欲重明如來出現廣大威德，如來正法不可沮壞，無量善根皆悉不空，諸佛出世必具一切最勝之法，善能觀察諸眾生心，隨應說法未曾失時，生諸菩薩無量法光，一切諸佛自在莊嚴，一切如來一身無異，從本大行之所生起，而說頌言：

一切如來諸所作，世間譬諭無能及，為令眾生得悟解，非諭為諭而顯示。
如是微密甚深法，百千萬劫難可聞；精進智慧調伏者，乃得聞此祕奧義。
若聞此法生欣慶，彼曾供養無量佛，為佛加持所攝受，人天讚歎常供養。
此為超世第一財，此能救度諸群品，此能出生清淨道，汝等當持莫放逸。

註釋

❶「以」，大正本原無，今依明本增之。

白話華嚴經 第六冊

離世間品 第三十八

導讀
卷五十三
卷五十四
卷五十五
卷五十六
卷五十七
卷五十八
卷五十九

THE HUA-YEN SUTRA

大方廣佛華嚴經卷　第五十三

離世間品　導讀

離世間品是第八會三重普光明殿會的唯一一品，在五分中是第四分「託法進修成行分」，在五周因果中是第四周「成行因果」。因為〈性起品〉以前已說「修因契果生解」，現在要依解起修。解是大解，行是大行，依大解而起大行，大行即是離世間行。所以〈性起品〉以前是自體性起因果，而〈離世間品〉則是成離世間行之因果。性起因果已明普賢因行入如來性起，離世間的成行因果則將普賢因行與如來性起合一，總為普賢的離世間大行。

離世間有多重意義，法藏《探玄記》說有四重：一、妄執是世間，妄執即空便是離，所以名離世間。二、緣起為世間，緣起無自性即離，所以為離世間。三、一切行常在世是世間，而非世所攝名離，所以為離世間。四、人天是世間，二乘即離；二乘為世間，菩薩即離；菩薩的分段及變易生死即是世間，佛果究竟圓滿才是離。本品的成行因果，皆是世間，但卻又不是世間行，所以名為離世間。

離世間品有西晉竺法護譯的《度世品經》六卷之別譯本，及已失傳的別行本《普賢菩薩答難二千經》。〈度世品〉即「離世間」之意，而《普賢菩薩答難二千經》則是由本品內容來立種名的，即本品乃由普慧菩薩問菩薩行二百問，而由普賢菩薩回答。每一問都以十法回答，所以對於二百個問難，普賢共有二千答。因此「普賢菩薩答難二千」便成為本品的主要內容，而以此立種名。本品的名稱在經文中尚舉出十種，依次是：一、「一切菩薩功德行處」，即本品乃是教導一切菩薩生起功德行之處。二、「決定義華」，即本品乃是總結決定菩薩行之義，因為此行一定能感大果之故。三、「普入一切法」，即令一切菩薩智慧契入一切法，證入所證之法。四、「普生一切智」，即生起諸菩薩智慧。五、「超諸世間」，即依本品教法而行持，必定能超出世間。六、「離二乘道」，即一切都是菩薩大悲所起之萬行。七、「不與一切諸眾生共」，即本品所說皆不是眾生行，一一皆是菩薩圓融行。八、「悉能照了一切法門」，即是顯示一切法門之正義，而且軌則具足。九、「增長眾生出世善根」，即本品所說皆是離相善行，即理涉事之法。十、「離世間法門」，即本品所說之行皆不是世間所攝，卻即事而真。

〈離世間品〉的內容分長行和結頌兩部份。長行可簡分為序、正、流通三分。序分即世尊於菩提樹下普光明殿中，坐蓮華藏師子座上，與無數補處菩薩同住。而普賢菩薩便趣入「佛華莊嚴三昧」，發出聲音普聞而後起定，正宗分即是普慧菩薩問普賢菩薩二百零一個有關菩薩行的問題，普賢菩薩對每一種行都以十種法回答。流通分則如前所述，結說本品十種名稱以流通修行。古德將二百問分作六類：一、前二十問問十信行。二、發普賢心以下二十問問十住行。三、力持以下三十問問十行行。四不可思議如實住以下三十問問十迴向行。五、身業以下五十問問十地行。六、觀察以下五十一問問佛果究竟住行。這六個階位在《華嚴經》中，共演說三次。即〈性起品〉以前是第一次，〈離世間品〉是第二次，〈入法界品〉是第三次。而〈離世間品〉所說，主要是以普賢行來該攝六種階位之理。

偈頌部份，並有二百一十五頌半，可分作四段。一、前八頌是言明諸佛深廣難說的功德。二、由「其心無高下」起一百三十一頌半，言明普賢行功德的種種差別相狀。三、從「依於佛智住」起四十頌，是略明前面菩薩的兩千行之相狀。四、由「雖令無量眾」起三十六頌，是作總結而勸發修學此功德行。

大方廣佛華嚴經卷　第五十三

離世間品❶　第三十八之一

【白話語譯】

這時，世尊在摩竭提國，阿蘭若法菩提道場的普光明殿中，坐在蓮華藏師子寶座上。

此時，他已經成證圓滿微妙的覺悟，永遠斷絕凡夫的煩惱障❷，與聲聞、緣覺的所知障❸等兩種現行❹，所以能通達無相之法。他安住在無功用行的「佛住」境界，證得諸佛的平等境界，到達無障礙之處，證得如金剛不動轉的法。安住不可思議的境界，一切的所行已毫無障礙，因此能看見過去、現在、未來三世的一切眾相。

他的身形恆常遍滿所有的國土，又他能以智慧明白了達諸法及一切所行，因此早已窮盡所有的疑惑，具足無能測量的身相，和等同一切菩薩所求的智慧，到達諸佛究竟無二的究竟彼岸，具足諸佛的平等解脫，證得無中、邊境界的佛陀平等境地，窮盡法界，等同虛空，與不可說百千億那由他佛國剎土微塵數的菩薩摩訶薩一起。他們都是一生補處菩薩，必定會證得無上正等正覺。

這些分別從他方種種國土前來集會的菩薩，都具足了菩薩的方便智慧。就是：能夠善巧觀察一切眾生，並以方便的力量調伏他們，使他們安住菩薩法中；能夠善巧觀察一切世界，並且以方便的力量普遍前往拜見所有國土；能夠善巧觀察涅槃的境界，思惟籌量，永遠斷離所有的戲論分別而勤修妙法，從不間斷；能夠善巧趣入無量的方便法門，了知眾生本來空無所有，而仍不破壞業力與果報；能夠善巧了知眾生心意，受持各種根器眾生的方便境界，與種種差別。不但自己了解過去、現在、未來三世的佛法，又能分別為別人演說；善於安住世間法、出世間法等無量諸法，並且了知二者的真實體性。又能善巧觀察有為法、無為法等一切諸法，了知其實無有二法。在一念之間，就能完全獲得三世諸佛所有的智慧，能夠在一念之間示現成就正等正覺，使一切眾生發心成道。

菩薩能從眾生所緣的一個念頭，了知一切眾生的境界。他雖然已進入如來的一切智，但仍然不捨棄菩薩行的各種作業。並且具足智慧方便而無所作，因此他能為每一個眾生安住無量的時劫。這種行願，一般人即使經歷阿僧祇劫也很難碰到。他精勤地轉動正法輪，調伏眾生的結果，一切都功不唐捐。所以現在、過去、未來三世諸佛都已具足清淨的行願，成就如此等等的無量功德。所有的如來，即使用無邊的時劫演說這些菩薩的功德，也演說不盡。

他們的名號分別是：普賢菩薩、普眼菩薩、普化菩薩、普慧菩薩、普見菩薩、普光菩薩、普觀菩薩、普照菩薩、普幢菩薩、普覺菩薩，如是等十倍不可說百千億那由他佛國剎土微塵數的菩薩，都已成就普賢行願，圓滿深心大願。他們還能前往諸佛出興之處，勸請諸佛轉動法輪。另外，他們又能善巧方便地受持諸佛的法眼，❺使諸佛的種性不致斷絕。他們又非常清楚諸佛出興世間的因緣、授記的次第、名號、國土、成就正等正覺、大轉法輪、在無佛的世界現身成佛，清淨一切雜染的眾生，消滅一切菩薩的業障，無礙地進入清淨法界的情形。

這時，普賢菩薩證入名叫佛華莊嚴的廣大三昧。他一進入這個三昧，十方所有的世界就產生六種大震動、十八種奇特的現象，聲音大得所有的眾生都聽得一清二楚。

然後，普賢菩薩又從三昧中出定。

這時，普慧菩薩知道大眾已經達齊了，就問普賢菩薩說：

佛子啊！但願您能為大眾演說：到底什麼是菩薩摩訶薩所應依止的？什麼是奇特的心想？什麼是菩薩行？怎樣才算是善知識？怎樣才能成就眾生？菩薩摩訶薩的戒律是什麼？怎樣才能知道自己已經蒙佛受記？怎樣才能證入菩薩的境界？怎樣才能證入如來的境界？怎樣才能進入眾生的心行？怎樣才能進入世界？

怎樣才能進入時劫？怎樣才能宣說過去、現在、未來三世？怎樣才能趣入三世？怎樣才能心無疲懨厭倦？什麼是差別智？什麼是陀羅尼？什麼是演說佛？如何發起普賢心？普賢菩薩的行法是什麼？怎樣才能興起大悲？發菩提心的因緣是什麼？怎樣才算尊重善知識？菩薩摩訶薩的清淨是指什麼？菩薩摩訶薩的各種波羅蜜是指什麼？菩薩摩訶薩的智慧隨順覺性是指什麼？菩薩的證知是指什麼？菩薩的力量是指什麼？菩薩的平等是指什麼？佛法的真實義理文句是指什麼？

菩薩摩訶薩的總持是指什麼？菩薩的辯才是指什麼？菩薩的自在是指什麼？菩薩無執著的體性是指什麼？菩薩的平等心是指什麼？菩薩出生的智慧是指什麼？菩薩的變化是指什麼？佛力的加持是指什麼？菩薩摩訶薩大感欣慰是指什麼？怎樣才能深入佛法？菩薩摩訶薩的依止是指什麼？菩薩發無畏心是指什麼？菩薩發無疑惑心是指什麼？菩薩摩訶薩的不可思議是指什麼？菩薩的善巧祕密語是指什麼？菩薩的善巧分別智慧是指什麼？菩薩所證入的三昧禪定境界是指什麼？菩薩遍入的境界是指什麼？菩薩的解脫法門是指什麼？菩薩的神通是指什麼？菩薩的三明是指什麼？菩薩的解脫境界是指什麼？

菩薩摩訶薩的園林是指什麼？菩薩的宮殿是指什麼？菩薩所愛樂的是指什麼？菩薩的莊嚴是指什麼？菩薩摩訶薩所發的不動心是指什麼？菩薩的不捨深大心是指什麼？菩薩的觀察是指什麼？菩薩的說法是指什麼？菩薩的清淨是指什麼？菩薩的印心是指什麼？菩薩的智慧光明普照是指什麼？菩薩的平等無住是指什麼？菩薩的無下劣心是指什麼？菩薩宛如大山的增上心是指什麼？菩薩進入無上菩提宛如大海的智慧是指什麼？菩薩如珍寶般的

安住是指什麼？菩薩發起金剛的大乘誓願心是指什麼？菩薩廣大地發起菩提心是指什麼？菩薩究竟圓滿的大事是指什麼？

菩薩不會毀壞的信解是指什麼？菩薩所受的印記是指什麼？菩薩的善根迴向是指什麼？菩薩證得的智慧是指什麼？

菩薩摩訶薩所發起無邊廣大的心是指什麼？什麼是菩薩潛伏的法藏？菩薩的戒律威儀是指什麼？菩薩的自在是指什麼？菩薩任用無礙是指什麼？菩薩任用眾生無礙是指什麼？菩薩任用剎土無礙是指什麼？菩薩任用法門無礙是指什麼？菩薩任用身形無礙是指什麼？菩薩任用願力無礙是指什麼？菩薩任用境界無礙是指什麼？菩薩任用智慧無礙是指什麼？菩薩任用神通無礙是指什麼？菩薩任用神力無礙是指什麼？菩薩任用力量無礙是指什麼？

什麼是菩薩摩訶薩的遊戲自在？什麼是菩薩的境界？什麼是菩薩的力量？菩薩無畏什麼？什麼是菩薩的不共同法？什麼是菩薩的業？菩薩的身相是什麼？什麼是菩薩的身業？什麼是菩薩的言語？什麼是菩薩修清淨行的語業？什麼是菩薩的守護？

菩薩成辦什麼大事？菩薩摩訶薩的心是什麼？菩薩發什麼心？菩薩周遍的心是什麼？什麼是菩薩的諸根？什麼是菩薩深心？什麼是菩薩的增上深心？菩薩怎樣精勤修行？菩薩的決定解是指什麼？菩薩怎樣決定解入世界？

菩薩怎樣決定解入眾生界？什麼是菩薩的習氣？菩薩執取什麼？菩薩修習什麼？菩薩

成就什麼佛法？菩薩為什麼退失佛法之道？菩薩怎樣出離生死？什麼是菩薩的決定法？菩薩怎樣出生佛法？菩薩有哪些大丈夫的名號？菩薩摩訶薩有哪幾種道路？什麼又是菩薩的無量道？幫助菩薩修行的正道是什麼？菩薩修什麼道？什麼是菩薩的莊嚴道？菩薩的足是指什麼？菩薩的手是指什麼？菩薩的腹是指什麼？菩薩的內臟是指什麼？菩薩的心是什麼？

菩薩摩訶薩披什麼盔甲？菩薩握持什麼武器？菩薩的頭是指什麼？菩薩的眼根是指什麼？什麼是菩薩的耳根？菩薩的鼻根是指什麼？菩薩的舌根是指什麼？菩薩的身體是指什麼？菩薩有哪些意念？菩薩有哪些行動？菩薩是如何止住？菩薩如何端坐？菩薩如何睡臥？菩薩安住哪裡？菩薩行至何處？

菩薩摩訶薩怎樣普遍觀察？菩薩怎樣奮迅？菩薩怎樣如同師子吼般說法？菩薩怎樣清淨佈施？菩薩怎樣持清淨戒？菩薩怎樣清淨安忍？菩薩怎樣清淨精進？菩薩怎樣清淨禪定？菩薩怎樣清淨智慧？菩薩怎樣清淨慈心？菩薩怎樣清淨悲心？菩薩怎樣清淨喜心？菩薩怎樣清淨捨心？「菩薩摩訶薩」這個稱謂有什麼意義？菩薩摩訶薩有什麼法？菩薩有哪些幫助聚集福德資糧的助道用具？菩薩有哪些助長智慧的助道用具？

菩薩他們如何具足三明的境界？他們如何求法？菩薩摩訶薩明了什麼法？菩薩修行什麼法？菩薩的魔是什麼？什麼是菩薩的魔業？菩薩如何捨離魔業？菩薩要怎樣做才算見

佛？菩薩如何修持佛業？菩薩有什麼傲慢業？什麼是菩薩的智慧業？菩薩怎樣算是為魔所攝持？菩薩怎樣算是為佛所攝持？菩薩怎樣算是被法所攝持？

菩薩摩訶薩安住在兜率天時，造作了哪些業？為什麼他從兜率天死亡？為什麼示現處於母胎？菩薩摩訶薩示現了哪些微細身心圓滿的趣向？菩薩為什麼示現剛出生的情況？菩薩為什麼示現微笑？他為什麼示現行走七步？他為什麼示現童子的生活情形？為什麼示現身處內宮？為什麼又示現出家？然後又示現苦行？為什麼要到處參訪道場？為什麼要示現安坐道場？他安坐道場時，有哪些奇特的瑞相？為什麼他要示現降魔？他如何成就如來的十力？菩薩摩訶薩轉法輪時，有哪些殊勝之事？為什麼菩薩摩訶薩會因為轉法輪而得到自心清淨之法？為什麼如來要示現般涅槃？

善哉！佛子啊！願你能為大眾演說這些法。

這時，普賢菩薩告訴普慧等諸位菩薩：

佛子啊！菩薩摩訶薩有十種依止。是哪十種呢？就是：一、依止菩提心，因為他恆常不忘失菩提心。二、依止善知識，因為他與善知識永遠和合如一。三、依止善根，因為他不斷地修集、增長善根。四、依止波羅蜜，因為他具足修行波羅蜜。五、依止一切法，因為他已究竟出離。六、依止宏大的誓願，因為他的菩提不斷增長。七、依止諸作來，因為他的所行完全成就。八、依止一切菩薩，因為他的等同智慧諸位菩薩同一。九、依止供養諸佛，因為他對諸佛的信心清淨。十、依止一切如來，因為如來就如同慈父一般諄諄教誨他，無有間斷。就是這十種。如果菩薩能安住這個法門，就得以成為如來無上廣大智慧所依止之處。

佛子啊！菩薩摩訶薩有十種奇特殊勝的心想。是哪十種呢？就是：一、視一切的善根如自身的善根。二、視一切善根為菩提種子。三、視眾生都是菩提根器。四、視諸佛的誓願為自身的誓願。五、想出離一切法。六、視一切的行為都是自身的鏡照，而加以反省。七、把一切法都當做佛法。八、視一切語言法都是語言妙道。九、視一切諸佛宛如慈父。十、視所有的如來都是平等無二。就是這十種。如果菩薩能安住在此這個門，就能得到無上善巧的念頭。

佛子啊！菩薩摩訶薩有十種所行。是哪十種呢？就是：一、能普遍成熟眾生。二、能完全修學一切法門。三、能完全增長一切善根。四、能夠一心不亂修行所有的三昧。五、一切智慧行，無不了知。六、一切應修習之行，沒有不修的。七、能莊嚴一切佛國剎土。八、能恭敬供養一切善友。九、能尊重承事一切如來。就是這十種。如果菩薩能安住在這個法門，就能證得如來無上的智慧大行。

佛子啊！菩薩摩訶薩有十種善知識❻。是哪十種呢？就是：一、可以使菩薩安住在菩提心的善知識。二、可以使菩薩生起善根的善知識。三、可以使菩薩修行波羅蜜的善知識。四、可以使菩薩解說一切法的善知識。五、可以使菩薩成熟一切眾生的善知識。六、可以使菩薩獲得決定辯才的善知識。七、可以使菩薩不染著一切世間欲樂的善知識。八、可以使菩薩在一切的時劫修行不斷，毫不厭倦的善知識。九、可以使菩薩安住普賢行的善知識。十、可以使菩薩證入一切佛智所趣入的善知識。

佛子啊！菩薩摩訶薩有十種勤加精進的事。是哪十種呢？就是：一、精進教化一切眾生。二、勤於精進深入一切法。三、精進莊嚴清淨一切世界。四、精進修行一切菩薩所學。五、精進滅除一切眾生的過惡。六、精進止息一切的痛苦。七、精進摧破一切眾魔。八、精進地作為眾生清淨的眼目。九、精進供養一切諸佛。十，精進取悅諸佛。就是這十種。如果諸位菩薩能安住這個法門，就得以具足如來無上的精進波羅蜜。

佛子啊！菩薩摩訶薩有十種使人得以究竟安穩的心意。是哪十種呢？就是：一、不僅自身安住菩提心，也使他人能安住其中，使心意無不究竟安穩。二、不僅自身究竟遠離忿諍，也使他人完全遠離忿諍，使心意無不究竟安穩。三、不僅自身遠離凡俗愚痴之法，也使他人遠離，使心意無不究竟安穩。四、不僅自身勤修善根，也使他人勤修善根，使心意無不究竟安穩。五、不僅自身安住波羅蜜道，也使他人安住其中，心意無不究竟安穩。六、不僅自身出生諸佛之家，也使他人出生諸佛之家，心意無不究竟安穩。七、不僅自身深入無自性的真實之法，也使他人深入，心意無不究竟安穩。八、不僅自身不誹謗一切佛法，也使他人不誹謗，心意都能究竟安穩。九、不僅自身圓滿一切智的菩提願，也使他人圓滿，心意都能究竟的安穩。十、不僅自身深入一切如來無盡的智慧寶藏，也使他人深入，心意都能究竟安穩。就是這十種。如果諸位菩薩能安住這個法門，就能獲得如來無上的大智安穩。

佛子啊！菩薩摩訶薩有十種成就眾生的法門。是哪十種呢？就是：一、以布施成就眾生。二、以色身成就眾生。三、以說法成就眾生。四、以共同修行成就眾生。五、以無染著成就眾生。六、以開示菩薩行成就眾生。七、以明顯熾然地示現一切世界成就眾生。八、以示現佛法的大威德成就眾生。九、以種種神通變化示現成就眾生。十、以種種微妙神祕的善巧方便成就眾生。就是這十種，菩薩能用這些事成就眾生界。

佛子啊！菩薩摩訶薩有十種戒律。是哪十種呢？就是：一、不捨菩提心戒。二、遠離聲聞、緣覺二乘戒。三、觀察利益一切眾生戒。四、安住眾生於佛法戒。五、修習一切菩薩所學戒。六、對一切法無所得戒。七、以一切善根迴向菩提戒。八、不貪著一切如來身戒。九、思惟一切法，遠離執著戒。十、淨持身心諸根戒律的威儀戒。就是這十種戒律。如果諸位菩薩能安住這個法門，就能證得如來無上廣大的戒波羅蜜。

佛子啊！菩薩摩訶薩有十種接受未來必將成佛印記的法門。菩薩以此而了知自己蒙佛受記。是哪十種呢？就是：一、以殊勝心發起菩提心，所以自知受記。二、永遠不厭倦捨離各種菩薩行，所以自知受記。三、能安住一切的時劫行菩薩行，所以自知受記。四、能修一切佛法，所以自知受記。五、深信諸佛的教誨，從不懷疑，所以自知受記。六、凡修行的善根無不成就，所以自知受記。七、能安置所有的眾生於諸佛菩提，所以自知受記。八、自身和一切善知識和合無二，所以自知受記。九、能視一切善知識與佛無二，所以自知受記。十、恆常勤加守護菩提本願，所以自知受記。就是這十種。

佛子啊！菩薩摩訶薩有十種證入，證入諸位菩薩。是哪十種呢？就是：一、證入菩薩的本願。二、證入菩薩行。三、證入菩薩的集聚。四、證入菩薩的各種波羅蜜。五、證入菩薩的成就。六、證入菩薩差別的願力。七、證入菩薩種種的解悟。八、證入莊嚴的佛土。九、證入菩薩的神力自在。十、證入能夠自在示現投胎受生。就是這十種。菩薩能以這十種證入而普遍趣入過去、現在、未來三世一切菩薩。

佛子啊！菩薩摩訶薩有十種證入，能證入諸佛如來。是哪十種呢？就是：一、能證入無邊的境界，成就正覺。二、能證入無邊的境界，大轉法輪。三、能證入無邊的境界，圓滿一切方便法門。四、能證入無邊的境界，成就各種差別的音聲。五、能證入無邊的境界，調伏眾生。六、能證入無邊的境界，神力自在。七、能證入無邊的境界，成就種種差別身。八、能證入無邊的三昧。九、能證入無邊力量的境界，無所畏懼。十、能證入無邊的境界，示現涅槃。就是這十種。菩薩以此而得以普遍入過去、現在、未來三世一切如來。

佛子啊！菩薩摩訶薩有十種證入眾生行。是哪十種呢？就是：一、證入眾生過去的行為。二、證入眾生未來的行為。三、證入眾生現在的行為。四、證入眾生的善行。五、證入眾生的不善行。六、證入眾生的心行。七、證入眾生的根器。八、證入眾生的解悟。九、證入眾生的煩惱習性。十、證入眾生接受教化調伏的時機，不管是根機已經成熟，或者還未成熟。就是這十種。菩薩以此得以證入一切眾生行。

佛子啊！菩薩摩訶薩能證入十種世界。是哪十種呢？就是：一、證入染污的世界。二、證入清淨的世界。三、證入微小的世界。四、證入廣大的世界。五、證入微塵的世界。六、證入微細的世界。七、證入傾覆的世界。八、證入上仰的世界。九、證入有佛的世界。十、證入無佛的世界。就是這十種。菩薩能以此普遍趣入十方一切世界。

佛子啊！菩薩摩訶薩有十種進入時劫的法門。是哪十種呢？就是：一、進入過去的時劫。二、進入未來的時劫。三、進入現在的時劫。四、進入可數的時劫。五、進入不可數的時劫。六、進入可數又不可數的時劫。七、進入不可數又可數的時劫。八、進入一切劫即非劫。九、進入非劫即一切劫。十、進入一切劫即一念。就是這十種。菩薩能以此普遍趣入一切的時劫。

佛子啊！菩薩摩訶薩有十種宣說三世的境界。是哪十種呢？就是：一、在過去世宣說過去世。二、在過去世宣說未來世。三、在過去世宣說現在世。四、在未來世宣說過去世。五、在未來世宣說現在世。六、在未來世宣說無盡。七、在現在世宣說過去世。八、在現在世宣說未來世。九、在現在世宣說平等。十、在現在世宣說過去、現在、未來即是一念。就是這十種。菩薩以此普說三世。

佛子啊！菩薩摩訶薩有十種了知過去、現在、未來三世的法門。是哪十種呢？就是：一、了知三世各種安立的現象。二、了知三世的各種語言。三、了知三世的各種言談議論。四、了知三世的各種軌則。五、了知三世的各種稱謂。六、了知三世的各種規制法令。七、了知三世的各種假名指涉。八、了知三世的無盡。九、了知三世的寂滅體性。十、了知一切都是空。就是這十種了知三世的法門。菩薩能用這法門普遍了知一切三世諸法。

佛子啊！菩薩摩訶薩更發起十種無疲厭心。是哪十種呢？就是：一、供養諸佛心無疲厭。二、親近一切善知識心無疲厭。三、尋求一切法心無疲厭。四、聽聞正法心無疲厭。五。宣說正法心無疲厭。六、教化調伏眾生心無疲厭。七、安置眾生在諸佛菩提心無疲厭。八、在任一世界，經歷不可說不可說的時劫，修習菩薩行心無疲厭。九、遊行一切世界心無疲厭。十、觀察思惟一切佛法心無疲厭。就是這十種無疲厭心。倘使各位菩薩能安住這個法門，就能證得如來無疲厭無上的大智慧。

佛子啊！菩薩摩訶薩有十種差別智，是哪十種呢？就是：一、了知眾生的差別智慧。二、了知身心諸根的差別智慧。三、了知業報的差別智慧。四、了知受生的差別智慧。五、了知世界的差別智慧。六、了知法界的差別智慧。七、了知諸佛的差別智慧。八、了知諸法的差別智慧。九、了知三世的差別智慧。十、了知一切語言道法的差別智慧。就是這十種差別智。倘若諸位菩薩能安住這法門，就能證得如來無上廣大的差別智慧。

佛子啊！菩薩摩訶薩有十種陀羅尼。是哪十種呢？就是：一、聽聞總持的陀羅尼，因為菩薩能總持一切法從不忘失。二、修行陀羅尼，因為菩薩能如實善巧觀察一切法。三、思惟陀羅尼，因為菩薩能了知一切法性。四、法光明陀羅尼，因為菩薩能照耀不可思議的一切佛法。五、三昧陀羅尼，因為菩薩能普遍在現在一切諸佛的處所聽聞正法，一心不亂。六、圓音陀羅尼，因為菩薩能解了不可思議音聲的語言。七、三世陀羅尼，因為菩薩能演說三世不可思議的佛法。八、種種辯才陀羅尼，因為菩薩能演說無邊的佛法。九、出生無礙的耳陀羅尼，因為菩薩能聽聞不可盡數的佛陀宣說佛法。十、一切佛法陀羅尼，因為菩薩能安住如來力而毫無所畏。就是這十種陀羅尼。菩薩若想證得這些法門，就應勤加修學。

佛子啊！菩薩摩訶薩能宣說十種佛。是哪十種呢？就是：一、成正覺佛：安住圓滿，成就正覺的諸佛。二、願佛：願生兜率天的諸佛。三、業報佛：因為積集萬行，而得莊嚴相好果報的諸佛。四、住持佛：得以住持自身舍利的諸佛。五、涅槃佛：示現入滅的諸佛。六、法界佛：遍滿法界的諸佛。七、心佛：能以慈心攝伏一切的諸佛。八、三昧佛：常住福德三昧的諸佛。九、本性佛：了知本性的諸佛。十、隨樂佛：能隨順眾生樂欲無不示現的諸佛。就是這十種佛。

佛子啊！菩薩摩訶薩能發起十種普賢心。是哪十種呢？就是：一、發起大慈心，因為菩薩能救護一切眾生。二、發起大悲心，因為菩薩能代替一切眾生受苦。三、發起施心，因為菩薩能捨棄所有的一切。四、發起憶念一切智慧為上首心，因為菩薩樂於求取一切佛法。五、發起功德莊嚴心，因為菩薩能學習一切菩薩行。六、發起如金剛堅固的心，因為菩薩能在一切處所受生而不忘失正念。七、發起如大海心，因為菩薩的一切潔白清淨法都能流入。八、發起如大山王的心，因為菩薩能忍受一切惡言，不為所動。九、發起安穩心，因為菩薩能布施眾生所有的事物，使他們毫無怖畏。十、發起般若波羅蜜究竟心，因為菩薩能善巧觀察一切法空無所有。倘若諸位菩薩能安住在這十種普賢心，就能立刻成就普賢善巧的智慧法門。

佛子啊！菩薩摩訶薩有十種普賢行法。是哪十種呢？就是：一、願安住未來一切時劫的普賢行法。二、願供養恭敬未來諸佛的普賢行法。三、願安置一切眾生在普賢菩薩行的普賢行法。四、願積集一切善根的普賢行法。五、願深入一切波羅蜜的普賢行法。六、願滿足一切菩薩行的普賢行法。七、願莊嚴一切世界的普賢行法。八、願生一切佛國剎土的普賢行法。九、願仔細觀察一切法的普賢行法。十、願在一切佛土成就無上菩提的普賢行法。就是這十種普賢行法。倘若各位菩薩能勤加修習這個法門，就能立即證得圓滿具足的普賢行願。

佛子啊！菩薩摩訶薩能用十種法門觀察眾生而心生大悲。是哪種十種法門呢？就是：一、觀察眾生無依無怙而心生大悲。二、觀察眾生心性不調順而心生大悲。三、觀察眾生貧窮，沒有善根而心生大悲。四、觀察眾生長夜生死睡眠不醒，而心生大悲。五、觀察眾生行不善法而心生大悲。六、觀察眾生為五欲纏縛而心生大悲。七、觀察眾生在生死海中沈沒漂流，而心生大悲。八、觀察眾生長久被疾病所苦而心生大悲。九、觀察眾生沒有尋求善法的欲望而心生大悲。十、觀察眾生錯失各種佛法而心生大悲。就是這十種大悲。菩薩常用這十種大悲心觀察眾生。

佛子啊！菩薩摩訶薩因為十種原因，而發菩提心。是哪十種呢？就是：一、為教化調伏眾生而發菩提心。二、為除滅眾生的苦之聚集，而發菩提心。三、為了安樂具足眾生而發菩提心。四、為了斷除眾生的愚痴，而發菩提心。五、為了給予一切眾生佛智，而發菩提心。六、為了恭敬供養諸佛，而發菩提心。七、為了隨順如來教誨，使諸佛歡喜，而發菩提心。八、為了親見諸佛色身相好，而發菩提心。九、為了深入諸佛廣大的智慧，而發菩提心。十、為了顯現諸佛無所畏怖的力量，而發菩提心。這就是菩薩摩訶薩發十種菩提心的因緣。

佛子啊！菩薩發起無上的菩提心，是為了悟入一切智智。所以菩薩親近供養善知識時，應該生起十種心念。是哪十種心念呢？就是：一、生起給養侍奉的心。二、歡喜心。三、毫無違逆的心意。四、隨順的心意。五、無異求心。六、一向心。七、同善根心。八、同願心。九、如來的心。十、同圓滿行的心。這就是菩薩的十種心。

佛子啊！菩薩摩訶薩若能生起上面所說的菩提心，就能證得十種清淨。是哪十種呢？就是：一、深心清淨，因為菩薩到達究竟都沒有壞失。二、色身清淨，因為菩薩能順隨適宜的因緣為眾生示現。三、音聲清淨，因為菩薩了達一切語言。四、辯才清淨，因為菩薩能善巧宣說無邊的佛法。五、智慧清淨，因為菩薩能捨離一切的愚痴黑暗。六、受生清淨，因為菩薩具足無邊的自在力量。七、眷屬清淨，因為菩薩能成就過去共同修行眾生的善根。八、果報清淨，因為菩薩能除滅所有的業障。九、大願清淨，因為菩薩和諸位菩薩的體性無二。十、諸行清淨，因為菩薩能以普賢乘出離世間。就是這十種清淨。

佛子啊！菩薩摩訶薩有十種波羅蜜，是哪十種呢？就是：一、布施波羅蜜，因為他能捨離所有的事物。二、戒波羅蜜，因為他能清淨佛戒。三、忍波羅蜜，因為他能安住佛忍。四、精進波羅蜜，因為他的一切作為從不退轉。五、禪波羅蜜，因為他能心念一境。

六、般若波羅蜜，因為他能實際觀察一切法。七、智波羅蜜，因為他能深入佛力。八、願波羅蜜，因為他能滿足普賢的各個大願。九、神通波羅蜜，因為他能示現一切自在力用。十、法波羅蜜，因為他能普遍深入一切佛法。就是這十種波羅蜜。倘若諸位菩薩能安住這個法門，就能證得無上的大智波羅蜜。

佛子啊！菩薩摩訶薩有十種智慧隨順的覺性❼。是哪十種呢？就是：一、在一切世界，有無量差別智慧隨順的覺性。二、一切的眾生界，有不可思議智慧隨順的覺性。三、一切諸法，有以一法入種種法，或以種種法入一法的智慧隨順的覺性。四、一切的法界，有廣大智慧隨順的覺性。五、一切的虛空界，有究竟智慧隨順的覺性。六。在一切世界，能深入過去世的智慧隨順的覺性。七、在一切世界，能深入未來世的智慧隨順的覺性。八、在一切世界，能深入現在世的智慧隨順的覺性。九、一切如來的無量行願，都能在一智中證得圓滿智慧隨順的覺性。十、三世的諸佛都是同一行持而得以出離的智慧隨順覺性。倘若諸位菩薩能安住此法，就能證得一切法的自在光明，圓滿所有的行願，也能在一念之間解了一切的佛法，成就正等正覺。

佛子啊！菩薩摩訶薩有十種證知，是哪十種呢？就是：一、了知一切法都是一相。二、了知一切法門都有無量的外相。三、了知一切法都在一念之間。四、了知一切眾生心行無礙。五、了知眾生諸根平等。六、了知眾生的所有煩惱習氣。七、了知眾生心的結使煩惱之行。八、了知眾生的善行和不善行。九、了知菩薩願行自在，及住持變化。十、了知一切如來都具足十力，成等正覺。就是這十種證知。倘若諸位菩薩能安住這個法門，就能證得一切法的善巧方便。

佛子啊！菩薩摩訶薩有十種力量。是哪十種呢？就是：一、證入一切法自性的力量。二、證入一切法如化的力量。三、證入一切法都如虛幻的力量，四、證入一切法都是佛法的力量。五、不貪染執著一切法的力量。六、明白了解一切法的力量。七、恆常不捨離善知識且時時供養尊重的力量。八、隨順一切善根而至無上智慧法王的力量。九、深信一切佛法而不毀謗的力量。十、一切智慧心不退轉的善巧力量。就是這十種力量。倘若諸位菩薩能安住這個法門，就能具足如來各種無上的力量。

佛子啊！菩薩摩訶薩有十種平等。是哪十種呢？就是：一、平等對待眾生。二、平等對待一切法。三、平等對待一切剎土。四、平等對待一切深心。五、平等對待所有的善根。六、平等對待所有的菩薩。七、平等對待一切願行。八、平等對待一切波羅蜜。九、平等對待一切行。十、平等對待諸佛。就是這十種平等。倘若諸位菩薩能安住這個法門，就能證得一切諸佛無上的平等法。

佛子啊！菩薩摩訶薩有十種佛法的真實義理文句。是哪十種呢？就是：一、一切法只是名相而已。二、一切法猶如幻化。三、一切法猶如影像。四、一切法只是緣起的現象。

五、一切法的業力清淨。六、一切法都只是文字的造作。七、一切法就是實際。八、一切法無相。九、一切法皆為第一義的真諦。十。一切法為法界。就是這十種佛法的真實義理文句。倘若諸位菩薩能安住這個法門，就可以深入一切智智的無上真實義理。

佛子啊！菩薩摩訶薩能宣說十種法門。是哪十種呢？就是：一、宣說甚為深奧的法門。二、宣說甚為廣大的法門。三、宣說種種不同的法門。四、宣說所有的法門。五、宣說隨順波羅蜜法門。六、宣說出生如來十力的法門。七、宣說三世相應的法門。八、宣說菩薩不退轉法門。九、宣說讚歎諸佛功德的法門。十、宣說菩薩修學諸佛平等與一切如來境界相應的法門。就是這十種法門。倘若各位菩薩能安住這個法門，就可以證得如來無上善巧的宣說法門。

佛子啊！菩薩摩訶薩有十種總持。是哪十種呢？就是：一、總持積集的所有福德善根。二、總持諸佛宣說的法門。三、總持所有的譬諭。四、總持一切法的義理趣向。五、總持一切出生的陀羅尼。六、總持一切除去疑惑的法。七、總持成就一切菩薩法。八、總持諸佛宣說的平等三昧法門。九、總持一切法照明門。十、總持諸佛神通的遊戲力。就是這十種總持。倘若各位菩薩能安住這法，就可以證得如來無上大智慧的安住總持力。

佛子啊！菩薩摩訶薩有十種辯才。是哪十種呢？就是：一、不分別一切法的辯才。二、不造作任何法的辯才。三、不執著任何法的辯才。四、了達所有法皆是空的辯才。

五、不懷疑一切法的辯才。六、諸佛加被一切法的辯才。七、能自己覺悟一切法的辯才。八、善巧了知一切法文句差別的辯才。九、能真實宣說一切法的辯才。十、隨順眾生心之喜樂的辯才。就是這十種辯才。倘若各位菩薩能安住這個法門，就可以證得如來無上巧妙的辯才。

佛子啊！菩薩摩訶薩有十種自在。是哪十種呢？就是：一、教化調伏眾生自在。二、普遍照耀一切法自在。三、修習善根行自在。四、廣大智慧自在。五、無所依止的戒律自在。六、一切善根迴向菩提自在。七、精進不退轉自在。八、智慧摧破一切眾魔的自在。九、隨順眾生所樂而使他們發起菩提心的自在。十、隨著相應教化的眾生示現成就正等正覺的自在。就是這十種自在。倘若各位菩薩能安住這個法門，就可以證得如來無上的大智慧自在。

佛子啊！菩薩摩訶薩有十種無有執著。是哪十種呢？就是：一、不執著任何世界。二、不執著任何眾生。三、不執著任何法。四、不執著所作的一切。五、不執著任何善根。六、不執著任何受生處。七、不執著任何誓願。八、不執著任何行持。九、不執著任何菩薩。十、不執著任何佛陀。就是這十種不執著。倘若各位菩薩能安住這個法門，就能立刻轉一切眾多心想，證得無上清淨的智慧。

佛子啊！菩薩摩訶薩有十種平等心❽。是哪十種呢？就是：一、積集一切功德的平等心。二、發起一切差別願的平等心。三、視一切眾生身平等。四、視一切眾生業報平等。五、視一切法平等。六、視一切清淨污穢國土皆平等。七、視一切眾生的解平等。八、視一切行無所分別的平等。九、視一切佛力無異的平等。十、視諸佛智慧的平等。這就是菩薩的十種平等心。倘若各位菩薩能安住其中，就能證得如來無上的大平等心。

佛子啊！菩薩摩訶薩有十種的出生智慧。是哪十種呢？就是：一、了知眾生的解悟而出生智慧。二、了知諸佛剎土種種的差別而出生智慧。三、了知十方世界網絡的分齊界限而出生智慧。四、了知傾覆或上仰等一切世界而出生智慧。五、了知所有法的一種體性、種種體性廣大安住而出生智慧。六、了知種種身形而出生智慧。七、了知世間所有的顛倒妄想，毫不執著而出生智慧。八、了知一切法究竟，而能以一佛道出離，而出生智慧。九、了知如來神力能深入一切法界，而出生智慧。十、了知三世所有的眾生，佛種不斷而出生智慧。就是這十種出生智慧。倘若各位菩薩能安住這個法門，就能了達一切法。

佛子啊！菩薩摩訶薩有十種變化。是哪十種呢？就是：一、一切眾生變化。二、一切身的變化。三、一切剎土的變化。四、一切供養的變化。五、一切音聲的變化。六、一切行願的變化。七、教化調伏眾生的變化。八、成就正覺的變化。九、宣說一切法的變化。十、加持一切的變化。倘若各位菩薩能安住這個法門，就可以證得具足一切無上的變化法。

佛子啊！菩薩摩訶薩有十種力的加持❾。是哪十種呢？就是：一、佛力的加持。二、法力的加持。三、眾生力的加持。四、業力的加持。五、行力的加持。六、願力的加持。七、境界力的加持。八、時力的加持。九、善力的加持。十、智慧力的加持。這就是菩薩十種力的加持。倘若各位菩薩能安住這個法門，就能證得所有佛法無上的自在力加持。

【註釋】

❶這一品為第八會，稱做託法進修成行分。到前一會為止，在說明差別與平等的因果，使人於法生解了。現在說託此法進而實踐修行，就是依解起行的意思。這一品為一會的說法，是最普通的形式，初從序分起，有三昧分、發起分、起分、請分、入正說分，終結勸現瑞，敘證成，最後有重頌。

❷煩惱障　又叫「惑障」，就是指貪、瞋、痴等煩惱，能使眾生流轉生死，障礙涅槃。

❸所知障　又叫「智障」，因為眾生有無明邪見，能覆蓋智慧而障礙菩提道業，所以叫所知障。

❹現行　指有為法顯現於眼前的意思，佛教的唯識宗主張人的第八意識具有出生一切法的能力，稱為種子。從種子產生一切萬法，稱為現行。

❺法眼　能夠見到一切法妙有之理的眼目。

❻善知識　指良師益友，能使自己心行增上者。

❼智慧隨順的覺性　能隨事隨理，善巧覺知的意思。
❽平等　無怨親、高下、善惡、染淨等一切對立差別之見，心平靜而不動。
❾力持　加持建立，能記憶諸行之意。

【原典】

爾時，世尊在摩竭提國阿蘭若法菩提場中普光明殿，坐蓮華藏師子之座，妙悟皆滿，二行永絕，達無相法；住於佛住，得佛平等，到無障處不可轉法；所行無礙，立不思議，普見三世；身恆充遍一切國土，智恆明達一切諸法；了一切行，盡一切疑，無能測身；一切菩薩等所求智，到佛無二究竟彼岸，具足如來平等解脫，證無中邊佛平等地，盡於法界等虛空界。與不可說百千億那由他佛剎微塵數菩薩摩訶薩俱，皆一生當得阿耨多羅三藐三菩提，各從他方種種國土而共來集，悉具菩薩方便智慧。所謂：善能觀察一切眾生，以方便力，令其調伏，住菩薩法；善能觀察一切世界，以方便力，普皆往詣；善能觀察涅槃境界，思惟籌量永離一切戲論分別，而修妙行無有間斷；善能攝受一切眾生，善入無量諸方便法，知諸眾生空無所有而不壞業果；善知眾生心使、諸根境界方便，種種差別悉能受持；三世佛法，自得解了，復為他說；於世、出世無量諸法，皆善安住，知其真實；於有為、無為一切諸法，悉善觀察，知無有二；於一念中，悉能獲得三世諸佛所有智慧；於念念中，悉能示現成等正覺，令一切眾生發心成道；於一眾生心之所緣，悉知一切眾生境界；雖入如來一切智地，而不捨菩薩行諸所作業，智慧方便而無所作；為一一眾生住無量劫，而於阿僧祇劫難可值遇，轉正法輪調伏眾生皆不唐捐，三世諸佛清淨行願悉已具足；成就如是無量功德，一切如來於無邊劫說不可盡。其名曰：普賢菩薩、普眼菩薩、普化菩薩、普慧菩薩、普見菩薩、普光菩薩、普觀菩薩、普照菩薩、普幢菩薩、普覺菩薩……。如是等十不可說百千億那由他佛剎微塵數，皆悉成就普賢行願，深心大願皆已圓滿；一切諸佛出興世處，悉能往詣請轉法輪；善能受持諸佛法眼，不斷一切諸佛種性；善知一切諸佛興世授記次第、名號、國土、成等正覺、轉於法輪；無佛世界現身成佛，能令一切雜染眾生皆悉清淨；能滅一切菩薩業障，入於無礙清淨法界。

爾時，普賢菩薩摩訶薩入廣大三昧，名：佛華莊嚴；入此三昧時，十方所有一切世界六種、十八相動，出大音聲靡不皆聞；然後從其三昧而起。

爾時，普慧菩薩知眾已集，問普賢菩薩言：佛子！願為演說：何等為菩薩摩訶薩依？何等為奇特想？何等為行？何等為善知識？何等為勤精進？何等為心得安隱？何等為成就眾生？何等為戒？何等為自知受記？何等為入菩薩？何等為入如來？何等為入眾生心行？何等為入世界？何等為入劫？何等為說三世？何等為入三世？何等為發無疲厭心？何等為差別智？何等為陀羅尼？何等為演說佛？何等為發普賢心？何等為普賢行法？以何等故而起大悲？何等為發菩提心因緣？何等為於善知識起尊重心？何等為清淨？何等為諸波羅蜜？何等為智隨覺？何等為證知？何等為力？何等為平等？何等為佛法實義句？何等為說法？何等為持？何等為辯才？何等為自在？何等為無著性？何等為平等心？何等為出生智慧？何等為變化？何等為力持？何等為得大欣慰？何等為深入佛法？何等為依止？何等為發無畏心？何等為發無疑惑心？何等為不思議？何等為巧密語？何等為巧分別智？何等為入三昧？何等為遍入？何等為解脫門？何等為神通？何等為明？何等為解脫？何等為園林？何等為宮殿？何等為所樂？何等為莊嚴？何等為發不動心？何等為不捨深大心？何等為觀察？何等為說法？何等為清淨？何等為印？何等為智光照？何等為無等住？何等為無下劣心？何等為如山增上心？何等為入無上菩提如海智？何等為如寶住？何等為發如金剛大乘誓願心？何等為大發起？何等為究竟大事？何等為不壞信？何等為授記？何等為善根迴向？何等為得智慧？何等為發無邊廣大心？何等為伏藏？何等為律儀？何等為自在？何等為無礙用？何等為眾生無礙用？何等為剎無礙用？何等為法無礙用？何等為身無礙用？何等為願無礙用？何等為境界無礙用？何等為智無礙用？何等為神通無礙用？何等為神力無礙用？何等為力無礙用？何等為遊戲？何等為境界？何等為力？何等為無畏？何等為不共法？何等為業？何等為身？何等為身業？何等為身？何等為語？何等為淨修語業？何等為得守護？何等為成辦❶大事？何等為心？何等為發心？何等為周遍心？何等為諸根？何等為深心？何等為增上深

心？何等為勤修？何等為決定解？何等為決定解入世界？何等為決定解入眾生界？何等為習氣？何等為取？何等為修？何等為成就佛法？何等為退失佛法道？何等為離生道？何等為決定法？何等為出生佛法道？何等為大丈夫名號？何等為道？何等為無量道？何等為助道？何等為修道？何等為莊嚴道？何等為足？何等為手？何等為腹？何等為藏？何等為心？何等為被甲？何等為器仗？何等為首？何等為眼？何等為耳？何等為鼻？何等為舌？何等為身？何等為意？何等為行？何等為住？何等為坐？何等為臥？何等為所住處？何等為所行處？何等為觀察？何等為普觀察？何等為奮迅？何等為師子吼？何等為清淨施？何等為清淨戒？何等為清淨忍？何等為清淨精進？何等為清淨定？何等為清淨慧？何等為清淨慈？何等為清淨悲？何等為清淨喜？何等為清淨捨？何等為義？何等為法？何等為福德助道具？何等為智慧助道具？何等為明足？何等為求法？何等為明了法？何等為修行法？何等為魔？何等為魔業？何等為捨離魔業？何等為見佛？何等為佛業？何等為慢業？何等為智業？何等為魔所攝持？何等為佛所攝持？何等為法所攝持？何等為住兜率天所作業？何故於兜率天宮歿？何故現處胎？何等為現微細趣？何故現初生？何故現微笑？何故示行七步？何故現童子地？何故現處內宮？何故現出家？何故示苦行？云何往詣道場？云何坐道場？何等為坐道場時奇特相？何故示降魔？何等為成如來力？云何轉法輪？何故因轉法輪得白淨法？何故如來、應、正等覺示般涅槃？善哉佛子！如是等法，願為演說！

爾時，普賢菩薩告普慧等諸菩薩言：

佛子！菩薩摩訶薩有十種依。何等為十？所謂：以菩提心為依，恆不忘失故；以善知識為依，和合如一故；以善根為依，修集增長故；以波羅蜜為依，具足修行故；以一切法為依，究竟出離故；以大願為依，增長菩提故；以諸行為依，普皆成就故；以一切菩薩為依，同一智慧故；以供養諸佛為依，信心清淨故；以一切如來為依，如慈父教誨不斷故。是為十。若諸菩薩安住此法，則得為如來無上大智所依處。

佛子！菩薩摩訶薩有十種奇特想。何等為十？所謂：於一切善根生自善根想；於一切善根生菩提種子想；於一切眾生生菩提器想；於一切願生自願想；於一切法生出離想；於一切行生自行想；於一切法生佛法想；於一切語言法生語言道想；於一切佛生慈父想；於一切如來生無二想。是為十。若諸菩薩安住此法，則得無上善巧想。

佛子！菩薩摩訶薩有十種行。何等為十？所謂：一切眾生行，普令成熟故；一切求法行，咸悉修學故；一切善根行，悉使增長故；一切三昧行，一心不亂故；一切智慧行，無不了知故；一切神通行，變化自在故❷；一切修習行，無不能修故；一切佛剎行，皆悉莊嚴故；一切善友行，恭敬供養故；一切如來行，尊重承事故。是為十。若諸菩薩安住此法，則得如來無上大智慧行。

佛子！菩薩摩訶薩有十種善知識。何等為十？所謂：令住菩提心善知識；令生善根善知識；令行諸波羅蜜善知識；令解說一切法善知識；令成熟一切眾生善知識；令得決定辯才善知識；令不著一切世間善知識；令於一切劫修行無厭倦善知識；令安住普賢行善知識；令入一切佛智所入善知識。是為十。

佛子！菩薩摩訶薩有十種勤精進。何等為十？所謂：教化一切眾生勤精進；深入一切法勤精進；嚴淨一切世界勤精進；修行一切菩薩所學勤精進；滅除一切眾生惡勤精進；止息一切三惡道苦勤精進；摧破一切眾魔勤精進；願為一切眾生作清淨眼勤精進；供養一切諸佛勤精進；令一切如來皆悉歡喜勤精進。是為十。若諸菩薩安住此法，則得具足如來無上精進波羅蜜。

佛子！菩薩摩訶薩有十種心得安隱。何等為十？所謂：自住菩提心，亦當令他住菩提心，心得安隱；自究竟離忿諍，亦當令他離忿諍，心得安隱；自離凡愚法，亦令他離凡愚法，心得安隱；自勤修善根，亦令他勤修善根，心得安隱；自住波羅蜜道，亦令他住波羅蜜道，心得安隱；自生在佛家，亦當令他生於佛家，心得安隱；自深入無自性真實法，亦令他入無自性真實法，心得安隱；自不誹謗一切佛法，亦令他不誹謗一切佛法，心得安隱；自滿一切智菩提願，亦令他滿一切智菩提願，心得安隱；自深入一切如來無盡智藏，亦令他入一切如來無盡智藏，心得安隱。是為十。若諸菩薩安住此法，則得如來無上大智安隱。

佛子！菩薩摩訶薩有十種成就眾生。何等為十？所謂：以布施成就眾生；以色身成就眾生；以說法成就眾生；以同行成就眾生；以無染著成就眾生；以開示菩薩行成就眾生；以熾然示現一切世界成就眾生；以示現佛法大威德成就眾生；以種種神通變現成就眾生；以種種微密善巧方便成就眾生。是為十。菩薩以此成就眾生界。

佛子！菩薩摩訶薩有十種戒。何等為十？所謂：不捨菩提心戒；遠離二乘地戒；觀察利益一切眾生戒；令一切眾生住佛法戒；修一切菩薩所學戒；於一切法無所得戒；以一切善根迴向菩提戒；不著一切如來身戒；思惟一切法離取著戒；諸根律儀戒。是為十。若諸菩薩安住此法，則得如來無上廣大戒波羅蜜。

佛子！菩薩摩訶薩有十種受記法，菩薩以此自知受記。何等為十？所謂：以殊勝意發菩提心，自知受記；永不厭捨諸菩薩行，自知受記；住一切劫行菩薩行，自知受記；修一切佛法，自知受記；於一切佛教一向深信，自知受記；修一切善根皆令成就，自知受記；置一切眾生於佛菩提，自知受記；於一切善知識和合無二，自知受記；於一切善知識起如來想，自知受記；恆勤守護菩提本願，自知受記。是為十。

佛子！菩薩摩訶薩有十種入，入諸菩薩。何等為十？所謂：入本願；入行；入聚；入諸波羅蜜；入成就；入差別願；入種種解；入莊嚴佛土；入神力自在；入示現受生。是為十。菩薩以此普入三世一切菩薩。

佛子！菩薩摩訶薩有十種入，入諸如來。何等為十？所謂：入無邊成正覺；入無邊轉法輪；入無邊方便法；入無邊差別音聲；入無邊調伏眾生；入無邊神力自在；入無邊種種差別身；入無邊三昧；入無邊力、無所畏；入無邊示現涅槃。是為十。菩薩以此普入三世一切如來。

佛子！菩薩摩訶薩有十種入眾生行。何等為十？所謂：入一切眾生過去行；入一切眾生未來行；入一切眾生現在行；入一切眾生善行；入一切眾生不善行；入一切眾生心行；入一切眾生根行；入一切眾生解行；入一切眾生煩惱習氣行；入一切眾生教化調伏時、非時行。是為十。菩薩以此普入一切諸眾生行。

佛子！菩薩摩訶薩有十種入世界。何等為十？所謂：入染世界；入淨世界；入小世界；入大世界；入微塵中世界；入微細世界；入覆世界；入仰世界；入有佛世界；入無佛世界。是為十。菩薩以此普入十方一切世界。

佛子！菩薩摩訶薩有十種入劫。何等為十？所謂：入過去劫；入未來劫；入現在劫；入可數劫；入不可數劫；入可數劫即不可數劫；入不可數劫即可數劫；入一切劫即非劫；入非劫即一切劫；入一切劫即一念。是為十。菩薩以此普入一切劫。

佛子！菩薩摩訶薩有十種說三世。何等為十？所謂：過去世說過去世；過去世說未來世；過去世說現在世；未來世說過去世；未來世說現在世；未來世說無盡；現在世說過去世；現在世說未來世；現在世說平等；現在世說三世即一念。是為十。菩薩以此普說三世。

佛子！菩薩摩訶薩有十種知三世。何等為十？所謂：知諸安立；知諸語言；知諸談議；知諸軌則；知諸稱謂；知諸制令；知其假名；知其無盡；知其寂滅；知一切空。是為十。菩薩以此普知一切三世諸法。

佛子！菩薩摩訶薩發十種無疲厭心。何等為十？所謂：供養一切諸佛無疲厭心；親近一切善知識無疲厭心；求一切法無疲厭心；聽聞正法無疲厭心；宣說正法無疲厭心；教化調伏一切眾生無疲厭心；置一切眾生於佛菩提無疲厭心；於一一世界經不可說不可說劫行菩薩行無疲厭心；遊行一切世界無疲厭心；觀察思惟一切佛法無疲厭心。是為十。若諸菩薩安住此法，則得如來無疲厭無上大智。

佛子！菩薩摩訶薩有十種差別智。何等為十？所謂：知眾生差別智；知諸根差別智；知業報差別智；知受生差別智；知世界差別智；知法界差別智；知諸佛差別智；知諸法差別智；知三世差別智；知一切語言道差別智。是為十。若諸菩薩安住此法，則得如來無上廣大差別智。

佛子！菩薩摩訶薩有十種陀羅尼。何等為十？所謂：聞持陀羅尼，持一切法不忘失故；修行陀羅尼，如實巧觀一切法故；思惟陀羅尼，了知一切諸法性故；法光明陀羅尼，照不思議諸佛法故；三昧陀羅尼，普於現在一切佛所聽聞正法心不亂故；圓音陀羅尼，解了不思議音聲語言故；三世陀羅尼，演說三世不可思議諸佛法故；種種辯才陀羅尼，演說無邊諸佛法故；出生無礙耳陀羅尼，不可說佛所說之法悉能聞故；一切佛法陀羅尼，安住如來力、無畏故。是為十。若諸菩薩欲得此法，當勤修學。

佛子！菩薩摩訶薩說十種佛。何等為十？所謂：成正覺佛；願佛；業報佛；住持佛；涅槃佛；法界佛；心佛；三昧佛；本性佛；隨樂佛。是為十。

佛子！菩薩摩訶薩發十種普賢心。何等為十？所謂：發大慈心，救護一切眾生故；發大悲心，代一切眾生受苦故；發一切施心，悉捨所有故；發念一切智為首心，樂求一切佛法故；發功德莊嚴心，學一切菩薩行故；發如金剛心，一切處受生不忘失故；發如海心，一切白淨法悉流入故；發如大山王心，一切惡言皆忍受故；發安隱心，施一切眾生無怖畏故；發般若波羅蜜究竟心，巧觀一切法無所有故。是為十。若諸菩薩安住此心，疾得成就普賢善巧智。

佛子！菩薩摩訶薩有十種普賢行法。何等為十？所謂：願住未來一切劫普賢行法；願供養恭敬本來一切佛普賢行法；願安置一切眾生於普賢菩薩行普賢行法；願積集一切善根普賢行法；願入一切波羅蜜普賢行法；願滿足一切菩薩行普賢行法；願莊嚴一切世界普賢行法；願生一切佛剎普賢行法；願善觀察一切法普賢行法；願於一切佛國土成無上菩提普賢行法。是為十。若諸菩薩勤修此法，疾得滿足普賢行願。

佛子！菩薩摩訶薩以十種觀眾生而起大悲。何等為十？所謂：觀察眾生無依無怙而起大悲；觀察眾生性不調順而起大悲；觀察眾生貧無善根而起大悲；觀察眾生長夜睡眠而起大悲；觀察眾生行不善法而起大悲；觀察眾生欲縛所縛而起大悲；觀察眾生沒生死海而起大悲；觀察眾生長嬰疾苦而起大悲；觀察眾生無善法欲而起大悲；觀察眾生失諸佛法而起大悲。是為十。菩薩恆以此心觀察眾生。

佛子！菩薩摩訶薩有十種發菩提心因緣。何等為十？所謂：為教化調伏一切眾生故，發菩提心；為除滅一切眾生苦聚故，發菩提心；為與一切眾生具足安樂故，發菩提心；為斷一切眾生愚癡故，發菩提心；為與一切眾生佛智故，發菩提心；為恭敬供養一切諸佛故，發菩提心；為隨如來教，令佛歡喜故，發菩提心；為見一切佛色身相好故，發菩提心；為入一切佛廣大智慧故，發菩提心；為顯現諸佛力、無所畏故，發菩提心。是為十。

佛子！若菩薩發無上菩提心，為悟入一切智智故，親近供養善知識時，應起十種心。何等為十？所謂：起給侍心、歡喜心、無違心、隨順心、無異求心、一向心、同善根心、同願心、如來心、同圓滿行心。是為十。

佛子！若菩薩摩訶薩起如是心，則得十種清淨。何等為十？所謂：深心清淨，到於究竟無失壞故；色身清淨，隨其所宜為示現故；音聲清淨，了達一切諸語言故；辯才清淨，善說無邊諸佛法故；智慧清淨，捨離一切愚癡暗故；受生清淨，具足菩薩自在力故；眷屬清淨，成就過去同行眾生諸善根故；果報清淨，除滅一切諸業障故；大願清淨，與諸菩薩性無二故；諸行清淨，以普賢乘而出離故。是為十。

佛子！菩薩摩訶薩有十種波羅蜜。何等為十？所謂：施波羅蜜，悉捨一切諸所有故；戒波羅蜜，淨佛戒故；忍波羅蜜，住佛忍故；精進波羅蜜，一切所作不退轉故；禪波羅蜜，念一境故；般若波羅蜜，如實觀察一切法故；智波羅蜜，入佛力故；願波羅蜜，滿足普賢諸大願故；神通波羅蜜，示現一切自在用故；法波羅蜜，普入一切諸佛法故。是為十。若諸菩薩安住此法，則得具足如來無上大智波羅蜜。

佛子！菩薩摩訶薩有十種智隨覺。何等為十？所謂：一切世界無量差別智隨覺；一切眾生界不可思議智隨覺；一切諸法一入種種種種入一智隨覺；一切法界廣大智隨覺；一切虛空界究竟智隨覺；一切世界入過去世智隨覺；一切世界入未來世智隨覺；一切世界入現在世智隨覺；一切如來無量行願皆於一智而得圓滿智隨覺；三世諸佛皆同一行而得出離智隨覺。是為十。若諸菩薩安住此法，則得一切法自在光明，所願皆滿，於一念頃悉能解了一切佛法成等正覺。

佛子！菩薩摩訶薩有十種證知。何等為十？所謂：知一切法一相；知一切法無量相；知一切法在一念；知一切眾生心行無礙；知一切眾生諸根平等；知一切眾生煩惱習氣行；知一切眾生心使行；知一切眾生善、不善行；知一切菩薩願行自在住持變化；知一切如來具足十力成等正覺。是為十。若諸菩薩安住此法，則得一切法善巧方便。

佛子！菩薩摩訶薩有十種力。何等為十？所謂：入一切法自性力；入一切法如化力；入一切法如幻力；入一切法皆是佛法力；於一切法無染著力；於一切法甚明解力；於一切善知識恆不捨離尊重心力；令一切善根順至無上智王力；於一切佛法深信不謗力；令一切智心不退善巧力。是為十。若諸菩薩安住此法，則具如來無上諸力。

佛子！菩薩摩訶薩有十種平等。何等為十？所謂：於一切眾生平等、一切法平等、一切剎平等、一切深心平等、一切善根平等、一切菩薩平等、一切願平等、一切波羅蜜平等、一切行平等、一切佛平等。是為十。若諸菩薩安住此法，則得一切諸佛無上平等法。

佛子！菩薩摩訶薩有十種佛法實義句。何等為十？所謂：一切法但有名；一切法猶如幻；一切法猶如影；一切法但緣起；一切法業清淨；一切法但文字所作；一切法實際；一切法無相；一切法第一義；一切法法界。是為十。若諸菩薩安住此法，則善入一切智智無上真實義。

佛子！菩薩摩訶薩說十種法。何等為十？所謂：說甚深法；說廣大法；說種種法；說一切智法；說隨順波羅蜜法；說出生如來力法；說三世相應法；說令菩薩不退法；說讚歎佛功德法；說一切菩薩學一切佛平等、一切如來境界相應法。是為十。若諸菩薩安住此法，則得如來無上巧說法。

佛子！菩薩摩訶薩有十種持。何等為十？所謂：持所集一切福德善根；持一切如來所說法；持一切譬諭；持一切法理趣門；持一切出生陀羅尼門；持一切除疑惑法；持成就一切菩薩法；持一切如來所說平等三昧門；持一切法照明門；持一切諸佛神通遊戲力。是為十。若諸菩薩安住此法，則得如來無上大智住持力。

佛子！菩薩摩訶薩有十種辯才。何等為十？所謂：於一切法無分別辯才；於一切法無所作辯才；於一切法無所著辯才；於一切法了達空辯才；於一切法無疑暗辯才；於一切法佛加被辯才；於一切法自覺悟辯才；於一切法文句差別善巧辯才；於一切法真實說辯才；隨一切眾生心令歡喜辯才。是為十。若諸菩薩安住此法，則得如來無上巧妙辯才。

佛子！菩薩摩訶薩有十種自在。何等為十？所謂：教化調伏一切眾生自在；普照一切法自在；修一切善根行自在；廣大智自在；無所依戒自在；一切善根迴向菩提自在；精進不退轉自在；智慧摧破一切眾魔自在；隨所樂欲令發菩提心自在；隨所應化現成正覺自在。是為十。若諸菩薩安住此法，則得如來無上大智自在。

佛子！菩薩摩訶薩有十種無著。何等為十？所謂：於一切世界無著；於一切眾生無著；於一切法無著；於一切所作無著；於一切善根無著；於一切受生處無著；於一切願無著；於一切行無著；於一切菩薩無著；於一切佛無著。是為十。若諸菩薩安住此法，則能速轉一切眾想，得無上清淨智慧。

佛子！菩薩摩訶薩有十種平等心。何等為十？所謂：積集一切功德平等心；發一切差別願平等心；於一切眾生身平等心；於一切眾生業報平等心；於一切法平等心；於一切淨穢國土平等心；於一切眾生解平等心；於一切行無所分別平等心；於一切佛力無畏平等心；於一切如來智慧平等心。是為十。若諸菩薩安住其中，則得如來無上大平等心。

佛子！菩薩摩訶薩有十種出生智慧。何等為十？所謂：知一切眾生解出生智慧；知一切佛剎種種差別出生智慧；知十方網分齊出生智慧；知覆仰等一切世界出生智慧；知一切法一性、種種性廣大住出生智慧；知一切種種身出生智慧；知一切世間顛倒妄想悉無所著出生智慧；知一切法究竟皆以一道出離出生智慧；知如來神力能入一切法界出生智慧；知三世一切眾生佛種不斷出生智慧。是為十。若諸菩薩安住此法，則於諸法無不了達。

佛子！菩薩摩訶薩有十種變化。何等為十？所謂：一切眾生變化；一切身變化；一切剎變化；一切供養變化；一切音聲變化；一切行願變化；一切教化調伏眾生變化；一切成正覺變化；一切說法變化；一切加持變化。是為十。若諸菩薩安住此法，則得具足一切無上變化法。

佛子！菩薩摩訶薩有十種力持。何等為十？所謂：佛力持；法力持；眾生力持；業力持；行力持；願力持；境界力持；時力持；善力持；智力持。是為十。若諸菩薩安住此法，則於一切法得無上自在力持。

註釋

❶「辦」，大正本原作「辨」，今依明、宮本改之。
❷大正本原無「一切……故」十字，今依明本增之。

大方廣佛華嚴經卷　第五十四

離世間品　第三十八之二

【白話語譯】

佛子啊！菩薩摩訶薩有十種廣大的欣樂快慰，是哪十種呢？就是：

一、當諸位菩薩發起像這樣的菩提心：「窮盡未來世界的所有諸佛如果出興世間，我都會隨從承事，使諸佛歡喜。」並如此思惟之後，心中非常欣樂快慰。

二、然後他又想：「當那些如來出興世間時，我都當用無上的供具恭敬供養。」如此思惟之後，心中非常欣樂快慰。

三、他又這樣想：「我興作供養諸佛的時候，如來必定會開示教誨我佛法，我都會恭敬聽聞，深心受持，並依照佛陀宣說的教法修行。對所有菩薩地的境界，不管是過去已生，現在正在出生，未來當生都必定得證。」如此思惟之後，心中非常欣樂快慰。

四、他又這樣想：「我應當在不可說不可說的時劫行菩薩行，常與諸佛菩薩共聚一堂。」如此思惟之後，心中非常欣樂快慰。

五、他又這樣想：「往昔我還未發無上大菩提心之前，有各種的恐怖畏懼，就是：害怕不能生存、害怕被冠上惡名、害怕死亡、害怕墮入惡道、害怕在大眾中不能自在，沒有威信。但是一發心，就完全遠離了這一切畏懼，不驚、不畏懼、不懼怕、不怯弱、不恐怖，一切眾魔及所有外道都不能破壞。」如此思惟之後，心中非常欣樂快慰。

六、他又這樣想：「我當使所有的眾生成就無上菩提，成就菩提之後，我應當在他們所成就的佛所中修習菩薩行，盡形體與壽命，用廣大的信心興起供養諸佛的器具，並供養不斷。等到諸佛涅槃之後，我再造無數的塔廟供養他們的舍利❶，並且受持守護諸佛遺留下來的法門。」菩薩如此思惟之後，心中非常欣樂快慰。

七、他又這樣想：「我應當用無上的莊嚴物莊嚴十方世界，使它們都具足種種奇妙，平等清淨，再用種種廣大的神通力住持震動，使光明照耀，普及周遍。」菩薩如此思惟之後，心中非常欣樂快慰。

八、他又這樣想：「我應當斷絕眾生所有的疑惑，清淨眾生所有的志欲喜樂，開啟眾生所有的心意，滅絕眾生所有的煩惱。關閉眾生所有通往惡道的大門，為眾生大開趣入所有善根的門徑。破除眾生所有的黑闇，給與眾生光明，使他們遠離眾多魔業，達到安穩的處所。」菩薩如此思惟之後，心中非常欣樂快慰。

九、菩薩摩訶薩又這樣想：「諸佛就像優曇華一般很難遭遇，即使在無量的時劫都難得一見。我應當在未來世想見到如來時，就能見到。因為諸佛如來從來不捨棄我，一直都住在我那裡，使我得以看見他，並且為我說法，不曾斷絕。我聽聞佛法之後，心意就變得更清淨、質樸，而毫不虛偽。並且遠離各種諂曲，念念都得以面見諸佛。」菩薩如此思惟之後，心中非常欣樂快慰。

十、他又這樣想：「我在未來世當得成佛，因為佛陀能以神力，在一切世界，為眾生各別示現成就正等正覺，清淨無畏。並且能以大師子吼宣說佛法，根本弘大的誓願更周遍法界，擊大法鼓，下大法雨，作大法施。無量的時劫始終演說正法不斷，因為他的大悲願力護持，所以身、語、意等業都從不疲憊厭倦。」菩薩如此思惟之後，心中非常欣樂快慰。佛子啊！以上就是菩薩摩訶薩十種廣大的欣慰之事。假如諸位菩薩能安住此法，就能得到無上成就正覺智慧的廣大欣慰。

佛子啊！菩薩摩訶薩有十種深入佛法的事。是哪十種呢？就是：

一、深入過去世的一切世界。二、深入未來世的一切世界。三、深入現在世的種種世界、種種行持、語說及各種清淨的境界。四、深入所有世界的種種體性。五、深入眾生的種種業報。六、深入菩薩的種種心行。七、了知過去諸佛的次第。八、了知未來諸佛的次第。九、了知現在十方虛空法界等一切諸佛國土的眾會，並且說法調伏眾生。十、了知世間法、聲聞法、獨覺法、菩薩法、如來法，雖然了知諸法都沒有分別，而卻能宣說種種法相的差別。這是因為菩薩完全深入法界而實際上卻無所入，如同菩薩雖然說法，卻從不執取這些言說。就是這十種深入佛法。如果諸位菩薩能安住此法，就能證入無上正等正覺、廣大智慧極深的體性。

佛子啊！菩薩摩訶薩有十種依止，菩薩就是照這十種依止行菩薩行。是哪十種呢？就是：一、依止供養諸佛，行菩薩行。二、依止調伏眾生，行菩薩行。三、依止親近所有的善知識，行菩薩行。四、依止積集一切善根，行菩薩行。五、依止嚴淨所有的淨土，行菩薩行。六、依止不捨棄眾生，行菩薩行。七、依止深入一切波羅蜜，行菩薩行。八、依止滿足菩薩所有的誓願，行菩薩行。九、依止無量的菩提心，行菩薩行。十、依止一切佛菩提，行菩薩行。菩薩就是依止這十種事而行菩薩行。

佛子啊！菩薩摩訶薩能對十種事發起無畏心。是哪十種事呢？就是：一、發無畏心消滅一切障礙業。二、發無畏心在佛滅度後護持正法。三、發無畏心降伏魔眾。四、不惜身體性命，發無畏心。五、發無畏心摧毀破壞一切的外道邪論。六、發無畏心使一切眾生歡喜。七、發無畏心使一切眾會歡喜。八、發無畏心調伏一切天、龍、夜叉、乾闥婆、阿修羅、迦樓羅、緊那羅、摩睺羅伽。九、發無畏心遠離二乘地，入甚深佛法。十、發無畏心在不可說不可說的時劫行菩薩行，毫不疲憊厭倦。就是這十種。如果諸位菩薩能安住此法，就可得證如來無上智慧的無所畏心。

佛子啊！菩薩摩訶薩能起十種決定無疑的心，所以對一切佛法，毫不懷疑。是哪十種呢？就是：

一、菩薩摩訶薩發起如下的心念：「我應當以布施攝持眾生；用持戒、忍辱、精進、禪定、智慧等六波羅蜜，慈、悲、喜、捨等四無量心攝持眾生。」菩薩發起這種心願，決定沒有疑惑。如果說還有疑惑，那是不可能的。

二、菩薩摩訶薩又發起如下的心念：「未來諸佛出興世間時，我必盡力承事供養。」菩薩一發起這心願，就決定沒有疑惑。如果說還有什麼懷疑，那是不可能的。

三、菩薩摩訶薩又發起如是的心念：「我應當用種種奇妙的光明網莊嚴一切世界。」菩薩一發起這心願，就決定沒有疑惑。如果說他還有什麼猜疑，那是不可能的。

四、菩薩摩訶薩又生起如下的心念：「窮盡未來的時劫，我都當不斷修習菩薩行，才能以無上的教法調伏、安穩無數、無量、無邊、無等、不可數、不可稱、不可思、不可量、不可說、不可說不可說，超過算數，究竟法界、虛空界的眾生。」他發起這心願的時候，決定無疑。如果說他還有什麼疑惑，那是不可能的。

五、菩薩摩訶薩又生起如下的心念：「我應當修菩薩行，圓滿弘大的誓願，具足所有的智慧，並安住其中。」他一發起這種心願，就決定無疑。如果說他還有絲毫的疑惑，那是不可能的。

六，菩薩摩訶薩又生起如下的心念：「我應當普遍為世間行菩薩行，為一切清淨法光明，照明所有的佛法。」當他發起這種心願的時候，決定沒有疑惑。如果說他還有絲毫的疑惑，那是不可能的。

七、菩薩摩訶薩又發起如下的心念：「我應當了知所有的法都是佛法，因此能隨順眾生的心意為他們演說，使他們開悟。」當他一發起這種心願的時候，決定沒有疑惑。如果說他還有什麼疑惑，那是不可能的。

八、菩薩摩訶薩又生起如下的心念：「我應當證得一切法的無障礙門，因為我深知一切障礙了不可得，其心如是，沒有疑惑，所以能安住真實的體性，乃至成就無上正等正覺。」他發起這種心願，就決定沒有疑惑。如果說他還有什麼疑惑，那是不可能的。

九、菩薩摩訶薩又生起如下的心念：「我應當知道一切法都不是出世間法，因此能遠離所有的妄想顛倒，用一莊嚴而自莊嚴，現證性空寂滅而實無莊嚴。因為我不必經由他人的啟悟，自身就能了知這點。」所以，他一發起這種心願，就決定沒有疑惑。如果說他還有什麼疑惑，那是不可能的。

十、菩薩摩訶薩又生起如下的心念：「我當成就一切法的最正覺，遠離一切的妄想顛倒，證得一念相應的智慧。因為不管是同一或是相異，都不可得。又遠離種種法，究竟無為。又遠離一切言說，安住在不可說的境界。」他一發起這種心念，就決定沒有疑惑，如果說他還有絲毫疑惑，那是不可能的。如果諸位菩薩能安住此法，那麼就不會懷疑所有的佛法。

佛子啊！菩薩摩訶薩有十種不可思議的事。是哪十種呢？就是：

一、菩薩的一切善根實在是不可思議。

二、菩薩的一切誓願實在是不可思議。

三、菩薩了知一切法如同幻化，實在是不可思議。

四、菩薩發菩提心修習菩薩行，不退失善根，不分別任何法，實在是不可思議。

五、菩薩雖然已經深入諸法，卻也不現取涅槃滅度。因為他尚未完成圓滿所有的大願，這實在是不可思議。

六、菩薩修習菩薩道而示現從兜率天降生、入胎出生、出家苦行、前往道場修行、降伏眾魔、成就正等正覺、轉動法輪、證入大般涅槃。神通變化自在，救度守護眾生從不休息，不捨悲願，實在是不可思議。

七、菩薩雖能示現如來十力的自在神通變化，然而卻不捨棄等同法界的心，還能以大菩提心教化調伏眾生，實在是不可思議。

八、菩薩了知諸法本然無相就是相，而相也就是無相；無分別就是分別，分別就是無分別；非有就是有，有就是非有；無造作就是造作，造作就是無造作；非說默然就是言說，而言說就是非說默然，實在是不可思議。

九、菩薩了知心等同菩提，了知菩提等同心，心及菩提等同眾生。但卻從不產生顛倒的心、顛倒的憶想、顛倒的見地，實在是不可思議。

十、菩薩念念都能進入滅盡定，窮盡諸漏煩惱而不證入涅槃。也不斷盡有漏的善根，雖然他了知所有的法本來無漏無煩惱，而卻能了知窮盡諸漏煩惱的道理，也能了知眾漏煩惱消滅的現象。他了知所有的法就是世間法，世間法就是佛法，所以不會在佛法中分別世間法，也不會在世間法中分別佛法。而能證入真實法界，卻無所入，了知一切法都是無二平等，諸法從無變易。

佛子啊！以上就是菩薩摩訶薩十種不可思議。假如諸位菩薩能安住其中，就能得到諸佛無上不可思議的佛法。

佛子啊！大菩薩了解十種善行祕密的言語。是哪十種呢？就是：

一、了解一切佛經善巧祕密的言語。

二、了解一切入胎受生善巧祕密的言語。

三、了解菩薩神通變化，示現圓滿成就正等正覺善巧祕密的言語。

四、了解眾生業報善巧祕密的言語。

五、了解眾生所有染淨祕密善巧的言語。

六、了解一切法究竟無障礙門善巧祕密的言語。

七、了解虛空界每個地方，那裡有世界正在成立、或是敗壞，其間毫無空過善巧祕密的言語。

八、了解遍法界、十方世界，乃至微細的地方，都有如來示現初生，乃至成佛，入大般涅槃，如來都分別示現善巧祕密的言語。

九、了解一切眾生平等涅槃，沒有變易，而不捨棄大願，為了滿足還沒有圓滿的一切智願，所有善巧祕密的言語。

十、菩薩雖然知道一切法不必經由他人啟悟，卻還是不願遠離諸位善知識，反而更加尊敬他們，並且與他們和合相處沒有分別，並且修集種植各種善根，迴向安住。一起行作，同一體性，一同出離，一同成就善巧祕密的言語。

以上就是菩薩摩訶薩的十種善巧的言語。如果諸位菩薩能安住其中，就能得到如來無上善巧微密的言語。

佛子啊！菩薩摩訶薩有十種善巧的分別智。是哪十種呢？就是：一、進入一切剎土的善巧分別智。二、進入一切眾生處所的善巧分別智。三、進入眾生心行的善巧分別智。四、進入眾生諸根的善巧分別智。五、進入眾生業報的善巧分別智。六、進入聲聞行的善巧分別智。七、進入獨覺行的善巧分別智。八、進入菩薩行的善巧分別智。九、進入世間法的善巧分別智。十、進入佛法的善巧分別智。以上十種就是菩薩摩訶薩的善巧分別智。如果諸位菩薩能安住其中，就能證得諸佛無上善巧的分別諸法智。

佛子啊！菩薩摩訶薩有十種證入禪定三昧的方便。是哪十種呢？就是：一、能在一切世界證入三昧。二、能於一切眾生的身上證入三昧。三、能證入一切法的三昧。四、能親見諸佛而證入三昧。五、能安住一切的時劫而證入三昧。六、能從三昧起定，再示現不可思議身證入三昧。七、能在諸佛的身上證入三昧。八、能覺悟眾生平等證入三昧。九、能在一念之間進入一切菩薩三昧智而證入三昧。十、能在一念之間以無礙的智慧、成就一切菩薩的行願，沒有休息地證入三昧。以上十種就是菩薩摩訶薩證入禪定三昧的方便，如果諸位菩薩能安住其中，就能得到諸佛無上善巧的三昧法。

佛子啊！菩薩摩訶薩有十種遍入❷三昧。是哪十種呢？就是：一、遍入眾生的三昧。二、遍入國土的三昧。三、遍入世間種種相的三昧。四、遍入火災的三昧。五、遍入水災的三昧。六、遍入諸佛的三昧。七、遍入莊嚴的三昧。八、遍入如來無邊功德身的三昧。九、遍入種種說法的三昧。十、遍入諸佛種種供養的三昧。以上十種就是菩薩摩訶薩遍入的三昧。假如諸位菩薩能安住其中，就能證得如來無上大智遍入法。

佛子啊！菩薩摩訶薩有十種解脫法門。是哪十種呢？就是：一、以一身周遍一切世界的解脫法門。二、在所有的世界示現無量色相的解脫法門。三、以一切世界入一佛國剎土的解脫法門。四、普遍加持一切眾生的解脫法門。五、以諸佛莊嚴自身，並且充滿所有世界的解脫法門。六、能從自身得見所有世界的解脫法門。七、能在一念之間前往所有世界的解脫法門。八、能在一個世界，示現諸佛出世的解脫法門。九、能以一身充滿所有法界的解脫法門。十、能在一念之間示現諸佛遊戲神通的解脫法門。以上就是菩薩摩訶薩的十種解脫法門。如果諸位菩薩能安住其中，就可以證得如來的無上解脫法門。

佛子啊！菩薩摩訶薩有十種神通。是哪十種呢？就是：一、憶念宿命的方便智慧神通。二、天耳無礙的方便智慧神通。三、了知其他眾生不可思議心行的方便智慧神通。四、以天眼觀察，毫無障礙的方便智慧神通。五、隨順眾生心示現不可思議神通的方便智慧神通。六、以一身普遍示現無量世界的方便智慧神通。七、以一念遍入不可說不可說世界的方便智慧神通。八、出生無量的莊嚴器具，莊嚴不可思議世界的方便智慧神通。九、示現不可說變化身的方便智慧神通。十、隨順不可思議的眾生心念，在不可說的世界示現成就無上正等正覺的方便智巧神通。以上就是菩薩摩訶薩的十種神通。如果諸位菩薩能安住其中，就能證得如來無上的廣大善巧神通，為一切眾生作種種示現，使他們得以修學。

佛子啊！菩薩摩訶薩有十種智慧。是哪十種呢？就是：

一、了知眾生業報的善巧智慧明。

二、了知眾生的境界寂滅清淨，而且沒有戲論的善巧智慧明。

三、了知眾生所緣的種種都只是一相，了不可得，一切諸法其實都如金剛不可毀壞的善巧智慧明。

四、能以無量微妙的音聲使十方世界普遍聽聞的善巧智慧明。

五、能完全破壞所有污染執著心念的善巧智慧明。

六、能方便示現入胎受生，或不入胎受生的善巧智慧明。

七、捨離一切心想與覺受的善巧智慧明。

八、了知一切諸法既非相，也非無相，體性既是同又無自性體空。雖不分別諸法，卻了知諸法的種種差別，並能在無量劫中分別演說，安住法界，成就無上正等正覺的善巧智慧明。

九、菩薩摩訶薩了知眾生雖然受生，其實沒有受生的主體，因為他深知入胎受生根本了不可得。菩薩又同時了知眾生的因、了知緣、了知事、了知境界、了知心行、了知生、了知滅、了知言說、了知迷惑、了知顛倒、了知雜染、了知清淨、了知生死、了知涅槃、了知可得、了知不可得、了知執著、了知無執著、了知安住清淨本性、了知轉動煩惱、了知隨逐煩惱、了知原來本性、了知心念的生起、了知寂然清淨動靜不起、了知心念的迷失敗壞、了知出離、了知成熟、了知諸根、了知調伏眾生的方法，而能隨其相應，示現種種教化，不曾忘卻退失菩薩行。為什麼呢？因為菩薩除了利益眾生，而發起無上正等正覺外，再也沒有其他的作為。所以菩薩恆常教化眾生，沒有疲倦，不違背世間所作的眾事，所以名為緣起的善巧智慧明。

十、菩薩摩訶薩不會執著諸佛，不會心生執著。不會執著非法，不會心生執著。不會執著剎土，不會心生執著。不會執著眾生，不會心生執著。他並沒有見到任何需要教化或調伏說法的眾生，儘管如此，他仍不捨棄菩薩諸行，以及大悲誓願。他還是繼續見佛聞法，隨順修行，依止如來，而種下諸多善根；恭敬供養諸佛，毫不休息。他能以神力震動十方無量世界，因為他的心量廣大等同法界。他了知種種說法、了知眾生的數量、了知眾生的差別、了知苦的出生、了知苦的除滅、了知一切的行為都宛如影像。所以他努力實踐菩薩行，永遠斷絕所有入胎受生的根本因緣。他雖只為了救護眾生，實踐菩薩行，實際上卻無所行，只是一心隨順諸佛的種性，發起宛如山王的心志。因為他早已了知所有的虛妄顛倒，證入一切種智門。他的智慧廣大，不可傾動，將來必當成就正覺，在生死海中平等救度眾生的善巧智慧明。

以上就是菩薩摩訶薩的十種善巧智慧明。如果諸位菩薩能安住其中，就能得到如來無上的大善巧智慧明。

佛子啊！菩薩摩訶薩有十種解脫。是哪十種呢？就是：一、解脫煩惱。二、解脫邪見。三、解脫各種貪取心。四、解脫蘊界。五、超越二乘而解脫。六、解脫無生法忍❸。七、遠離對一切世間、一切剎土、一切眾生、一切法的執著而解脫。八、解脫無邊安住。九、發起菩薩行，證入如來無分別地的解脫。十、在一念之間完全了知過去、現在、未來三世的解脫。以上十種就是菩薩摩訶薩的解脫。如果諸位菩薩能安住這個法門，就能施作無上佛事，教化成熟一切眾生。

佛子啊！菩薩摩訶薩有十種莊嚴菩薩境界的園林。是哪十種呢？就是：

一、菩薩以生死為園林，因為菩薩不會厭倦捨棄生死。

二、菩薩以教化眾生為園林，因為菩薩永遠不會疲於教化眾生。

三、菩薩以安住一切時劫為園林，因為菩薩能攝受各種大行。

四、菩薩以清淨世界為園林，因為菩薩自身始終止住清淨世界。

五、菩薩以眾魔的宮殿為園林，因為菩薩能降伏眾魔。

六、菩薩以思惟所聞的佛法為園林，因為他能如理觀察。

七、菩薩以六波羅蜜、四攝事、三十七菩提分法為園林，因為他能繼承諸佛慈父的境界。

八、菩薩以十力、四無所畏、十八不共法、乃至一切佛法為園林，因為菩薩心中不會思念其他的法門。

九、菩薩以示現一切菩薩威力自在神通為園林，因為他能用大神通力轉正法輪，調伏眾生不曾休息。

十、菩薩能以念念在一切處，為眾生示現成就正等正覺為園林，因為菩薩的法身周遍虛空，窮盡一切世界。

以上就是菩薩摩訶薩的十種園林。如果諸位菩薩能安住這個法門，就能證得如來遠離憂惱的無上大安樂行。

佛子啊！菩薩摩訶薩有十種莊嚴的宮殿。是哪十種呢？就是：一、菩薩以菩提心為宮殿，因為他恆常不忘失菩提心。二、菩薩以十善業道福德智慧為宮殿，因為他勤於教化欲界的眾生，從不暫捨。三、菩薩以慈悲喜捨四無量心及禪定為宮殿，因為他勤於教化色界的眾生，從不暫捨。四、菩薩以生淨居天為宮殿，因為他不會染著任何煩惱。五、菩薩以生無色界為宮殿，因為他能使眾生遠離難處。六、菩薩以生雜染世界為宮殿，因為他能使眾生斷絕煩惱。七、菩薩以示現身處內宮，擁有妻子眷屬為宮殿，因為他能成就往昔一起修行的眾生。八、菩薩以示現自身為轉輪聖王或守護世間的帝釋與大梵天王等為宮殿，因為他要調伏那些具有大福德能自在隨心意行事的眾生。九、菩薩以安住一切菩薩行，自在遊戲神通為宮殿，因為他善於遊戲各種禪定解脫三昧的智慧。十、菩薩以一切佛所受無上自在，一切智王灌頂授記為宮殿，因為他能作一切法王自在之事。以上就是菩薩的十種宮殿，如果諸位菩薩能安住其中，就能證得法灌頂，在一切世間，神力自在。

佛子啊！菩薩摩訶薩有十種欣喜樂求的境界。是哪十種呢？就是：一、欣喜樂求正念，因為他的心念從不散亂。二、欣喜樂求智慧，因為他能分別諸法。三、欣喜樂求前往諸佛的處所，因為他對佛法永遠沒有滿足。四、欣喜樂求諸佛，因為諸佛充滿十方沒有邊際。五、欣喜樂求菩薩，因為他能示現無量法門，自在利益眾生。六、欣喜樂求諸三昧門，因為他能從一個三昧門入一切的三昧門。七、欣喜樂求陀羅尼，因為他持法之後，不會忘記轉授眾生。八、欣喜樂求無礙的辯才，因為不管是一字、一句，即使經歷不可說的時劫，他都能分別為眾生演說，沒有窮盡。九、欣喜樂求成就正覺，因為他能為眾生示現無量法門，乃至成就正等正覺。十、欣喜樂求轉動法輪，因為他能摧毀滅絕所有邪門外道的法門。以上就是菩薩欣喜樂求的十種境界，如果諸位菩薩能安住這個法門，就能得到諸佛的無上法樂。

佛子啊！菩薩摩訶薩有十種莊嚴。是哪十種呢？就是：一、力的莊嚴，因為無人能破壞菩薩的神力。二、無畏的莊嚴，因為沒有什麼人事是菩薩不能收伏的。三、義的莊嚴，因為他能演說不可說之義理，沒有窮盡。四、法的莊嚴，因為他能聚集八萬四千法門，並且觀察演說，不曾忘失斷絕。五、願的莊嚴，因為菩薩所發的弘大誓願，都不會退轉。六、行的莊嚴，因為菩薩能修習普賢行而出離世間。七、剎的莊嚴，因為他能用一切剎作為一剎。八、普音的莊嚴，因為他能窮盡所有的時劫行無數行，無有斷絕，十、變化的莊嚴，因為他能在一個眾生的身內，示現等同一切眾生數量的身形。並且使眾生莫不了知見聞，進而勤取智慧，永不退轉。以上就是菩薩摩訶薩的十種莊嚴。如果諸位菩薩能安住這個法門，就能證得一切如來無上的法莊嚴。

佛子啊！菩薩摩訶薩發十種不動心。是哪十種呢？就是：一、能捨棄一切所有的不動心。二、思惟觀察一切佛法的不動心。三、憶念供養諸佛的不動心。四、發誓不惱害眾生的不動心。五、普遍攝受眾生，不分別怨親的不動心。六、為求一切佛法，不曾休息的不動心。七、在如同眾生數不可說不可說的時劫，實踐菩薩行，毫不疲憊厭倦，也不退轉的不動心。八、成就堅固不動有根的信心、無濁的信心、清淨的信心、極清淨的信心、離垢的信心、明澈的信心、恭敬供養諸佛的信心、不退轉的信心、不可盡的信心、無能壞的信心、大歡喜踊躍信仰的不動心。九、成就出生一切智慧方便道的不動心。十、聽聞一切菩薩行法，信受奉行不生毀謗的不動心。以上就是菩薩摩訶薩發起的十種不動心。如果諸位菩薩能安住這個法門，就能證得無上一切智慧的不動心。

佛子啊！菩薩摩訶薩有十種絕不捨棄、甚深廣大的心。是哪十種呢？就是：一、不捨棄成就圓滿諸佛菩提的甚深廣大心。二、不捨棄教化調伏眾生的甚深廣大心。三、永不捨棄斷絕諸佛種性的甚深廣大心。四、不捨棄親近善知識的甚深廣大心。五、不捨棄供養諸佛的甚深廣大心。六、不捨棄專求一切大乘功德法的甚深廣大心。七、不捨棄在諸佛處所修行梵行，護持清淨戒律的甚深廣大心。八、不捨棄親近一切菩薩的甚深廣大心。九、不捨棄追求一切佛法，方便護持的甚深廣大心。十、不捨棄圓滿一切菩薩行願，集聚諸佛法要的甚深廣大心。以上就是菩薩摩訶薩十種絕不捨棄的甚深廣大心，如果諸位菩薩能安住其中，就能不捨棄一切佛法。

佛子啊！菩薩摩訶薩有十種智慧觀察。是哪十種呢？就是：一、善巧分別，宣說一切佛法的智慧觀察。二、了知過去、現在、未來三世一切善根的智慧觀察。三、了知一切的菩薩行，能自在變化的智慧觀察。四、了知所有諸法義理法門的智慧觀察。五、了知諸佛威力的智慧觀察。六、了知一切陀羅尼法門的智慧觀察。七、能在所有世界演說正法的智慧觀察。八、能進入一切法界的智慧觀察。九、了知十方不可思議的智慧觀察。十、了知一切佛法的智慧光明，沒有障礙的智慧觀察。以上就是菩薩摩訶薩的十種智慧觀察。如果諸位菩薩能安住其中，就能得到如來無上的大智慧觀察。

佛子啊！菩薩摩訶薩有十種說法的要則。是哪十種呢？就是：一、宣說諸法都是緣起而生。二、宣說諸法都是如同幻化。三、沒有乖違諍辯地宣說諸法。四、宣說諸法都是沒有邊際的。五、宣說諸法都是沒有依止對象的。六、宣說諸法都是如同金剛堅固不壞的。七、宣說諸法都是如如不動。八、宣說諸法都是寂靜無為的。九、宣說諸法都是出離世間的。十、宣說諸法都是同一義，本性自然成就。以上就是菩薩摩訶薩十種說法的要則。如果諸位菩薩能安住其中，就能善巧宣說諸法。

佛子啊！菩薩摩訶薩有十種清淨。是哪十種呢？就是：一、甚深心念的清淨。二、斷絕疑惑的清淨。三、遠離各種執著見地的清淨。四、境界的清淨。五、求取一切智慧的清淨。六、辯才的清淨。七、無畏的清淨。八、安住一切菩薩智慧的清淨。九、受持一切菩薩律儀的清淨。十、具足成就無上菩提、三十二種百福相白淨之法、一切善根的清淨。以上就是菩薩摩訶薩的十種清淨。如果諸位菩薩能安住其中，就能得到一切如來無上的清淨法。

佛子啊！菩薩摩訶薩有十種決定不壞的心印。是哪十種呢？就是：

一、菩薩摩訶薩了知由疾病飢餓等引起的苦苦，因愛著的對象遭受破壞而產生的壞苦，以及由無常變異而生的行苦，所以他專心追求佛法，毫不懈怠。實踐菩薩行沒有疲憊懈怠，不驚不畏，不恐不怖，不捨棄大願，追求一切智慧，堅固不退。終於成就究竟無上正等正覺。

二、菩薩摩訶薩看見有愚痴狂亂的眾生，有人用粗狂邪惡的言語詆毀辱罵他，有的用刀杖瓦石傷害他，但是菩薩始終不會因為這樣而捨棄菩薩心。他只是忍辱柔和，一心專修佛法，安住最勝道，證入脫離生死的聖位。

三、菩薩摩訶薩聽人演說與一切智慧相應的甚深佛法時，能用自己的智慧深信忍可，了解趣入。

四、菩薩摩訶薩心裡又這樣想：「我既然發起甚深大心追求一切智慧，未來必當成佛，證得無上正等正覺。但眾生卻仍流轉五種生趣之中，受無量苦，我應當也使他們發起菩提心，深信歡喜，勤修精進，堅固不退。」

五、菩薩摩訶薩了知如來的智慧沒有邊際，而不會以有限的邊際齊限測度如來的智慧。因為菩薩曾經在諸佛處所，聽聞如來的智慧，了知諸佛的智慧是沒有邊際的，沒法以世間有限的齊限測度。文字所說的，都是有有限的，都不能了知如來的智慧。

六、菩薩摩訶薩已於無上正等正覺證得最殊勝的志願樂欲、甚深的樂欲、寬廣的樂欲、宏大的樂欲、種種的樂欲、無人能勝的樂欲、無上的樂欲、堅固的樂欲、眾魔外道與他的眷屬都不能破壞的樂欲、追求一切智慧不退轉的樂欲、菩薩安住等同上面所說的種種樂欲，因此對於無上的菩提都能究竟不退轉，這是第六心印。

七、菩薩摩訶薩能不顧身體性命地實踐菩薩行，所以沒有人能夠破壞他的行為。因為他發心趣向一切的智慧，一切智慧的體性恆常示現在前，又證得一切諸佛的智慧光明。所以他始終不捨棄遠離諸佛菩提，也從不捨棄遠離一切善知識。

八、菩薩摩訶薩如果見到有善男子、善女人趣向大乘，就會增長他們尋求佛法的心，使他們安住一切善根，使他們攝取一切智慧心，使他們不會退失無上的菩提。

九、菩薩摩訶薩能使眾生得到平等心，勸他們勤修一切智慧，並且用大悲心為他們說法，使他們在無上正等正覺永不退轉。

十、菩薩摩訶薩與三世諸佛同一善根。所以，他永遠不會斷絕諸佛的種性，而且能究竟證得一切智智。

佛子啊！以上就是菩薩摩訶薩的十種心印。菩薩因為這十種心印而能立刻成就無上正等正覺，具足如來一切法無上智慧的心印。

佛子啊！菩薩摩訶薩有十種智慧光明照耀。是哪十種呢？就是：一、了知必定當成就無上正等正覺的智慧光明照耀。二、親見一切諸佛的智慧光明照耀。三、親見眾生從這兒死去，又從彼處出生的智慧光明照耀。四、了解修多羅法門的智慧光明照耀。五、依止善知識而發起菩提心，聚集各種善根的智慧光明照耀。六、示現諸佛的智慧光明照耀。七、教化眾生，使他們都安住如來境地的智慧光明照耀。八、演說不可思議廣大法門的智慧光明照耀。九、善巧了知諸佛神通威力的智慧光明照耀。十、滿足一切波羅蜜的智慧光明照耀。以上就是菩薩摩訶薩的十種智慧光明照耀。如果諸位菩薩能安住這個法門，就能證得諸佛無上的智慧光明照耀。

佛子啊！菩薩摩訶薩有十種無能等比的安住，一切的眾生、聲聞、獨覺都沒能等同他的。是哪十種呢？就是：

一、菩薩摩訶薩雖然現觀諸法的真如實際境界，卻不會求取證入真如實際的境界，因為他尚未成就圓滿一切的大願。

二、菩薩摩訶薩種下了等同法界廣大的善根，但卻沒有任何的執著。

三、菩薩摩訶薩修習菩薩行，了知菩薩行如同幻化，因為一切法的體性都是寂滅無為的，而卻能安住佛法，沒有任何疑惑。

四、菩薩摩訶薩雖然遠離世間所有的妄想，但是仍能在無住中作意生心，在不可說的時劫行菩薩行，滿足大願，始終不會疲倦懈怠。

五、菩薩摩訶薩不會取著任何法，因為一切法的體性本來寂滅不生，所以也不會證入涅槃。為什麼？因為菩薩還沒有成就圓滿智慧道。

六、菩薩摩訶薩了知一切的時劫都是非時劫，而能真實地宣說所有時劫的數量。

七、菩薩摩訶薩雖然了知所有的法都是沒有造作的，但仍不捨棄造作之道，勤求所有的佛法。

八、菩薩摩訶薩了知色界、欲界、無色界三界只是心識的造作，過去、現在、未來三世也是如此，而了知心是沒有數量、沒有邊際的。

九、菩薩摩訶薩能夠為一個眾生，在不可說的時劫中實踐菩薩行，使他安住在一切的智慧地。就如同為那一個眾生一般，他對一切眾生也是如此，而且從來不會心生疲憊厭倦。

十、菩薩摩訶薩雖然修行圓滿，卻不證入菩提。為什麼？因為菩薩這麼想：「我所作的一切，本來都是為了眾生，所以我應當恆久生死，方便利益眾生，使他們都安住無上的佛道。」

佛子啊！以上就是菩薩摩訶薩十種無能等比的安住。如果諸位菩薩能安住其中，就能得證一切佛法無能等比安住的無上智慧。

【註釋】

❶舍利　梵語 Śarīra，本意為屍體、遺骨之意。後來專指佛、菩薩、羅漢、高僧等圓寂之後，火化完所凝結之結晶，是由戒、定、慧之功德凝聚而成。

❷遍入　入三昧之意，使其周遍漸次增廣之意。

❸無生法忍　無生法，即指涅槃之法，將心安住在涅槃之法，即是無生法忍。

【原典】

佛子！菩薩摩訶薩有十種大欣慰。何等為十？所謂：諸菩薩發如是心：「盡未來世所有諸佛出興于世，我當皆得隨逐承事令生歡喜。」如是思惟，心大欣慰。復作是念：「彼諸如來出興於世，我當悉以無上供具恭敬供養。」如是思惟，心大欣慰。復作是念：「我於諸佛所興供養時，彼諸如來必示誨我法，我悉以深心恭敬聽受、如說修行，於菩薩地必得已生、現生、當生。」如是思惟，心大欣慰。復作是念：「我當於不可說不可說劫行菩薩行，常與一切諸佛菩薩而得共俱。」如是思惟，心大欣慰。復作是念：「我於往昔未發無上大菩提心，有諸怖畏，所謂：不活畏、惡名畏、死畏、墮惡道畏、大眾威德畏。自一發心，悉皆遠離，不驚不恐，不畏不懼，不怯不怖，一切眾魔及諸外道所不能壞。」如是思惟，心大欣慰。復作是念：「我當令一切眾生成無上菩提；成菩提已，我當於彼佛所修菩薩行盡其形壽，以大信心興所應供佛諸供養具而為供養；及涅槃後，各起無量塔供養舍利，及受持守護所有遺法。」如是思惟，心大欣慰。又作是念：「十方所有一切世界，我當悉以無上莊嚴而莊嚴之，皆令具足種種奇妙平等清淨，復以種種大神通力住持震動，光明照曜普使周遍。」如是思惟，心大欣慰。復作是念：「我當斷一切眾生疑惑，淨一切眾生欲樂，啟一切眾生心意，滅一切眾生煩惱，閉一切眾生惡道門，開一切眾生善趣門，破一切眾生黑闇，與一切眾生光明，令一切眾生離眾魔業，使一切眾生至安隱處。」如是思惟，心大欣慰。菩薩摩訶薩復作是念：「諸佛如來如優曇華，難可值遇，於無量劫莫能一見。我當於未來世欲見如來則便得見，諸佛如來常不捨我，恒住我所，令我得見，為我說法無有斷絕；既聞法已，心意清淨，遠離諂曲，質直無偽，於念念中常見諸佛。」如是思惟，心大欣慰。復作是念：「我於未來當得成佛，以佛神力，於一切世界，為一切眾生各別示現成等正覺清淨無畏大師子吼，以本大願周遍法界，擊大法鼓，雨大法雨，作大法施，於無量劫常演正法，大悲所持身、語、意業無有疲厭。」如是思惟，心大欣慰。佛子！是為菩薩摩訶薩十種大欣慰。若諸菩薩安住此法，則得無上成正覺智慧大欣慰。

佛子！菩薩摩訶薩有十種深入佛法。何等為十？所謂：入過去世一切世界；入未來世一切世界；入現在世世界數、世界行、世界說、世界清淨；入一切世界種種性；入一切眾生種種業報；入一切菩薩種種行；知過去一切佛次第；知未來一切佛次第；知現在十方虛空法界等一切諸佛、國土眾會、說法調伏；知世間法、聲聞法、獨覺法、菩薩法、如來法，雖知諸法皆無分別而說種種法，悉入法界無所入故，如其法說無所取著。是為十。若諸菩薩安住此法，則得入於阿耨多羅三藐三菩提大智慧甚深性。

佛子！菩薩摩訶薩有十種依止，菩薩依此行菩薩行。何等為十？所謂：依止供養一切諸佛，行菩薩行；依止調伏一切眾生，行菩薩行；依止親近一切善友，行菩薩行；依止積集一切善根，行菩薩行；依止嚴淨一切佛土，行菩薩行；依止不捨一切眾生，行菩薩行；依止深入一切波羅蜜，行菩薩行；依止滿足一切菩薩願，行菩薩行；依止無量菩提心，行菩薩行；依止一切佛菩提，行菩薩行。是為十。菩提依此行菩薩行。

佛子！菩薩摩訶薩有十種發無畏心。何等為十？所謂：滅一切障礙業，發無畏心；於佛滅後護持正法，發無畏心；降伏一切魔，發無畏心；不惜身命，發無畏心；摧破一切外道邪論，發無畏心；令一切眾生歡喜，發無畏心；令一切眾會皆悉歡喜，發無畏心；調伏一切天、龍、夜叉、乾闥婆、阿修羅、迦樓羅、緊那羅、摩睺羅伽，發無畏心；離二乘地，入甚深法，發無畏心；於不可說不可說劫行菩薩行，心無疲厭，發無畏心。是為十。若諸菩薩安住此法，則得如來無上大智無所畏心。

佛子！菩薩摩訶薩發十種無疑心，於一切佛法心無疑惑。何等為十？所謂：菩薩摩訶薩發如是心：「我當以布施，攝一切眾生；以戒、忍、精進、禪定、智慧、慈、悲、喜、捨，攝一切眾生。」發此心時，決定無疑；若生疑心，無有是處。是為第一發無疑心。菩薩摩訶薩又作是念：「未來諸佛出興于世，我當一切承事供養。」發此心時，決定無疑；若生疑心，無有是處。是為第二發無疑心。菩薩摩訶薩又作是念：

「我當以種種奇妙光明網，周遍莊嚴一切世界。」發此心時，決定無疑；若生疑心，無有是處。是為第三發無疑心。菩薩摩訶薩又作是念：「我當盡未來劫修菩薩行。無數、無量、無邊、無等、不可數、不可稱、不可思、不可量、不可說、不可說不可說，過諸算數，究竟法界、虛空界一切眾生，我當悉以無上教化調伏法而成熟之。」發此心時，決定無疑；若生疑心，無有是處。是為第四發無疑心。菩薩摩訶薩又作是念：「我當修菩薩行，滿大誓願，具一切智，安住其中。」發此心時，決定無疑；若生疑心，無有是處。是為第五發無疑心。菩薩摩訶薩又作是念：「我當普為一切世間行菩薩行，為一切法清淨光明，照明一切所有佛法。」發此心時，決定無疑；若生疑心，無有是處。是為第六發無疑心。菩薩摩訶薩又作是念：「我當知一切法皆是佛法，隨眾生心，為其演說，悉令開悟。」發此心時，決定無疑；若生疑心，無有是處。是為第七發無疑心。菩薩摩訶薩又作是念：「我當於一切法得無障礙門，知一切障礙不可得故；其心如是，無有疑惑，住真實性，乃至成於阿耨多羅三藐三菩提。」發此心時，決定無疑；若生疑心，無有是處。是為第八發無疑心。菩薩摩訶薩又作是念：「我當知一切法莫不皆是出世間法，遠離一切妄想顛倒，以一莊嚴而自莊嚴而無所莊嚴；於此自了，不由他悟。」發此心時，決定無疑；若生疑心，無有是處。是為第九發無疑心。菩薩摩訶薩又作是念：「我當於一切法成最正覺，離一切妄想顛倒故，得一念相應智故，若一若異不可得故，離一切數故，究竟無為故，離一切言說故，住不可說境界際故。」發此心時，決定無疑；若生疑心，無有是處。是為第十發無疑心。若諸菩薩安住此法，則於一切佛法心無所疑。

佛子！菩薩摩訶薩有十種不可思議。何等為十？所謂：一切善根，不可思議。一切誓願，不可思議。知一切法如幻，不可思議。發菩提心修菩薩行，善根不失，無所分別，不可思議。雖深入一切法，亦不取滅度，以一切願未成滿故，不可思議。修菩薩道而示現降神、入胎、誕生、出家、苦行、往詣道場、降伏眾魔、成最正覺、轉正法輪、入般涅槃，神變自在無有休息，不捨悲願救護眾生，不可思議。雖能示現如來十力神變自在，而亦不捨等法界心教化眾生，不可思議。知一切法無相是相，相是無相，無分別是分別，分別是無分別，非有是有，有是非有，無作是作，作是無作，非說是說，說是非說，不可思議。知心與菩提等，知菩提與心等，心及菩提與眾生等，亦不生心顛倒、想顛倒、見顛倒，不可思議。於念念中入滅盡定，盡一切漏而不證實際，亦不盡有漏善根；雖知一切法無漏，而知漏盡，亦知漏滅；雖知佛法即世間法，世間法即佛法，而不於佛法中分別世間法，不於世間法中分別佛法；一切諸法悉入法界，無所入故；知一切法皆無二，無變易故；是為第十不可思議。佛子！是為菩薩摩訶薩十種不可思議。若諸菩薩安住其中，則得一切諸佛無上不可思議法。

佛子！菩薩摩訶薩有十種巧密語。何等為十？所謂：於一切佛經中，巧密語；於一切受生處，巧密語；於一切菩薩神通變現、成等正覺，巧密語；於一切眾生業報，巧密語；於一切眾生所起染淨，巧密語；於一切法究竟無障礙門，巧密語；於一切虛空界，一一方處悉有世界或成或壞，間無空處，巧密語；於一切法界、一切十方，乃至微細處，悉有如來示現初生，乃至成佛、入般涅槃，充滿法界悉分別見，巧密語；見一切眾生平等涅槃無變易故，而不捨大願，以一切智願未得圓滿令滿足故，巧密語；雖知一切法不由他悟，而不捨離諸善知識，於如來所轉加尊敬，與善知識和合無二，於諸善根修集種植，迴向安住，同一所作，同一體性，同一出離，同一成就，巧密語。是為十。若諸菩薩安住其中，則得如來無上善巧微密語。

佛子！菩薩摩訶薩有十種巧分別智。何等為十？所謂：入一切剎巧分別智；入一切眾生處巧分別智；入一切眾生心行巧分別智；入一切眾生根巧分別智；入一切眾生業報巧分別智；入一切聲聞行巧分別智；入一切獨覺行巧分別智；入一切菩薩行巧分別智；入一切世間法巧分別智；入一切佛法巧分別智。是為十。若諸菩薩安住其中，則得一切諸佛無上善巧分別諸法智。

佛子！菩薩摩訶薩有十種入三昧。何等為十？所謂：於一切世界入三昧；於一切眾生身入三昧；於一切法入三昧；見一切佛入三昧；住一切劫入三昧；從三昧起現不思議身入三昧；於一切佛身入三昧；覺悟一切眾生平等入三昧；一念中入一切菩薩三昧智入三昧；一念中以無礙智成就一切諸菩薩行願無有休息入三昧。是為十。若諸菩薩安住其中，則得一切諸佛無上善巧三昧法。

佛子！菩薩摩訶薩有十種遍入。何等為十？所謂：眾生遍入；國土遍入；世間種種相遍入；火災遍入；水災遍入；佛遍入；莊嚴遍入；如來無邊功德身遍入；一切種種說法遍入；一切如來種種供養遍入。是為十。若諸菩薩安住其中，則得如來無上大智遍入法。

佛子！菩薩摩訶薩有十種解脫門。何等為十？所謂：一身周遍一切世界解脫門；於一切世界示現無量種種色相解脫門；以一切世界入一佛剎解脫門；普加持一切眾生界解脫門；以一切佛莊嚴身充滿一切世界解脫門；於自身中見一切世界解脫門；一念中往一切世界解脫門；於一世界示現一切如來出世解脫門；一身充滿一切法界解脫門；一念中示現一切佛遊戲神通解脫門。是為十。若諸菩薩安住其中，則得如來無上解脫門。

佛子！菩薩摩訶薩有十種神通。何等為十？所謂：憶念宿命方便智通；天耳無礙方便智通；知他眾生不思議心行方便智通；天眼觀察無有障礙方便智通；隨眾生心現不思議大神通力方便智通；一身普現無量世界方便智通；一念遍入不可說不可說世界方便智通；出生無量莊嚴具，莊嚴不思議世界方便智通；示現不可說變化身方便智通；隨不思議眾生心，於不可說世界現成阿耨多羅三藐三菩提方便智通。是為十。若諸菩薩安住其中，則得如來無上大善巧神通，為一切眾生種種示現，令其修學。

佛子！菩薩摩訶薩有十種明。何等為十？所謂：知一切眾生業報，善巧智明。知一切眾生境界，寂滅清淨，無諸戲論，善巧智明。知一切眾生種種所緣唯是一相悉不可得，一切諸法皆如金剛，善巧智明。能以無量微妙音聲，普聞十方一切世界，善巧智明。普壞一切心所染著，善巧智明。能以方便示現受生或不受生，善巧智明。捨離一切想、受境界，善巧智明。知一切法非相、非無相，一性無性，無所分別，而能了知種種諸法，於無量劫分別演說，住於法界，成阿耨多羅三藐三菩提，善巧智明。菩薩摩訶薩知一切眾生生本無有生，了達受生不可得故，而知因、知緣、知事、知境界、知行、知生、知滅、知言說、知迷惑、知離迷惑、知顛倒、知離顛倒、知雜染、知清淨、知生死、知涅槃、知可得、知不可得、知執著、知無執著、知住、知動、知去、知還、知起、知不起、知失壞、知出離、知成熟、知諸根、知調伏，隨其所應種種教化，未曾忘失菩薩所行。何以故？菩薩但為利益眾生故，發阿耨多羅三藐三菩提心，無餘所為。是故，菩薩常化眾生，身無疲倦，不違一切世間所作。是名：緣起善巧智明。菩薩摩訶薩於佛無著，不起著心；於法無著，不起著心；於剎無著，不起著心；於眾生無著，不起著心；不見有眾生而行教化調伏說法，然亦不捨菩薩諸行，大悲大願，見佛聞法，隨順修行，依於如來種諸善根，恭敬供養無有休息，能以神力震動十方無量世界，其心廣大等法界故，知種種說法，知眾生數，知眾生差別，知苦生，知苦滅，知一切行皆如影像，行菩薩行，永斷一切受生根本，但為救護一切眾生，行菩薩行而無所行，隨順一切諸佛種性，發如大山王心，知一切虛妄顛倒，入一切種智門，智慧廣大不可傾動，當成正覺，於生死海平等濟渡一切眾生，善巧智明。是為十。若諸菩薩安住其中，則得如來無上大善巧智明。

佛子！菩薩摩訶薩有十種解脫。何等為十？所謂：煩惱解脫；邪見解脫；諸取解脫；蘊、界、處解脫；超二乘解脫；無生法忍解脫；於一切世間、一切剎、一切眾生、一切法離著解脫；無邊住解脫；發起一切菩薩行入如來無分別地解脫；於一念中悉能了知一切三世解脫。是為十。若諸菩薩安住此法，則能施作無上佛事，教化成熟一切眾生。

佛子！菩薩摩訶薩有十種園林。何等為十？所謂：生死是菩薩園林，無厭捨故；教化眾生是菩薩園林，不疲倦故；住一切劫是菩薩園林，攝諸大行故；清淨世界是菩薩園林，自所止住故；一切魔宮殿是菩薩園林，降伏彼眾故；思惟所聞法是菩薩園林，如理觀察故；六波羅蜜、四攝事、三十七菩提分法是菩薩園林，紹繼慈父境界故；十力、四無所畏、十八不共乃至一切佛法是菩薩園林，不念餘法故；示現一切菩薩威力自在神通是菩薩園林，以大神力轉正法輪調伏眾生無休息故；一念於一切處為一切眾生示成正覺是菩薩園林，法身周遍盡虛空一切世界故。是為十。若諸菩薩安住此法，則得如來無上離憂惱、大安樂行。

佛子！菩薩摩訶薩有十種宮殿。何等為十？所謂：菩提心是菩薩宮殿，恒不忘失故；十善業道福德智慧是菩薩宮殿，教化欲界眾生故；四梵住禪定是菩薩宮殿，教化色界眾生故；生淨居天是菩薩宮殿，一切煩惱不染故；生無色界是菩薩宮殿，令諸眾生離難處故；生雜染世界是菩薩宮殿，令一切眾生斷煩惱故；現處內宮妻子、眷屬是菩薩宮殿，成就往昔同行眾生故；現居輪王、護世、釋、梵是菩薩宮殿，為調伏自在心眾生故；住一切菩薩行遊戲神通皆得自在是菩薩宮殿，善遊戲諸禪解脫三昧智慧故；一切佛所受無上自在、一切智王灌頂記是菩薩宮殿，住十力莊嚴作一切法王自在事故。是為十。若諸菩薩安住其中，則得法灌頂，於一切世間神力自在。

佛子！菩薩摩訶薩有十種所樂。何等為十？所謂：樂正念，心不散亂故；樂智慧，分別諸法故；樂往詣一切佛所，聽法無厭故；樂諸佛，充滿十方無邊際故；樂菩薩，自在為諸眾生以無量門而現身故；樂諸三昧門，於一三昧門入一切三昧門故；樂陀羅尼，持法不忘轉受眾生故；樂無礙辯才，於一文一句經不可說劫分別演說無窮盡故；樂成正覺，為一切眾生以無量門示現於身成正覺故；樂轉法輪，摧滅一切異道法故。是為十。若諸菩薩安住此法，則得一切諸佛如來無上法樂。

佛子！菩薩摩訶薩有十種莊嚴。何等為十？所謂：力莊嚴，不可壞故；無畏莊嚴，無能伏故；義莊嚴，說不可說義無窮盡故；法莊嚴，八萬四千法聚觀察演說無忘失故；願莊嚴，一切菩薩所發弘誓無退轉故；行莊嚴，修普賢行而出離故；剎莊嚴，以一切剎作一剎故；普音莊嚴，周遍一切諸佛世界雨法雨故；力持莊嚴，於一切劫行無數行不斷絕故；變化莊嚴，於一眾生身示現一切眾生數等身，令一切眾生悉得知見，求一切智無退轉故。是為十。若諸菩薩安住此法，則得如來一切無上法莊嚴。

佛子！菩薩摩訶薩發十種不動心。何等為十？所謂：於一切所有悉皆能捨不動心；思惟觀察一切佛法不動心；憶念供養一切諸佛不動心；於一切眾生誓無惱害不動心；普攝眾生不揀怨親不動心；求一切佛法無有休息不動心；一切眾生數等不可說不可說劫，行菩薩行不生疲厭亦無退轉不動心；成就有根信、無濁信、清淨信、極清淨信、離垢信、明徹信、恭敬供養一切佛信、不退轉信、不可盡信、無能壞信、大歡喜踊躍信不動心；成就出生一切智方便道不動心；聞一切菩薩行法信受不謗不動心。是為十。若諸菩薩安住此法，則得無上一切智不動心。

佛子！菩薩摩訶薩有十種不捨深大心。何等為十？所謂：不捨成滿一切佛菩提深大心；不捨教化調伏一切眾生深大心；不捨不斷一切諸佛種性深大心；不捨親近一切善知識深大心；不捨供養一切諸佛深大心；不捨專求一切大乘功德法深大心；不捨於一切佛所修行梵行、護持淨戒深大心；不捨親近一切菩薩深大心；不捨求一切佛法方便護持深大心；不捨滿一切菩薩行願、集一切諸佛法深大心。是為十。若諸菩薩安住其中，則能不捨一切佛法。

佛子！菩薩摩訶薩有十種智慧觀察。何等為十？所謂：善巧分別說一切法智慧觀察；了知三世一切善根智慧觀察；了知一切諸菩薩行自在變化智慧觀察；了知一切諸法義門智慧觀察；了知一切諸佛威力智慧觀察；了知一切陀羅尼門智慧觀察；於一切世界普說正法智慧觀察；入一切法界智慧觀察；知一切十方不可思議智慧觀察；知一切佛法智慧光明無有障礙智慧觀察。是為十。若諸菩薩安住其中，則得如來無上大智慧觀察。

佛子！菩薩摩訶薩有十種說法。何等為十？所謂：說一切法皆從緣起；說一切法皆悉如幻；說一切法無有乖諍；說一切法無有邊際；說一切法無所依止；說一切法猶如金剛；說一切法皆悉如如；說一切法皆悉寂靜；說一切法皆悉出離；說一切法皆住一義，本性成就。是為十。若諸菩薩安住其中，則能善巧說一切法。

佛子！菩薩摩訶薩有十種清淨。何等為十？所謂：深心清淨；斷疑清淨；離見清淨；境界清淨；求一切智清淨；辯才清淨；無畏清淨；住一切菩薩智清淨；受一切菩薩律儀清淨；具足成就無上菩提、三十二種百福相、白淨法、一切善根清淨。是為十。若諸菩薩安住其中，則得一切如來無上清淨法。

佛子！菩薩摩訶薩有十種印。何等為十？所謂：菩薩摩訶薩知苦苦、壞苦、行苦，專求佛法，不生懈怠，行菩薩行無有疲懈，不驚不畏，不恐不怖，不捨大願，求一切智堅固不退，究竟阿耨多羅三藐三菩提，是為第一印。菩薩摩訶薩見有眾生愚癡狂亂，或以麁弊惡語而相毀辱，或以刀杖瓦石而加損害，終不以此境界捨菩薩心，但忍辱柔和，專修佛法，住最勝道，入離生位，是為第二印。菩薩摩訶薩聞說與一切智相應甚深佛法，能以自智，深信忍可，解了趣入，是為第三印。菩薩摩訶薩又作是念：「我發深心求一切智，我當成佛得阿耨多羅三藐三菩提。一切眾生流轉五趣受無量苦，亦當令其發菩提心，深信歡喜，勤修精進，堅固不退。」是為第四印。菩薩摩訶薩知如來智無有邊際，不以齊限測如來智；菩薩曾於無量佛所聞如來智無有邊際故，能不以齊限測度；一切世間文字所說皆有齊限，悉不能知如來智慧；是為第五印。菩薩摩訶薩於阿耨多羅三藐三菩提得最勝欲、甚深欲、廣欲、大欲、種種欲、無能勝欲、無上欲、堅固欲、眾魔外道并其眷屬無能壞欲、求一切智不退轉欲，菩薩住如是等欲，於無上菩提畢竟不退，是為第六印。菩薩摩訶薩行菩薩行，不顧身命，無能沮壞，發心趣向一切智故，一切智性常現前故，得一切佛智光明故，終不捨離佛菩提，終不捨離善知識，是為第七印。菩薩摩訶薩若見善男子、善女人趣大乘者，令其增長求佛法心，令其安住一切善根，令其攝取一切智心，令其不退無上菩提，是為第八印。菩薩摩訶薩令一切眾生得平等心，勸令勤修一切智道，以大悲心而為說法，令於阿耨多羅三藐三菩提永不退轉，是為第九印。菩薩摩訶薩與三世諸佛同一善根，不斷一切諸佛種性，究竟得至一切智智，是為第十印。佛子！是為菩薩摩訶薩十種印。菩薩以此速成阿耨多羅三藐三菩提，具足如來一切法無上智印。

佛子！菩薩摩訶薩有十種智光照。何等為十？所謂：知定當成阿耨多羅三藐三菩提智光照；見一切佛智光照；見一切眾生死此生彼智光照；解一切修多羅法門智光照；依善知識發菩提心集諸善根智光照；示現一切諸佛智光照；教化一切眾生悉令安住如來地智光照；演說不可思議廣大法門智光照；善巧了知一切諸佛神通威力智光照；滿足一切諸波羅蜜智光照。是為十。若諸菩薩安住此法，則得一切諸佛無上智光照。

佛子！菩薩摩訶薩有十種無等住，一切眾生、聲聞、獨覺悉無與等。何等為十？所謂：菩薩摩訶薩雖觀實際而不取證，以一切願未成滿故，是為第一無等住。菩薩摩訶薩種等法界一切善根，而不於中有少執著，是為第二無等住。菩薩摩訶薩修菩薩行，知其如化，以一切法悉寂滅故，而於佛法不生疑惑，是為第三無等住。菩薩摩訶薩雖離世間所有妄想，然能作意，於不可說劫行菩薩行，滿足大願，終不中起疲厭之心，是為第四無等住。菩薩摩訶薩於一切法無所取著，以一切法性寂滅故，而不證涅槃。何以故？

一切智道未成滿故，是為第五無等住。菩薩摩訶薩知一切劫皆即非劫，而真實說一切劫數，是為第六無等住。菩薩摩訶薩知一切法悉無所作，而不捨作道，求諸佛法，是為第七無等住。菩薩摩訶薩知三界唯心、三世唯心，而了知其心無量無邊，是為第八無等住。菩薩摩訶薩為一眾生，於不可說劫行菩薩行，欲令安住一切智地；如為一眾生，為一切眾生悉亦如是，而不生疲厭，是為第九無等住。菩薩摩訶薩雖修行圓滿，而不證菩提。何以故？菩薩作如是念：「我之所作本為眾生，是故我應久處生死，方便利益，皆令安住無上佛道。」是為第十無等住。佛子！是為菩薩摩訶薩十種無等住。若諸菩薩安住其中，則得無上大智、一切佛法無等住。

大方廣佛華嚴經卷　第五十五

離世間品　第三十八之三

【白話語譯】

佛子啊！菩薩摩訶薩發起十種的無下劣心。是哪十種呢？

佛子啊！菩薩摩訶薩心裡這樣想：「我應當降伏一切天魔和他們的眷屬。」以上是第一無下劣心。

菩薩又心想：「我應當破除一切外道及外道的種種邪法。」以上是第二無下劣心。

菩薩又想：「我應當用善巧的言說向眾生開示譬諭或宣說佛法，使他們都心生歡喜。」以上是第三無下劣心。

菩薩又想：「我應當成就遍布法界的圓滿波羅蜜行。」以上是第四無下劣心。

菩薩又想：「我應當積集一切福德藏。」以上是第五無下劣心。

他又想：「我應當即使無上菩提廣大難行，我都應當修行圓滿。」以上是第六無下劣心。

他心裡又想：「我應當以無上的教化，無上的調伏，教化調伏眾生。」以上是第七無下劣心。

他又想：「即使一切世界有種種不同的差別，我都應當以無量的身形成就正等正覺。」以上是第八無下劣心。

他又心想：「我修菩薩行時，若有眾生來向我乞討手、足、耳、鼻、血肉、骨髓、妻子、象馬，乃至王位，如此的一切我都能夠捨棄，不生一念憂悔，這都只是為求利益眾生，不求果報，完全以大悲心為上首，大慈為究竟。」以上是第九無下劣心。

菩薩心裡又想：「三世諸佛、一切佛法、一切眾生、一切國土、一切世間、一切三世、一切虛空世界、一切法界、一切的語言施設、一切寂滅涅槃界，如是一切諸法，我當以一念相應的智慧，完全了知、完全覺察、完全澈見、完全現證、完全修習、完全斷除，在其中無有分別；無種種差別，無功德，無境界；非有，也非無；非一，也非二！以不二的智慧了知所有二相的差別，以無相的智慧了知一切的眾相。以無分別的智慧了知一切分別，以無異的智慧了知一切的相異。以無差別的智慧了知一切差別，以無世間的智慧了知一切世間。以無三世時劫的智慧了知一切世，以無眾生的智慧了知眾生。以無執著的智慧了知一切執著，以無住處的智慧了知一切住處。以無雜染的智慧了知一切雜染，以無盡的智慧了知一切無窮盡。以究竟法界智，在一切世間示現身相；以離言音智，示現不可說的言音；以一如的自性智慧證入無自性的智慧；以齊一境界的智慧示現種種境界，了知一切法不可說而示現大自在言說。證得一切智慧，為教化調伏眾生，在世間示現大神通變化。」以上是第十無下劣心。

佛子啊！以上就是菩薩摩訶薩發起的十種無下劣心。如果諸位菩薩能安住此心，就能證得一切最上無有下劣的佛法。

佛子啊！菩薩摩訶薩於無上正等正覺，有十種宛如大山的增上心。是哪十種呢？就是：

一、菩薩摩訶薩恆常精勤修習一切的智慧法門。

二、菩薩恆常觀察一切法的本性寂滅空無所得。

三、菩薩願在無量劫修行菩薩行，修一切清淨白淨的佛法，因為他能安住一切的白淨法，並且親見如來的無量智慧。

四、菩薩為了求取一切佛法，能平等尊敬奉侍所有的善知識，不會想要追求名利及其他欲望，也不會想到要把從他人那兒聽聞的法，告訴別人說這法是我說的。菩薩只是一心尊重親近善知識，未曾有其他不如理、不如法的心意，因此他能捨棄所有的慢心與欺誑。

五、如果有眾生辱罵、毀謗、棒打、割屠、苦迫菩薩的形體，乃至於使他斷命，如此種種痛苦的事，他都能夠接受、始終不會因此而心生動亂或瞋害，更不會因此退轉，捨棄大悲弘誓。這種種惡事只會更增長他的大悲行願，無有休息。為什麼呢？因為菩薩早就出離一切法，不執著他所成就的善根，所以能證得忍辱柔和、自在的諸如來法。

六、菩薩摩訶薩又成就增上的大功德，就是：天上的增上功德、人的增上功德、色相莊敬的增上功德、力的增上功德、眷屬的增上功德、志願樂欲的增上功德、王位的增上功德、自在的增上功德、福德增上功德、智慧的增上功德。雖然他已經成就如來如此種種的功德，但對這些他都毫無染著，就是：不染著於味，不染著於欲，不染著於財富，不染著於眷屬。只是一心深樂正法，隨順正法離去，隨順安住正法，隨順趣向正法，隨順法的究竟。依止正法，以法為救護，以法為歸處，以法為房舍。守護正法，愛樂正法，希求正法，思惟正法。

佛子啊！菩薩摩訶薩雖然已經具足種種法樂，但卻常遠離眾魔境界。為什麼呢？菩薩摩訶薩在過去世曾發過這樣的誓願：「我應當使眾生永遠離眾魔境界，安住佛陀的境界。」

七、菩薩摩訶薩為求無上正等正覺，已在無量阿僧祇劫行菩薩道，精勤匪懈，而還說：「我現在才開始發起菩提心，行菩薩行。」他既不驚訝，也不恐怖畏懼。他雖然能在一念之間立刻成就無上正等正覺，然而為了在無量劫行菩薩行，救度眾生，從不歇息。

八、菩薩摩訶薩了知一切眾生生性不善，難以調伏救度，既不知他人的恩德，更不知報恩。所以菩薩就為他們發起大誓願，希望眾生都能得證心意自在，所行無礙，捨離惡念，不於他人之所生起種種的煩惱。

九、菩薩摩訶薩心裡又想：「不是他人使我發起菩提心，我也不須等待他人幫助才能修行。我自己就可以發心，集聚諸佛道法，深自勉勵，盡未來劫行菩薩道，成就無上正等正覺。所以我現在既然修菩薩行，不僅當清淨自心，也當清淨他人的心；不僅當了知自己的境界，也當使他人了知他們自身的境界。我當完全與三世諸佛境界平等。」

十、菩薩摩訶薩又作如是觀：「實在沒有任何法能用來修習菩薩行，也沒有任何法能圓滿菩薩行。也沒有任何法能教化調伏眾生，沒有任何法能供養恭敬諸佛。也沒有任何法於無上正等正覺過去已成就、現在將成就、未來當成就的。沒有什麼法是已經宣說，現在正在宣說或未來應該宣說的，因為說法者及法都不可得，卻又不捨棄誓願。為什麼呢？菩薩求取一切法都無所得，如是出生無上正等正覺，所以於法雖無所得，而還是能勤加修習增上善業。清淨對治，智慧圓滿，念念增長，一切具足。他的心對這些不驚訝、不恐怖，他心裡不會這樣想：如果一切法都寂滅了，我求取無上道又有什麼意義呢？」

佛子啊！以上是菩薩摩訶薩生起十種無上正等正覺的如山增上心。如果諸位菩薩能安住其中，就能得到如來的無上大智山王增上心。

佛子啊！菩薩摩訶薩能夠以無上正等正覺證入十種宛如大海的智慧，是哪十種如海的智慧呢？就是：

一、證入無量眾生界的智慧。

二、證入一切世界而不生起分別的智慧。

三、了知一切虛空界無量無礙，普入十方一切差別世界網的智慧。

四、菩薩摩訶薩善巧趣入法界，就是完全了知：無礙的趣入、不斷趣入、不常趣入、無量趣入、不生趣入、不滅趣入、一切趣入的智慧。

五、菩薩摩訶薩在過去、未來、現在諸佛、菩薩、法師、聲聞、獨覺，及一切凡夫所集的善根，不過是過去已經積集，現在正在積集，未來當積集的；三世諸佛於過去已成就，現在成就，未來當成就的所有善根；三世諸佛說法調伏一切的眾生，過去已經宣說，現在正在宣說，未來應當宣說的所有善根，菩薩無不了知，並且深信隨喜，樂於修習，沒有滿足，這是第五種大海般的智慧。

六、菩薩摩訶薩念念都能證入過去世不可說劫，一劫中或有百億佛出世，或有千億佛出世，或有百千億佛出世，或有無數量，或有無量，或有無邊，或有無等，或有不可數，或有不可稱，或有不可思議或有不可量，或有不可說，或有不可說不可說，超過算數的諸佛世尊出興世間：以及那些佛陀的道場中聲聞、菩薩如何說法調伏眾生；又眾生壽命的長短，正法住世的久近，如是一切菩薩無不明見，不僅只是一劫、一切諸劫也都如此了知；

沒有佛出世時劫的所有眾生，若曾有人與諸佛種下各種善根，菩薩也都完全了知；如果有眾生善根已經成熟，在未來世當得見佛，菩薩也都完全了知，如是觀察過去世不可說不可說劫，心中無有滿足，是菩薩第六種如大海般的智慧。

七、菩薩能如是觀察分別無量無邊的時劫，了知哪一個時劫有佛出世，哪一個時劫無佛出世，哪一個時劫有多少如來出世，每一如來什麼名號，如來安住在什麼世界，他的世界叫什麼名字，度化了多少眾生，佛陀住世多久等，即使盡未來的時際，菩薩都能如是觀察，無不了知，不可窮盡，毫無厭足，以上就是第七種宛如大海的智慧。

八、菩薩摩訶薩趣入現在世時，觀察思惟，念念都能普遍照見十方無量不可說的世界，都有諸佛已經成就，現在成就，未來當成就無上菩提，前往詣見道場，在菩提樹下、端坐金剛寶座的吉祥草上、降伏魔軍、成就無上正等正覺，從樹下起來之後，就進入城裡，昇上諸天的宮殿，宣說微妙法門，轉大法輪，示現神通，調伏眾生，乃至付囑正法，離開世間，趣入般涅槃，入涅槃之後，弟子們結集法要寶藏，使佛法得以久住世間，又莊嚴佛塔等種種供養。他也能看見每個世界裡所有的眾生，得聞佛法，受持諷誦，憶念思惟，增長慧解的種種情形。菩薩能如此普遍地觀察十方，對於佛法完全沒有任何錯謬。為什麼呢？因為菩薩摩訶薩了知諸佛都宛如夢幻，但又能前往參拜諸佛處所，恭敬供養。菩薩這時，既不執著自身，也不執著諸佛；更不執著世界，不執著眾會；不執著說法，不執著劫數。雖然他能見佛聞法，觀察世界，證入諸劫數，但是菩薩卻從來沒有厭足，以上就是第八種宛如大海的智慧。

九、菩薩摩訶薩能在不可說不可說的時劫，恭敬供養不可說不可說的無量諸佛，示現自身從這個世界死亡，又從另一個世界出生。以勝過欲界、色界、無色界三界的供養器具供養諸佛，以及供養菩薩、聲聞、一切大眾。每一位如來涅槃後，他都以無上供養器具來供養這位佛陀的舍利，並廣行恩惠布施，滿足眾生。佛子啊！菩薩摩訶薩以不可思議心、不求報心、究竟心、饒益心，在不可說不可說的時劫，為求取正法，供養諸佛，饒益眾生，護持正法，開示演說，以上是菩薩的第九種宛如大海的智慧。

十、菩薩摩訶薩在諸佛的處所，一切菩薩的處所，一切法師的處所，一心專求菩薩所說的法要，菩薩所學的法、菩薩所教的法、菩薩修習的法、菩薩的清淨法、菩薩的成熟法、菩薩的調伏法、菩薩的平等法、菩薩的出離法、菩薩的總持法。得到這些法之後，更為眾生受持讀誦，分別解說，毫無厭足。使無量的眾生，能對佛法發起與一切智相應之心，證入真正的實相。於無上正等正覺得不退轉，菩薩如此地求法教化，即使經過不可說不可說的時劫，也毫無厭足，以上就是菩薩第十種宛如大海的智慧。

佛子啊！以上就是菩薩摩訶薩十種入於無上正等正覺宛如大海的智慧。如果諸位菩薩能安住在這個法門，就能證得諸佛無上宛如大海的智慧。

佛子啊！❶菩薩摩訶薩於無上正等正覺，有十種如珍寶的安住。是哪十種呢？佛子啊！菩薩摩訶薩能前往參拜無數世界的所有如來，並且瞻覲頂禮，承事供養，以上是菩薩第一種宛如珍寶的安住。

他在不思議諸位如來的處所，能聽聞正法，受持憶念從不忘失，更能分別思惟，增長覺慧，如此的作為充滿十方，以上就是菩薩第二種宛如珍寶的安住。

菩薩即使是從這個剎土死去，投生其他地方，對於佛法也不會有任何迷惑，以上就是菩薩第三種宛如珍寶的安住。

他能了知從一法而出生一切法，並且能各各分別演說一切法的種種義理，因為萬法都是同一義理。以上就是菩薩第四種宛如珍寶的安住。

菩薩早已厭離煩惱，所以了知如何止息煩惱、除斷煩惱。他為了修習菩薩行，雖然早已究竟到達諸佛真如的彼岸，但卻不證入涅槃，仍不斷以方便善巧，善巧修學一切所學，成就圓滿往昔所有的願行，身不疲倦。以上就是菩薩第五種宛如珍寶的安住。

又他了知一切眾生心的分別，所以，即使實際上菩薩了知皆無處所，仍說種種方向處所；雖然菩薩於法已了無分別造作，但為了調伏眾生仍示現種種修行法門與所作。以上就是菩薩第六種宛如珍寶的安住。

他了知一切法都是同一體性，就是沒有自性。沒有種種的體性，沒有無量的體性；沒有可算數的體性；沒有可稱量的體性，沒有顏色、沒有形相。不管是一相、或是多相，皆了不可得，但是菩薩仍能為眾生決定分別了知：這是諸法之法、這是菩薩法、這是獨覺法、這是聲聞法、這是凡夫法、這是善法、這是不善法、這是世間法、這是出世間法、這是過失法、這是無過失法、這是有漏有煩惱法、這是無漏無煩惱法，乃至這是有為法、這是無為法。以上就是菩薩第七種宛如珍寶的安住。

菩薩摩訶薩求佛不可得，求菩薩不可得，求法不可得，求眾生不可得。但為了使眾生成就正覺誓願，又不捨調伏眾生。為什麼呢？菩薩摩訶薩為了圓滿具足度化眾生的誓願，廣大地行菩薩行。善巧觀察，了知一切眾生的分別，了知眾生的一切境界。以種種方便教化導引，使他們都能證得涅槃。以上就是菩薩第八種宛如珍寶的安住。

菩薩摩訶薩善巧演說正法，示現涅槃，都是為了廣度眾生，而用這樣的方便。他了知這一切都是心想建立，既不能說是顛倒，也不能說是虛誑。為什麼呢？菩薩了知諸法三世平等，證得如如不動，實際無所安住。不曾見到有一個眾生過去已受到教化，現在正接受教化，或未來應受到教化的。菩薩清楚了知，一切都是性空寂滅，沒有所謂的修行，也沒有所謂微少的法。不管是生或是滅都無有可得，但他都仍能依止一切法，使眾生的欲願都不落空，以上就是菩薩第九種宛如珍寶的安住。

菩薩摩訶薩在不思議無量諸佛的每一處所，聽聞信受不可說不可說的佛陀授記。這些授記的諸佛名號都各不相同，安住的劫數也不相同，從一劫乃至不可說不可說劫，菩薩恆常如是聽聞。聽聞之後精勤修行，不驚訝、不恐怖、不迷惘、不疑惑。因為他了知如來智慧不可思議，如來授記的言語無二。自身行願已具足殊勝的神力，因此菩薩能隨順應受教化的眾生，使他們成就無上正等正覺，圓滿平等法界的一切願力。以上是菩薩第十種宛如珍寶的安住。

佛子啊！以上就是菩薩摩訶薩無上正等正覺十種宛如珍寶的安住。如果諸位菩薩能安住於這個法門，就可以證得諸佛的無上大智慧寶。

佛子啊！菩薩摩訶薩能發起十種如金剛的大乘誓願心。是哪十種呢？

佛子啊！菩薩摩訶薩心裡這樣想：「諸法無有邊際，不可窮盡的，我當以窮盡三世的智慧毫無遺漏地覺悟明了所有的法。」以上是菩薩第一種如金剛的大乘誓願心。

菩薩摩訶薩心裡又想：「在一根汗毛的毛端就有無量無邊的眾生，更何況是一切法界？所以，我應當以無上的涅槃滅度他們。」以上是菩薩第二種如金剛的大乘誓願心。

菩薩摩訶薩心裡又想：「十方世界無量無邊，無有界限，不可窮盡，我當以諸佛國土最上莊嚴，莊嚴所有的世界，所有莊嚴都完全真實。」以上是菩薩第三種如金剛的大乘誓願心。

菩薩摩訶薩心裡又想：「眾生無量無邊，沒有界限，不可窮盡，我當以一切善根迴向無上智慧光明，照耀眾生。」以上是菩薩第四種如金剛的大乘誓願心。

菩薩摩訶薩心裡又想：「諸佛無量無邊，無有界限，不可窮盡，我當以所種的善根完全迴向供養，沒有任何缺少，然後我當成就無上正等正覺。」以上是菩薩第五種如金剛的大乘誓願心。

佛子啊！菩薩摩訶薩能親見諸佛，聽聞他們說法，心生歡喜。不執著自身，不執著佛身。了解諸佛的法身既非實在，也非虛無；不是有，也不是無；沒有自性，也不是沒有自性；沒有色相，但也不能說沒有色相；沒有形相，但也不是沒有形相；不能說是生，也不能說是滅；實在是體性空、實無所有，但又不破壞一切存有的現象。為什麼呢？因為菩薩不會貪取執著體性所現的外相。以上就是菩薩第六種宛如金剛的大乘誓願心。

佛子啊！如果有眾生訶罵詆毀，撾打鞭撻菩薩摩訶薩，或是截斷他的手足，或是割下他的耳鼻，或是挑出他的眼珠，或是斬下他的頭顱。如此一切痛苦他都能夠忍受，絕對不會因此而心生瞋恚怨害。所以他能在不可說不可說的無量時劫修菩薩行，攝受眾生，恆常無有廢棄捨離。為什麼呢？因為菩薩摩訶薩能善巧觀察一切諸法，無有二相，所以心不動亂。他又能完全捨棄自身，忍受這種種的苦痛。以上是菩薩第七種如金剛的大乘誓願心。

佛子啊！菩薩摩訶薩心裡又想：「未來世的時劫無量無邊，無有期限，不可窮盡。我當窮盡這無數的時劫，在每一世界行菩薩道，如同在每一世界教化眾生，窮盡法界、虛空界一切世界我亦如此教化，心中毫不驚慌恐懼。為什麼呢？因為菩薩能為眾生修行，法應如是。」以上是菩薩第八種如金剛的大乘誓願心。

佛子啊！菩薩摩訶薩心裡又想：「無上正等正覺是以心為本，心如果清淨的話，則能圓滿所有的善根，於諸佛菩提必得自在。如果要成就無上正等正覺的話，隨順自己的意念就能成就。如果要斷除一切的貪取，或安住聲聞緣覺的涅槃實際，我也能證得。但是我不斷除，只是為了要究竟佛菩提，但又不立即現證無上菩提。為什麼呢？這都是為了圓滿本願，窮盡一切世界行菩薩行度化眾生。」以上是菩薩第九種如金剛的大乘誓願心。

佛子啊！菩薩摩訶薩了知諸佛不可得、菩提不可得、菩薩不可得、一切法不可得、眾生不可得、心不可得、行不可得、過去不可得、未來不可得、現在不可得、一切世間不可得，有為、無為都不可得。菩薩如是寂靜地安住，甚深安住、寂滅安住、無諍安住、無言安住、無二安住、無等安住、自性安住、如義理安住、解脫安住、涅槃安住、實際安住；卻不捨棄一切大願，不捨棄諸佛一切智慧的薩婆若心，不捨棄教化眾生，不捨棄菩薩行，不捨棄諸波羅蜜，不捨棄調伏眾生，不捨棄承事諸佛，不捨棄演說諸法，不捨棄莊嚴世界。為什麼呢？因為菩薩摩訶薩曾發起廣大誓願救度眾生，所以雖然他了達一切法相，大慈悲心反而更加增長，具足修行無量功德，從不捨離眾生。為什麼呢？因為他了知：「一切諸法皆無所有，但凡夫愚痴迷惑不知不覺，我應當使他們開悟，分明照了諸法體性。為什麼呢？因為諸佛雖安住性空寂滅，但仍以大悲心住在世間為眾生說法教化，未曾休息。我現在怎麼可以捨棄大悲？而且，我先前已經發起廣大誓願心，決定利益一切眾生心，發起積集一切善根心，發起安住善巧迴向心，一切生出甚深智慧心，發起含受一切眾生心，發起視一切眾生皆平等心。說真實語，不虛誑語。願給與眾生無上大法，願不斷一切諸佛種性。假使眾生未得解脫、未成正覺、未具足佛法、未圓滿大願，我又怎麼可以捨棄大悲？」以上是菩薩第十種如金剛的大乘誓願心。

佛子啊！以上就是菩薩摩訶薩發十種如金剛的大乘誓願心，如果諸位菩薩能安住在這個法門，就能得到如金剛性無上大神通智。

佛子啊！菩薩摩訶薩能發起十種廣大的大願心。是哪十種呢？

一、供養恭敬諸佛的大願心。

二、長養菩薩所有善根的大願心。

三、於一切如來般涅槃後，莊嚴佛塔，以一切的寶華、一切的寶鬘、一切的香蓋、一切的塗香、一切的末香、一切的衣服、一切的華蓋、一切的幢、一切的幡供養諸佛，受持守護諸佛正法的大願心。

四、教化調伏眾生，使他們得證無上正等正覺的大願心。

五、以諸佛國土的無上莊嚴，莊嚴一切世界的大願心。

六、菩薩為了使眾生得證諸佛的無上菩提，發起大悲心：即使只是為了一個眾生，都能在每一個世界，窮盡未來的時劫行菩薩行！如同為一個眾生一般，為了一切眾生也都是如此。即使如此，菩薩都不心生一念懈怠的大願心。

七、菩薩在一位如來的處所，歷經不可思議的時劫都恭敬供養；如同在一位如來的處所一般，他在一切如來處所也都是如此的大願心。

八、菩薩摩訶薩在諸佛滅度之後，為了成就佛法，為了供養諸佛，為了教化眾生，為了護持正法，開示演說，為每一位如來的舍利各自建立高大廣闊、不可盡數的寶塔。又如此地造佛形像。在不可思議的時劫，始終以所有的寶幢、幡蓋、香華、衣服供養，不曾心生厭倦的大願心。

九、菩薩摩訶薩發起決定，以供養佛塔的善根成就無上菩提，證入如來的境界，與一切如來體性平等的大願心。

十、菩薩摩訶薩為了佛力的加持；為了一切眾生勤行大誓願；為了以大慈為上首，大悲為究竟；為了達到無相法；為了安住真實語；為了證得一切法皆寂滅；為了了知眾生都不可得，而又不違諸業的造作；為了與三世諸佛同一體性；為了周遍一切法界、虛空界；為了通達諸法無相；為了成就不生不滅；為了具足一切佛法：為了以大願力調伏眾生，作大佛事，沒有休息。於是發起成就正覺，決定在一切世界不可說的時劫，演說正法，示現不可思議的自在神通，身、語、意都不疲倦，不離正法的大願心。

佛子啊！以上就是菩薩摩訶薩十種大願心。如果諸位菩薩能安住於這個法門，就能不斷菩薩行，具足如來無上大智。

佛子啊！菩薩摩訶薩有十種究竟大事。是哪十種呢？就是：一、恭敬供養一切如來。二、隨順所憶念相應的眾生都能救護。三、專求一切佛法。四、積集一切善根。五、思惟一切佛法。六、滿足一切誓願。七、成就一切菩薩行。八、供養奉事一切善知識。九、前往詣見所有世界的諸位如來。十、聽聞受持諸佛正法。就是這十種。如果諸位菩薩能安住於這個法門，就能證得無上正等正覺的大智慧究竟事。

佛子啊！❷菩薩摩訶薩有十種不壞的信心。是哪十種呢？就是：一、對諸佛信心不壞。二、對一切佛法信心不壞。三、對於一切聖僧信心不壞。四、對一切菩薩信心不壞。五、對一切善知識信心不壞。六、對一切眾生信心不壞。七、對一切菩薩的大願信心不壞。八、對一切菩薩行信心不壞。九、恭敬供養諸佛信心不壞。十、對於菩薩善巧祕密的方便，教化調伏眾生信心不壞。就是以上這十種。如果諸位菩薩能安住於這個法門，就能得到諸佛無上大智慧的不壞信心。

佛子啊！菩薩摩訶薩有十種因緣，可以得到諸佛授記。是哪十種呢？就是：一、證得甚深的解悟而得授記。二、能隨順生起菩薩的各種善根而得授記。三、修廣大行而得授

茶者心水，飲之暢靈，
心茶十德，飲者自明。
一者清心醒腦，二者調氣通脈，
三者養生長壽，四者廣交善友，
五者同樂其心，六者慈樂致福，
七者共成事業，八者開悟明智，
九者禪悅自在，十者世間和平，

地球禪語－洪啟嵩

心茶堂・台灣老茶饗宴

喝茶怕胃不舒服、影響睡眠嗎？因為這樣而無法以茶養生，實在太可惜了！心茶堂珍藏多款珍貴稀有的台灣老茶，從二十多年到上百年的台灣老茶，包括梅香撲鼻的老烏龍茶、具有沉香味的凍頂烏龍茶，及已在台灣消失的茶種武夷老茶，吸收寶島天地精華，自然散發出梅香、沉香、樟芝香、人蔘香等等，飲之茶氣滲入全身氣脈，藉由老茶的醇厚茶氣，調養現代人的虛寒燥熱，自然達到養生之道。

心茶堂地址：新北市新店區民權路95號4樓之1 電話：(02)2219-8189
(大坪林捷運站1號出口，同仁醫院對面，江陵金融大樓)
開放時間：週二－週六10:00AM-9:00PM (週日至8:00PM)，週一公休。

好友聚會，公司會議，最佳放鬆解壓好所在，就在心茶堂！包場辦法請來電洽詢

心茶堂折價券

100元

心茶堂折價券

100元

此券適用心茶堂現場消費茶資、品茶會、茶葉及書籍購買，每人每次消費限用一格，不適用於特價

心茶堂
thé DU COEUR
茶香伴書香

記。四、現前得到授記。五、不於現前而得到授記。六、因為自心得證自在菩薩行而得授記。七、因為成就安忍波羅蜜而得到授記。八、因為教化調伏眾生而得到授記。九、因為究竟了知一切時劫的數量而得到授記。十、因為在一切菩提行得以自在而得到授記。就是以上這十種。如果諸位菩薩能安住在這個法門，就能在諸佛所得到授記。

佛子啊！❸菩薩摩訶薩有十種善根迴向，他能以此善根迴向所有的善根。是哪十種呢？就是：

一、以我的善根等同善知識大願的如是成就，沒有任何成就的差別。二、以我的善根等同善知識本願的如是成就，沒有任何成就的差別。三、以我的善根等同善知識行願的如是成就，沒有任何成就的差別。四、以我的善根等同善知識善根的如是成就，沒有任何成就的差別。五、以我的善根等同善知識平等的如是成就，沒有任何成就的差別。六、以我的善根等同善知識心念的如是成就，沒有任何成就的差別。七、以我善根等同善知識清淨的如是成就，沒有任何成就的差別。八、以我善根等同善知識安住的如是成就，沒有任何成就的差別。九、以我善根等同善知識成就圓滿的如是成就，沒有任何成就的差別。十、以我善根等同善知識不毀壞的如是成就，不再有任何成就的差別。就是以上這十種。如果諸位菩薩能安住於這個法門，就能證得無上的善根迴向。

佛子啊！菩薩摩訶薩有十種證得智慧的因緣。是哪十種呢？就是：一、因布施而得以自在地證得智慧。二、因能深解一切佛法而證得智慧。三、因能趣入如來無邊的智慧而證得智慧。四、能斷除一切問答的疑惑證得智慧。五、能入於智慧義理而證得智慧。六、能深深信解一切如來，因佛法言語善巧而證得智慧。七、深深信解在諸佛處種下的微少善根，必能圓滿具足一切清淨白法，而獲得如來無量的智慧。八、成就菩薩不可思議的安住而得智慧。九、一念之間就能前往詣見不可說佛國剎土而證得智慧。十、能覺悟一切佛菩提，進入一切法界，聽聞受持諸佛所說之法，深入如來種種莊嚴語音而得智慧。就是以上十種。如果諸位菩薩能安住於這個法門，就能獲得諸佛無上的現證智慧。

佛子啊！菩薩摩訶薩能發起十種無量無邊的廣大心願。是哪十種呢？就是：一、能於諸佛處所發起無量無邊的廣大心願。二、為了觀察眾生界而發起無量無邊的廣大心願。三、為了觀察一切佛國剎土，一切世間，一切法界而發起無量無邊的廣大心願。四、為了觀察一切法皆如虛空，而發起無量無邊廣大的心願。五、為了觀察一切廣大菩薩行而發無量無邊的廣大心願。六、為了端正憶念三世諸佛而發無量無邊的廣大心願。七、為了觀察不可思議的諸業果報而發起無量無邊的廣大心願。八、為了莊嚴清淨一切佛國剎土而發起無量無邊廣大的心願。九、為了普遍進入諸佛大會而發起無量無邊廣大的心願。十、為了觀察一切如來妙音而發起無量無邊廣大的心願。就是以上這十種。如果諸位菩薩能安住此心，就能證得一切佛法無量無邊的廣大智慧海。

佛子啊！菩薩摩訶薩有十種隱伏的祕密寶藏。是哪十種呢？就是：一、了知諸法是生起功德勝行的寶藏。二、了知一切法是正見思惟的寶藏。三、了知一切法是以總持不變的陀羅尼照明的寶藏。四、了知一切法是辯才開示演說的寶藏。五、了知一切法是不可說善巧覺悟的真實寶藏。六、了知諸佛的自在神通，是觀察示現的寶藏。七、了知一切法是善巧出生平等的寶藏。八、了知一切是常見諸佛的寶藏。九、了知不可思議的時劫，是善巧了知一切皆如幻化安住的寶藏。十、了知一切諸佛菩薩，是發生歡喜清淨信解的寶藏。以上就是十種隱伏的祕密寶藏。如果諸位菩薩能安住於這個法門，就能獲得諸佛無上智慧法的寶藏，調伏眾生。

佛子啊！菩薩摩訶薩有十種戒律威儀。是哪十種？就是：一、不誹謗一切佛法的戒律威儀，二、信樂諸佛處所不可毀壞的戒律威儀。三、尊敬一切菩薩處所的戒律威儀。四、終究不捨愛樂一切善知識處所的戒律威儀。五、不憶念一切聲聞、獨覺的戒律威儀。六、遠離一切退失菩薩道的戒律威儀。七、不損害眾生的戒律威儀。八、究竟修習一切善根的戒律威儀。九、降伏魔眾的戒律威儀。十、滿足一切波羅蜜的戒律威儀。就是這十種。如果諸位菩薩能安住這個法門，就能證得無上大智戒律威儀。

佛子啊！菩薩摩訶薩有十種隨意自在的能力。是哪十種？就是：

一、命的隨意自在：因為他能夠於不可說的時劫，恆常自在地安住壽命。

二、心自在：因為他能以智慧進入阿僧祇各種三昧。
三、資糧器具自在：因為他能夠以無量莊嚴之物，莊嚴一切世界。
四、淨業自在：因為他能夠隨時自在地接受業報。
五、受生的隨意自在：因為他能夠於一切世界示現受生。
六、解悟的隨意自在：因為他能夠於一切世界親見諸佛充滿。
七、願力的隨意自在：因為他能隨順自心的志願樂欲與因緣時節，在一切佛國剎土成就正覺。
八、神力的隨順自在：因他能示現一切大神通變化。
九、法的隨意自在：因為他能夠示現無邊法門。
十、智的隨意自在：因為他念念都能示現如來十力的無畏成就正覺。

就是以上這十種。如果諸位菩薩能安住這個法門，就能證得圓滿諸佛的波羅蜜，智慧神力菩提隨意自在。

【註釋】

❶以下二十九門是在說明十迴向位的菩薩行。回答前面二十九句的問題。於中，可與在初始的四門說明初始的救護眾生離眾生相迴向的勝行。

❷次二門說明不壞迴向中之勝行。

❸次二門說明等同一切佛迴向之勝行。

❹次一門說明至一切處迴向之勝行。

❺次一門說明無盡功德藏迴向勝行。

❻次一門說明隨順堅固一切善根迴向勝行。

❼次一門說明平等隨順一切眾生迴向中之勝行。

【原典】

佛子！菩薩摩訶薩發十種無下劣心。何等為十？佛子！菩薩摩訶薩作如是念：「我當降伏一切天魔及其眷屬。」是為第一無下劣心。又作是念：「我當悉破一切外道及其邪法。」是為第二無下劣心。又作是念：「我當於一切眾生善言開諭皆令歡喜。」是為第三無下劣心。又作是念：「我當成滿遍法界一切波羅蜜行。」是為第四無下劣心。又作是念：「我當積集一切福德藏。」是為第五無下劣心。又作是念：「無上菩提廣大難成，我當修行悉令圓滿。」是為第六無下劣心。又作是念：「我當以無上教化、無上調伏，教化調伏一切眾生。」是為第七無下劣心。又作是念：「一切世界種種不同，我當以無量身成等正覺。」是為第八無下劣心。又作是念：「我修菩薩行時，若有眾生來從我乞手足、耳鼻、血肉、骨髓、妻子、象馬乃至王位，如是一切悉皆能捨，不生一念憂悔之心，但為利益一切眾生，不求果報，以大悲為首，大慈究竟。」是為第九無下劣心。又作是念：「三世所有一切諸佛，一切佛法、一切眾生、一切國土、一切世間、一切三世、一切虛空界、一切法界、一切語言施設界、一切寂滅涅槃界，如是一切種種諸法，我當以一念相應慧，悉知悉覺，悉見悉證，悉修悉斷，然於其中無分別、離分別、無種種差別、無功德、無境界、非有非無、非一非二。以不二智知一切二，以無相智知一切相，以無分別智知一切分別，以無異智知一切異，以無差別智知一切差別，以無世間智知一切世間，以無世智知一切世，以無眾生智知一切眾生，以無執著智知一切執著，以無住處智知一切住處，以無雜染智知一切雜染，以無盡智知一切盡，以究竟法界智於一切世界示現身，以離言音智示不可說言音，以一自性智入於無自性，以一境界智現種種境界；知一切法不可說，而現大自在言說，證一切智地；為教化調伏一切眾生故，於一切世間示現大神通變化。」是為第十無下劣心。佛子！是為菩薩摩訶薩發十種無下劣心。若諸菩薩安住此心，則得一切最上無下劣佛法。

佛子！菩薩摩訶薩於阿耨多羅三藐三菩提，有十種如山增上心。何等為十？佛子！菩薩摩訶薩常作意勤修一切智法，是為第一如山增上心。恆觀一切法本性空無所得，是為第二如山增上心。願於無量劫行菩薩行，修一切白淨法，以住一切白淨法故，知見如來無量智慧，是為第三如山增上心。為求一切佛法故，等心敬奉諸善知識，無異希求，無盜法心，唯生尊重，未曾有意，一切所有悉皆能捨，是為第四如山增上心。若有眾生罵辱、毀謗、打棒、屠割，苦其形體，乃至斷命，如是等事悉皆能受，終不因此生動亂心、生瞋害心，亦不退捨大悲弘誓，更令增長無有休息。何以故？菩薩於一切法如實出離，捨成就故；證得一切諸如來法，忍辱柔和已自在故。是為第五如山增上心。菩薩摩訶薩成就增上大功德，所謂：天增上功德、人增上功德、色增上功德、力增上功德、眷屬增上功德、欲增上功德、王位增上功德、自在增上功德、福德增上功德、智慧增上功德。雖復成就如是功德，終不於此而生染著，所謂：不著味、不著欲、不著財富、不著眷屬；但深樂法，隨法去、隨法住、隨法趣向、隨法究竟，以法為依、以法為救、以法為歸、以法為舍，守護法、愛樂法、希求法、思惟法。佛子！菩薩摩訶薩雖復具受種種法樂，而常遠離眾魔境界。何以故？菩薩摩訶薩於過去世發如是心：「我當令一切眾生皆悉永離眾魔境界，住佛境界故。」是為第六如山增上心。菩薩摩訶薩為求阿耨多羅三藐三菩提，已於無量阿僧祇劫行菩薩道精勤匪懈，猶謂：「我今始發阿耨多羅三藐三菩提心。」行菩薩行，亦不驚、亦不怖、亦不畏。雖能一念即成阿耨多羅三藐三菩提，然為眾生故，於無量劫行菩薩行無有休息，是為第七如山增上心。菩薩摩訶薩知一切眾生性不和善，難調難度，不能知恩，不能報恩，是故為其發大誓願，欲令皆得心意自在，所行無礙，捨離惡念，不於他所生諸煩惱，是為第八如山增上心。菩薩摩訶薩復作是念：「非他令我發菩提心，亦不待人助我修行。我自發心，集諸佛法，誓期自勉，盡未來劫行菩薩道，成阿耨多羅三藐三菩提。是故我今修菩薩行，當淨自心亦淨他心，當知自境界亦知他境界，我當悉與三世諸佛境界平等。」是為第九如山增上心。菩薩摩訶薩作如是觀：「無有一法修菩薩行，無有一法滿菩薩行，無有一法教化調伏一切眾生，無有一法供養恭敬一切諸佛，無有一法於阿耨多羅三藐三菩提已成、今成、當成，無有一法已說、今說、當說，說者及法俱不可得，而亦不捨阿耨多羅三藐三菩提願。」何以故？菩薩求一切法皆無所得，如是出生阿耨多羅三藐三菩提。是故，於法雖無所得，而勤修習增上善業，清淨對治，智慧圓滿，念念增長，一切具足。其心於此不驚不怖，不作是念：「若一切法皆悉寂滅，我有何義求於無上菩提之道？」是為第十如山增上心。佛子！是為菩薩摩訶薩於阿耨多羅三藐三菩提十種如山增上心。若諸菩薩安住其中，則得如來無上大智山王增上心。

佛子！菩薩摩訶薩有十種入阿耨多羅三藐三菩提如海智。何等為十？所謂：入一切無量眾生界，是為第一如海智。入一切世界而不起分別，是為第二如海智。知一切虛空界無量無礙，普入十方一切差別世界網，是為第三如海智。菩薩摩訶薩善入法界，所謂：無礙入、不斷入、不常入、無量入、不生入、不滅入、一切入，悉了知故，是為第四如海智。菩薩摩訶薩於過去、未來、現在諸佛、菩薩、法師、聲聞、獨覺及一切凡夫所集善根已集、現集、當集，三世諸佛於阿耨多羅三藐三菩提已成、今成、當成所有善根，三世諸佛說法調伏一切眾生已說、今說、當說所有善根，於彼一切皆悉了知，深信隨喜，願樂修習，無有厭足，是為第五如海智。菩薩摩訶薩於念念中入過去世不可說劫，於一劫中，或百億佛出世，或千億佛出世，或百千億佛出世，或無數、或無量、或無邊、或無等、或不可數、或不可稱、或不可思、或不可量、或不可說、或不可說不可說，超過算數諸佛世尊出興于世，及彼諸佛道場眾會聲聞、菩薩說法調伏，一切眾生壽命延促，法住久近，如是一切悉皆明見；如一劫，一切諸劫皆亦如是。其無佛劫所有眾生，有於阿耨多羅三藐三菩提種諸善根，亦悉了知；若有眾生善根熟已，於未來世當得見佛，亦悉了知。如是觀察過去世不可說不可說劫，心無厭足，是為第六如海智。菩薩摩訶薩入未來世，觀察分別一切諸劫無量無邊，知何劫有佛，何劫無佛，何劫有幾如來出世，一一如來名號何等，住何世界，世界名何，度幾眾生，壽命幾時。如是觀察，盡未來際皆悉了知，不可窮盡而無厭足，是為第七如海智。菩薩摩訶薩入現在世觀察思惟，於念念中普見十方無邊品類不可說世界，皆有諸佛於無上菩提已成、今成、當成，往詣道場菩提樹下，坐吉祥草，降伏魔軍，成阿耨多羅三藐三菩提；從此起已，入於城邑，昇天宮殿，說微妙法，轉大法輪，示現神通，調伏眾生，乃至付囑阿耨多羅三藐三菩提法，捨於壽命，入般涅槃；入涅槃已，結集法藏令久住世，莊嚴佛塔種種供養。亦見彼世界所有眾生，值佛聞法，受持諷誦，憶念思惟，增長慧解。如是觀察普遍十方，而於佛法無有錯謬。何以故？菩薩摩訶薩了知諸佛皆悉如夢，而能往詣一切佛所恭敬供養。菩薩爾時，不著自身、不著諸佛、不著世界、不著眾會、不著說法、不著劫數，然見佛聞法，觀察世界，入諸劫數，無有厭足，是為第八如海智。菩薩摩訶薩於不可說不可說劫一一劫中，供養恭敬不可說不可說無量諸佛，示現自身歿此生彼，以出過三界一切供具而為供養，并及供養菩薩、聲聞、一切大眾；一一如來般涅槃後，皆以無上供具供養舍利，及廣行惠施滿足眾生。佛子！菩薩摩訶薩以不可思議心、不求報心、究竟心、饒益心，於不可說不可說劫，為阿耨多羅三藐三菩提故，供養諸佛，饒益眾生，護持正法，開示演說，是為第九如海智。菩薩摩訶薩於一切佛所、一切菩薩所、一切法師所，一向專求菩薩所說法、菩薩所學法、菩薩所教法、菩薩修行法、菩薩清淨法、菩薩成熟法、菩薩調伏法、菩薩平等法、菩薩出離法、菩薩總持法；得此法已，受持讀誦，分別解說，無有厭足；令無量眾生，於佛法中，發一切智相應心，入真實相，於阿耨多羅三藐三菩提得不退轉。菩薩如是於不可說不可說劫無有厭足，是為第十如海智。佛子！是為菩薩摩訶薩十種入阿耨多羅三藐三菩提如海智。若諸菩薩安住此法，則得一切諸佛無上大智慧海。

佛子！菩薩摩訶薩於阿耨多羅三藐三菩提，有十種如寶住。何等為十？佛子！菩薩摩訶薩悉能往詣無數世界諸如來所，瞻覲頂禮，承事供養，是為第一如寶住。於不思議諸如來所，聽聞正法，受持憶念，不令忘失，分別思惟，覺慧增長，如是所作充滿十方，是為第二如寶住。於此剎歿，餘處現生，而於佛法無所迷惑，是為第三如寶住。知從一法出一切法，而能各各分別演說，以一切法種種義究竟皆是一義故，是為第四如寶住。知厭離煩惱，知止息煩惱，知防護煩惱，知除斷煩惱，修菩薩行不證實際，究竟到於實際彼岸，方便善巧，善學所學，令往昔願行皆得成滿，身不疲倦，是為第五如實住。知一切眾生心所分別皆無處所，而亦說有種種方處；雖無分別、無所造作，為欲調伏一切眾生而有修行、而有所作，是為第六如實住。知一切法皆同一性，所謂：無性，無種種性，無無量性，無可算數性，無可稱量性，無色無相，若一若多皆不可得，而決定了知此是諸佛法、此是菩薩法、此是獨覺法、此是聲聞法、此是凡夫法、此是善法、此是不善法、此是世間法、此是出世間法、此是過失法、此是無過失法、此是有漏法、此是無漏法，乃至此是有為法、此是無為法，是為第七如實住。菩薩摩訶薩求佛不可得、求菩薩不可得、求法不可得、求眾生不可得，而亦不捨調伏眾生令於諸法成正覺願。何以故？菩薩摩訶薩善巧觀察，知一切眾生分別，知一切眾生境界，方便化導令得涅槃；為欲滿足化眾生願，熾然修行菩薩行故。是為第八如實住。菩薩摩訶薩知善巧說法、示現涅槃，為度眾生所有方便，一切皆是心想建立，非是顛倒，亦非虛誑。何以故？菩薩了知一切諸法三世平等、如如不動、實際無住，不見有一眾生已受化、今受化、當受化，亦自了知無所修行，無有少法若生若滅而可得者，而依於一切法，令所願不空。是為第九如實住。菩薩摩訶薩於不思議無量諸佛一一佛所，聞不可說不可說授記法，名號各異，劫數不同；從於一劫乃至不可說不可說劫常如是聞，聞已修行，不驚不怖，不迷不惑，知如來智不思議故，如來授記言無二故，自身行願殊勝力故，隨應受化令成阿耨多羅三藐三菩提滿等法界一切願故，是為第十如寶住。佛子！是為菩薩摩訶薩於阿耨多羅三藐三菩提十種如寶住。若諸菩薩安住此法，則得諸佛無上大智慧寶。

佛子！菩薩摩訶薩發十種如金剛大乘誓願心。何等為十？佛子！菩薩摩訶薩作如是念：「一切諸法，無有邊際，不可窮盡。我當以盡三世智，普皆覺了，無有遺餘。」是為第一如金剛大乘誓願心。菩薩摩訶薩又作是念：「於一毛端處有無量無邊眾生，何況一切法界！我當皆以無上涅槃而滅度之。」是為第二如金剛大乘誓願心。菩薩摩訶薩又作是念：「十方世界，無量無邊，無有齊限，不可窮盡。我當以諸佛國土最上莊嚴，莊嚴如是一切世界，所有莊嚴皆悉真實。」是為第三如金剛大乘誓願心。菩薩摩訶薩又作是念：「一切眾生，無量無邊，無有齊限，不可窮盡。我當以一切善根，迴向於彼無上智光，照曜於彼。」是為第四如金剛大乘誓願心。菩薩摩訶薩又作是念：「一切諸佛，無量無邊，無有齊限，不可窮盡。我當以所種善根迴向供養，悉令周遍，無所闕少，然後我當成阿耨多羅三藐三菩提。」是為第五如金剛大乘誓願心。佛子！菩薩摩訶薩見一切佛，聞所說法生大歡喜，不著自身，不著佛身，解如來身非實非虛、非有非無、非性非無性、非色非無色、非相非無相、非生非滅，實無所有，亦不壞有。何以故？不可以一切性相而取著故。是為第六如金剛大乘誓願心。佛子！菩薩摩訶薩，或有眾生訶罵毀呰、撾打楚撻，或截手足，或割耳鼻，或挑其目，或級其頭；如是一切皆能忍受，終不因此生恚害心。於不可說不可說無央數劫修菩薩行，攝受眾生恆無廢捨。何以故？菩薩摩訶薩已善觀察一切諸法無有二相，心不動亂，能捨自身忍其苦故。是為第七如金剛大乘誓願心。佛子！菩薩摩訶薩又作是念：「未來世劫，無量無邊，無有齊限，不可窮盡。我當盡彼劫，於一世界，行菩薩道教化眾生；如一世界，盡法界、虛空界、一切世界悉亦如是，而心不驚、不怖、不畏。何以故？為菩薩道法應如是，為一切眾生而修行故。」是為第八如金剛大乘誓願心。佛子！菩薩摩訶薩又作是念：「阿耨多羅三藐三菩提以心為本，心若清淨，則能圓滿一切善根，於佛菩提必得自在，欲成阿耨多羅三藐三菩提隨意即成。若欲除斷一切取緣，住一向道，我亦能得，而我不斷，為欲究竟佛菩提故，亦不即證無上菩提。何以故？為滿本願，盡一切世界行菩薩行化眾生故。」是為第九如金剛大乘誓願心。佛子！菩薩摩訶薩知佛不可得、菩提不可得、菩薩不可得、一切法不可得、眾生不可得、心不可得、行不可得、過去不可得、未來不可得、現在不可得、一切世間不可得、有為無為不可得。菩薩如是寂靜住、甚深住、寂滅住、無諍住、無言住、無二住、無等住、自性住、如理住、解脫住、涅槃住、實際住，而亦不捨一切大願，不捨薩婆若心，不捨菩薩行，不捨教化眾生，不捨諸波羅蜜，不捨調伏眾生，不捨承事諸佛，不捨演說諸法，不捨莊嚴世界。何以故？菩薩摩訶薩發大願故，雖復了達一切法相，大慈悲心轉更增長，無量功德皆具修行，於諸眾生心不捨離。何以故？「一切諸法皆無所有，凡夫愚迷不知不覺，我當令彼悉得開悟，於諸法性分明照了。」何以故？「一切諸佛安住寂滅，而以大悲心，於諸世間說法教化曾無休息。我今云何而捨大悲？又我先發廣大誓願心，發決定利益一切眾生心，發積集一切善根心，發安住善巧迴向心，發出生甚深智慧心，發含受一切眾生，心發於一切眾生平等心；作真實語、不虛誑語，願與一切眾生無上大法，願不斷一切諸佛種性。今❶一切眾生未得解脫、未成正覺、未具佛法，大願未滿，云何而欲捨離大悲？」是為第十如金剛大乘誓願心。佛子！是為菩薩摩訶薩發十種如金剛大乘誓願心。若諸菩薩安住此法，則得如來金剛性無上大神通智。

佛子！菩薩摩訶薩有十種大發起。何等為十？佛子！菩薩摩訶薩作如是念：「我當供養恭敬一切諸佛。」是為第一大發起。又作是念：「我當長養一切菩薩所有善根。」是為第二大發起。又作是念：「我當於一切如來般涅槃後，莊嚴佛塔，以一切華、一切鬘、一切香、一切塗香、一切末香、一切衣、一切蓋、一切幢、一切幡而供養之，受持守護彼佛正法。」是為第三大發起。又作是念：「我當教化調伏一切眾生，令得阿耨多羅三藐三菩提。」是為第四大發起。又作是念：「我當以諸佛國土無上莊嚴，而以莊嚴一切世界。」是為第五大發起。又作是念：「我當發大悲心，為一眾生，於一切世界，一一各盡未來際劫行菩薩行；如為一眾生，為一切眾生悉亦如是，皆令得佛無上菩提，乃至不生一念疲懈。」是為第六大發起。又作是念：「彼諸如來無量無邊，我當於一如來所，經不思議劫恭敬供養；如於一如來，於一切如來悉亦如是。」是為第七大發起。菩薩摩訶薩又作是念：「彼諸如來滅度之後，我當為一一如來所有舍利各起寶塔，其量高廣與不可說諸世界等；造佛形像亦復如是，於不可思議劫以一切寶幢、幡蓋、香華、衣服而為供養，不生一念厭倦之心。為成就佛法故，為供養諸佛故，為教化眾生故，為護持正法開示演說故。」是為第八大發起。菩薩摩訶薩又作是念：「我當以此善根成無上菩提，得入一切諸如來地，與一切如來體性平等。」是為第九大發起。菩薩摩訶薩復作是念：「我當成正覺已，於一切世界不可說劫，演說正法，示現不可思議自在神通，身、語及意不生疲倦，不離正法。以佛力所持故，為一切眾生勤行大願故，大慈為首故，大悲究竟故，達無相法故，住真實語故，證一切法皆寂滅故；知一切眾生悉不可得而亦不違諸業所作故，與三世佛同一體故，周遍法界、虛空界故，通達諸法無相故，成就不生不滅故，具足一切佛法故，以大願力調伏眾生，作大佛事無有休息。」是為第十大發起。佛子！是為菩薩摩訶薩十種大發起。若諸菩薩安住此法，則不斷菩薩行，具足如來無上大智。

佛子！菩薩摩訶薩有十種究竟大事。何等為十？所謂：恭敬供養一切如來究竟大事；隨所念眾生悉能救護究竟大事；專求一切佛法究竟大事；積集一切善根究竟大事；思惟一切佛法究竟大事；滿足一切誓願究竟大事；成就一切菩薩行究竟大事；奉事一切善知識究竟大事；往詣一切世界諸如來所究竟大事；聞持一切諸佛正法究竟大事。是為十。若諸菩薩安住此法，則得阿耨多羅三藐三菩提大智慧究竟事。

佛子！菩薩摩訶薩有十種不壞信。何等為十？所謂：於一切佛不壞信；於一切佛法不壞信；於一切聖僧不壞信；於一切菩薩不壞信；於一切善知識不壞信；於一切眾生不壞信；於一切菩薩大願不壞信；於一切菩薩行不壞信；於恭敬供養一切諸佛不壞信；於菩薩巧密方便教化調伏一切眾生不壞信。是為十。若諸菩薩安住此法，則得諸佛無上大智慧不壞信。

佛子！菩薩摩訶薩有十種得授記。何等為十？所謂：內有甚深解得授記；能隨順起菩薩諸善根得授記；修廣大行得授記；現前得授記；不現前得授記；因自心證菩提得授記；成就忍得授記；教化調伏眾生得授記；究竟一切劫數得授記；一切菩提行自在得授記。是為十。若諸菩薩安住此法，則於一切諸佛所而得授記。

佛子！菩薩摩訶薩有十種善根迴向，菩薩由此能以一切善根悉皆迴向。何等為十？所謂：以我善根同善知識願，如是成就，莫別成就；以我善根同善知識心，如是成就，莫別成就；以我善根同善知識行，如是成就，莫別成就；以我善根同善知識善根，如是成就，莫別成就；以我善根同善知識平等，如是成就，莫別成就；以我善根同善知識念，如是成就，莫別成就；以我善根同善知識清淨，如是成就，莫別成就；以我善根同善知識所住，如是成就，莫別成就；以我善根同善知識成滿，如是成就，莫別成就；以我善根同善知識不壞，如是成就，莫別成就。是為十。若諸菩薩安住此法，則得無上善根迴向。

佛子！菩薩摩訶薩有十種得智慧。何等為十？所謂：於施自在得智慧；深解一切佛法得智慧；入如來無邊智得智慧；於一切問答中能斷疑得智慧；入於智者義得智慧；深解一切如來於一切佛法中言音善巧得智慧；深解於諸佛所種少善根必能滿足一切白淨法獲如來無量智得智慧；成就菩薩不思議住得智慧；於一念中悉能往詣不可說佛刹得智慧；覺一切佛菩提、入一切法界聞持一切佛所說法、深入一切如來種種莊嚴言音得智慧。是為十。若諸菩薩安住此法，則得一切諸佛無上現證智。

佛子！菩薩摩訶薩有十種發無量無邊廣大心。何等為十？所謂：於一切諸佛所，發無量無邊廣大心；觀一切眾生界，發無量無邊廣大心；觀一切刹、一切世、一切法界，發無量無邊廣大心；觀察一切法皆如虛空，發無量無邊廣大心；觀察一切菩薩廣大行，發無量無邊廣大心；正念三世一切諸佛，發無量無邊廣大心；觀不思議諸業果報，發無量無邊廣大心；嚴淨一切佛刹，發無量無邊廣大心；遍入一切諸佛大會，發無量無邊廣大心；觀察一切如來妙音，發無量無邊廣大心。是為十。若諸菩薩安住此法，則得一切佛法無量無邊廣大智慧海。

佛子！菩薩摩訶薩有十種伏藏。何等為十？所謂：知一切法是起功德行藏；知一切法是正思惟藏；知一切法是陀羅尼照明藏；知一切法是辯才開演藏；知一切法是不可說善覺真實藏；知一切佛自在神通是觀察示現藏；知一切法是善巧出生平等藏；知一切法是常見一切諸佛藏；知一切不思議劫是善了皆如幻住藏；知一切諸佛菩薩是發生歡喜淨信藏。是為十。若諸菩薩安住此法，則得一切諸佛無上智慧法藏，悉能調伏一切眾生。

佛子！菩薩摩訶薩有十種律儀。何等為十？所謂：於一切佛法不生誹謗律儀；於一切佛所信樂心不可壞律儀；於一切菩薩所起尊重恭敬律儀；於一切善知識所終不捨愛樂心律儀；於一切聲聞、獨覺不生憶念心律儀；遠離一切退菩薩道律儀；不起一切損害眾生心律儀；修一切善根皆令究竟律儀；於一切魔悉能降伏律儀；於一切波羅蜜皆令滿足律儀。是為十。若諸菩薩安住此法，則得無上大智律儀。

佛子！菩薩摩訶薩有十種自在。何等為十？所謂：命自在，於不可說劫住壽命故；心自在，智慧能入阿僧祇諸三昧故；資具自在，能以無量莊嚴莊嚴一切世界故；業自在，隨時受報故；受生自在，於一切世界示現受生故；解自在，於一切世界見佛充滿故；願自在，隨欲隨時於諸剎中成正覺故；神力自在，示現一切大神變故；法自在，示現無邊諸法門故；智自在，於念念中示現如來十力、無畏、成正覺故。是為十。若諸菩薩安住此法，則得圓滿一切諸佛諸波羅蜜智慧神力菩提自在。

註釋

❶「今」，大正本原作「令」，今依宋、明、宮本改之。

大方廣佛華嚴經卷　第五十六

離世間品　第三十八之四

【白話語譯】

佛子啊！菩薩摩訶薩有十種無礙的作用。是哪十種呢？就是：一、眾生無礙的作用。二、國土無礙的作用。三、法無礙的作用。四、身無礙的作用。五、願無礙的作用。六、境界無礙的作用。七、智慧無礙的作用。八、神通無礙的作用。九、神力無礙的作用。十、力無礙的作用。

佛子啊！什麼是菩薩摩訶薩眾生等的無礙作用？

佛子啊！菩薩摩訶薩有十種無礙眾生的作用。是哪十種呢？就是：一、了知眾生本無眾生的無礙作用。二、了知眾生只是因為心想而顯現的無礙作用。三、為眾生說法未曾失卻恰當時節因緣的無礙作用。四、普遍化現眾生界的無礙作用。五、安置眾生於一毛孔中從不迫隘的無礙作用。六、為眾生示現他的一切世界，令他們完全看見的無礙作用。七、為眾生示現帝釋天與大梵天等護佑世間的諸位天神❶天身的無礙作用。八、為眾生示現聲聞、辟支佛寂靜威儀的無礙作用。九、為眾生示現菩薩行的無礙作用。十、為眾生示現諸佛色身相好的一切智力成等正覺的無礙作用。就是以上十種。

佛子啊！菩薩摩訶薩有十種無礙國土的作用。是哪十種呢？就是：一、以一切剎作為一剎的無礙作用。二、以一切剎入於一根汗毛毛孔的無礙作用。三、了知一切剎無有窮盡的無礙作用。四、以一個身相雙盤端坐，就能充滿一切剎土的無礙作用。五、以一身示現一切剎的無礙作用。六、雖以神通力震動一切剎，但卻不會使眾生心生畏怖的無礙作用。七、以一切剎的莊嚴具莊嚴一剎的無礙作用。八、以一剎的莊嚴具莊嚴一切剎的無礙作用。九、以一位如來的大眾集會遍及一切佛國剎土，示現眾生的無礙作用。十、以所有的小剎土、中剎土、大剎土、廣剎土、深剎土、仰剎土、覆剎土、側剎土、正剎土等遍滿十方國土網等無量的差別，以此普遍示現眾生的無礙作用。就是以上這十種。

佛子啊！菩薩摩訶薩有十種法的無礙作用。是哪十種呢？就是：一、雖以一切法攝入一法，或一法遍入一切法，但絲毫不會違逆眾生心中所了解的無礙作用。二、能從般若波羅蜜出生一切法，並為他人解說，使聽聞的人無不開悟的無礙作用。三、了知一切法雖遠離文字，但都能讓眾生悟入的無礙作用。四、了知一切法攝入一相，而能演說無量法相的無礙作用。五、了知一切法雖遠離言說，又能為他人說無邊法門的無礙作用。六、對於一切法，善轉普門字輪，具足普及一切佛法妙義的無礙作用。七、能以一切法攝入一法門而仍不相違背，即使窮盡不可說的時劫也說不窮盡的無礙作用。八、能將一切法匯入佛法，使眾生都得以解悟的無礙作用。九、了知一切法無有邊際的無礙作用。十、了知諸法雖然沒有任何的障礙際限，猶如幻化之網差別無量，但仍能在無量的時劫為眾生說法，沒有窮盡的無礙作用。就是以上十種。

佛子啊！菩薩摩訶薩有十種身的無礙作用。是哪十種呢？就是：一、能化一切眾生身入自己身內的無礙作用。二、能以己身遍入眾生身的無礙作用。三、能將一切佛身化入一佛身內的無礙作用。四、能以一佛身遍入一切佛身的無礙作用。五、能將一切剎攝入己身的無礙作用。六、能以一身充遍三世，示現眾生的無礙作用。七、能以一身示現無邊身，並遍入三昧的無礙作用。八、能以一身示現各種眾生身，成就正覺的無礙作用。九、能在所有眾生的身上都示現同一眾生身，或在一眾生身上示現所有眾生身相的無礙作用。十、在所有眾生的身上示現法身，或用法身示現所有眾生身的無礙作用。就是以上這十種。

佛子啊！菩薩摩訶薩有十種願的無礙作用。是哪十種呢？就是：一、能以一切菩薩的大願作自己願力的無礙作用。二、能以諸佛成就菩提的願力，示現自身成就正覺的無礙作用。三、能隨著所度化的眾生，自身成就無上正等正覺的無礙作用。四、菩薩即使窮盡無邊際的時劫，大願也從不斷絕。五、菩薩雖遠離色身，也不執著智慧之身，但卻能以自在的願力示現一切身。六、菩薩能捨棄自身，成就圓滿他人的心願。七、菩薩能普遍教化所有的眾生，從不捨離大願。八、菩薩因為往昔發起的願力，所以能在一切的時劫行菩薩行，大願不斷。九、菩薩因為往昔發起的願力，所以能在一毛孔中示現成就正覺，遍布諸佛國土；在不可說不可說的世界，為眾生示現如是的無礙作用。十、菩薩因為往昔發起的願力，說一句法就能遍一切法界，興起廣大的正法雲，以解脫的電光照耀，震動真實佛法的雷音，雨下解脫甘露味的法雨，以大願力充滿潤澤眾生界。就是以上這十種。

佛子啊！菩薩摩訶薩有十種境界的無礙作用。是哪十種呢？就是：一、菩薩雖安住法界，但從不捨棄眾生。二、菩薩雖成就正等正覺，但卻從不捨棄諸魔境界。三、菩薩雖進入涅槃，但從不捨棄生死。四、菩薩雖已入一切智，但從不斷絕菩薩的種性。五、菩薩雖安住寂靜，仍不捨棄散亂。六、菩薩雖安住無過去、無未來、無戲論、也無相貌形狀、空無體性、也無言說，宛如虛空的境界，但卻從不捨棄一切眾生的戲論。七、菩薩雖安住諸佛的十力解脫，但卻從不捨棄世間所有的方所。八、菩薩雖安住無眾生的境界，但從不捨棄教化眾生。九、菩薩雖安住禪定解脫、神通明智、寂靜，但仍在各個世界示現攝受眾生。十、菩薩雖安住如來一切行莊嚴成就正覺的境界，但仍能示現聲聞、辟支佛寂靜的威儀。就是以上這十種。

佛子啊！菩薩摩訶薩有十種智的無礙作用。是哪十種呢？就是：一、無盡辯才的無礙作用。二、總持一切法，從不忘失的無礙作用。三、能決定了知宣說眾生各種根器的無礙作用。四、一念之間就能以無礙智了知眾生心之所行的無礙作用。五、了知眾生所有的心欲、意樂、隨眠習氣等煩惱眾病，能隨著相應的因緣而授與法藥的無礙作用。六、一念之間就能趣入如來十力的無礙作用。七、能以無礙智了知三世所有的時劫，及其中眾生的無礙作用。八、念念都能示現成就正覺，及示現眾生無有斷絕的無礙作用。九、因為知道一個眾生而能了知一切眾生業力的無礙作用。十、能從一個眾生的聲音了解所有眾生語言的無礙作用。就是以上這十種。

佛子啊！菩薩摩訶薩有十種神通的無礙作用。是哪十種呢？就是：一、能以一身示現十方世界的身的無礙作用。二、在一位佛陀的法會道場，就能聽聞受持諸佛在各個法會所說的法。三、菩薩能在一個眾生的心念中成就不可說的無上菩提。四、菩薩能開悟一切眾生心。五、菩薩能以一種聲音示現所有世界各種不同的言語音聲，使眾生都能隨著他們的語言種類各得了解。六、菩薩一念之間就能示現窮盡前際一切時劫的所有業果及種種差別，並使眾生都能完全看見。七、菩薩能使一切世界具足莊嚴。八、菩薩能普遍趣入一切三世。九、菩薩能放出廣大的法光明，示現諸佛菩提，圓滿眾生所有的行願。十、菩薩善於守護一切天、龍、夜叉、乾闥婆、阿修羅、迦樓羅、緊那羅、摩睺羅伽、釋、梵、護世、聲聞、獨覺、及所有的如來十力、菩薩善根。就是以上這十種。如果諸位菩薩得證這個無礙作用，就能遍入一切佛法。

佛子啊！菩薩摩訶薩有十種神力的無礙作用。是哪十種呢？就是：一、菩薩能將不可說世界置於一微塵中。二、菩薩能在於一微塵中示現等同法界的所有佛國剎土。三、菩薩能將所有的大海水安置於一毛孔中，周旋往返十方世界，而仍毫無觸動擾亂眾生。四、菩薩能將不可說的世界納入自身，示現一切無礙的自在神通。五、菩薩能以一根汗毛繫住不可數的金剛鐵圍山，並且捧著這些大山遊行十方世界，都不會讓眾生心生恐怖。六、菩薩能化不可說的時劫為一個時劫，或化一個時劫為不可說的時劫，並在於其中示現成、住、壞、空的差別，都不會使眾生心生恐怖。七、菩薩能在一切世界示現水災、火災、風災等種種的變化毀壞，一點兒也不會惱亂眾生。八、菩薩能在一切世界因三災毀壞時，護持眾生所有的資生器具，使他們不會損壞缺乏。九、菩薩能以一手執持不可思議的世界，並且拋擲於不可說的世界之外，一點兒也不會驚嚇眾生。十、菩薩能說一切剎土等同虛空，並使眾生無不悟解。就是以上這十種。

佛子啊！菩薩摩訶薩有十種力量的無礙作用。是哪十種呢？就是：一、眾生力的無礙作用，因為菩薩從不捨離教化調伏眾生。二、剎土力的無礙作用，因為菩薩能示現不可說的莊嚴而莊嚴佛土。三、法力的無礙作用，因為他能使一切身入於無身。四、時劫力的無礙作用，因為他從不斷絕修行。五、佛力的無礙作用，因為他能覺悟一切愚痴睡眠、沒有覺醒的眾生。六、實行力的無礙作用，因為他能攝取一切的菩薩行。七、如來力的無礙作用，因為他能度化解脫所有的眾生。八、無師力的無礙作用，因為他早已自覺所有的法門不必經由他人教導。九、一切智力的無礙作用，因為他能以一切智成就正覺。十、大悲力的無礙作用，因為他從不捨離眾生。就是以上這十種。

佛子啊！這就是菩薩摩訶薩的十種無礙作用。如果有人能證得這十種無礙作用，不管是成就或不成就正等正覺，都能隨意自在，無違正法。即使成就正覺，也能不斷地實踐菩薩行。為什麼呢？因為菩薩摩訶薩曾發起進入無邊的無礙作用門，善巧示現廣大誓願。

佛子啊！❷菩薩摩訶薩有十種遊戲。是哪十種呢？就是：一、菩薩能以眾生身作為佛國剎土，但絲毫不會破壞眾生的身。二、菩薩能以佛國剎土作為眾生身，但絲毫不會破壞佛國剎土。三、菩薩能以佛身示現聲聞、獨覺身，但絲毫不會減損如來身。四、菩薩能以聲聞、獨覺身示現如來身，而不會增長聲聞、獨覺身。五、菩薩能以菩薩身示現成就正覺，並且不斷菩薩身。六、菩薩能以成就正覺身示現修菩薩行之身，但絲毫不會減損菩薩身。七、菩薩能在涅槃界示現生死，但不執著生死。八、菩薩能在世間的生死中示現涅槃，但能同時不究竟地證入不動的寂靜涅槃。九、菩薩雖能證入禪定三昧，但仍示現行、住、坐、臥一切行業，並且不捨離禪定三昧正受。十、菩薩能在一位佛陀的處所聽聞佛法，依教受持。又能以禪定三昧的力量，使身形不動，而示現不可說的諸佛集會。他既沒有分身，也沒從禪定三昧中起定，就能相續不斷地聽聞佛法受持。如此每一個禪定三昧身念念都能出生不可說不可說的三昧身，示現修行次第。所以說，即使一切的時劫可以窮盡，但菩薩的三昧身仍不可窮盡。就是以上這十種。如果諸位菩薩能安住此法，就可以得到如來無上的大智遊戲。

佛子啊！菩薩摩訶薩有十種境界。是哪十種呢？就是：一、菩薩能示現無邊的法界門，使眾生都得以證入。二、菩薩能示現一切世界的無量妙莊嚴，使眾生都得以證入。三、菩薩能化身前往所有的眾生界，使他們方便開悟。四、菩薩能以如來身出現菩薩身，或以菩薩身出現如來身。五、菩薩能在虛空中示現所有的世界，或在所有的世界中示現虛空。六、菩薩能在生死中示現涅槃，或在涅槃中示現生死。七、菩薩能以一個眾生的語言，出生一切佛法的語言。八、菩薩能化無邊身為一身，或化一身為一切差別身。九、菩薩能以一身充滿法界。十、菩薩一念之間，就能使眾生發菩提心，各別示現無量身，成就等正覺。就是以上這十種。如果諸位菩薩能安住於這個法門，就可以得到如來無上的大智慧境界。

佛子啊！菩薩摩訶薩有十種力量。是哪十種呢？就是：一、深心的力量，因為菩薩從不雜染一切世間的情欲。二、增上深心的力量，因為菩薩從不捨棄一切佛法。三、方便力，因為菩薩所有的作業究竟。四、智力，因為菩薩了知一切的心行。五、願力，因為菩薩能圓滿一切眾生所求。六、行力，因為菩薩能窮盡未來際，從不斷絕。七。各類修行諸乘的力量，因為菩薩能出生一切乘，而不捨棄大乘。八、神通變化力，因為菩薩能在每一毛孔中，示現一切清淨的世界，及一切如來出興世間。九、菩提力，因為菩薩能使一切眾生發心成佛，永無斷絕。十、轉法輪力，菩薩演說的每一句佛法都能相稱眾生的根器體性及志欲。就是以上這十種。如果諸位菩薩能安住於這個法門，就可得證諸佛無上的一切智十力。

佛子啊！菩薩摩訶薩有十種無畏❸作用。是哪十種呢？佛子啊！菩薩摩訶薩能完全聽聞受持一切的言語說法，而心中生起如此的念頭：「假設十方世界有無量無邊的眾生，前來請問我百千種大法，我沒有不會回答的。因為我沒有見到任何困難，所以心中無畏。因為我已究竟達到大無畏的彼岸，因此能隨其所問，應對如流，斷除他們的疑惑，毫無怯弱。」以上是菩薩的第一無畏。

佛子啊！菩薩摩訶薩得到如來灌頂的無礙辯才，到達一切文字、言語、音聲開示祕密究竟的彼岸。而心中生起如此的念頭：「假設十方世界有無量無邊的眾生前來問我無量的大法，他們的疑問我沒有不會回答的。因為我沒有看見任何困難，所以心中無畏。因為我已究竟達到大無畏的彼岸，因此能隨其所問，都應對如流，斷除他們的疑惑，毫不恐懼。」以上就是菩薩的第二無畏。

佛子啊！菩薩摩訶薩了知一切的法空，遠離我、我所而沒有造作，也沒造作者。沒有了知，也沒所謂壽命。沒有養育者，也沒有補伽羅的我。遠離五蘊❹、十八界❺、十二處❻等身心現象，永遠出離所有的執著見地，心地宛如虛空。而心中生起如此的念頭：「我沒有見到眾生有任何的現象能損壞惱怒我的身、語、意業。」為什麼呢？因菩薩早已遠離「我」、「我所有」的執著，不曾見到諸法有任何的體性。因為他沒有見到，所以心得無畏，到達究竟的大無畏彼岸。堅固勇猛，無人能壞。以上就是菩薩的第三無畏。

佛子啊！菩薩摩訶薩受佛力護佑、加持，安住諸佛的威儀，所行的一切真實，無有變易。菩薩就心想：「所有的威儀我沒有因為不具足，而使眾生訶責的。」因為這樣，菩薩得以無畏地在大眾中安穩說法。以上就是菩薩的第四無畏。

佛子啊！菩薩摩訶薩的身、語、意業都完全清淨，鮮白柔和，遠離眾惡。他心中生起如下的念頭：「我不見自身的身、語、意業有何可為人訶責的。」因為這樣，菩薩得以無畏地使眾生安住佛法。以上就是菩薩的第五無畏。

佛子啊！菩薩摩訶薩、金剛力士、天王、龍王、夜叉、乾闥婆、阿修羅、帝釋、梵王、四天王等，常常隨行護衛諸佛與護持憶念諸佛，不曾捨離。菩薩摩訶薩心想：「我沒有看到有任何眾魔外道或邪見眾生能障礙我行任何菩薩道的。」因為這樣，他得以無畏地到達究竟的大無畏彼岸，心生歡喜，行菩薩行。以上就是菩薩的第六無畏。

佛子啊！菩薩摩訶薩已證得成就第一念根，也就是殊勝的憶念力，心中從不忘失佛所喜悅印可的一切。菩薩心想：「如來所說成就道法的文字句法，我從來不曾忘失。」因為這樣，菩薩得以無畏地受持諸佛正法，行菩薩行。以上就是菩薩第七無畏。

佛子啊！菩薩摩訶薩已完全通達所有的智慧方便，究竟各種力量，因此能精勤教化眾生，願心常與諸佛菩提相繫。他為了悲愍眾生、成就眾生，而在煩惱濁世示現受生、種族尊貴、眷屬圓滿、從心所欲、歡娛快樂。他心中生起如下的念頭：「雖然我與這些眷屬聚會，但卻沒有見到任何可貪著的事物，會荒廢我修行、禪定、解脫，及各種三昧、總持、辯才、菩薩道法的。」為什麼呢？因為菩薩摩訶薩已證得一切法的自在，到達彼岸，卻修菩薩行誓不斷絕，所以不見世間任何惑亂菩薩道的境界。因為這樣，菩薩得以無畏地到達究竟的大無畏彼岸，以大願力在一切世界示現受生。以上就是菩薩的第八無畏。

佛子啊！菩薩摩訶薩永遠不會忘失圓滿佛智的薩婆若心，志願乘著大乘之船行菩薩行。因此他能以一切智慧的大心勢力，示現聲聞、獨覺的寂靜威儀。他心裡想：「我完全沒有看見二乘有何出離可言。」因為這樣，菩薩得以無畏地到達於無上的大無畏彼岸，普遍示現一切乘的道路，究竟滿足，平等大乘。以上就是菩薩的第九無畏。

佛子啊！菩薩摩訶薩已成就種種的潔白清淨之法，具足善根。因此神通圓滿，能究竟安住諸佛菩提，滿足一切的菩薩行。接受諸佛的智慧灌頂授記，而恆常度化眾生，行菩薩道。他心裏這樣想：「我不曾看見任何眾生已成熟而卻不能示現諸佛自在圓滿的成熟相貌。」因為這樣，菩薩得以無畏地到達大無畏的彼岸，不斷菩薩行，不捨棄菩薩願，隨著所應度化的眾生，示現諸佛境界而度化。以上就是菩薩的第十無畏。

佛子啊！以上是菩薩摩訶薩的十種無畏，如果諸位菩薩能安住這個法門，就可得證諸佛的無上大無畏，並且也不會捨離菩薩的無畏。

佛子啊！菩薩有十種不必經由他人教誨導引，自己就能了悟的不共大法。是哪十種呢？

佛子啊！菩薩摩訶薩不必經由他人教導，自然就能修行六波羅蜜：常能喜樂地廣大布施，不生慳吝；恆常持守清淨的戒律，從不毀犯；具足忍辱，心不動搖；精進不懈，未曾退轉；能趣入各種禪定，永遠沒有任何散亂；完全摒除惡見地巧妙修習智慧。以上就是菩薩第一種不必經由他人教導，就能隨順波羅蜜道修習的六度不共法。

佛子啊！菩薩摩訶薩能普遍攝受眾生，就是：惠施財、法，正念現前，用和顏悅色的愛語使眾生歡喜，再開示如實的義理，使眾生得以悟解諸佛菩提，沒有憎嫌，平等利益。以上就是菩薩第二種不必經由他人教導，就能隨順四攝道勤攝眾生的不共法。

佛子啊！菩薩摩訶薩能善巧的迴向，就是：不求果報的迴向、隨順諸佛菩提的迴向、不執著一切世間禪定三昧的迴向、為利益一切眾生的迴向、不斷如來智慧的迴向。以上就是菩薩第三種不必經由他人教導，就能為眾生發起善根求佛智慧的不共法。

佛子啊！菩薩摩訶薩即使已經到達善巧方便的究竟彼岸，但心裡恆常眷顧眾生。因此不厭離世俗的凡愚，不樂二乘的出離之道，也不執著一己之樂，只是勤於度化眾生。善能出入禪定解脫，在種種三昧中都得自在。往來生死之間，如同遊園觀賞，未曾片刻心生疲厭。所以不管他是住在魔宮，或是生在釋天梵王世主的任何地方，他都沒有不示現身形。即使他在外道出家，也能恆常遠離一切的邪見。他對世間所有的文詞、咒術、字印、算數，乃至於遊戲歌舞之法，沒有不精通熟悉的。他有時也示現為智慧才能世間第一的端正婦人，能代眾人請益世間法或出世間法。也能說法，在問答之間斷除眾生的疑惑，使他們都能得到究竟。她也完全通達一切世間、出世間之事，能夠通達彼岸，眾生莫不瞻仰。即使她示現聲聞、辟支佛的威儀，也不會失去大乘之心，而仍念念示現成就正覺，不斷菩薩行。以上就是菩薩第四種不必經由他人教導，就能方便善巧到達究竟彼岸的不共法。

佛子啊！菩薩摩訶薩善於了知權變、實相雙行之道，因此智慧自在，到達究竟。就是：安住涅槃而示現生死，了知實無眾生而還能勤於教化。雖然已經究竟寂滅，而還能現起煩惱。安住堅密的智慧法身，又普遍化現無量的眾生身。雖恆常證入甚深禪定，但仍示現欲樂。他雖遠離三界，卻仍不捨離眾生。他雖安住法樂，但卻示現采女、歌詠、嬉戲。他雖然以種種相好莊嚴自身，卻仍示現醜陋貧賤的身形。他雖常積集眾善，無有過惡，而卻示現受生地獄、畜生、餓鬼。他雖然已經到達佛智的彼岸，卻仍不捨棄菩薩的智身。菩薩摩訶薩成就如是無量智慧，連聲聞、獨覺都不能了知，更何況是童蒙無知的眾生。以上就是菩薩第五種不必經由他人教導，就能權變與實相雙行的不共法。

佛子啊！菩薩摩訶薩的身、口、意業早已隨著智慧行都已清淨，就是：具足大慈，永離殺心；乃至於具足正解，無有邪見。以上就是菩薩第六種不必經由他人教導，就能使身、口、意業隨智慧而行的不共法。

佛子啊！菩薩摩訶薩具足大悲，不捨棄眾生，能代眾生受種種痛苦，就是：地獄苦、畜生苦、餓鬼苦。他為了利益眾生，從不感到疲勞厭倦，只是一心度化解脫眾生。因此未曾耽溺染著五欲，恆常精勤滅除眾生的種種苦痛。以上就是菩薩第七種不必經由他人教導，就能恆常生起大慈的不共法。

佛子啊！菩薩摩訶薩常常化為眾生所樂見的梵王、帝釋、四天王等，一切眾生見了都無有滿足，戀戀不捨。為什麼呢？因為菩薩摩訶薩累世以來就行業清淨，無有過失，所以見到他的眾生都無有滿足，戀戀不捨。以上就是菩薩第八種不必經由他人教導，就能使一切眾生都樂於見到他的不共法。

佛子啊！菩薩摩訶薩對於薩婆若佛智的弘大誓願莊嚴非凡，志向信樂堅固。因此即使他身處凡夫、聲聞、獨覺等險難之處，終究不會退失一切智心明淨的妙寶。佛子啊！如同名叫淨莊嚴的寶珠，即使放在泥淖中，仍然不會失卻原來的光芒顏色，而且還能澄淨濁水。菩薩摩訶薩也是如此，雖然身處凡愚雜濁等處所，終究不會退失損壞求一切智的清淨寶心。而且還能使那些惡道眾生遠離妄見、煩惱、穢濁，求得一切智的清淨心寶。以上就是菩薩第九種不必經由他人教導，在各種險難之處不會失一切智慧心寶的不共大法。

佛子啊！菩薩摩訶薩早已成就自能覺悟的境界智慧，因此能夠無師而自行了悟、究竟自在到達彼岸。因此能用離垢法的綵增作頭上的寶冠，從不捨棄親近善友，且樂於尊重諸佛如來。以上就是菩薩第十種不必經由他人教導，就能得證最上法不離善知識、不捨離尊重諸佛的不共大法。

佛子啊！以上就是菩薩摩訶薩的十種不共法，如果諸位菩薩能安住其中，就能得證如來無上廣大的不共大法。

佛子啊！菩薩摩訶薩有十種淨業。是哪十種呢？就是：一、一切世界的淨業，因為他能完全莊嚴清淨一切世界。二、諸佛的淨業，因為他能供養諸佛。三、所有菩薩的淨業，因為他能和所有的菩薩同種善根。四、眾生的淨業，因為他能教化眾生。五、未來的淨業，因為他能窮盡未來際攝取所有的善根。六、神力的淨業，因為他能不離開所處的世界，就遍至一切世界。七、光明的淨業，因為他能放出無邊色的光明，每一道光中各有菩薩結跏趺坐。八、三寶種性不斷的淨業，因為他能在諸佛滅度之後，守護住持佛法。九、變化的淨業，因為他能在任何世界說法教化眾生。十、加持的淨業，因為他能一念之間就能隨著眾生心之所欲，為他們示現，成就圓滿他們所有的願望。就是以上這十種。如果諸位菩薩能安住此法，就能得證如來的廣大無上業。

佛子啊！菩薩摩訶薩有十種妙身。是哪十種呢？就是：一、不來的妙身，因為菩薩不再在任何世間入胎受生。二、不去的妙身，因為菩薩在一切世間是求不可得的。三、不實的妙身，因為他在一切世間都已如實證得。四、不虛的妙身，因為他能以如實妙理示現世間。五、不盡的妙身，因為他窮盡未來際無有斷絕。六、堅固的妙身，因為一切眾魔都不能破壞他。七、不動的妙身，因為眾魔及外道都不能動搖他。八、具相的妙身，因為他能示現清淨的百福相好。九、無相的妙身，因為法相究竟無相。十、普至的妙身，因為他與三世諸佛同一身。就是以上這十種。如果諸位菩薩能安住此法，就可證得如來的無上無盡身。

佛子啊！❼菩薩摩訶薩有十種身的淨業。是哪十種呢？就是：一、能以一身充滿於一切世界身。二、能在一切眾生面前現身。三、在一切生趣都能受生之身。四、能遊行一切世界身。五、能前往參拜一切諸佛眾會的身。六、能以一手普遍覆蓋一切世界的身。七、能以一手粉碎一切世界的金剛圍山，使這些山都碎如微塵的身。八、在於自身中現出一切佛國剎土的成、住、壞、空，並示現眾生面前之身。九、能以一身容受一切眾生界之身。十、能在自身中普現一切清淨佛國剎土，或在一切眾生中成就佛道之身。就是以上這十種。如果諸位菩薩能安住此法，就能得證如來的無上佛業，覺悟所有的眾生。

佛子啊！❽菩薩摩訶薩又有十種身。是哪十種呢？就是：一、諸波羅蜜身，因為他能完全依正念修行。二、四攝身，因為他從不捨離眾生。三、大悲身，因為他能代眾生受無量苦，而毫無疲勞厭倦。四、大悲身，因為他能救護眾生。五、福德身，因為他能饒益眾生。六、智慧身，因為他與一切佛身同一體性。七、法身，因為他永遠斷離各種生趣受生。八、方便身，因為他能在一切處所無不現前。九、神力身，因為他能示現一切神通變化。十、菩提身，因為他能隨著自己的意樂，隨時成就正覺。就是以上這十種。如果諸位菩薩能安住此法，就可得證如來無上的大智慧身。

佛子啊！菩薩摩訶薩有十種微妙法語。是哪十種呢？就是：一、柔軟語，因為他能使眾生安穩。二、甘露解脫的法語，因為他能使眾生清涼。三、不誑語，因為他所有的言說都如實無虛。四、真實語，因為他連在夢中都無妄語。五、廣大語，因為一切的帝釋、梵天、四天王等都尊敬他。六、甚深語，因為他能顯示法性。七、堅固語，因為他能說法無窮盡。八、正直語，因為他說話眾生無不明白。九、種種語，因為他能隨時示現。十、開悟一切眾生語，因為他能隨著眾生的欲樂，使他們解悟明了。就是以上這十種。如果諸位菩薩能安住此法，就可得證如來的無上微妙語。

佛子啊！菩薩摩訶薩有十種清淨修行語業的因緣。是哪十種呢？就是：一、樂於聽聞諸佛如來的音聲而清淨修行語業。二、樂於聽聞宣說菩薩功德而清淨修行語業。三、不說一切眾生不樂聽聞之語而清淨修行語業。四、真實遠離語言的四種過失而清淨修行語業。五、歡喜踴躍讚歎如來而清淨修行語業。六、在如來塔廟處所高聲稱讚諸佛如實的功德而清淨修行語業。七、能以清淨深心施法眾生而清淨修行語業。八、能以音樂歌頌讚歎如來而清淨修行語業。九、能在諸佛所在聽聞正法，不惜身命而清淨修行語業。十、捨身承事一切菩薩及諸位法師而受妙法清淨修行語業。就是以上這十種。

佛子啊！如果菩薩摩訶薩能修行以上十種清淨的語業，就能獲得十種守護。是哪十種呢？就是：一、以天王為首，帶領天眾守護菩薩摩訶薩。二、以龍王為首，帶領龍眾守護菩薩摩訶薩。三、以夜叉王為首，四、以乾闥婆王為首，五、以阿修羅王為首，六、以迦樓羅王為首，七、以緊那羅王為首，八、以摩睺羅伽王為首，九、以梵王為首，每一王者都帶領著自己的徒眾守護菩薩摩訶薩。十、以如來法王為首，帶領所有的法師守護菩薩摩訶薩。就是以上這十種。

佛子啊！菩薩摩訶薩得到這些守護之後，就能成就辦理十種大事。是哪十種呢？就是：一、能使眾生歡喜。二、能前往參訪任何世界。三、了知諸根。四、能清淨一切殊勝的解悟。五、能斷除一切的煩惱。六、能捨離一切的習氣。七、能明白潔淨一切的欲樂。八、能增長一切的深心。九、能周遍一切的法界。十、能得見一切的涅槃。就是以上這十種。

佛子啊！菩薩摩訶薩有十種心的境界。是哪十種呢？就是：一、宛如大地的心，因為菩薩能加持增長眾生的各種善根。二、宛如大海的心，一切諸佛無量無邊的大智法水都能流入菩薩心中。三、宛如須彌山王的心，因為菩薩能安置眾生在最上善根處。四、宛如摩尼寶王的心，因為菩薩的樂欲非常清淨，毫無雜染。五、宛如金剛的心，因為菩薩能決定深入一切的法門。六、宛如金剛圍山的心，因為諸魔及外道都不能動搖他。七、宛如蓮華的心，因為菩薩不為一切的世間法所染著。八、宛如優曇缽華的心，因為菩薩在一切的時劫中難得遭遇。九、宛如淨日的心，因為菩薩能破除一切的障礙黑闇。十、宛如虛空的心，因為菩薩的心不可測量。就是以上這十種。如果諸位菩薩能安住其中，就可以得證如來的無上大清淨心。

佛子啊！菩薩摩訶薩有十種廣大發心。是哪十種呢？就是：一、我應當救度解脫眾生。二、我應當使眾生消滅習氣。三、我應當使眾生斷除煩惱。四、我應當使眾生斷除一切疑惑。五、我應當滅除眾生所有的苦惱。六、我應當滅除一切惡道苦難。七、我應當尊敬隨順諸佛。八、我應當善於學習一切菩薩所應學習的。九、我應當在一切世間的每一毛端處，示現諸佛成就正覺。十、我應當在一切世界擊無上法鼓，使眾生都能隨著他們的根器欲望，得到解脫。就是以上這十種。如果諸位菩薩能安住其中，則可得證如來無上廣大發起圓滿眾事的心。

佛子啊！菩薩摩訶薩有十種周遍圓滿的心。是哪十種呢？就是：一、周遍圓滿一切虛空的心，因為他發意廣大。二、周遍圓滿一切法界的心，因為他能深入無邊。三、周遍圓滿三世的心，因為他能了知所有的念頭。四、周遍圓滿諸佛出現的心，因為他完全明了諸佛入胎誕生、出家成道、轉法輪、般涅槃的因緣。五、周遍圓滿眾生的心，因為他完全了知眾生的根器、志欲、習氣。六、周遍圓滿智慧的心，因為他能隨順了知法界。七、周遍圓滿無邊的心，因為他能了知一切宛如幻化之網的世間差別。八、周遍圓滿一切無生的心，因為他能現證諸法自性不可得。九、周遍圓滿一切無礙心，因為他不安住於自心或他心。十、周遍圓滿自在的心，因為他能在一念之間普遍示現成佛。就是以上這十種。如果諸位菩薩能安住其中，則可得證無量無上佛法的周遍莊嚴。

佛子啊！菩薩摩訶薩有十種根。是哪十種呢？就是：一、歡喜根，因為他能親見諸佛，信心不壞。二、希望根，因為他對所聽聞的佛法都能解悟。三、不退根，因為他所作之事無不究竟。四、安住根，因為他從不斷絕任何的菩薩行。五、微細根，因為他能證入般若波羅蜜的微妙法理。六、不休息根，因為他能究竟圓滿一切眾生的事理。七、宛如金剛根，因為他了知諸法自性。八、金剛光焰根，因為他能普照諸佛境界。九、無差別根，因為他與一切如來同一身形。十、無礙際根，因為他能深入如來十種力用。就是以上這十種。如果諸位菩薩能安住其中，就可得證如來無上的大智圓滿根。

佛子啊！菩薩摩訶薩有十種深心。是哪十種呢？就是：一、不染著世間法的深心。二、不混雜二乘道的深心。三、明自通達諸佛菩薩的深心。四、隨順諸佛智智道的深心。五、不被眾魔外道劫奪的深心。六、清淨修行諸佛圓滿智的深心。七、受持一切所聽聞法的深心。八、不染著一切受生處的深心。九、具足一切微細智的深心。十、修習諸佛之法的深心。就是以上這十種。如果諸位菩薩能安住其中，就可得證一切智的無上清淨深心。

佛子啊！菩薩摩訶薩有十種增上深心。是哪十種呢？就是：一、不退轉的增上深心，因為他已積集所有的善根。二、遠離疑惑的增上深心，因為他了解諸佛的密語。三、正持的增上深心，因為他的大願大行無不周遍流布。四、最殊勝的增上深心，因為他能深入一切佛法。五、得為做主的增上深心，因為他在一切佛法中無不自在。六、廣大的增上深心，因為他能普遍趣入種種法門。七、做為領導上首的增上深心，因為凡他所作無不成辦。八、自在的增上深心，因為他能神通變化莊嚴一切三昧。九、安住的增上深心，因為他能攝受本願。十、無休息的增上深心，因為他能成熟眾生。就是以上這十種。如果諸位菩薩能安住此法，就可得證諸佛無上清淨增上的深心。

佛子啊！菩薩摩訶薩有十種精勤修行。是哪十種呢？就是：一、精勤修行布施，因為他能完全捨棄一切，不求回報。二、精勤修行持戒，因為他能行頭陀苦行，少欲知足，無所欺瞞。三、精勤修行忍辱，因為他能遠離自想、他想的分別，忍受一切諸惡，畢竟不生起瞋恚怨害之心。四、精勤修行精進，因為他的身、語、意業都未曾散亂，一切所作皆不退轉，直至究竟。五、精勤修行禪定，因為他具足解脫三昧，因此能出現大神通，遠離一切欲望、煩惱、鬥諍。六、精勤修行智慧，因為他能修習積聚一切功德，毫無厭倦。七、精勤修行大慈，因為他了知眾生本無自性。八、精勤修行大悲，因為他了知諸法空性，因此能普代眾生受苦，毫無疲勞厭倦。九、精勤修行覺悟如來十力，因為他能明了通達無礙地示現在眾生面前。十、精勤修行不退法輪，因為他能轉眾生心。就是以上這十種。如果諸位菩薩能安住此法，就可得證如來無上大智慧的精勤修行。

佛子啊！菩薩摩訶薩有十種決定不壞的解悟。是哪十種呢？就是：一、最上決定不壞的解悟，因為他能種植尊重善根。二、莊嚴決定不壞的解悟，因為他能出生種種莊嚴。三、廣大決定不壞的解悟，因為他的心量未曾狹小低劣。四、寂滅決定不壞的解悟，因為他能證入甚深的法性。五、普遍決定不壞的解悟，因為他的發心無所不及。六、堪住決定不壞的解悟，因為他能接受佛力的加持。七、堅固決定不壞的解悟，因為他能摧毀破壞一切魔業。八、明斷決定不壞的解悟，因為他能了知一切的業報。九、現前決定不壞的解悟，因為他能隨意示現神通。十、紹隆決定不壞的解悟，因為他能在諸佛處所得佛授記。十一、自在決定不壞的解悟，因為他能隨時隨意地成佛。就是以上這些。如果諸位菩薩能安住此法，就可得證如來無上決定不壞的解悟。

佛子啊！菩薩摩訶薩能依以上決定不壞的解悟了知所有世界的因緣。是哪十種呢？就是：一、了知一切世界可攝入一個世界。二、了知一個世界可遍入一切世界。三、了知一切世界、一如來身、一蓮花座都能完全周遍。四、了知一切世界皆如同虛空。五、了知一切世界都具諸佛的莊嚴。六、了知所有的世界無不充滿菩薩。七、了知所有的世界都可入於一個毛孔當中。八、了知一切世界都可入於一個眾生身中。九、了知一切世界、一佛菩提樹、一佛道場都完全充滿周遍。十、了知一切世界都能以一種音聲普遍讓諸眾生各別了知、心生歡喜。就是以上這十種。如果諸位菩薩能安住於這個法門，就可得證如來無上佛國剎土廣大決定不壞的解悟。

佛子啊！菩薩摩訶薩有十種決定不壞的解悟了知眾生界。是哪十種呢？就是：一、菩薩了知眾生界的本性都是虛幻無實的。二、菩薩了知一切的眾生都能攝入一個眾生身中。三、菩薩了知一切的眾生界都能攝入菩薩身中。四、菩薩了知一切的眾生都能攝入如來藏中。五、菩薩了知一切的眾生身能普入所有的眾生界。六、菩薩了知一切的眾生都堪為諸佛的法器。七、菩薩能隨順眾生的意欲，為他們示現帝釋、梵天、護世天王身。八、菩薩能隨順眾生的意欲，為他們示現聲聞、獨覺寂靜的威儀。九、菩薩了知眾生的意欲，因此能為他們示現菩薩功德的莊嚴身。十、菩薩了知眾生的意欲，因此能為他們示現如來相好的寂靜威儀，開悟眾生。就是以上這十種。如果諸位菩薩能安住此法，就可得證如來無上大威力決定不壞的解悟。

【註釋】

❶護世諸天　指四大天王。

❷次三門在說明無縛、無著解脫迴向。

❸次四門在說明法界中無量迴向中之行。

❹五蘊　蘊是聚集之義，五蘊是色、受、想、行、識蘊。

❺十二處　處是出生之義，六根（眼、耳、鼻、舌、身、意）加上六塵（色、聲、香、味、觸、法）合稱為十二處。

❻十八界　六根、六塵加上六識（眼識、耳識、鼻識、舌識、身識、意識）就是十八界。

❼以上五十門在說明十地位中的行相，回答前面五十句的問題，於中、初十門說明歡喜地之行。

❽前門大概在說明色身之業用，此門大略在說明法門自體而說身。

【原典】

佛子！菩薩摩訶薩有十種無礙用。何等為十？所謂：眾生無礙用；國土無礙用；法無礙用；身無礙用；願無礙用；境界無礙用；智無礙用；神通無礙用；神力無礙用；力無礙用。

佛子！云何為菩薩摩訶薩眾生等無礙用？

佛子！菩薩摩訶薩有十種眾生無礙用。何者為十？所謂：知一切眾生無眾生無礙用；知一切眾生但想所持無礙用；為一切眾生說法未曾失時無礙用；普化現一切眾生界無礙用；置一切眾生於一毛孔中而不迫隘無礙用；為一切眾生示現他方一切世界令其悉見無礙用；為一切眾生示現釋、梵、護世諸天身無礙用；為一切眾生示現聲聞、辟支佛寂靜威儀無礙用；為一切眾生示現菩薩行無礙用；為一切眾生示現諸佛色身相好、一切智力、成等正覺無礙用。是為十。

佛子！菩薩摩訶薩有十種國土無礙用。何等為十？所謂：一切剎作一剎無礙用；一切剎入一毛孔無礙用；知一切剎無有盡無礙用；一身結跏坐充滿一切剎無礙用；一身中現一切剎無礙用；震動一切剎不令眾生恐怖無礙用；以一切剎莊嚴具莊嚴一剎無礙用；以一剎莊嚴具莊嚴一切剎無礙用；以一如來一眾會遍一切佛剎示現眾生無礙用；一切小剎、中剎、大剎、廣剎、深剎、仰剎、覆剎、側剎、正剎，遍諸方網，無量差別，以此普示一切眾生無礙用。是為十。

佛子！菩薩摩訶薩有十種法無礙用。何等為十？所謂：知一切法入一法、一法入一切法，而亦不違眾生心解無礙用；從般若波羅蜜出生一切法，為他解說悉令開悟無礙用；知一切法離文字，而令眾生皆得悟入無礙用；知一切法入一相，而能演說無量法相無礙用；知一切法離言說，能為他說無邊法門無礙用；於一切法善轉普門字輪無礙用；以一切法入一法門而不相違，於不可說劫說不窮盡無礙用；以一切法悉入佛法，令諸眾生皆得悟解無礙用；知一切法無有邊際無礙用；知一切法無障礙際，猶如幻網無量差別，於無量劫為眾生說不可窮盡無礙用。是為十。

佛子！菩薩摩訶薩有十種身無礙用。何等為十？所謂：以一切眾生身入己身無礙用；以己身入一切眾生身無礙用；一切佛身入一佛身無礙用；一佛身入一切佛身無礙用；一切剎入己身無礙用；以一身充遍一切三世法示現眾生無礙用；於一身示現無邊身入三昧無礙用；於一身示現眾生數等身成正覺無礙用；於一切眾生身現一眾生身、於一眾生身現一切眾生身無礙用；於一切眾生身示現法身、於法身示現一切眾生身無礙用。是為十。

佛子！菩薩摩訶薩有十種願無礙用。何等為十？所謂：以一切菩薩願作自願無礙用；以一切佛成菩提願力示現自成正覺無礙用；隨所化眾生自成阿耨多羅三藐三菩提無礙用；於一切無邊際劫大願不斷無礙用；遠離識身，不著智身，以自在願現一切身無礙用；捨棄自身成滿他願無礙用；普教化一切眾生而不捨大願無礙用；於一切劫行菩薩行而大願不斷無礙用；於一毛孔現成正覺，以願力故，充遍一切諸佛國土，於不可說不可說世界，為一一眾生如是示現無礙用；說一句法遍一切法界，興大正法雲，耀解脫電光，震實法雷音，雨甘露味雨，以大願力充洽一切諸眾生界無礙用。是為十。

佛子！菩薩摩訶薩有十種境界無礙用。何等為十？所謂：在法界境界而不捨眾生境界無礙用；在佛境界而不捨魔境界無礙用；在涅槃境界而不捨生死境界無礙用；入一切智境界而不斷菩薩種性境界無礙用；住寂靜境界而不捨散亂境界無礙用；住無去、無來、無戲論、無相狀、無體性、無言說、如虛空境界而不捨一切眾生戲論境界無礙用；住諸力解脫境界而不捨一切諸方所境界無礙用；入無眾生際境界而不捨教化一切眾生無礙用；住禪定解脫、神通明智、寂靜境界而於一切世界示現受生無礙用；住如來一切行莊嚴成正覺境界而現一切聲聞、辟支佛寂靜威儀無礙用。是為十。

佛子！菩薩摩訶薩有十種智無礙用。何等為十？所謂：無盡辯才無礙用；一切總持無有忘失無礙用；能決定知、決定說一切眾生諸根無礙用；於一念中以無礙智知一切眾生心之所行無礙用；知一切眾生欲樂、隨眠、習氣、煩惱病，隨應授藥無礙用；一念能入如來十力無礙用；以無礙智知三世一切劫及其中眾生無礙用；於念念中現成正覺示現眾生無有斷絕無礙用；於一眾生想知一切眾生業無礙用；於一眾生音解一切眾生語無礙用。是為十。

佛子！菩薩摩訶薩有十種神通無礙用。何等為十？所謂：於一身示現一切世界身無礙用；於一佛眾會聽受一切佛眾會中所說法無礙用；於一眾生心念中成就不可說無上菩提開悟一切眾生心無礙用；以一音現一切世界差別言音，令諸眾生各得解了無礙用；一念中現盡前際一切劫所有業果種種差別，令諸眾生悉得知見無礙用；一微塵出現廣大佛剎無量莊嚴無礙用❶；令一切世界具足莊嚴無礙用；普入一切三世無礙用；放大法光明現一切諸佛菩提、眾生行願無礙用；善守護一切天、龍、夜叉、乾闥婆、阿修羅、迦樓羅、緊那羅、摩睺羅伽、釋、梵、護世、聲聞、獨覺、菩薩、所有如來十力、菩薩善根無礙用。是為十。若諸菩薩得此無礙用，則能普入一切佛法。

佛子！菩薩摩訶薩有十種神力無礙用。何等為十？所謂：以不可說世界置一塵中無礙用；於一塵中現等法界一切佛剎無礙用；以一切大海水置一毛孔，周旋往返十方世界，而於眾生無所觸嬈無礙用；以不可說世界內自身中，示現一切神通所作無礙用；以一毛繫不可數金剛圍山，持以遊行一切世界，不令眾生生恐怖心無礙用；以不可說劫作一劫，一劫作不可說劫，於中示現成壞差別，不令眾生心有恐怖無礙用；於一切世界現水、火、風災種種變壞而不惱眾生無礙用；一切世界三災壞時，悉能護持一切眾生資生之具不令損缺無礙用；以一手持不思議世界，擲不可說世界之外，不令眾生有驚怖想無礙用；說一切剎同於虛空，令諸眾生悉得悟解無礙用。是為十。

佛子！菩薩摩訶薩有十種力無礙用。何等為十？所謂：眾生力無礙用，教化調伏不捨離故；剎力無礙用，示現不可說莊嚴而莊嚴故；法力無礙用，令一切身入無身故；劫力無礙用，修行不斷故；佛力無礙用，覺悟睡眠故；行力無礙用，攝取一切菩薩行故；如來力無礙用，度脫一切眾生故；無師力無礙用，自覺一切諸法故；一切智力無礙用，以一切智成正覺故；大悲力無礙用，不捨一切眾生故。是為十。

佛子！如是名為：菩薩摩訶薩十種無礙用。若有得此十無礙用者，於阿耨多羅三藐三菩提欲成、不成，隨意無違，雖成正覺而亦不斷行菩薩行。何以故？菩薩摩訶薩發大誓願，入無邊無礙用門，善巧示現故。

佛子！菩薩摩訶薩有十種遊戲，何等為十？所謂：以眾生身作剎身，而亦不壞眾生身，是菩薩遊戲；以剎身作眾生身，而亦不壞於剎身，是菩薩遊戲；於佛身示現聲聞、獨覺身，而不損減如來身，是菩薩遊戲；於聲聞、獨覺身示現如來身，而不增長聲聞、獨覺身，是菩薩遊戲；於菩薩行身示現成正覺身，而亦不斷菩薩行身，是菩薩遊戲；於成正覺身示現修菩薩行身，而亦不滅成菩提身，是菩薩遊戲；於涅槃界示現生死身，而不著生死，是菩薩遊戲；於生死界示現涅槃，亦不究竟入於涅槃，是菩薩遊戲；入於三昧而示現行、住、坐、臥一切業，亦不捨三昧正受，是菩薩遊戲；在一佛所聞法受持，其身不動，而以三昧力，於不可說諸佛會中各各現身，亦不分身，亦不起定，而聞法受持相續不斷，如是念念於一一三昧身各出生不可說不可說三昧身，如是次第一切諸劫猶可窮盡，而菩薩三昧身不可窮盡，是菩薩遊戲。是為十。若諸菩薩安住此法，則得如來無上大智遊戲。

佛子！菩薩摩訶薩有十種境界。何等為十？所謂：示現無邊法界門，令眾生得入，是菩薩境界；示現一切世界無量妙莊嚴，令眾生得入，是菩薩境界；化往一切眾生界，悉方便開悟，是菩薩境界；於如來身出菩薩身，於菩薩身出如來身，是菩薩境界；於虛空界現世界，於世界現虛空界，是菩薩境界；於生死界現涅槃界，於涅槃界現生死界，是菩薩境界；於一眾生語言中，出生一切佛法語言，是菩薩境界；以無邊身現作一身，一身作一切差別身，是菩薩境界；以一身充滿一切法界，是菩薩境界；於一念中，令一切眾生發菩提心，各現無量身成等正覺，是菩薩境界。是為十。若諸菩薩安住此法，則得如來無上大智慧境界。

佛子！菩薩摩訶薩有十種力。何等為十？所謂：深心力，不雜一切世情故；增上深心力，不捨一[illegible]，方便力，諸有所作究竟故；智力，了知一切心行故；願力，一切所求令滿故；行力，[illegible]際不斷故；乘力，能出生一切乘，而不捨大乘故；神變力，於一一毛孔中，各各示現[illegible]清淨世界一切如來出興世故；菩提力，令一切眾生發心成佛無斷絕故；轉法輪力，說[illegible]法悉稱一切眾生諸根性欲故。是為十。若諸菩薩安住此法，則得諸佛無上一切智十力

佛子！菩薩摩訶薩有十種無畏[illegible]何等為十？佛子！菩薩摩訶薩悉能聞持一切言說，作如是念：「設有眾生無量無邊從[illegible]方來，以百千大法而問於我。我於彼問不見微少難可答相；以不見故，心得無畏，究[illegible]彼大無畏岸，隨其所問悉能酬對，斷其疑惑無有怯弱。」是為菩薩第一無畏。佛子！菩[illegible]摩訶薩得如來灌頂無礙辯才，到於一切文字言音開示祕密究竟彼岸，作如是念：「設有[illegible]生無量無邊從十方來，以無量法而問於我。我於彼問不見微少難可答相；以不見故，心得無畏，究竟到彼大無畏岸，隨其所問悉能酬對，斷其疑惑無有恐懼。」是為菩薩第二無畏。佛子！菩薩摩訶薩知一切法空，離我、離我所，無作、無作者，無知者，無命者，[illegible]無養育者，無補伽羅，離蘊、界、處，永出諸見，心如虛空，作如是念：「不見眾[illegible]有微少相能損惱我身、語、意業。」何以故？菩薩遠離我、我所故，不見諸法有少性[illegible]。以不見故，心得無畏，究竟到彼大無畏岸，堅固勇猛，不可沮壞，是為[illegible]薩第三[illegible]畏。佛子！菩薩摩訶薩佛力所護、佛力

所持，住佛威儀，所行真實，無有變易，作如是念：「我不見有少分威儀，令諸眾生生訶責相。」以不見故，心得無畏，於大眾中安隱說法，是為菩薩第四無畏。佛子！菩薩摩訶薩身、語、意業皆悉清淨，鮮白柔和，遠離眾惡，作如是念：「我不自見身、語、意業而有少分可訶責相。」以不見故，心得無畏，能令眾生住於佛法，是為菩薩第五無畏。佛子！菩薩摩訶薩，金剛力士、天、龍、夜叉、乾闥婆、阿修羅、帝釋、梵王、四天王等常隨侍衛，一切如來護念不捨。菩薩摩訶薩作如是念：「我不見有眾魔外道、有見眾生能來障我行菩薩道少分之相。」以不見故，心得無畏，究竟到彼大無畏岸，發歡喜心行菩薩行，是為菩薩第六無畏。佛子！菩薩摩訶薩已得成就第一念根，心無忘失佛所悅可，作如是念：「如來所說成菩提道文字句法，我不於中見有少分忘失之相。」以不見故，心得無畏，受持一切如來正法行菩薩行，是為菩薩第七無畏。佛子！菩薩摩訶薩智慧方便悉已通達，菩薩諸力皆得究竟，常勤教化一切眾生，恒以願心繫佛菩提，而為悲愍眾生故，成就眾生故，於煩惱濁世示現受生、種族尊貴、眷屬圓滿、所欲從心、歡娛快樂，而作是念：「我雖與此眷屬聚會，不見少相而可貪著，廢我修行禪定、解脫，及諸三昧、總持、辯才、菩薩道法。」何以故？菩薩摩訶薩於一切法已得自在到於彼岸，修菩薩行誓不斷絕，不見世間有一境界而能惑亂菩薩道者。以不見故，心得無畏，究竟到彼大無畏岸，以大願力於一切世界示現受生，是為菩薩第八無畏。佛子！菩薩摩訶薩恒不忘失薩婆若心，乘於大乘行菩薩行，以一切智大心勢力，示現一切聲聞、獨覺寂靜威儀，作是念言：「我不自見當於二乘而取出離少分之相。」以不見故，心得無畏，到彼無上大無畏岸，普能示現一切乘道，究竟滿足平等大乘，是為菩薩第九無畏。佛子！菩薩摩訶薩成就一切諸白淨法，具足善根，圓滿神通，究竟住於諸佛菩提，滿足一切諸菩薩行，於諸佛所受一切智灌頂之記，而常化眾生行菩薩道，作如是念：「我不自見有一眾生應可成熟而不能現諸佛自在而成熟相。」以不見故，心得無畏，究竟到彼大無畏岸，不斷菩薩行，不捨菩薩願，隨所應化一切眾生現佛境界而化度之，是為菩薩第十無畏。佛子！是為菩薩摩訶薩十種無畏。若諸菩薩安住此法，則得諸佛無上大無畏，而亦不捨菩薩無畏。

佛子！菩薩摩訶薩有十種不共法。何等為十？佛子！菩薩摩訶薩不由他教，自然修行六波羅蜜——常樂大施，不生慳吝；恒持淨戒，無所毀犯；具足忍辱，心不動搖；有大精進，未曾退轉；善入諸禪，永無散亂；巧修智慧，悉除惡見。是為第一不由他教隨順波羅蜜道修六度不共法。佛子！菩薩摩訶薩普能攝受一切眾生。所謂：以財及法而行惠施，正念現前，和顏愛語，其心歡喜，示如實義，令得悟解諸佛菩提，無有憎嫌，平等利益。是為第二不由他教順四攝道勤攝眾生不共法。佛子！菩薩摩訶薩善巧迴向，所謂：不求果報迴向、順佛菩提迴向、不著一切世間禪定三昧迴向、為利益一切眾生迴向、為不斷如來智慧迴向。是為第三不由他教為諸眾生發起善根求佛智慧不共法。佛子！菩薩摩訶薩到善巧方便究竟彼岸，心恒顧復一切眾生，不厭世俗凡愚境界，不樂二乘出離之道，不著己樂，唯勤化度，善能入出禪定解脫，於諸三昧悉得自在，往來生死如遊園觀，未曾暫起疲厭之心；或住魔宮，或為釋天、梵王、世主，一切生處靡不於中而現其身；或於外道眾中出家，而恒遠離一切邪見；一切世間文詞、咒術、字印、算數，乃至遊戲、歌舞之法，悉皆示現，無不精巧；或時示作端正婦人，智慧才能世中第一；於諸世間、出世間法能問能說，問答斷疑皆得究竟；一切世間、出世間事亦悉通達到於彼岸，一切眾生恒來瞻仰；雖現聲聞、辟支佛威儀，而不失大乘心；雖念念中示成正覺，而不斷菩薩行。是為第四不由他教方便善巧究竟彼岸不共法。佛子！菩薩摩訶薩善知權實雙行道，智慧自在，到於究竟。所謂：住於涅槃而示現生死，知無眾生而勤行教化，究竟寂滅而現起煩惱，住一堅密智慧法身而普現無量諸眾生身，常入深禪定而示受欲樂，常遠離三界而不捨眾生，常樂法樂而現有采女歌詠嬉戲，雖以眾相好莊嚴其身而示受醜陋貧賤之形，常積集眾善無諸過惡而現生地獄、畜生、餓鬼，雖已到於佛智彼岸而亦不捨菩薩智身。菩薩摩訶薩成就如是無量智慧，聲聞、獨覺尚不能知，何況一切童蒙眾生！是為第五不由他教權實雙行不共法。佛子！菩薩摩訶薩身、口、意業，隨智慧行皆悉清淨。所謂：具足大慈永離殺心，乃至具足正解無有邪見。是為第六不由他教身、口、意業隨智慧行不共法。佛子！菩薩摩訶薩具足大悲，不捨眾生，代一切眾生而受諸苦，所謂：地獄苦、畜生苦、餓鬼苦。為利益故，不生勞倦，唯專度脫一切眾生，未曾耽染五欲境界，常為精勤滅除眾苦。是為第七不由他教常起大悲不共法。佛子！菩薩摩訶薩常為眾生之所樂見，梵王、帝釋、四天王等一切眾生見無厭足。何以故？菩薩摩訶薩久遠世來，行業清淨無有過失，是故眾生見者無厭。是為第八不由他教一切眾生皆悉樂見不共法。佛子！菩薩摩訶薩於薩婆若大誓莊嚴志樂堅固，雖處凡夫、聲聞、獨覺險難之處，終不退失一切智心明淨妙寶。佛子！如有寶珠，名：淨莊嚴，置泥潦中光色不改，能令濁水悉皆澄淨。菩薩摩訶薩亦復如是，雖在凡愚雜濁等處，終不失壞求一切智清淨寶心，而能令彼諸惡眾生遠離妄見、煩惱、穢濁，得求一切智清淨心寶。是為第九不由他教在眾難處不失一切智心寶不共法。佛子！菩薩摩訶薩成就自覺境界智，無師自悟，究竟自在到於彼岸，離垢法繒以冠其首，而於善友不捨親近，於諸如來常樂尊重，是為第十不由他教得最上法不離善知識、不捨尊重佛不共法。佛子！是為菩薩摩訶薩十種不共法。若諸菩薩安住其中，則得如來無上廣大不共法。

佛子！菩薩摩訶薩有十種業。何等為十？所謂：一切世界業，悉能嚴淨故；一切諸佛業，悉能供養故；一切菩薩業，同種善根故；一切眾生業，悉能教化故；一切未來業，盡未來際攝取故；一切神力業，不離一世界遍至一切世界故；一切光明業，放無邊色光明，一一光中有蓮華座，各有菩薩結跏趺坐而顯現故；一切三寶種不斷業，諸佛滅後，守護住持諸佛法故；一切變化業，於一切世界說法教化諸眾生故；一切加持業，於一念中隨諸眾生心之所欲皆為示現，令一切願悉成滿故。是為十。若諸菩薩安住此法，則得如來無上廣大業。

佛子！菩薩摩訶薩有十種身。何等為十？所謂：不來身，於一切世間不受生故；不去身，於一切世間求不得故；不實身，一切世間如實得故；不虛身，以如實理示世間故；不盡身，盡未來際無斷絕故；堅固身，一切眾魔不能壞故；不動身，眾魔外道不能動故；具相身，示現清淨百福相故；無相身，法相究竟悉無相故；普至身，與三世佛同一身故。是為十。若諸菩薩安住此法，則得如來無上無盡之身。

佛子！菩薩摩訶薩有十種身業。何等為十？所謂：一身充滿一切世界身業；於一切眾生前悉能示現身業；於一切趣悉能受生身業；遊行一切世界身業；往詣一切諸佛眾會身業；能以一手普覆一切世界身業；能以一手磨一切世界金剛圍山碎如微塵身業；於自身中現一切佛剎成壞示於眾生身業；以一身容受一切眾生界身業；於自身中普現一切清淨佛剎，一切眾生於中成道身業。是為十。若諸菩薩安住此法，則得如來無上佛業，悉能覺悟一切眾生。

佛子！菩薩摩訶薩復有十種身。何等為十？所謂：諸波羅蜜身，悉正修行故；四攝身，不捨一切眾生故；大悲身，代一切眾生受無量苦無疲厭故；大慈身，救護一切眾生故；福德身，饒益一切眾生故；智慧身，與一切佛身同一性故；法身，永離諸趣受生故；方便身，於一切處現前故；神力身，示現一切神變故；菩提身，隨樂、隨時成正覺故。是為十。若諸菩薩安住此法，則得如來無上大智慧身。

佛子！菩薩摩訶薩有十種語。何等為十？所謂：柔軟語，使一切眾生皆安隱故；甘露語，令一切眾生悉清涼故；不誑語，所有言說皆如實故；真實語，乃至夢中無妄語故；廣大語，一切釋、梵、四天王等皆尊敬故；甚深語，顯示法性故；堅固語，說法無盡故；正直語，發言易了故；種種語，隨時示現故；開悟一切眾生語，隨其欲樂令解了故。是為十。若諸菩薩安住此法，則得如來無上微妙語。

佛子！菩薩摩訶薩有十種淨修語業。何等為十？所謂：樂聽聞如來音聲淨修語業；樂聞說菩薩功德淨修語業；不說一切眾生不樂聞語淨修語業；真實遠離語四過失淨修語業；歡喜踊躍讚歎如來淨修語業；如來塔所高聲讚佛如實功德淨修語業；以深淨心施眾生法淨修語業；音樂歌頌讚歎如來淨修語業；於諸佛所聽聞正法不惜身命淨修語業；捨身承事一切菩薩及諸法師而受妙法淨修語業。是為十。

佛子！若菩薩摩訶薩以此十事淨修語業，則得十種守護。何等為十？所謂：天王為首，一切天眾而為守護；龍王為首，一切龍眾而為守護；夜叉王為首，乾闥婆王為首，阿修羅王為首，迦樓羅王為首，緊那羅王為首，摩睺羅伽王為首，梵王為首，一一皆與自己徒眾而為守護；如來法王為首，一切法師皆悉守護。是為十。

佛子！菩薩摩訶薩得此守護已，則能成辦❷十種大事。何等為十？所謂：一切眾生皆令歡喜，一切世界悉能往詣，一切諸根皆能了知，一切勝解悉令清淨，一切煩惱皆令除斷，一切習氣皆令捨離，一切欲樂皆令明潔，一切深心悉使增長，一切法界悉令周遍，一切涅槃普令明見。是為十。

佛子！菩薩摩訶薩有十種心。何等為十？所謂：如大地心，能持、能長一切眾生諸善根故；如大海心，一切諸佛無量無邊大智法水悉流入故；如須彌山王心，置一切眾生於出世間最上善根處故；如摩尼寶王心，樂欲清淨無雜染故；如金剛心，決定深入一切法故；如金剛圍山心，諸魔外道不能動故；如蓮華心，一切世法不能染故；如優曇鉢華心，一切劫中難值遇故；如淨日心，破闇障故；如虛空心，不可量故。是為十。若諸菩薩安住其中，則得如來無上大清淨心。

佛子！菩薩摩訶薩有十種發心。何等為十？所謂：發我當度脫一切眾生心；發我當令一切眾生除斷煩惱心；發我當令一切眾生消滅習氣心；發我當斷除一切疑惑心；發我當除滅一切眾生苦惱心；發我當除滅一切惡道諸難心；發我當敬順一切如來心；發我當善學一切菩薩所學心；發我當於一切世間一一毛端處現一切佛成正覺心；發我當於一切世界擊無上法鼓，令諸眾生隨其根欲悉得悟解心。是為十。若諸菩薩安住其中，則得如來無上大發起能事心。

佛子！菩薩摩訶薩有十種周遍心。何等為十？所謂：周遍一切虛空心，發意廣大故；周遍一切法界心，深入無邊故；周遍一切三世心，一念悉知故；周遍一切佛出現心，於入胎、誕生、出家、成道、轉法輪、般涅槃悉明了故；周遍一切眾生心，悉知根、欲、習氣故；周遍一切智慧心，隨順了知法界故；周遍一切無邊心，知諸幻網差別故；周遍一切無生心，不得諸法自性故；周遍一切無礙心，不住自心、他心故；周遍一切自在心，一念普現成佛故。是為十。若諸菩薩安住其中，則得無量無上佛法周遍莊嚴。

佛子！菩薩摩訶薩有十種根。何等為十？所謂：歡喜根，見一切佛信不壞故；希望根，所聞佛法皆悟解故；不退根，一切作事皆究竟故；安住根，不斷一切菩薩行故；微細根，入般若波羅蜜微妙理故；不休息根，究竟一切眾生事故；如金剛根，證知一切諸法性故；金剛光焰根，普照一切佛境界故；無差別根，一切如來同一身故；無礙際根，深入如來十種力故。是為十。若諸菩薩安住其中，則得如來無上大智圓滿根。

佛子！菩薩摩訶薩有十種深心。何等為十？所謂：不染一切世間法深心；不雜一切二乘道深心；了達一切佛菩提深心；隨順一切智智道深心；不為一切眾魔外道所動深心；淨修一切如來圓滿智深心；受持一切所聞法深心；不著一切受生處深心；具足一切微細智深心；修一切諸佛法深心。是為十。若諸菩薩安住其中，則得一切智無上清淨深心。

佛子！菩薩摩訶薩有十種增上深心。何等為十？所謂：不退轉增上深心，積集一切善根故；離疑惑增上深心，解一切如來密語故；正持增上深心，大願大行所流故；最勝增上深心，深入一切佛法故；為主增上深心，一切佛法自在故；廣大增上深心，普入種種法門故；上首增上深心，一切所作成辦故；自在增上深心，一切三昧、神通變化莊嚴故；安住增上深心，攝受本願故；無休息增上深心，成熟一切眾生故。是為十。若諸菩薩安住此法，則得一切諸佛無上清淨增上深心。

佛子！菩薩摩訶薩有十種勤修。何等為十？所謂：布施勤修，悉捨一切，不求報故；持戒勤修，頭陀苦行，少欲知足，無所欺故；忍辱勤修，離自他想，忍一切惡，畢竟不生恚害心故；精進勤修，身、語、意業未曾散亂，一切所作皆不退轉，至究竟故；禪定勤修，解脫三昧，出現神通，離一切欲煩惱鬬諍諸眷屬故；智慧勤修，修習積聚一切功德無厭倦故；大慈勤修，知諸眾生無自性故；大悲勤修，知諸法空，普代一切眾生受苦無疲厭故；覺悟如來十力勤修，了達無礙示眾生故；不退法輪勤修，轉至一切眾生心故。是為十。若諸菩薩安住此法，則得如來無上大智慧勤修。

佛子！菩薩摩訶薩有十種決定解。何等為十？所謂：最上決定解，種植尊重善根故；莊嚴決定解，出生種種莊嚴故；廣大決定解，其心未曾狹劣故；寂滅決定解，能入甚深法性故；普遍決定解，發心無所不及故；堪任決定解，能受佛力加持故；堅固決定解，摧破一切魔業故；明斷決定解，了知一切業報故；現前決定解，隨意能現神通故；紹隆決定解，一切佛所得記故；自在決定解，隨意、隨時成佛故。是為十❸。若諸菩薩安住此法，則得如來無上決定解。

佛子！菩薩摩訶薩有十種決定解知諸世界。何等為十？所謂：知一切世界入一世界；知一世界入一切世界；知一切世界，一如來身、一蓮華座皆悉周遍；知一切世界皆如虛空；知一切世界具佛莊嚴；知一切世界菩薩充滿；知一切世界入一毛孔；知一切世界入一眾生身；知一切世界，一佛菩提樹、一佛道場皆悉周遍；知一切世界一音普遍，令諸眾生各別了知，心生歡喜。是為十。若諸菩薩安住此法，則得如來無上佛剎廣大決定解。

佛子！菩薩摩訶薩有十種決定解知眾生界。何等為十？所謂：知一切眾生界本性無實；知一切眾生界悉入一眾生身；知一切眾生界悉入菩薩身；知一切眾生界悉入如來藏；知一眾生身普入一切眾生界；知一切眾生界悉堪為諸佛法器；知一切眾生界，隨其所欲，為現釋、梵、護世身；知一切眾生界，隨其所欲，為現聲聞、獨覺寂靜威儀；知一切眾生界，為現菩薩功德莊嚴身；知一切眾生界，為現如來相好寂靜威儀，開悟眾生。是為十。若諸菩薩安住此法，則得如來無上大威力決定解。

註釋

❶大正本原無「一微塵……用」十六字，今依明本增之。

❷「辦」，大正本原作「辨」，今依三本及宮本改之。

❸本段共舉出十一種決定解。

大方廣佛華嚴經卷　第五十七

離世間品　第三十八之五

【白話語譯】

佛子啊！❶菩薩摩訶薩有十種的清淨習氣。是哪十種呢？就是：一、菩提心的習氣。二、善根的習氣。三、教化眾生的習氣。四、見佛的習氣。五、受生清淨世界的習氣。六、行菩薩行的習氣。七、發願的習氣。八、修習波羅蜜的習氣。九、平等思惟法門的習氣。十、現證種種差別境界的習氣。就是以上這十種。如果諸位菩薩能安住這個法門，就能永遠遠離一切的煩惱習氣，得到如來大智慧的習氣，沒有習氣的智慧。

佛子啊！❷菩薩摩訶薩有十種增盛攝取的力量，他能以這些力量不斷絕各種菩薩行。是哪十種呢？就是：一、攝取眾生界，因為他能究竟教化眾生。二、攝取一切世界，因為他能究竟莊嚴清淨。三、攝取如來，因為他能修習菩薩行來供養諸佛。四、攝取善根，因為他能積集諸佛相好的功德。五、攝取大悲，因為他能滅除眾生所有的苦。六、攝取大慈，因為他能給與眾生一切智樂。七、攝取波羅蜜，因為他能積集菩薩各種的莊嚴。八、攝取善巧方便，因為他能示現在任何地方。九、攝取菩提，因為他已得證無礙智。十、略說菩薩，攝取一切法，因為他在任何地方都能以智慧光照而示現了知。就是以上這十種。如果諸位菩薩能安住這種攝取，就能不斷除各種菩薩行，得到一切如來無上的無所取法。

佛子啊！菩薩摩訶薩有十種精勤的修行，是哪十種呢？就是：一、修習所有的波羅蜜行。二、修學菩薩。三、修習智慧。四、修習義理。五、修習佛法。六、修習出離的境界。七、修習示現的方便。八、修習精勤之行而不懈怠。九、修習成就正覺。十、修習轉正法輪。就是以上這十種。如果諸位菩薩能安住其中，就能得證無上修行，修一切法。

佛子啊！菩薩摩訶薩有十種成就佛法的因緣。是哪十種呢？就是：一、不遠離善知識，而成就佛法。二、深信佛語而成就佛法。三、不毀謗正法而成就佛法。四、以無量無盡善根迴向成就佛法。五、信解如來境界無邊際而成就佛法。六、了知一切世界境界而成就佛法。七、不捨法界境界而成就佛法。八、遠離諸魔境界而成就佛法。九、正念諸佛境界而成就佛法。十、樂求如來十力境界而成就佛法。就是以上這十種。如果諸位菩薩能安住此法，就能成就如來無上的大智慧。

佛子啊！菩薩摩訶薩會因十種因緣而退失佛法，所以應當儘量遠離這些因緣。是哪十種呢？就是：一、輕慢善知識而退失佛法。二、畏懼生死之苦而退失佛法。三、厭倦修菩薩行而退失佛法。四、不樂安住世間而退失佛法。五、耽著禪定三昧的境界而退失佛法。

六、執取善根而退失佛法。七、誹謗正法而退失佛法。八、斷菩薩行而退失佛法。九、樂求聲聞、緣覺二乘而退失佛法。十、嫌恨諸菩薩而退失佛法。就是以上這十種。如果諸位菩薩能遠離這些法，就能證入菩薩遠離生死之道。

佛子啊！菩薩摩訶薩有十種遠離生死之道。是哪十種呢？就是：一、能出生般若波羅蜜而能恆常觀察，不捨眾生。二、能遠離各種執著見地而度脫被邪見纏縛的眾生。三、不憶念一切的眾相、但也不捨離所有著相的眾生。四、菩薩雖已超過三界而仍常在世間。五、菩薩雖永離煩惱但仍與眾生共同止住。六、菩薩雖已證得離欲法，但仍以大悲哀愍所有染著欲樂的眾生。七、菩薩雖常樂寂靜，但仍恆常示現一切眷屬。八、菩薩雖離世間生死，而仍從此處死、彼處生，起菩薩行。九、他不染著一切世間法，而也不斷除世間所有的作為。十、諸佛菩提已示現其前，而他卻不捨棄菩薩所有的願行。

佛子啊！以上就是菩薩摩訶薩十種遠離生死之道，出離世間、不與世間共生同住，而亦不雜染聲聞、緣覺等二乘的行持。如果諸位菩薩能安住此法，就能證得菩薩決定不壞的堅固大法。

佛子啊！菩薩摩訶薩有十種決定不壞的堅固大法。是哪十種呢？就是：一、決定出生在諸佛如來的種族。二、決定安住諸佛的境界。三、決定了知菩薩所作之事。四、決定安住各種波羅蜜。五、決定參與如來的法會。六、決定顯現如來的種性。七、決定安住如來神力。八。決定深入佛菩提。九、決定與一切如來同一身相。十、決定安住諸佛的處所沒有二心。就是以上這十種。

佛子啊！菩薩摩訶薩有十種出生佛法之道。是哪十種呢？就是：一、隨順善友，因為菩薩他能同種善根。二、深心信解，因為菩薩了知諸佛自在。三、發大誓願，因為他的心量寬廣。四、安忍自身的善根，因為他了知業力不失。五、在一切劫修行無厭足，因為他能窮盡未來際。六、示現阿僧祇數的出離境界，因為他能成熟眾生。七、不斷菩薩行，因為他能增長大悲。八、無量心，因為他一念就能遍布所有的虛空界。九、殊勝行，因為他修行無所壞失的緣故。十、如來種，因為他能使眾生樂於發菩提心，並以一切善法來資助眾生。就是以上這十種。如果諸位菩薩能安住此法，就能得證大丈夫名號。

佛子啊！菩薩摩訶薩有十種大丈夫的名號。是哪十種呢？就是：一、菩提薩埵，因為他是由菩提智所生。二、摩訶薩埵，因為他能安住大乘。三、第一薩埵，因為他能求證第一的法。四、勝薩埵，因為他能覺悟勝法。五、最勝薩埵，因為他的智慧最勝。六、上位薩埵，因為他能發起增上的精進心。七、無上薩埵，因為他能開示無上的法要。八、力薩埵，因為他能廣大地了知十力。九、無等薩埵，因為他在世間無與倫比。十、不思議薩埵，因為他一念就能成佛。就是以上這十種。如果諸位菩薩能證得這些名號，就能成就菩薩道。

佛子啊！菩薩摩訶薩有十種成就圓滿佛法之道。是哪十種呢？就是：

一、不捨唯一菩提心的菩薩道。

二、出生種種智慧及方便的菩薩道。

三、行空、無相、無願三解脫門，而不執著三界的菩薩道。

四、懺除罪障，隨喜福德，恭敬尊重，勸請如來，善巧迴向從無休息的菩薩行。

五、安住清淨的信解，堅固不動，發起大精進。所作究竟，一向正念，無異攀緣，巧妙地了知入出三昧的種種方便，分別種種智慧境界的五根。

六、悉見一切世界眾生的色相，了知眾生從此處死、從彼處生的天眼通；能聽聞諸佛說法，受持憶念，廣為眾生，隨順眾生的根器為他們暢演佛法的天耳通；能自在無礙地了知他人心念的他心通；能憶念了知過去一切劫數，增長善根的宿命通；能隨所應度化的眾生而示現種種法樂的神足通；能現證實際，起菩薩行，不斷絕的漏盡的這六種神通。

七、念是菩薩道，就是：念佛，因為他能在一毛孔的尖端親見無量諸佛，開悟一切眾生的心。念法，不離一位如來的法會，能在諸佛的法會中親自承事微妙善法，並隨著眾生善根性欲樂為他們演說，使他們都能悟入佛法。念僧，無有休息地在一切世間不斷見到菩薩。念捨，能了知菩薩所有的捨離行持，增長廣大布施心。念戒，能不捨菩提心，以一切善根迴向眾生。念天，能恆常憶念兜率陀天宮一生補處的菩薩。念眾生，能以智慧方便教化調伏眾生，普及一切，從不間斷。

八、隨順菩提入聖道是菩薩道。就是：行正見道，因為他能遠離一切邪見。心生思惟，捨離妄想分別，因為他心中常隨順一切智。常行正語，因為遠離妄語、兩舌、綺語、惡口等四種語言過失而隨順聖言教。恆修正業，教化眾生，因為他能調伏眾生。安住正命，行頭陀行而少欲知足，威儀審正，隨順菩提行四聖種，因為他能永離一切過失。又生起正精進，勤修一切菩薩苦行，因為他能趣入諸佛無罣礙的十力。又他心常正念，因為他能憶持所有的語音，除滅世間的散動心。又他心常正定，因為他善入菩薩不思議的解脫門，能在一三昧中出生所有三昧。

九、入九次第定是菩薩道。就是：他能遠離欲界的瞋恚傷害，而證入初禪，並以一切語業說法無礙。又能以滅除粗糙心念的覺受與細微心念的觀察證入二禪，而以一切智慧覺受與細微心念的觀察教化眾生。並捨離喜愛的湧動不定，證入三禪，而見諸佛，心生歡喜。遠離一切世間的苦樂證入四禪，而隨順出世菩薩道樂，從此不動。又能證入空無邊處、識無邊處、無所有處、非想非非想處的四無色定，而亦不捨離在欲界、色界，常生入胎受生度眾的大願。他雖安住於滅一切想受的禪定，但仍常行菩薩道從不休息。

十、學佛十力是菩薩道。就是：他清楚了知是處與非處的智慧，及眾生過去、未來、現在業報因果的智慧。他了知眾生上、中、下根器不同，隨宜說法的智慧。又明白了知眾生種種無量體性的智慧，軟、中、上解悟的差別，因此能使他們悟入法方便智，遍一切世間、一切佛國剎土、一切三世、一切時劫，都普遍示現如來形相威儀，而不捨棄菩薩所行的智慧。他明白了知所有的禪定解脫及各種三昧的垢染、清淨，適時與非時，因此能方便出生各種菩薩的解脫法門智慧。他又了知眾生在各種生趣，從此處死亡，從彼處出生的差別智慧。又他能以智慧在一念之間了知三世一切的劫數。又他了知所有滅盡眾生樂欲、結使煩惱各種迷惑習氣的智慧，而不捨離各種菩薩行止。就是以上這十種。如果諸位菩薩能安住於這個法門，就能得到所有如來無上善巧方便道。

佛子啊！❸菩薩摩訶薩有無量的大道、無量的輔助道、無量的修行道、無量的莊嚴道。佛子啊！菩薩摩訶薩有十種無量的大道。是哪十種呢？就是：一、因為虛空無量，所以菩薩道亦無量。二、因為法界無邊，所以菩薩道也無量。三、因為眾生界無盡，所以菩薩道亦無量。四、因為世界無邊際，所以菩薩道也無量。五、因為劫數是不可窮盡的，所以菩薩道也無量。六、因為眾生的語言之法無量，所以菩薩道也無量。七、因為如來的身無量，所以菩薩道也無量。八、因為佛的音聲無量，所以菩薩道亦無量。九、因為如來的神力無量，所以菩薩道亦無量。十、因為一切的智慧無量，所以菩薩道也是無量的。就是以上這十種。

佛子啊！菩薩摩訶薩有十種輔助之道。就是：一、因為虛空無量，所以菩薩集聚輔助之道也無量。二、因為法界無邊，所以菩薩集聚輔助之道也無邊際。三、因為眾生界無窮盡，所以菩薩集聚輔助之道也無窮盡。四、因為世界無邊際，所以菩薩集聚輔助之道也無邊際。五、因為劫數不可盡說，所以菩薩集聚輔助之道也是世間言說不能窮盡的。六、因為眾生語言法無量，所以菩薩集聚出生智慧了知語言的輔助之道也就無量。七、因為如來的佛身無量，所以菩薩遍及所有眾生、佛國剎土、世間、劫數的集聚輔助之道也無量。八、因為佛陀的音聲無量，所以菩薩出一言語周遍法界，眾生沒有不聽聞了知集聚輔助之道也無量。九、因為佛陀的神力無量，菩薩承佛如來神力積集輔助之道也無量。十、一切智慧無量，所以菩薩積集輔助之道也無量。就是以上這十種。如果諸位菩薩能安住於這個法門，就能得到如來的無量智慧。

佛子啊！❹菩薩摩訶薩有十種無量的修行道。是哪十種呢？就是：一、不來亦不去的修行道，因為他的身業、語業與意業都是寂滅而無造作的。二、不增不減的修行道，因為他能如本性，毫無造作。三。非有非無的修行道，因為他無自性。四、如幻如夢、如影如響、如鏡中像、如熱時火焰、如水中月的修行道，因為他已遠離一切的執著。五、行空、無願、無作的修行道，因為他能明見三界而集聚福德，從不休息。六、不可說、無言說、離言說的修行道，因為他能遠離種種施設安立之法。七、不毀壞法界的修行道，因為他的智慧現前，能了知所有的法門。八、不毀壞真如實際的修行道，因為他能普遍證入真如實際的虛空際。九、廣大智慧的修行道，因為他對於各種存有能作力無盡。十、安住諸佛如來的十力、四無所畏、一切智智平等的修行道，因為他能現前見到一切法，沒有任何疑惑。就是以上這十種。如果諸位菩薩能安住於這個法門，就能得證如來一切智的無上善巧修行道。

佛子啊！❺菩薩摩訶薩有十種莊嚴道。是哪十種呢？

佛子啊！菩薩摩訶薩能夠不離開欲界，就證入色界、無色界的禪定解脫，以及各種三昧，但同時又不會因為證入這些境界而受生彼處。以上就是菩薩的第一莊嚴道。

他的智慧現前，因此即使證入聲聞，也不會因此而出離。以上就是菩薩的第二莊嚴道。

他的智慧現前，因此即使證入辟支佛道，仍心生大悲無有休息。以上就是菩薩的第三莊嚴道。

他雖有人天眷屬圍繞，百千采女歌舞侍從，但是從未暫捨禪定解脫及各種三昧。以上就是菩薩的第四莊嚴道。

他雖與眾生受用各種欲樂，共相娛樂，但是他卻從未在一念之間捨離菩薩的平等三昧。以上就是菩薩第五莊嚴道。

他已經到達世間的彼岸，但卻從不執著各種世間法，而又不捨棄度化眾生。以上就是菩薩第六莊嚴道。

他雖安住正道、正智慧、正見解，卻能示現證入一切邪道，不以為這種證入為真實或清淨，而能使眾生遠離邪法。以上就是菩薩第七莊嚴道。

他恆常善巧護持如來淨戒，他的身業、語意、意業都無過失。但為了教化犯戒的眾生，而示現所有愚痴平凡行為。他雖然已經具足清淨福德，安住菩薩趣，而卻示現受生地獄、畜生、餓鬼及各種險難、貧窮等處，使所有眾生都能解脫。實際上菩薩並沒有受生在那一道。以上就是菩薩的第八莊嚴道。

他不必經由他人的教誨，就能得到無礙辯才。智慧光明，普能照耀了知所有的佛法。因為他受諸佛神力的加持，因此能與諸佛同一法身。成就一切堅固大人明淨密法，安住平等的諸佛乘，諸佛境界無不示現眼前，具足世間所有的智慧光明，照見一切眾生界，因此他能做眾生的智慧法師而示現求取正法，未曾休息。雖然實際上他已經是眾生無上師，而他也示現出尊敬阿闍梨的態度❻。為什麼呢？菩薩摩訶薩善巧方便安住菩薩道，凡是與他相應的人，菩薩都為他示現，以上就是菩薩的第九莊嚴道。

他的善根具足，諸行究竟，所有的如來都為他灌頂，因此早已到達一切法自在的彼岸，能以無礙的法繒戴在頭上。他的身形遍至一切世界，能普現如來的無礙之身，在於法自在最上究竟，並且轉動無礙的清淨法輪。他雖已成就一切菩薩的自在之法，但為了救度眾生，仍在一切國土示現受生。他雖與三世諸佛同一境界，但從不荒廢菩薩行，也不捨離菩薩法，不懈怠菩薩業❼或遠離菩薩道。既不廢弛菩薩的威儀，也不斷菩薩取❽。從不止息菩薩的善巧方便，凡菩薩應作的事業都從不稍懈、不斷絕。不厭菩薩生成用❾，也不會止息菩薩的住持神力。為什麼呢？因為菩薩為了快速得證無上正等正覺，觀察一切智門，修菩薩行從不休息。以上就是菩薩第十莊嚴道。如果諸位菩薩能安住於這個法門，就能得到如來無上的大莊嚴道，並且不捨離菩薩之道。

佛子啊！菩薩摩訶薩有十種雙足。是哪十種呢？就是：一、持戒足，因為他能完全成就圓滿殊勝的大願。二、精進足，因為他能集聚一切的菩提分法，從不退轉。三、神通足，因為他能隨順眾生所欲，使他們歡喜。四、神力足，因為他能不離一佛國剎土，而前往所有的諸佛剎土。五、深心足，因為他誓願求取一切殊勝的大法。六、堅定誓願足，因為他所有的作為都究竟圓滿。七、隨順足，因為他能不違背一切尊者的教化。八、樂法足，因為他能聽聞受持諸佛所說，不會疲勞懈怠。九、法雨足，因為他能毫不怯弱為眾生演說。十、修行足，因為他已完全遠離諸惡。就是以上這十種。如果諸位菩薩能安住於這個法門，就能證得如來無上的最勝足，只要一舉步，就能完全遍至一切世界。

佛子啊！菩薩摩訶薩有十種清淨莊嚴的手。是哪十種呢？就是：一、深信的手，因為他對佛陀所說的法都能安忍認可信受，並且究竟受持。二、布施的手，因為凡是有人前來，來向他求取布施，不管他們要求什麼，菩薩都能滿足他們。三、先意問訊的手，因為他能舒展右掌相迎引導。四、供養諸佛的手，因為他已聚集眾多福德，從不疲勞厭倦。五、多聞善巧的手，因為他能完全斷除眾生的疑惑。六、使眾生超越三界的手，因為他能拔眾生❿出離欲望的泥沼。七、安置彼岸的手，因為他能在四瀑流中救溺眾生，把他們安置在安穩的彼岸。八、不吝正法的手，因為他能開示所有的妙法。九、善用眾論的手，因為他能以智慧樂滅除眾生所有的身心病苦。十、恆持智寶的手，因為他能開示法的光明而破種種煩惱黑闇。就是以上這十種。如果諸位菩薩能安住於這個法門，就能得證如來無上手，普遍覆蓋十方世界。

佛子啊！⓫菩薩摩訶薩有十種清淨廣大腹。是哪十種呢？就是：一、離諂曲腹，因為他的心意清淨。二、離幻偽腹，因為他本性正直。三、不虛假腹，因為他不陰險邪僻。四、無欺奪的清淨廣大腹，因為他從不貪著任何事物。五、斷除一切煩惱的清淨廣大腹，因為他具足所有的智慧。六、清淨的廣大心腹，因為他已遠離諸惡。七、觀察飲食清淨的廣大腹，因為他能憶念如實的正法。八、觀察無作的清淨廣大腹，因為他能覺悟緣起。九、覺悟一切出離道的廣大清淨腹，因為他善於成熟深心。十、遠離一切邊見垢的清淨廣大腹，因為他能使眾生都得以趣入佛腹。就是以上這十種。如果諸位菩薩能安住這個法門，就能得證如來無上廣大腹，完全容受一切眾生。

佛子啊！菩薩摩訶薩有十種寶藏。是哪十種呢？就是：一、不斷佛種，因為他能開示佛法的無量威德。二、增長法種，因為他能出生智慧，放出廣大的光明。三、住持僧種，因為他能使眾僧證入不退轉的法輪。四、覺悟正定的眾生，因為他一念之間就能善巧隨順適當的時節因緣。五、究竟成熟不定的眾生，因為他能使這些眾生的正因相續無有間斷。六、為邪定的眾生發起大悲，因為他能成就這些眾生的未來因。七、圓滿佛十力的不可壞因，因為他已具足降伏魔軍無比無對的善根。八、最勝無畏的大師子吼，因為這能使眾生都心生歡喜。九、得證佛陀的十八不共法，因為他的智慧能普入一切處所。十、普遍了知一切眾生、一切佛國剎土、一切正法及諸佛，因為他能在於一念之間明見一切。就是以上這十種。如果諸位菩薩能安住於這個法門，就能得證如來無上善根不可壞的大智慧寶藏。

佛子啊！菩薩摩訶薩有十種心。是哪十種呢？就是：一、精勤的心，因為他所作的一切都究竟圓滿。二、不懈的心，因為他已積集三十二相、八十種好的福德行願。三、大勇健的心，因為他能摧破一切諸魔大軍。四、如理而行的心，因為他能除滅所有的煩惱。五、不退轉的心，因為他即使達到菩提也不休息。六、自性清淨的心，因為他了知心本無來去，因此無所執著。七、了知眾生的心，因為他能隨順眾生種種的信解欲樂，使他們出離。八、使眾生趣入佛法，大梵清淨住的心，因為他了知眾生的種種信解欲樂，因此不會以別的法乘救護。九、空、無相、無願、無作的心，因為他雖明見色界、欲界、無色界諸相，而仍不取著。十、卐字相金剛堅固勝藏莊嚴的心，因為一切眾生，或各種魔眾侵擾，都不能動他一根汗毛。就是以上這十種。如果諸位菩薩能安住這個法門，就能得到如來無上大智慧光明寶藏的心。

佛子啊！⓬菩薩摩訶薩有十種披身的鎧甲。是哪十種呢？就是：一、大慈的鎧甲，因為他能救護所有的眾生。二、大悲的鎧甲，因為他能忍受種種痛苦。三、大願的鎧甲，因為他所作的一切都究竟圓滿。四、迴向的鎧甲，因為他能建立佛的莊嚴。五、福德的鎧甲，因為他能饒益一切眾生。六、波羅蜜鎧甲，因為他能度脫一切含有情識的生命。七、智慧的鎧甲，因為他能滅除眾生所有的煩惱黑闇。八、善巧方便的鎧甲，因為他能生起普門的善根。九、一切智心堅固不散亂的鎧甲，因為他對其他的法乘不感興趣。十、一心滿足的鎧甲，因為他已斷離對一切法的疑惑。就是以上這十種。如果諸位菩薩能安住於這個法門，就能披上如來無上鎧甲，摧伏一切魔軍。

佛子啊！菩薩摩訶薩有十種兵器械仗。是哪十種呢？就是：一、布施，因為它能摧破一切慳吝。二、持戒，因為他能棄捨一切的毀犯。三、平等，因為它能斷除一切的分別。四、智慧，因為它能消滅一切的煩惱。五、真正如法生活的正命，因為它能遠離一切邪惡不法生活的邪命。六、善巧方便，因為它能在一切處所無不示現。七、略說貪、瞋、痴等一切煩惱，因為它能以煩惱門度化眾生。八、生死，因為它能不斷菩薩行，教化眾生。

九、說如實法，因為它能破除執著的一切。十、一切智慧，因為它不捨菩薩的行門。就是以上這十種。如果諸位菩薩能安住於這個法門，就能除滅一切眾生長夜聚集的結使煩惱。

佛子啊！⑬菩薩摩訶薩有十種智慧的頭首。是哪十種呢？就是：一、涅槃的頭首，因為無人能超越而見到他的頭頂。二、尊敬的頭首，因為他為一切人天恭敬頂禮。三、廣大勝解的頭首，因為他在三千世界最為殊勝，無人能夠超越。四、第一善根的頭首，因為三界眾生都供養他。五、荷戴眾生的頭首，因為他已成就頂上的肉髻。六、不輕賤其他眾生的頭首，因為他在一切處所恆常尊敬殊勝。七、般若波羅蜜的頭首，因為他能長養一切的功德法。八、方便智慧相應的頭首，因為他能普遍示現與一切眾生相同的身相。九、教化眾生的頭首，因為他能以一切眾生為弟子而普行教化。十、守護一切佛法眼目的頭首，因為他能使佛、法、僧三寶種性從不斷絕。就是以上這十種。如果諸位菩薩能安住於這個法門，就能證得佛陀如來無上大智慧的頭首。

佛子啊！菩薩摩訶薩有十種清淨眼目。是哪十種呢？就是：一、肉眼，因為他能澈見一切的色相。二、天眼，因為他能夠澈見一切眾生的心念。三、慧眼，因為他能澈見眾生種種的根器境界。四、法眼，因為他能夠澈見一切法如實相。五、佛眼，因為他能夠澈見如來的十力。六、智眼，因為他能了知澈見諸法。七、光明眼，因為他能夠澈見諸佛的光明。八、出生死眼，因為他能夠澈見涅槃。九、無礙眼，因為他能澈見一切了無障礙。

十、一切智眼，因為他能徹見普門法界。就是以上這十種。如果諸位菩薩能安住於這個法門，就能證得到如來無上的大智慧清淨眼。

佛子啊！菩薩摩訶薩有十種清淨耳的聽聞作用。是哪十種呢？就是：一、聽聞讚歎聲而能斷除貪愛。二、聽聞詆毀聲而能斷除瞋恚。三、聽聞二乘法而不執著、不多求取。四、聽聞菩薩道而歡喜踊躍。五、聽聞地獄等諸苦難處所而心生大悲，發起弘大誓願。六、聽聞人天妙勝等事而了知那些都是無常之法。七、聽聞有人讚歎諸佛功德而更加精進，立刻圓滿諸法。八、聽聞六度、四攝等法，就發心修行，願到達彼岸。九、聽聞十方世界一切音聲，了知那些都如山谷中的迴響，虛幻不實，而能證入不可說的甚深微妙義理。十、菩薩摩訶薩從初發心乃至道場，恆常聽聞正法，未曾休息，而仍恆常不捨度化眾生的事業。就是以上這十種。如果諸位菩薩能成就此法，就能證得如來無上的大智慧清淨耳。

佛子啊！菩薩摩訶薩有十種清淨的鼻。是哪十種呢？就是：一、聞到各種臭物，而不以為臭。二、聞到各種香氣而不以為香。三、香臭俱聞而心念平等。四、聞到非香非臭的味道，能安住捨離。五、一聞到眾生衣服、臥具及他們的肢體任何的香臭，就能了知他們的貪、瞋、愚痴種種分別的行為舉止。六、他一聞到各種伏藏草木等香味，就好像這些東西正在眼前一樣，明了分辨。七、他一聞到下至阿鼻地獄，上至有頂眾生的種種氣味，就知道他們過去的所有作為。八、菩薩聞到聲聞行者布施、持戒、多聞的慧香，也能安住一切智心，不會散動。九、菩薩如果一聞到任何菩薩的行香，就能以平等智慧證入如來境地。十、菩薩即使聞到一切佛智境界香，也不會廢捨各種菩薩行止。就是以上這十種。如果諸位菩薩能成就這個法門，就能得證佛陀如來的無量無邊清淨鼻。

佛子啊！菩薩摩訶薩有十種微妙舌。是哪十種呢？就是：一、開示演說無量眾生行的妙舌。二、開示演說無盡法門的妙舌。三、讚歎諸佛無盡功德的妙舌。四、演暢辭辯無盡的妙舌。五、開示闡揚大乘助道的妙舌。六、普遍覆蓋十方虛空的妙舌。七、普照一切佛國剎土的妙舌。八、普使眾生解悟的妙舌。九、使諸佛歡喜的妙舌。十、降伏一切諸魔外道，除滅一切生死煩惱，使他們都到達涅槃的妙舌。就是以上這十種。如果諸位菩薩能成就此法，就能證得如來遍覆一切諸佛國土的無上妙舌。

佛子啊！菩薩摩訶薩能示現十種微妙身。是哪十種呢？就是：一、人身，因為他為了教化一切人道眾生。二、非人身，這是為了教化地獄、畜生、餓鬼道的眾生。三、天身，這是為了教化欲界、色界、無色界的眾生。四、有學之身，這是為了示現尚在修行，有學地的賢聖。五、無學身，這是為了示現尚在修行的賢聖。六、獨覺身，這是為了教化他們，使他們都能趣入辟支佛賢聖地。七、菩薩身，這是為了成就大乘的賢聖。八、如來身，這是為了智慧灌頂。九、意生身，這都是為了善巧出生賢聖。十、無漏法身，這是為了以無功用示現一切的眾生身。就是以上這十種。如果諸位菩薩能成就這個法門，就能得到如來的無上之微妙身。

佛子啊！菩薩摩訶薩有十種清淨的意念。是哪十種呢？就是：一、上首的意念，因為他能夠發起一切的善根。二、安住的意念，因為他的深信堅固，從不動搖。三、深入的意念，因為他能隨順佛法而解脫。四、內了的意念，因為他了知眾生心中所有的欲樂。五、無亂的意念，因為他從不雜染一切的煩惱。六、明淨的意念，因為他不染著一塵。七、善觀眾生的意念，因為他任何一念都不曾失去適當的時節因緣。八、善巧抉擇所作的意念，因為他心中未曾有任何的過患。九、密護諸根的意念，因為他能調伏諸根，使它們不奔馳散亂。十、善於證入三昧的意念，因為他能深入諸佛三昧，無「我」、「我所」。就是以上這十種。如果諸位菩薩能安住於這個法門，就能得證諸佛無上的意念⑭。

佛子啊！菩薩摩訶薩有十種殊勝的行持。是哪十種呢？就是：一、聞法的行持，因為他愛樂佛法，從不捨離。二、說法的行持，因為他為了利益眾生，說法不斷。三、離貪、恚、痴、怖、畏的行持，因為他已調伏自心的種種過患。四、欲界的行持，因為他為了教化欲界的眾生，而示現欲界。五、色界、無色界三昧的行持，因為他能讓眾生速轉有漏定為無漏定。六、趣向法義的行持，因為他能立刻證得種種法門的智慧。七、一切生處的行持，因為他能自在教化各類眾生。八、一切佛國剎土的行持，因為他禮拜供養諸佛，從不稍歇。九、涅槃的行持，因為他不斷除生死相續⑮。十、成就圓滿一切佛法的行持，因為他從不捨離菩薩法的行持。就是以上這十種。如果諸位菩薩能安住於這個法門，就能證得如來無去無來的行持。

佛子啊！菩薩摩訶薩有十種智慧安住。是哪十種呢？就是：一、安住菩提心，因為他不曾忘失菩提心。二、安住波羅蜜，因為他不厭棄種種輔助的道法。三、安住說法，因為他的智慧不斷增長。四、安住阿蘭若，因為他能證大禪定。五、安住隨順一切智慧頭陀行，知足四聖種⑯，因為他少欲少事。六、安住深信，因為他能荷負正法。七、安住親近如來，因為他學佛的威儀莊嚴。八、安住出生神通，因為他能圓滿大智慧。九、安住得證法忍，因為他圓滿俱足授記。十、安住道場，因為他早已具足十力無畏，及一切佛法。就是以上這十種。如果諸位菩薩能安住於這個法門，就能得到一切智慧的無上安住。

佛子啊！菩薩摩訶薩有十種端坐的境地。是哪十種呢？就是：一、端坐轉輪王位，因為他能夠興起十種善道。二、端坐四天王位，因為他能在於一切世間，自在安立佛法。三、端坐帝釋位，因為他能做眾生的勝主。四、端坐梵天位，因為菩薩對自、他心都自在無礙。五、端坐師子位，因為他能為眾生演說佛法。六、端坐正法位，因為他能以總持辯才的力量為眾生開示安穩的大道。七、端坐堅固位，因為他的誓願究竟，毫不空過。八、端坐大慈位，因為他能使惡性眾生都心生歡喜。九、端坐大悲位，因為他能安忍一切痛苦，不曾疲勞厭倦。十、端坐金剛位，因為他能降伏眾魔及種種外道。就是以上這十種。如果諸位菩薩能安住於這個法門，就能得證如來無上正覺之坐。

佛子啊！菩薩摩訶薩有十種吉祥睡臥。是哪十種呢？就是：一、寂靜的睡臥，因為他的身心憺泊恬靜。二、禪定的睡臥，因為他能如理修行，不放逸身心。三、三昧的睡臥，因為他的身心柔軟。四、梵天的睡臥，因為菩薩不惱亂自身及他人。五、善業的睡臥，因為他勤修善根，從不後悔。六、正信的睡臥，因為他對佛法的信心不可傾動。七、正道的睡臥，因為他能開示善友覺悟。八、妙願的睡臥，因為他能善巧迴向，圓滿十方。九、一切事業完畢的睡臥，因為他已成辦所有的事業。十、捨諸功用的睡臥，因為他依於習慣⑰，從不執著。就是以上這十種。如果諸位菩薩能安住於這個法門，就能得證如來無上大法的睡臥，而開悟一切眾生。

佛子啊！菩薩摩訶薩有十種所安住的處所。是哪十種呢？就是：一、以大慈為安住的處所，因為他對於一切眾生，都心念平等。二、以大悲為安住的處所，因為他不輕視未學的人。三、以大喜為安住的處所，因為他已遠離一切的憂惱。四、以大捨為安住的處所，因為他平等看待有為法、無為法，沒有二心。五、以一切波羅蜜為安住的處所，因為他能以菩提心為上首，勤修輔助道法。六、以空為安住的處所，因為他能善巧觀察種種緣起。七、以無相為安住的處所，因為他恆常生出智慧，不出離佛道正位。八、以無願為安住的處所，因為他能觀察受生的種種因緣。九、以念覺的智慧為安住的處所，因為他具足安忍於法，成就圓滿。十、以一切法平等為安住的處所，因為他已得到諸佛授記。就是以上這十種。如果諸位菩薩能安住其中，就能得證如來無上無礙安住的處所。

佛子啊！菩薩摩訶薩有十種所行的處所。是哪十種呢？就是：一、以正念為所行的處所，因為他能滿足身、受、心、法四念處。二、以六道諸趣為所行的處所，因為他已成就正覺的法趣，因此能倒駕慈航。三、以智慧為所行的處所，因為諸佛都歡喜讚歎他的行持。四、以波羅蜜為所行的處所，因為他能滿足一切智智。五、以四攝法為所行的處所，因為他能教化所有的眾生。六、以生死為所行的處所，因為他能積集善根，示現受生涅槃，但實無受生涅槃。七、讓眾生遠離種種戲論為所行之處所，因為他能隨著應教化的眾生，使他們永遠出離三界。八、以神通為所行的處所，因為他了知眾生種種的根器境界。九、以善巧方便為所行的處所，因為他與般若波羅蜜能相應相和。十、以道場為所行的處所，因為他能成就一切智而不斷菩薩行。就是以上這十種。如果諸位菩薩能安住於這個法門，就能得證如來無上大智慧所行的處所。

佛子啊！菩薩摩訶薩有十種智慧觀察。是哪十種呢？就是：一、了知各種業力的觀察，因為菩薩能澈見所有微細的境界。二、了知各種生趣的觀察，因為他從不取著眾生。三、了知諸根的觀察，因為他明了諸根都只是幻象，其實無根可言。四、了知諸法的觀察，因為他不壞法界。五、澈見佛法的觀察，因為他不斷勤修佛眼。六、得智慧的觀察，因為他能如理說法。七、無生忍的觀察，因為他決定明了佛法。八、不退地的觀察，因為他能滅除一切的煩惱，超出三界及二乘。九、灌頂地的觀察，因為他對一切的佛法早已自在不動。十、善覺智的三昧觀察，因為他能在十方世界施作種種佛事。就是以上這十種。如果諸位菩薩能安住其中，就可得證如來無上的大觀察智。

佛子啊！菩薩摩訶薩有十種普遍的觀察。是哪十種呢？就是：一、普遍觀察一切前來祈求的人，以無違逆的心意滿足他們。二、普遍觀察一切犯戒的眾生，安置他們在如來的淨戒中。三、普遍觀察心存傷害念頭的眾生，安置他們在如來的安忍力中。四、普遍觀察一切懈怠的眾生，勸請他們精進勤奮，不捨棄荷負大乘的擔子。五、普遍觀察一切心煩意亂的眾生，使他們安住在如來的一切智地，毫無散動。六、普遍觀察一切邪惡聰慧的眾生，消除他們的疑惑，破除他們的「有見」。七、普遍觀察一切平等的善友，隨順他們的教命而安住佛法。八、普遍觀察一切聽聞的教法，得以立刻證見最上義理。九、普遍觀察無邊的眾生，因為菩薩恆常不捨離大悲力。十、普遍觀察諸佛法要，因為菩薩能立刻得證成就一切智。就是以上這十種。如果諸位菩薩能安住其中，就可得證如來無上的大智慧普遍觀察。

佛子啊！菩薩摩訶薩有十種迅疾有力的奮迅力。是哪十種呢？就是：一、宛如牛王般的奮迅力，因為他的光明能夠映照遮蔽一切天、龍、夜叉、乾闥婆等一切大眾的光明。二、宛如象王般的奮迅力，因為他的心意柔軟調伏，能夠荷負種種眾生。三、宛如龍王般的奮迅力，因為他能興起大法密雲，閃耀解脫電光，震動如實義的大雷，降下五根、五力、七覺分、禪定、解脫三昧等甘露法雨。四、宛如大金翅鳥般的奮迅力，因為他能使貪愛之水枯竭，破除愚痴殼，搏取煩惱的諸惡毒龍，使眾生出離生死苦海。五、宛如大師子般的奮迅力，因為他安住無畏平等的大智，所以能用這智慧做兵器械杖，摧毀降伏眾魔及種種外道。六、勇健的奮迅力，因為他能在生死大戰中摧滅一切煩惱怨悔。七、具足大智慧的奮迅力，因為他了知蘊、界、處及種種的緣起，所以能自在開示一切法。八、總持陀羅尼的奮迅力，因為他能以念慧力持法不忘，隨著眾生種種不同的根器而為他們說法。九、具足辯才的奮迅力，因為他能無礙地迅速疾馳，分別一切，使眾生受益，心生歡喜。十、宛如諸佛如來的奮迅力，因為他已成就圓滿一切智的輔助道法，能使應得一念相應慧的人，一切皆得；應該開悟的人，全部開悟。坐師子座，降魔及怨敵，成就無上正等正覺。就是以上這十種。如果諸位菩薩能安住其中，就可得證諸佛對於一切法無上的自在奮迅力量。

佛子啊！菩薩摩訶薩有十種宛如師子般無畏的廣大吼聲。是哪十種呢？就是：一、向大眾唱言：「我必定圓滿成就正等覺。」的大師子吼。二、「我應當使一切眾生，未度者使他得度，未解脫者使他解脫，未安住者使他安住，未涅槃者使他得證涅槃」大悲心大師子吼。三、「我應當使佛、法、僧的種性無有斷絕」報如來恩的大師子吼。四、「我應當莊嚴清淨佛國剎土」的究竟堅固誓願大師子吼。五、「我應當除滅一切惡道及種種險難」自持淨戒的大師子吼。六、「我應當滿足諸佛身、語及意相好莊嚴」求福無厭的大師子吼。七、「我應當成就圓滿諸佛的所有智慧」求智無厭的大師子吼。八、「我應當除滅一切眾魔及諸魔業，修習正行」斷諸煩惱的大師子吼。九、「我應當了知一切諸法無我、無眾生、無時間、無補伽羅、空、有無相、有無願等等分別，淨潔似虛空」的無生法忍大師子吼。最後生菩薩震動一切諸佛國土，諸佛國土都變得更莊嚴清淨。這時，一切帝釋、梵天、四天王都來讚嘆勸請，希望菩薩能以無生法而示現受生，菩薩則以無礙的慧眼普遍觀察世間，了知一切眾生確實沒有像他一樣殊勝的人，於是就在王宮示現誕生，自己行走七步，作大師子吼。就是以上這十種。如果諸位菩薩能安住於這個法門，則可得證如來的無上大師子吼。

【註釋】

❶習氣　在此處習氣可解釋為善意，即此地壓伏煩惱，所以積習諸行，熏習成氣氛，其力量能究竟斷伏煩惱，所以稱為習氣。

❷取　增盛攝取的意思，較前面的習氣更增上強盛之力。

❸以下說明五地之行。

❹以下說明六地之行。

❺以下說明七地之行。

❻阿闍梨　梵語 ācārya 之音譯，意即導師，能教授弟子，使其行為端正合宜，自身又堪為楷模之師。

❼菩薩業　即利他之業。

❽菩薩取　指願求。

❾生成用　成就菩薩之因行大用。

❿授與　給予援手共同拔出之意，即是菩薩的同事行。

⓫次三門說明八地中之行，此八地內證無生法忍，內德圓滿，所以說是腹，藏，心。

⓬次說明九地之行。

⓭次說明十地之行。

⓮以上約六根而說，以下六門說明四威儀動止之行。

⓯斷絕生死為二乘涅槃，不是真涅槃。

⓰四聖種　指能生聖道，為聖道種子的四種法。一、著糞掃衣。二、常行乞食。三、依樹下坐。四、用陳腐藥。

⓱不用意志努力，自然而行，所以說是慣習。

【原典】

佛子！菩薩摩訶薩有十種習氣。何等為十？所謂：菩提心習氣；善根習氣；教化眾生習氣；見佛習氣；於清淨世界受生習氣；行習氣；願習氣；波羅蜜習氣；思惟平等法習氣；種種境界差別習氣。是為十。若諸菩薩安住此法，則永離一切煩惱習氣，得如來大智習氣非習氣智。

佛子！菩薩摩訶薩有十種取，以此不斷諸菩薩行。何等為十？所謂：取一切眾生界，究竟教化故；取一切世界，究竟嚴淨故；取如來，修菩薩行為供養故；取善根，積集諸佛相好功德故；取大悲，滅一切眾生苦故；取大慈，與一切眾生一切智樂故；取波羅蜜，積集菩薩諸莊嚴故；取善巧方便，於一切處皆示現故；取菩提，得無礙智故；略說菩薩取一切法，於一切處悉以明智而現了故。是為十。若諸菩薩安住此取，則能不斷諸菩薩行，得一切如來無上無所取法。

佛子！菩薩摩訶薩有十種修。何等為十？所謂：修諸波羅蜜；修學；修慧；修義；修法；修出離；修示現；修勤行匪懈；修成等正覺；修轉正法輪。是為十。若諸菩薩安住其中，則得無上修修一切法。

佛子！菩薩摩訶薩有十種成就佛法。何等為十？所謂：不離善知識成就佛法；深信佛語成就佛法；不謗正法成就佛法；以無量無盡善根迴向成就佛法；信解如來境界無邊際成就佛法；知一切世界境界成就佛法；不捨法界境界成就佛法；遠離諸魔境界成就佛法；正念一切諸佛境界成就佛法；樂求如來十力境界成就佛法。是為十。若諸菩薩安住此法，則得成就如來無上大智慧。

佛子！菩薩摩訶薩有十種退失佛法，應當遠離。何等為十？所謂：輕慢善知識退失佛法；畏生死苦退失佛法；厭修菩薩行退失佛法；不樂住世間退失佛法；耽著三昧退失佛法；執取善根退失佛法；誹謗正法退失佛法；斷菩薩行退失佛法；樂二乘道退失佛法；嫌恨諸菩薩退失佛法。是為十。若諸菩薩遠離此法，則入菩薩離生道。

佛子！菩薩摩訶薩有十種離生道。何等為十？所謂：出生般若波羅蜜而恆觀察一切眾生，是為一；遠離諸見而度脫一切見縛眾生，是為二；不念一切相而不捨一切著相眾生，是為三；超過三界而常在一切世界，是為四；永離煩惱而與一切眾生共居，是為五；得離欲法而常以大悲哀愍一切著欲眾生，是為六；常樂寂靜而恆示現一切眷屬，是為七；離世間生而死此生彼起菩薩行，是為八；不染一切世間法而不斷一切世間所作，是為九；諸佛菩提已現其前而不捨菩薩一切願行，是為十。佛子！是為菩薩摩訶薩十種離生道，出離世間，不與世共，而亦不雜二乘之行。若諸菩薩安住此法，則得菩薩決定法。

佛子！菩薩摩訶薩有十種決定法。何等為十？所謂：決定於如來種族中生；決定於諸佛境界中住；決定了知菩薩所作事；決定安住諸波羅蜜；決定得預如來眾會；決定能顯如來種性；決定安住如來力；決定深入佛菩提；決定與一切如來同一身；決定與一切如來所住無有二。是為十。

佛子！菩薩摩訶薩有十種出生佛法道。何等為十？所謂：隨順善友是出生佛法道，同種善根故；深心信解是出生佛法道，知佛自在故；發大誓願是出生佛法道，其心寬廣故；忍自善根是出生佛法道，知業不失故；一切劫修行無厭足是出生佛法道，盡未來際故；阿僧祇世界皆示現是出生佛法道，成熟眾生故；不斷菩薩行是出生佛法道，增長大悲故；無量心是出生佛法道，一念遍一切虛空界故；殊勝行是出生佛法道，本所修行無失壞故；如來種是出生佛法道，令一切眾生樂發菩提心，以一切善法資持故。是為十。若諸菩薩安住此法，則得大丈夫名號。

佛子！菩薩摩訶薩有十種大丈夫名號。何等為十？所謂：名為：菩提薩埵，菩提智所生故；名為：摩訶薩埵，安住大乘故；名為：第一薩埵，證第一法故；名為：勝薩埵，覺悟勝法故；名為：最勝薩埵，智慧最勝故；名為：上薩埵，起上精進故；名為：無上薩埵，開示無上法故；名為：力薩埵，廣知十力故；名為：無等薩埵，世間無比故；名為：不思議薩埵，一念成佛故。是為十。若諸菩薩得此名號，則成就菩薩道。

佛子！菩薩摩訶薩有十種道。何等為十？所謂：一道是菩薩道，不捨獨一菩提心故。二道是菩薩道，出生智慧及方便故。三道是菩薩道，行空、無相、無願，不著三界故。四行是菩薩道，懺除罪障，隨喜福德，恭敬尊重勸請如來，善巧迴向無休息故。五根是菩薩道，安住淨信堅固不動，起大精進所作究竟，一向正念無異攀緣，巧知三昧入出方便，善能分別智慧境界故。六通是菩薩道。所謂；天眼，悉見一切世界所有眾色，知諸眾生死此生彼故；天耳，悉聞諸佛說法，受持憶念，廣為眾生隨根演暢故；他心智，能知他心，自在無礙故；宿命念，憶知過去一切劫數，增長善根故；神足通，隨所應化一切眾生，種種為現，令樂法故；漏盡智，現證實際，起菩薩行不斷絕故。七念是菩薩道。所謂：念佛，於一毛孔見無量佛，開悟一切眾生心故；念法，不離一如來眾會，於一切如來眾會中親承妙法，隨諸眾生根性欲樂而為演說，令悟入故；念僧，恆相續見無有休息，於一切世間見菩薩故；念捨，了知一切菩薩捨行，增長廣大布施心故；念戒，不捨菩提心，以一切善根迴向眾生故；念天，常憶念兜率陀天宮一生補處菩薩故；念眾生，智慧方便教化調伏，普及一切無間斷故。隨順菩提八聖道是菩薩道。所謂：行正見道，遠離一切諸邪見故；起正思惟，捨妄分別，心常隨順一切智故；常行正語，離語四過，順聖言故；恆修正業，教化眾生令調伏故；安住正命，頭陀知足，威儀審正，隨順菩提行四聖種，一切過失皆永離故；起正精進，勤修一切菩薩苦行，入佛十力無罣礙故；心常正念，悉能憶持一切言音，除滅世間散動心故；心常正定，善入菩薩不思議解脫門，於一三昧中出生一切諸三昧故。入九次第定是菩薩道。所謂；離欲恚害，而以一切語業說法無礙；滅除覺觀，而以一切智覺觀教化眾生；捨離喜愛，而見一切佛，心大歡喜；離世間樂，而隨順出世菩薩道樂；從此不動，入無色定，而亦不捨欲、色受生；雖住滅一切想受定，而亦不息菩薩行故。學佛十力是菩薩道。所謂：善知是處、非處智；善知一切眾生、去、來現在業報因果智；善知一切眾生上、中、下根不同隨宜說法智；善知一切眾生種種無量性智；善知一切眾生軟、中、上解差別令入法方便智；遍一切世間、一切剎、一切三世、一切劫，普現如來形相威儀而亦不捨菩薩所行智；善知一切諸禪解脫及諸三昧若垢若淨、時與非時，方便出生諸菩薩解脫門智；知一切眾生於諸趣中死此生彼差別智；於一念中悉知三世一切劫數智；善知一切眾生樂欲、諸使、惑習滅盡智，而不捨離諸菩薩行。是為十。若諸菩薩安住此法，則得一切如來無上巧方便道。

佛子！菩薩摩訶薩有無量道、無量助道、無量修道、無量莊嚴道。

佛子！菩薩摩訶薩有十種無量道。何等為十？所謂：虛空無量故，菩薩道亦無量；法界無邊故，菩薩道亦無量；眾生界無盡故，菩薩道亦無量；世界無際故，菩薩道亦無量；劫數不可盡故，菩薩道亦無量；一切眾生語言法無量故，菩薩道亦無量；如來身無量故，菩薩道亦無量；佛音聲無量故，菩薩道亦無量；如來力無量故，菩薩道亦無量；一切智智無量故，菩薩道亦無量。是為十。

佛子！菩薩摩訶薩有十種無量助道。何等為十❶？所謂：如虛空界無量，菩薩集助道亦無量；如法界無邊，菩薩集助道亦無邊；如眾生界無盡，菩薩集助道亦無盡；如世界無際，菩薩集助道亦無際；如劫數說不可盡，菩薩集助道亦一切世間說不能盡；如眾生語言法無量，菩薩集助道出生智慧知語言法亦無量；如如來身無量，菩薩集助道遍一切眾生、一切剎、一切世、一切劫亦無量；如佛音聲無量，菩薩出一言音周遍法界，一切眾生無不聞知故，所集助道亦無量；如佛力無量，菩薩承如來力積集助道亦無量；如一切智智無量，菩薩積集助道亦如是無有量。是為十。若諸菩薩安住此法，則得如來無量智慧。

佛子！菩薩摩訶薩有十種無量修道。何等為十？所謂：不來不去修，身、語、意業無動作故；不增不減修，如本性故；非有非無修，無自性故；如幻如夢、如影如響、如鏡中像、如熱時焰、如水中月修，離一切執著故；空、無相、無願、無作修，明見三界而集福德不休息故；不可說、無言說、離言說修，遠離施設安立法故；不壞法界修，智慧現知一切法故；不壞真如實際修，普入真如實際虛空際故；廣大智慧修，諸有所作力無盡故；住如來十力、四無所畏、一切智智平等修，現見一切法無疑惑故。是為十。若諸菩薩安住此法，則得如來一切智無上善巧修。

佛子！菩薩摩訶薩有十種莊嚴道。何等為十？佛子！菩薩摩訶薩不離欲界，入色界、無色界禪定解脫及諸三昧，亦不因此而受彼生，是為第一莊嚴道。智慧現前，入聲聞道，不以此道而取出離，是為第二莊嚴道。智慧現前，入辟支佛道，而起大悲無有休息，是為第三莊嚴道。雖有人、天眷屬圍遶，百千采女歌舞侍從，未曾暫捨禪定解脫及諸三昧，是為第四莊嚴道。與一切眾生受諸欲樂共相娛樂，乃至未曾於一念間捨離菩薩平等三昧，是為第五莊嚴道。已到一切世間彼岸，於諸世法悉無所著，而亦不捨度眾生行，是為第六莊嚴道。安住正道、正智、正見，而能示入一切邪道，不取為實，不執為淨，令彼眾生遠離邪法，是為第七莊嚴道。常善護持如來淨戒，身、語、意業無諸過失，為欲教化犯戒眾生，示行一切凡愚之行，雖已具足清淨福德住菩薩趣，而示生於一切地獄、畜生、餓鬼及諸險難、貧窮等處，令彼眾生皆得解脫，而實菩薩不生彼趣，是為第八莊嚴道。不由他教，得無礙辯，智慧光明普能照了一切佛法，為一切如來神力所持，與一切諸佛同一法身，成就一切堅固大人明淨密法，安住一切平等諸乘，諸佛境界皆現其前，具足一切世智光明，照見一切諸眾生界，能為眾生作知法師，而示求正法未曾休息，雖實與眾生作無上師，而示行尊敬闍梨和尚。何以故？菩薩摩訶薩善巧方便住菩薩道，隨其所應皆為示現。是為第九莊嚴道。善根具足，諸行究竟，一切如來所共灌頂，到一切法自在彼岸，無礙法繒以冠其首；其身遍至一切世界，普現如來無礙之身，於法自在最上究竟，轉於無礙清淨法輪；一切菩薩自在之法皆已成就，而為眾生故，於一切國土示現受生；與三世諸佛同一境界，而不廢菩薩行，不捨菩薩法，不懈菩薩業，不離菩薩道，不弛菩薩儀，不斷菩薩取，不息菩薩巧方便，不絕菩薩所作事，不厭菩薩生成用，不止菩薩住持力。何以故？菩薩欲疾證阿耨多羅三藐三菩提，觀一切智門修菩薩行無休息故。是為第十莊嚴道。若諸菩薩安住此法，則得如來無上大莊嚴道，亦不捨菩薩道。

佛子！菩薩摩訶薩有十種足。何等為十？所謂持戒足，殊勝大願悉成滿故；精進足，集一切菩提分法不退轉故；神通足，隨眾生欲令歡喜故；神力足，不離一佛剎往一切佛剎故；深心足，願求一切殊勝法故；堅誓足，一切所作咸究竟故；隨順足，不違一切尊者教故；樂法足，聞持一切佛所說法不疲懈故；法雨足，為眾演說無怯弱故；修行足，一切諸惡悉遠離故。是為十。若諸菩薩安住此法，則得如來無上最勝足，若一舉步，悉能遍至一切世界。

佛子！菩薩摩訶薩有十種手。何等為十？所謂：深信手，於佛所說，一向忍可，究竟受持故；布施手，有來求者，隨其所欲皆令充滿故；先意問訊手，舒展右掌相迎引故；供養諸佛手，集眾福德無疲厭故；多聞善巧手，悉斷一切眾生疑故；令超三界手，授與眾生拔出欲泥故；置於彼岸手，四暴流中救溺眾生故；不吝正法手，所有妙法悉以開示故；善用眾論手，以智慧藥❷滅身心病故；恆持智寶手，開法光明破煩惱闇故。是為十。若諸菩薩安住此法，則得如來無上手，普覆十方一切世界。

佛子！菩薩摩訶薩有十種腹。何等為十？所謂：離諂曲腹，心清淨故；離幻偽腹，性質直故；不虛假腹，無險詖故；無欺奪腹，於一切物無所貪故；斷煩惱腹，具智慧故；清淨心腹，離諸惡故；觀察飲食腹，念如實法故；觀察無作腹，覺悟緣起故；覺悟一切出離道腹，善成熟深心故；遠離一切邊見垢腹，令一切眾生得入佛腹故。是為十。若諸菩薩安住此法，則得如來無上廣大腹，悉能容受一切眾生。

佛子！菩薩摩訶薩有十種藏。何等為十？所謂：不斷佛種是菩薩藏，開示佛法無量威德故；增長法種是菩薩藏，出生智慧廣大光明故；住持僧種是菩薩藏，令其得入不退法輪故；覺悟正定眾生是菩薩藏，善隨其時不逾一念故；究竟成熟不定眾生是菩薩藏，令因相續無有間斷故；為邪定眾生發起大悲是菩薩藏，令未來因悉得成就故；滿佛十力不可壞因是菩薩藏，具降伏魔軍無對善根故；最勝無畏大師子吼是菩薩藏，令一切眾生皆歡喜故；得佛十八不共法是菩薩藏，智慧普入一切處故；普了知一切眾生、一切剎、一切法、一切佛是菩薩藏，於一念中悉明見故。是為十。若諸菩薩安住此法，則得如來無上善根不可壞大智慧藏。

佛子！菩薩摩訶薩有十種心。何等為十？所謂：精勤心，一切所作悉究竟故；不懈心，積集相好福德行故；大勇健心，摧破一切諸魔軍故；如理行心，除滅一切諸煩惱故；不退轉心，乃至菩提終不息故；性清淨心，知心不動無所著故；知眾生心，隨其解欲令出離故；令入佛法大梵住心，知諸眾生種種解欲，不以別乘而救護故；空、無相、無願、無作心，見三界相不取著故；卍字相金剛堅固勝藏莊嚴心，一切眾生數等魔來乃至不能動一毛故。是為十。若諸菩薩安住此法，則得如來無上大智光明藏心。

佛子！菩薩摩訶薩有十種被甲。何等為十？所謂：被大慈甲，救護一切眾生故；被大悲甲，堪忍一切諸苦故；被大願甲，一切所作究竟故；被迴向甲，建立一切佛莊嚴故；被福德甲，饒益一切諸眾生故，被波羅蜜甲，度脫一切諸含識故；被智慧甲，滅一切眾生煩惱闇故；被善巧方便甲，生普門善根故；被一切智心堅固不散亂甲，不樂餘乘故；被一心決定甲，於一切法離疑惑故。是為十。若諸菩薩安住此法，則被如來無上甲冑，悉能摧伏一切魔軍。

佛子！菩薩摩訶薩有十種器仗。何等為十？所謂：布施是菩薩器仗，摧破一切慳吝故；持戒是菩薩器仗，棄捨一切毀犯故；平等是菩薩器仗，斷除一切分別故；智慧是菩薩器仗，消滅一切煩惱故；正命是菩薩器仗，遠離一切邪命故；善巧方便是菩薩器仗，於一切處示現故；略說貪、瞋、癡等一切煩惱是菩薩器仗，以煩惱門度眾生故；生死是菩薩器仗，不斷菩薩行教化眾生故；說如實法是菩薩器仗，能破一切執著故；一切智是菩薩器仗，不捨菩薩行門故。是為十。若諸菩薩安住此法，則能除滅一切眾生長夜所集煩惱結使。

佛子！菩薩摩訶薩有十種首。何等為十？所謂：涅槃首，無能見頂故；尊敬首，一切人、天所敬禮故；廣大勝解首，三千界中最為勝故；第一善根首，三界眾生咸供養故；荷戴眾生首，成就頂上肉髻相故；不輕賤他首，於一切處常尊勝故；般若波羅蜜首，長養一切功德法故；方便智相應首，普現一切同類身故；教化一切眾生首，以一切眾生為弟子故；守護諸佛法眼首，能令三寶種不斷絕故。是為十。若諸菩薩安住此法，則得如來無上大智慧首。

佛子！菩薩摩訶薩有十種眼。所謂：肉眼，見一切色故；天眼，見一切眾生心故；慧眼，見一切眾生諸根境界故；法眼，見一切法如實相故；佛眼，見如來十力故；智眼，知見諸法故；光明眼，見佛光明故；出生死眼，見涅槃故；無礙眼，所見無障故；一切智眼，見普門法界故。是為十。若諸菩薩安住此法，則得如來無上大智慧眼。

佛子！菩薩摩訶薩有十種耳。何等為十？所謂：聞讚歎聲，斷除貪愛；聞毀呰聲，斷除瞋恚；聞說二乘，不著不求；聞菩薩道，歡喜踊躍；聞地獄等諸苦難處，起大悲心，發弘誓願；聞說人、天勝妙之事，知彼皆是無常之法；聞有讚歎諸佛功德，勤加精進，令速圓滿；聞說六度、四攝等法，發心修行，願到彼岸；聞十方世界一切音聲，悉知如響，入不可說甚深妙義；菩薩摩訶薩從初發心乃至道場，常聞正法未曾暫息，而恆不捨化眾生事。是為十。若諸菩薩成就此法，則得如來無上大智慧耳。

佛子！菩薩摩訶薩有十種鼻。何等為十？所謂：聞諸臭物不以為臭；聞諸香氣不以為香；香臭俱聞，其心平等；非香非臭，安住於捨；若聞眾生衣服、臥具及其肢體所有香臭，則能知彼貪、恚、愚癡等分之行；若聞諸伏藏草木等香，皆如對目前，分明辨了；若聞下至阿鼻地獄、上至有頂眾生之香，皆知彼過去所行之行；若聞諸聲聞布施、持戒、多聞慧香，住一切智心，不令散動；若聞一切菩薩行香，以平等慧入如來地；聞一切佛智境界香，亦不廢捨諸菩薩行。是為十。若諸菩薩成就此法，則得如來無量無邊清淨鼻。

佛子！菩薩摩訶薩有十種舌。何等為十？所謂：開示演說無盡眾生行舌；開示演說無盡法門舌；讚歎諸佛無盡功德舌；演暢辭辯無盡舌；開闡大乘助道舌；遍覆十方虛空舌；普照一切佛剎舌；普使眾生悟解舌；悉令諸佛歡❸喜舌；降伏一切諸魔外道，除滅一切生死煩惱，令至涅槃舌。是為十。若諸菩薩成就此法，則得如來遍覆一切諸佛國土無上舌。

佛子！菩薩摩訶薩有十種身。何等為十？所謂：人身，為教化一切諸人故；非人身，為教化地獄、畜生、餓鬼故；天身，為教化欲界、色界、無色界眾生故；學身，示現學地故；無學身，示現阿羅漢地故；獨覺身，教化令入辟支佛地故；菩薩身，令成就大乘故；如來身，智水灌頂故；意生身，善巧出生故；無漏法身，以無功用示現一切眾生身故。是為十。若諸菩薩成就此法，則得如來無上之身。

佛子！菩薩摩訶薩有十種意。何等為十？所謂上首意，發起一切善根故；安住意，深信堅固不動故；深入意，隨順佛法而解故；內了意，知諸眾生心樂故；無亂意，一切煩惱不雜故；明淨意，客塵不能染著故；善觀眾生意，無有一念失時故；善擇所作意，未曾一處生過故；密護諸根意，調伏不令馳散故；善入三昧意，深入佛三昧無我、我所故。是為十。若諸菩薩安住此法，則得一切佛無上意。

佛子！菩薩摩訶薩有十種行。何等為十？所謂：聞法行，愛樂於法故；說法行，利益眾生故；離貪、恚，癡怖畏行，調伏自心故；欲界行，教化欲界眾生故；色、無色界三昧行，令速轉還故；趣向法義行，速得智慧故；一切生處行，自在教化眾生故；一切佛剎行，禮拜供養諸佛故；涅槃行，不斷生死相續故；成滿一切佛法行，不捨菩薩法行故。是為十。若諸菩薩安住此法，則得如來無來無去行。

佛子！菩薩摩訶薩有十種住。何等為十？所謂：菩提心住，曾不忘失故；波羅蜜住，不厭助道故；說法住，增長智慧故；阿蘭若住，證大禪定故；隨順一切智頭陀知足四聖種住，少欲少事故；深信住，荷負正法故；親近如來住，學佛威儀故；出生神通住，圓滿大智故；得忍住，滿足授記故；道場住，具足力、無畏、一切佛法故。是為十。若諸菩薩安住此法，則得一切智無上住。

佛子！菩薩摩訶薩有十種坐。何等為十？所謂：轉輪王坐，興十善道故；四天王坐，於一切世間自在安立佛法故；帝釋坐，與一切眾生為勝主故；梵天坐，於自他心得自在故；師子坐，能說法故；正法坐，以總持辯才力而開示故；堅固坐，誓願究竟故；大慈坐，令惡眾生悉歡喜故；大悲坐，忍一切苦不疲厭故；金剛坐，降伏眾魔及外道故。是為十。若諸菩薩安住此法，則得如來無上正覺坐。

佛子！菩薩摩訶薩有十種臥。何等為十？所謂：寂靜臥，身心憺怕故；禪定臥，如理修行故；三昧臥，身心柔軟故；梵天臥，不惱自他故；善業臥，於後不悔故；正信臥，不可傾動故；正道臥，善友開覺故；妙願臥，善巧迴向故；一切事畢臥，所作成辦❹故；捨諸功用臥，一切慣習故。是為十。若諸菩薩安住此法，則得如來無上大法臥，悉能開悟一切眾生。

佛子！菩薩摩訶薩有十種所住處。何等為十？所謂；以大慈為所住處，於一切眾生心平等故；以大悲為所住處，不輕未學故；以大喜為所住處，離一切憂惱故；以大捨為所住處，於有為、無為平等故；以一切波羅蜜為所住處，菩提心為首故；以一切空為所住處，善巧觀察故；以無相為所住處，不出正位故；以無願為所住處，觀察受生故；以念慧為所住處，忍法成滿故；以一切法平等為所住處，得授記別故。是為十。若諸菩薩安住此法，則得如來無上無礙所住處。

佛子！菩薩摩訶薩有十種所行處。何等為十？所謂：以正念為所行處，滿足念處故；以諸趣為所行處，正覺法趣故；以智慧為所行處，得佛歡喜故；以波羅蜜為所行處，滿足一切智智故；以四攝為所行處，教化眾生故；以生死為所行處，積集善根故；以與一切眾生雜談戲為所行處，隨應教化令永離故；以神通為所行處，知一切眾生諸根境界故；以善巧方便為所行處，般若波羅蜜相應故；以道場為所行處，成一切智而不斷菩薩行故。是為十。若諸菩薩安住此法，則得如來無上大智慧所行處。

佛子！菩薩摩訶薩有十種觀察。何等為十？所謂：知諸業觀察，微細悉見故；知諸趣觀察，不取眾生故；知諸根觀察，了達無根故；知諸法觀察，不壞法界故；見佛法觀察，勤修佛眼故；得智慧觀察，如理說法故；無生忍觀察，決了佛法故；不退地觀察，滅一切煩惱，超出三界、二乘地故；灌頂地觀察，於一切佛法自在不動故；善覺智三昧觀察，於一切十方施作佛事故。是為十。若諸菩薩安住此法，則得如來無上大觀察智。

佛子！菩薩摩訶薩有十種普觀察。何等為十？所謂：普觀一切諸來求者，以無違心滿其意故；普觀一切犯戒眾生，安置如來淨戒中故；普觀一切害心眾生，安置如來忍力中故；普觀一切懈怠眾生，勸令精勤不捨荷負大乘擔故；普觀一切亂心眾生，令住如來一切智地無散動故；普觀一切惡慧眾生，令除疑惑破有見故；普觀一切平等善友，順其教命住佛法故；普觀一切所聞之法，疾得證見最上義故；普觀一切無邊眾生，常不捨離大悲力故；普觀一切諸佛之法，速得成就一切智故。是為十。若諸菩薩安住此法，則得如來無上大智慧普觀察。

佛子！菩薩摩訶薩有十種奮迅。何等為十？所謂：牛王奮迅，映蔽一切天、龍、夜叉、乾闥婆等諸大眾故；象王奮迅，心善調柔，荷負一切諸眾生故；龍王奮迅，興大法密雲，耀解脫電光，震如實義雷，降諸根、力、覺分、禪定、解脫、三昧甘露雨故；大金翅鳥王奮迅，竭貪愛水，破愚癡觳，搏撮煩惱諸惡毒龍，令出生死大苦海故；大師子王奮迅，安住無畏平等大智以為器仗，摧伏眾魔及外道故；勇健奮迅，能於生死大戰陣中摧滅一切煩惱怨故；大智奮迅，知蘊、界、處及諸緣起，自在開示一切法故；陀羅尼奮迅，以念慧力持法不忘，隨眾生根為宣說故；辯才奮迅，無礙迅疾分別一切，咸令受益心歡喜故；如來奮迅，一切智智助道之法皆悉成滿，以一念相應慧，所應得者一切皆得，所應悟者一切皆悟，坐師子座降魔怨敵，成阿耨多羅三藐三菩提故。是為十。若諸菩薩安住此法，則得諸佛於一切法無上自在奮迅。

佛子！菩薩摩訶薩有十種師子吼。何等為十？所謂：唱言：「我當必定成正等覺。」是菩提心大師子吼。「我當令一切眾生，未度者度，未脫者脫，未安者安，未涅槃者令得涅槃。」是大悲大師子吼。「我當令佛、法、僧種無有斷絕。」是報如來恩大師子吼。「我當嚴淨一切佛剎。」是究竟堅誓大師子吼。「我當除滅一切惡道及諸難處。」是自持淨戒大師子吼。「我當滿足一切諸佛身、語及意相好莊嚴。」是求福無厭大師子吼。「我當成滿一切諸佛所有智慧。」是求智無厭大師子吼。「我當除滅一切眾魔及諸魔業。」是修正行斷諸煩惱大師子吼。「我當了知一切諸法無我，無眾生、無壽命、無補伽羅，空、無相、無願，淨如虛空。」是無生法忍大師子吼。最後生菩薩震動一切諸佛國土悉令嚴淨，是時，一切釋、梵、四王咸來讚請：「唯願菩薩以無生法而現受生！」菩薩則以無礙慧眼普觀世間：「一切眾生無如我者。」即於王宮示現誕生，自行七步大師子吼：「我於世間最勝第一，我當永盡生死邊際。」是如說而作大師子吼。是為十。若諸菩薩安住此法，則得如來無上大師子吼。

註釋

❶大正本原無「何等為十」四字，今依前後文意增之。

❷「藥」，大正本原作「樂」，今依宮本改之。

❸「歡」，大正本原作「歎」，今依三本、宮本及聖本改之。

❹「辦」，大正本原作「辨」，今依三本及宮本改之。

離世間品　第三十八之六

【白話語譯】

佛子啊！菩薩摩訶薩有十種清淨的布施。是哪十種呢？就是：一、平等布施，不揀擇眾生的布施。二、隨順心意的布施，圓滿眾生的願求。三、不亂布施，眾生都一定會得到利益。四、隨時宜布施，了知上品、中品、下品種種布施的境界因緣。五、不住的布施，因為菩薩布施從不希求果報。六、開捨施，因為菩薩從不戀著布施的東西。七、以一切布施，因為菩薩已證得究竟清淨。八、迴向於菩提施，因為菩薩已遠離有為、無為的造作。九、教化眾生布施，因為菩薩甚至道場都不捨棄。十、三輪清淨施，因為他對於施者、受者及以施物，都能用正念觀察，視他們如同虛空。就是以上這十種。如果諸位菩薩能安住此法，就能得證如來無上清淨的廣大布施。

佛子啊！菩薩摩訶薩有十種清淨的戒律。是哪十種呢？就是：一、身清淨的戒律，因為他能守護色身，不做殺生、偷盜、邪淫三種惡事。二、語清淨戒，因為他已遠離妄語、綺語、惡口、兩舌等四種過失。三、心清淨戒，因為他已永遠斷離貪、瞋的邪見。四、不破一切尚在有學處的清淨戒，因為他能做所有人、天最尊貴的主人。五、守護菩提心的清淨戒，因為他不樂求小乘。六、守護如來所制定的清淨戒，因為他連微細的罪行都會心生怖畏。七、隱密護持清淨戒，因為他善於拔脫犯戒眾生。八、不作一切惡清淨戒，因為他誓願修習一切的善法。九、遠離一切有見的清淨戒，因為他從來不會執著戒行。十、守護眾生的清淨戒，因為他能發起大悲，誓願救度眾生。就是以上這十種。如果諸位菩薩能安住於這個法門，就能得證如來無上的無過失清淨戒。

佛子啊！菩薩摩訶薩有十種清淨的安忍境界。是哪十種呢？就是：一、安然接受詆毀侮辱的清淨忍，因為他誓願救護任何眾生。二、安然接受刀杖的清淨忍，因為他善於護佑自己與其他的眾生。三、不生瞋恚怨害的清淨忍，因為他的心意從不動搖。四、不責卑賤的清淨忍，因為他居上位時，都能寬恕對待下屬。五、若有依歸的眾生都能救度的清淨忍，因為他能捨棄自身的性命，奮力救拔眾生。六、遠離我慢的清淨忍，因為他從來不會輕視未學的人。七、有殘忍毀壞菩薩者，他也不生瞋怨的清淨忍，因為他觀察世間種種都如夢幻不實。八、有冒犯菩薩者，他也不會想報仇的清淨忍，因為菩薩不會分別自己或是他人。九、不隨煩惱的清淨忍，因為他已遠離各種境界。十、隨順菩薩的真實智慧，了知一切法無生的清淨忍，因為他不必經由他人教導，就能趣入一切智。就是以上這十種。如果諸位菩薩能安住其中，就能得證諸佛不必經由他人而開悟的無上法忍。

佛子啊！菩薩摩訶薩有十種的清淨精進。是哪十種呢？就是：一、身的清淨精進，因為他能尊重、承事供養諸佛菩薩以及所有師長等尊貴的福田而不退轉。二、語的清淨精進，因為凡他所聽聞的佛法，都能廣為他人演說，讚歎諸佛功德而毫無疲倦。三、意的清淨精進，因為他善能入出慈、悲、喜、捨，禪定解脫及各種三昧，從不歇息。四、正直心的清淨精進，因為他的心中無誑、無諂、無曲、無偽，勤修一切法，從無退轉。五、增勝心的清淨精進，因為他常志向趣求最上智慧，誓願具足一切潔白清淨之法。六、不會白費的清淨精進，因為他攝取布施、持戒、安忍、多聞及不放逸，乃至菩提，都無止息。七、摧伏一切魔的清淨精進，因為他能除滅貪欲、瞋恚、愚痴、邪見等一切煩惱纏縛覆蓋。八、成就圓滿智慧光明的清淨精進，因為他善於觀察所有的施為，並且能究竟這些施為沒有後悔，而得證諸佛的不共法。九、無來無去的清淨精進，因為他已得證如實的智慧，入法界門，身業、語業及意業完全平等，也明了相與非相，都無所著。十、成就法光明的清淨精進，因為他能超過一切境地，受諸佛灌頂，以無煩惱的無漏身而示現死亡、受生、出家成道、說法、滅度，具足如此的普賢事業等。就是以上這十種。如果諸位菩薩能安住此法，就能得證如來無上的大清淨精進。

佛子啊！菩薩摩訶薩有十種清淨禪境。是哪十種呢？就是：一、恆常樂於出家，因為他能捨棄所有的一切。二、得證真實善友，因為他能開示教導人們正道。三、能夠安住寂靜的阿蘭若處，忍受風雨等吹拂，因為他已遠離了「我」及「我所有」。四、遠離憒鬧眾生，因為他喜愛寂靜獨處。五、心業調柔，因為他能守護種種善根。六、心智寂滅，因為一切音聲等各種禪定之刺都不能擾亂他。七、覺道方便，因為他能觀察一切有為法，並且示現證得。八、遠離味著，因為他從來未曾捨離欲界。九、發起六通三明❶，因為他了知一切眾生的根性。十、自在遊戲，因為他能證入諸佛三昧，了知萬法無我。就是以上這十種。如果諸位菩薩能安住其中，就能得證如來無上的大清淨禪。

佛子啊！菩薩摩訶薩有十種清淨智慧。是哪十種呢？就是：一、了知一切因的清淨智慧，因為他不會破壞果報。二、了知一切緣的清淨智慧，因為他不會違背和合的現象。三、了知不斷不常的清淨智慧，因為他能如實地明了通達緣起。四、拔一切見的清淨智慧，因為他從不取捨眾生相。五、觀察一切眾生心行的清淨智慧，因為他了知一切如幻不實。六、廣大辯才的清淨智慧，因為他能明了分別諸法，問答無礙。七、一切諸魔外道、聲聞、獨覺都不能了知的清淨智慧，因為他能深入諸佛的智慧。八、見諸佛的微妙法身、見一切眾生的本性清淨、見一切法皆完全寂滅、見一切佛國剎土等同虛空的清淨智慧，因為他了知一切相皆不會互相妨礙。九、總持一切辯才方便波羅蜜的清淨智慧，因為他能使眾生得到最殊勝的智慧。十、諸佛一念相應的金剛智慧，明了一切法平等的清淨智慧，因為他已得證一切法門至尊的智慧。就是以上這十種。如果諸位菩薩能安住其中，就能得證如來的無障礙大智慧。

佛子啊！菩薩摩訶薩有十種清淨的慈心。是哪十種呢？就是：一、平等心的清淨慈心，因為他能普遍攝受一切眾生，無所揀擇。二、饒益有情的清淨慈心，因為他能隨順所有的作為，皆令眾生歡喜。三、攝物同己的清淨慈心，因為他能使眾生究竟出離生死。四、不捨世間的清淨慈心，因為他的心常能隨緣憶念積集善根。五、能至解脫的清淨慈心，因為他能使眾生滅除一切的煩惱。六、出生菩提的清淨慈心，因為他能使眾生發心求取一切智心。七、世間無礙的清淨慈心，因為他能放出大光明，平等普照眾生。八、充滿虛空的清淨慈心，因為他能無處不至地救護眾生。九、法緣的清淨慈心，因為他已得證如如真實的法門。十、無緣的清淨慈心，因為他已證入菩薩離生的體性。就是以上這十種。如果諸位菩薩能安住此法，就能得證如來無上廣大的清淨慈心。

佛子啊！菩薩摩訶薩有十種清淨的悲心。是哪十種呢？就是：一、無同儔伴侶的清淨悲心，因為他能獨自發起願心。二、無疲厭的清淨悲心，因為他能代一切眾生受苦，而不以為勞苦。三、難處受生的清淨悲心，他為了度化眾生，而受生那樣的地方。四、善趣受生的清淨悲心，為了示現無常，所以示現受生善趣。五、度化邪定眾生的清淨悲心，因為他歷劫以來，從不捨棄弘法的誓願。六、不著己樂的清淨悲心，因為他能普遍給與眾生快樂，不求自己安樂。七、不求回報恩惠的清淨悲心，因為他已潔淨自己的心志，沒有貪求。八、能除顛倒的清淨悲心，因為他能如實地宣說法門。九、菩薩為了宣說無垢清淨的光明法，思惟了知一切法的本性清淨無染、無熱惱，只是因為外境煩惱而受種種痛苦。就對眾生生起名為本性清淨的大悲。十、菩薩摩訶薩了知一切法如空中鳥跡，因為眾生的愚痴障翳，所以不能明照了知。他如是觀察之後，而生起名為真實智的大悲，為眾生開示涅槃法。就是以上這十種。如果諸位菩薩能安住此法，就能得證如來無上的廣大清淨悲心。

佛子啊！菩薩摩訶薩有十種清淨的喜心。是哪十種呢？就是：一、發菩提心的清淨喜心。二、完全捨棄所有的清淨喜心。三、不嫌棄破戒眾生而教化他們成就的清淨喜心。四、能忍受造惡的眾生，誓願救度他們的清淨喜心。五、願捨棄身命求取正法，不心生後悔的清淨喜心。六、願意捨棄欲樂、常樂、法樂的清淨喜心。七、使一切眾生捨棄資生樂、常樂、法樂的清淨喜心。八、恭敬供養諸佛，無有厭足，視法界平等無二的清淨喜心。九、使一切眾生喜愛禪定解脫，入出三昧遊戲的清淨喜心。十、心中悅樂具足萬行，隨順菩薩道的一切苦行，證得牟尼寂靜不動、無上定慧的清淨喜心。就是以上這十種。如果諸位菩薩能安住這個法門，就能得證如來無上廣大的清淨喜心。

佛子啊！菩薩摩訶薩有十種清淨的捨心。是哪十種呢？就是：一、恭敬供養眾生，不生染愛執著的清淨捨心。二、不輕慢毀辱眾生，不生瞋恚的清淨捨心。三、常行世間，不為利、衰、毀、譽、稱、譏、苦、樂等世間八法染著的清淨捨心。四、對於法器眾生❷等待時機成熟而教化，即使對非法器的眾生也不生嫌棄的清淨捨心。五、不求二乘有學、無學法的清淨捨心。六、心常遠離一切欲樂，隨順煩惱法的清淨捨心。七、不讚歎二乘，只是一心厭離生死的清淨捨心。八、遠離一切世間的言語、非涅槃的言語、非離欲的言語、不順理的言語、惱亂他人的言語、聲聞獨覺的言語，乃至一切障礙菩薩道的言語都完全遠離的清淨捨心。九、如果有眾生根器已經成熟，雖然發生念慧也未能了知最上法時，菩薩就會等待時機成熟才教化對方；而若是菩薩曾於往昔教化某個眾生，但是他必須等到佛陀的境地才可調伏的話，菩薩也會等待時機的清淨捨心。十、菩薩摩訶薩對於上述兩種人無高、無下、無取、無捨，已遠離一切種種的分別心，恆常安住正定入如實的法心，得堪忍的清淨捨心。就是以上這十種。如果諸位菩薩能安住其中，就能得證如來無上廣大的清淨捨心。

佛子啊！菩薩摩訶薩有十種的義理。是哪十種呢？就是：一、多聞的義理，因為凡他所聽聞的一切，都能堅固修行。二、法的義理，因為他能善巧思惟，加以揀擇。三、空的義理，因為他能夠證得第一義理空。四、寂靜的義理，因為他恆常遠離眾生種種的喧譁憒鬧。五、不可說的義理，因為他從不執著一切的言語。六、如實的義理，因為他明了通達三世，平等無二。七、法界的義理，因為他了知諸法都是同一味，無所分別。八、真如的義理，因為他能隨順諸佛趣入真如。九、實際的義理，因為他了知諸法究竟如實。十、大般涅槃的義理，因為他能除滅一切苦而修習種種菩薩的行持。就是以上這十種。如果諸位菩薩能安住這個法門，就能得證一切智的無上義理。

佛子啊！菩薩摩訶薩有十種法。是哪十種呢？就是：一、真實的法，因為他能夠依照佛所說的法而修行。二、離取的法，因為他對「能取」的主體及「所取」的客體都能完全遠離。三、無諍的法，因為他沒有任何的疑惑諍論。四、寂滅的法，因為他能滅除一切的熱惱。五、離欲的法，因為他能斷除一切的貪欲。六、無分別的法，因為他已永遠息滅攀緣分別。七、無生的法，因為他的體性猶如虛空，如如不動。八、無為的法，因為他已遠離生、住、滅等種種相貌。九、本性的法，因為他的自性清淨無染。十、捨一切烏波提有苦涅槃❸的法，因為他能生起一切菩薩行，並且從不間斷地修習。就是以上這十種。如果諸位菩薩能安住其中，就能得證如來的無上廣大法。

佛子啊！菩薩摩訶薩有十種具足福德的助道法具。是哪十種呢？就是：一、菩薩以勸請眾生發起菩提心為福德的助道法具，因為他不會斷絕三寶的種性。二、菩薩以隨順十種迴向❹為福德的助道法具，因為他能斷除一切不善的法，聚集一切的善法。三、菩薩以智慧誘誨為福德的助道法具，因為這個福德超過三界任何福德。四、菩薩以心無疲倦為福德的助道法具，因為他能究竟度化解脫眾生。五、菩薩以完全捨棄內外一切所有為福德的助道法具，因為他從來不會執著所有的東西。六、菩薩以滿足相好精進不退為福德的助道法具，因為他能大開布施之門。七、菩薩以無上菩提迴向上、中、下三品善根，不輕視任何人為福德的助道法具，因為他能善巧方便相應相和。八、菩薩能以大悲對待邪定下劣不善的眾生，不輕賤他們為福德的助道法具，因為他恆常生起大人的弘誓心願。九、菩薩能恭敬供養諸佛，視一切菩薩皆為如來，使一切眾生都心生歡喜為福德的助道法具，因為他能非常堅牢地守護根本志願。十、菩薩摩訶薩因為阿僧祇劫以來積集的善根，雖能易如反掌地取證無上菩提，但菩薩卻能完全施與眾生，心中毫不煩惱，也無悔恨，心量廣大等同虛空，這是菩薩福德的助道法具，因為他能生起大智慧證入大法。就是以上這十種。如果諸位菩薩能安住其中，就能具足如來無上廣大福德聚集。

佛子啊！菩薩摩訶薩有十種具足智慧的助道法具。是哪十種呢？就是：

一、親近多聞，真正的善知識，並且恭敬供養，尊重禮拜，隨順種種需求，不違背他的教導。因為他所做的一切，都非常正直毫不虛妄矯作。

二、他永離憍慢，常行謙卑恭敬。他的身、語、意業都非常調柔，一點兒也不麁獷，心性柔和善順，不虛偽、不諂曲，因為菩薩之身堪作諸佛的法器。

三、菩薩能安住念慧而隨順智覺未曾散亂，慚愧柔和，心安止不動。常憶念佛、念法、念僧、念戒、念施、念天。常行六和敬，就是在身、口、意三業，戒法、見解、修行中與大眾和合。常隨順安住六堅固法❺。因為他以十種智❻做為方便。

四、他樂法，菩薩以法為樂，恆常樂於聽聞他樂法、樂義，無有厭足。因此能捨離世間的言論及世間言說，專心聽受出世間語。遠離小乘，趣入大乘的智慧，因為他能一心憶念毫無散動。

五、菩薩一心荷負六波羅蜜，慈、悲、喜、捨四種梵行都已成熟，因此能隨順種種善行明法。並勤於請問聰敏有智慧之人，而遠離惡趣，歸向善道，心中恆常愛樂。又正念觀察，調伏自己的性情，守護他人的意念，堅固修習真實行。

六、他樂於出離，不著欲界、色界、無色界等三有境界，因為他能覺察自己的起心動念，沒有任何的惡念。並且已斷絕所有的貪欲、瞋恚、傷害，身、語、意三業都已純善，因此能決定了知心的自性，因為他能使自他的心念清淨。

七、他觀察五蘊都是如幻如化顯現，十八界如同毒蛇，十二處宛如空曠的聚落。一切諸法皆如幻化，亦同如火焰，或水中之月，或如夢、如影、如響，也如幻像。也如空中的畫，如旋轉的火輪，如霓虹的彩色，或如日月的光明。但這些都是無相、無形，也是非常非斷、不來不去的，亦無所在的處所。菩薩如此觀察之後，了知一切法都是無生、無滅，因為他了知一切法的體性都是空明寂滅的。

八、菩薩摩訶薩聽聞一切法無我、無眾生、無壽者、無補伽羅的「我」、無內心、無外境；無貪、瞋、痴；無身，也無物；無主體，也無相待的對象；無著，亦無行持，如是的一切皆無所有，完全歸於寂滅。因為他聽聞之後深信不移，不懷疑也不毀謗，所以能夠成就圓滿解脫。

九、菩薩摩訶薩善於調伏身心的諸根，按照法理修行。恆能安住止觀，心意寂靜，不生起任何動念。無我、無人；無作者，也無行者；無計執於我的想法，無計執於我的業；諸根圓滿無有瘡疣，也無有疤痕；亦沒有所謂在此處有所得證法忍境地的心念。身、語、意三業無來也無去；無有精進，也無有勇猛的心執。觀察一切的眾生、一切諸法，都心意平等而無所住；他既不執著此岸，也不執著彼岸，完全遠離此與彼的分別性。無所從來，也無所至去，常以智慧如此的思惟，因為他已到達無分別相的彼岸。

十、菩薩摩訶薩因為已經明見緣起法，所以見法清淨。因為見法清淨，所以能明見國土清淨。因為明見國土清淨，所以能明見虛空清淨。因為明見虛空清淨，所以能明見法界清淨。因為明見法界清淨，所以明見智慧清淨。這就是第十種，因為他能修行積集一切的智慧。

佛子啊！以上就是菩薩摩訶薩十種智慧助道法具。如果諸位菩薩能安住此法，就能得證如來一切法的無障礙清淨，聚集微妙智慧。

佛子啊！菩薩摩訶薩有十種明行足，具足光明的聖行。是哪十種呢？就是：一、善巧分別諸法的明行足。二、不取著諸法的明行足。三、遠離顛倒見的明行足。四、智慧光明照耀諸根的明行足。五、善巧發起正精進的明行足。六、能深入真諦智慧的明行足。七、能滅煩惱業，成就法性盡智與無生智慧的明行足。八、能以天眼智慧普遍觀察的明行足。九、能以宿命住念的智慧，了知往昔清淨的明行足。十、能以煩惱漏盡神通的智慧，斷除眾生諸漏煩惱的明行足。就是以上這十種。如果諸位菩薩能安住於這個法門，就能得證諸佛佛法的無上大光明。

佛子啊！菩薩摩訶薩因為十種心來求法。是哪十種呢？就是：一、以真心求法，因為他從不諂曲矯誑。二、精進求法，因為他已遠離懈怠傲慢。三、一去不返的心念求法，因為他毫不吝惜身命。四、為斷除一切眾生的煩惱而求法，因為他不是為了得到名利或他人恭敬而求法。五、為了饒益自他眾生而求法，因為他不眷顧自己的利益。六、為了入智慧而求法，因為他不樂求文字遊戲。七、為出離生死而求法，因為他從不貪著世間種種的欲樂。八、為度化眾生而求法，因為他能發起菩提心。九、為斷除眾生的疑惑而求法，因為他要使眾生毫無猶豫的修道行善。十、為滿足佛法而求法，因為他不會樂求其他的法乘。就是以上這十種。如果諸位菩薩能安住於這個法門，就能得證不必經由他人教導的大智慧佛法。

佛子啊！菩薩摩訶薩有十種讓各種根性眾生明了的佛法。是哪十種呢？就是：

一、隨順世俗生長善根是讓童蒙凡夫明了的法。二、得到無礙不壞的信心，覺了法自性，是讓證得隨信行❼的人明了的法。三、勤修習法，隨順法安住是讓證得隨法行❽的人明了的法。四、遠離八種邪曲而趣向八正道，是讓已修證得見諸佛不斷的人明了的法。五、消除滅絕各種的結使煩惱，斷除生死的根本諸漏煩惱，徹見真實諦理，是讓聲聞證得初果須陀洹的人明了的法。六、觀察執溺沈味於境界之中是過患，雖然尚要往來欲界受生一次，卻了知本無往來，是讓證得聲聞二果斯陀含的人明了的法。七、不樂三界，求盡有漏，連一念都不愛著受生，是讓三果阿那含的人明了的法。八、獲六神通、得八解脫門、九次第定、四辯才完全成就，是讓證得阿羅漢的人明了的法。九、體性樂於觀察一味的緣起，心意常住寂靜，知足少事。了解因緣而自己就可開悟，不必經由他人的教誨，就能成就種種神通智慧，是讓證得辟支佛的人明了的法。十、智慧廣大，諸根明利，樂於度脫眾生，勤修福德智慧助道之法；具足如來無畏的十力，具足圓滿一切功德，是證得菩薩的人所明了的法。就是以上這十種。如果諸位菩薩能安住於這個法門，就能得證如來無上的大智慧明了的法。

佛子啊！菩薩摩訶薩有十種修行法門。是哪十種呢？就是：一、恭敬尊重諸位善知識的修行法門。二、常使諸天覺悟的修行法門。三、在諸佛處所常心懷慚愧修行的法門。四、哀愍眾生不捨生死的修行法門。五、事必明了究竟，心無變動的修行法門。六、專心憶念、追隨諸位大乘菩薩精勤修學的修行法門。七、遠離邪見，勤求正道的修行法門。八、摧破眾魔及煩惱業的修行法門。九、了知一切眾生根性殊勝低劣，仍能為他們說法，讓他們安住佛地修行的法門。十、安住無邊的廣大法界，滅除煩惱使身清淨的修行法門。就是以上這十種。如果諸位菩薩能安住其中，就能得證如來無上的修行法門。

佛子啊！菩薩摩訶薩有十種生出障礙的魔擾。是哪十種呢？就是：一、五蘊魔，因為它能生出各種的執取。二、煩惱魔，因為它能生出雜染。三、業魔，因為它能障礙菩薩修行。四、心魔，因為它能使人心生貢高我慢。五、死魔，因為它會使人捨棄生處。六、天魔，因為它會使人憍縱自性。七、善根魔，因為它能使人執著貪取。八、三昧魔，因為它能使人耽溺三昧禪味。九、善知識魔，因為它會使人心生執著。十、菩提法的智慧魔，因為它使人執著分別菩提。就是以上這十種。菩薩摩訶薩應該普行方便，儘快遠離這十種魔擾。

佛子啊！菩薩摩訶薩因為十種因緣而被魔業所糾纏。是哪十種呢？就是：

第一種魔業是忘失菩提心而修行各種善根。

第二種魔業是用邪惡的心布施，用瞋恚的心持戒。捨棄惡性的人，遠離懈怠的眾生。輕視散漫亂心的人，譏嫌惡見及無智慧者。

第三種魔業是對於甚深法心生慳吝，遇到堪於教化者，而不為其說法教化。如果有非法器、尚未成熟的人恭敬供養財利，就勉強為他說法。

第四種魔業是不樂聽聞諸波羅蜜；或者是聽聞說法之後而不修行。或是修行，也多生懈怠；或是因為懈怠，而意志狹小低劣，不求無上的大菩提法。

第五種魔業是遠離善知識，親近惡知識；樂求二乘，不樂發心入胎受生，只一心嚮往涅槃離欲的寂靜境界。

第六種魔業是在菩薩處所，心生瞋恚，以惡眼看待菩薩，苛求罪釁，說菩薩的過錯罪惡，斷絕他所有的財利供養。

第七種魔業是誹謗正法，不樂聽聞正法，或假使聽聞便生起毀謗，不尊重說法的人。認為自己所說的才是正法，其他人所說都不是正法。

第八種魔業是耽於學習世間的議論、善巧的技術與文學詞句，只開示闡揚二乘的教法，而隱藏覆蓋甚深的法門。或以妙義傳授不堪作法器的人，遠離菩提而安住邪道。

第九種魔業是樂於親近、供養已解脫、安穩的人，卻不肯親近，也不教化，未得解脫、安穩的人。

第十種魔業是增長我慢，毫不恭敬。多惱害眾生，不求正法的真實智慧，心中弊惡難可開悟。就是以上這十種。菩薩摩訶薩應快速遠離，勤求佛業。

佛子啊！菩薩摩訶薩有十種捨離魔業的因緣。是哪十種呢？就是：一、恭敬供養親近善知識。二、不妄自尊大高舉，不妄自讚歎自己的種種。三、能信解不毀謗諸佛甚深之法。四、未曾忘失一切的智慧心。五、勤修妙行，恆常不放逸。六、常求一切菩薩的寶藏法。七、恆常演說佛法，心無疲倦。八、歸依十方諸佛，並心生救護眾生的念頭。九、信受憶念諸佛神力的加持。十、與一切菩薩同種善根，平等無二。就是以上十種。如果諸位菩薩能安住於這個法門，就能出離一切的魔道。

佛子啊！菩薩摩訶薩有十種見佛身的方式。是哪十種呢？就是：一、以無著心❾面見安住世間圓滿成就的正覺。二、以佛的大願力出生面見八相成道的諸佛。三、以深信心面見具足相好莊嚴的諸佛。四、以隨順心面見如來滅度後，以舍利隨順眾生、住持佛法的諸佛。五、以深入法性面見示現涅槃的諸佛。六、以普至法界面見智慧通達法界體性的諸佛。七、以安住真如面見用大慈調伏眾生的諸佛。八、以無量的三昧境界面見常住三昧禪定的諸佛。九、以智慧的光明面見本具佛性智德的諸佛。十、以普受一切心願的如意示現面見如意自在隨樂的諸佛。就是以上這十種。如果諸位菩薩能安住此法，就能得見無上如來。

佛子啊！菩薩摩訶薩有十種諸佛事業。是哪十種呢？就是：

一、隨時開示導引眾生，因為要使眾生正念修行。

二、夢中使眾生見聞佛法，因為他要覺醒眾生往昔的善根。

三、為他人演說未曾聽聞的經典，因為他要使眾生生起智慧，斷除疑惑。

四、為犯戒而心生憂悔的眾生演說出離的法門，因為他要使眾生遠離疑心。

五、如果有眾生心生慳吝，乃至惡慧、二乘、損害、疑惑、散動、憍慢的意念，他就能為他們示現如來眾相的莊嚴身，因為他要生長眾生過去的善根。

六、因為菩薩勝解已經清淨，所以在眾生難遇正法時，能廣為眾生說法，使他們聽聞之後，得證陀羅尼智、神通智，普遍利益無量眾生。

七、因為菩薩的志樂殊勝，威德廣大。所以如果有魔事現起，他就能以方便示現虛空界等音聲，宣說不損惱他人之法對治，使他們開悟。眾魔聽聞之後，威光就漸漸滅失的諸佛事業。

八、他的心無間斷，常守護自己，不使自心證入二乘位。如果有眾生根性尚未成熟，不管怎樣，菩薩都不會為這些人演說解脫境界，這都是出自他的本願。

九、因為他不斷修習菩薩行，所以能遠離生死的糾結、有漏煩惱。相續不斷地修習菩薩行，以大悲心攝取眾生，使他們都能發起諸行，究竟解脫。

十、菩薩摩訶薩明了自身以及眾生本來寂滅，不驚不怖，因而能勤修福德智慧，無有厭足。雖然他了知一切法無有造作，但仍不捨離諸法自相。雖然對於各種境界永離貪欲，但仍樂於瞻仰供奉諸佛色身。雖然他不必經由他人開悟就能悟入於法，但仍常行種種方便求一切智慧。雖然他了知一切國土如幻不實，但仍樂於莊嚴一切的佛國剎土。雖然他恆常觀察無人相、無我相，但仍教化眾生無有疲勞厭倦。雖然他在法界本來不動，但仍能以神通智力示現眾多變化。雖然他已經成就一切智的智慧，而仍不斷修習菩薩行無有休息。雖然他了知諸法不可言說，但仍能轉淨法輪，使眾生心生歡喜。雖然他能示現諸佛神力，但仍然不會厭棄捨離菩薩身。雖然他示現入於大般涅槃，但仍能在一切處所示現受生，能作如是權巧與真實雙行，同時圓滿的法。

就是以上這十種。如果諸位菩薩能安住其中，就能得證不必經由他人教導的無上、無師廣大的事業。

佛子啊！菩薩摩訶薩有十種障道的我慢。是哪十種呢？就是：

一、對於安住正道，或趣向正道的老師、僧眾、父母、沙門、婆羅門等應當尊重的福田，不心生恭敬。

二、或是有法師獲得最殊勝法，能乘著大乘，了知出離要道，證得陀羅尼，演說契於經典的廣大法門，無有休息時，但卻在他的處所心生高傲憍慢，以及對他所說的法毫不恭敬。

三、不肯讚歎在眾會中聽聞的妙法，更別談使人信受。

四、喜好宣說他人的過失，自視甚高，凌駕萬物。不曾看見自己的過失，不知道自己的短處。

五、喜好生起超過上者的過慢，應讚歎的有德之人不讚歎；見到他人讚歎，也不會心生歡喜。

六、見到法師為人說法，也知道這是法、是律、是真實、是佛語，但是因為嫌惡說法的人，所以也嫌惡他所說的法。不但自己誹謗，還叫他人誹謗。

七、自己要求坐高廣座位，自稱是法師，接受供奉給養，卻不接應執事工作。即使見到耆舊修行已久之人，也不會起身逢迎或承事。

八、不歡喜見到有德之人，即使見到，也是言辭粗獷，暗中窺伺他的過失。

九、不肯親近恭敬供養聰慧知法的人，也不肯去請教他：「什麼是善法？什麼是應該作的事？什麼事不應該作？應該作哪些事業，才能於長夜中得到種種利益安樂？」只是一味的愚痴頑狠，被我慢所吞沒，終究不能見到出離的要道。

十、又有眾生，被慢心所覆蓋，即使諸佛出世，也不會親近恭敬供養。舊的善業已消滅，而新的善業又不生起，不應說而說，不應諍論而諍論。未來必定墮入險難深坑，在百千劫中尚且不能遇到諸佛，更何況聽聞諸佛說法？但是因為他曾發菩提心，自己終會醒悟。就是以上這十種。

如果諸位菩薩能遠離這些慢業，就能證得十種智慧的淨業。是哪十種呢？就是：一、信解一切的業力果報，不敗壞一切的因果。二、不捨菩提的心，常憶念諸佛。三、恭敬供養，並時常親近尊重善知識，始終心無厭怠。四、欣樂諸法，欣樂義理，無有厭足。遠離邪念，勤修正念。五、對於一切眾生，離於我慢；視諸菩薩如諸佛；愛重正法如同珍惜己身；尊奉如來如同保護己命；視修行者如同諸佛。六、身、語、意業沒有各種不善，能讚美賢聖，隨順菩提。七、不破壞緣起，能遠離各種邪見，破除黑闇，得到光明，照耀法界。八、能隨順修行十種迴向，對於諸波羅蜜生起宛如慈母的心想，對於善巧方便生起宛如慈父的心想。因此能以甚深的清淨心趣入菩提房舍。九、勤於積集布施、持戒、多聞、止觀、福慧，如是等一切輔助道業的善法，無有厭倦。十、如果有任何一種業，為諸佛所讚歎，能破眾魔煩惱鬥諍；能遠離一切障礙覆蓋纏縛；能教化調伏眾生；能隨順智慧攝取正法；能莊嚴清淨佛國剎土；能發起六通三明，菩薩都能勤加修習，從不懈怠退轉。就是以上這十種。如果諸位菩薩能安住其中，就能得證如來善巧方便的無上大智慧淨業。

佛子啊！菩薩摩訶薩有十種為諸魔攝持而障礙正道的因緣。是哪十種呢？就是：一、懈怠心。二、志願意樂狹小低劣。三、對微少的正行就心生滿足。四、只接受一類的因緣而不觀察其餘的因緣。五、不願發起大願。六、斷除煩惱，證入聲聞、緣覺二乘的涅槃境界。七、永斷生死。八、捨離菩薩行。九、不教化眾生。十、懷疑毀謗正法。就是以上這十種。

如果諸位菩薩能捨棄這些為諸魔攝持，障礙正道的因緣，就能得到十種被諸佛攝持的因緣。是哪十種呢？就是：一、能一開始求道時就發起菩提心。二、生生都能持菩提心，不會忘失。三、能覺察並且遠離各種魔事。四、聽聞各種波羅蜜之後，能按照義理而修行。五、雖了知生死之苦而不厭惡。六、能觀察甚深的法門，證得無量的果報。七、能為一切眾生宣說二乘法，而卻不證取此法乘的解脫。八、樂於觀察無為法，但卻不安住其中，不會二想分別有為、無為法。九、至無生處而示現受生。十、雖證得一切智，但仍能生起菩薩行，不斷菩薩種。就是以上這十種。如果諸位菩薩能安住其中，就能得證諸佛的無上攝持力。

佛子啊！菩薩摩訶薩有十種為正法攝持的因緣。是哪十種呢？就是：一、了知諸行無常。二、了知一切行苦。三、了知一切行無我。四、了知一切法寂滅涅槃。五、了知諸法都從因緣生起，沒有因緣則不能生起。六、了知因為不正確的思惟，就會生起無明；無明生起，老死就會相續不斷。如果不正確的思惟能夠消滅，則無明也會跟著消滅，乃至老死也不再興起。七、了知三解脫門，出生聲聞乘；證得無諍法，出生獨覺乘。八、了知六波羅蜜、四攝法，出生大乘。九、了知一切佛國剎土、一切法、一切眾生、一切世皆是諸佛的智慧。十、能斷一切念頭，捨離一切的執取。遠離前後分際，而隨順涅槃。就是以上這十種。如果諸位菩薩能安住其中，就能為諸佛攝持無上法。

佛子啊！菩薩摩訶薩安住兜率天時，有十種淨業。是哪十種呢？就是：

一、為欲界諸天的天子宣說厭離的言句：天界所有的自在都是無常的，一切快樂當會衰落凋謝。而以此勸發天人發起菩提心。

二、為色界諸天，宣說入出諸禪的解脫三昧。如果在其中心生貪愛染著，又因愛而生起，因為身而執著實有我的身見、邪見、無明等執著，則為他們宣說如實的智慧。如果有人對於一切色、非色法心生顛倒妄想，以為它是清淨的，就為此人宣說不淨法，一切法皆是無常，勸他發起菩提心。

三、菩薩摩訶薩安住兜率天時，證入稱為光明莊嚴的三昧，身上放出光明，遍照三千大千世界。因此能隨著眾生的心念，以種種音聲為他們說法。眾生聽聞之後，信心清淨，臨命終時都生兜率天宮，菩薩勸請他們發起菩提心。

四、菩薩摩訶薩在兜率天時，以無礙眼普見十方兜率天中的一切菩薩，而那些菩薩也是如此看見。他們看見之後，就彼此論說妙法，就是：降神識於母胎、初出生時、少年出家、前往參訪道場、具足大莊嚴。又示現從往昔已來種種所行，因為過去種種的行持，才能成就現在的大智慧。因此所有的功德都不離本處，而能示現如此等事。

五、菩薩摩訶薩安住兜率天時，十方一切兜率天宮諸位菩薩都前來聚集，恭敬圍遶。這時，菩薩摩訶薩為了圓滿彼處諸位菩薩的心願，就心生歡喜，隨著那些菩薩所應住的境地，所行、所斷、所修、所證，而演說各種法門。那些菩薩聽聞之後，都非常歡喜，驚歎這是他們從未見聞的，而各自還回本土所住的宮殿。

六、菩薩摩訶薩安住兜率天時，欲界主天魔波旬，為了要毀壞擾亂菩薩的淨業，就帶領眷屬圍遶菩薩所在的地方。這時，菩薩為了摧伏魔軍，就安住在金剛道攝受的般若波羅蜜方便善巧智慧門，以柔軟、粗獷兩種語言為他們說法，使魔波旬不得趁虛而入。魔眾見到菩薩的威力自在，就紛紛發起無上正等正覺。

七、菩薩摩訶薩安住兜率天時，了知欲界諸位天子不樂聽聞佛法。這時，菩薩發出大音聲遍告他們：「今日菩薩將在宮中示現稀有之事，想看見的人，最好儘速前往。」這時，諸位天子聽到之後，就有無量百千億那由他的天子前來集會。這時，菩薩看見諸天大眾都來集會，就為那些天子示現他們未曾見聞的各種宮中稀有事。他們看見之後，都非常歡喜，沈醉不已。於是菩薩又在大家沈醉時發出聲勸告大家：「諸位仁者啊！所有的現象都是無常的，都是不圓滿的，一切諸法都是無我，涅槃寂滅。」又說：「你們都應當修菩薩行，圓滿一切智慧。」那些天子聽聞菩薩的法音之後，憂傷悲歎，對世間的欲樂都心生厭離，沒有一個不發起菩提心的。

八、菩薩摩訶薩安住兜率天宮時，即使不捨離本處，也能前往拜詣十方無量的諸佛。親見諸位如來，親近禮拜，恭敬聽法。這時，諸佛為了要使菩薩獲得無上的灌頂法門，就為他們演說名為一切神通的菩薩境地，以一念相應的智慧，具足最勝的功德，入於一切智。

九、菩薩摩訶薩安住兜率天宮時，為了要供養諸位如來，就以大神力興起名為殊勝可樂的種種供養器具，遍法界、虛空界、一切世界，供養諸佛。那些世界中的無量眾生，一看見這些供養的器具，就發起無上等正覺。

十、菩薩摩訶薩安住兜率天宮時，出生無量無邊、如幻如影的法門，周遍十方世界。隨順眾生示現種種色、種種相貌、種種形體、種種威儀、種種事業、種種方便、種種譬諭、種種言說，使他們都心生歡喜。佛子啊！以上就是菩薩摩訶薩安住在兜率天時所作的十種淨業。如果諸位菩薩能成就這個法門，就能在未來的時劫下生於人間。

佛子啊！菩薩摩訶薩在兜率天即將下生人間成佛時，示現十種莊嚴事。是哪十種呢？就是：

一、菩薩摩訶薩將會從足下放出名為安樂莊嚴的大光明，普照三千大千世界一切身處惡趣的苦難眾生。凡是觸摸到這個光明的人，沒有不離開痛苦得到安樂的。這些眾生得到安樂之後，了知將有奇特的偉人出興世間。

二、菩薩摩訶薩將會從眉間白毫相中放出名為覺悟的大光明，普照三千大千世界。照耀與他宿世一同修行的諸位菩薩。那些菩薩被這光明照耀之後，都了知菩薩將要下生，於是各各出興無量的供養器具，前往菩薩所在之處，供養菩薩。

三、菩薩摩訶薩將會從右掌中放出名為清淨境界的大光明，莊嚴清淨三千大千世界。其中如果有已經得證無漏智慧的辟支佛，他們一察覺到這個光明，就會捨棄壽命；如果沒有察覺的人，也會因為這個光明的神力，而遷移到別處。其餘世界的諸魔及外道，如果有人看見這光明，也都遷移到他方世界，除了受諸佛神力所加持，及應受度化的眾生外。

四、菩薩摩訶薩將會從兩膝間放出名為清淨莊嚴的大光明，普照諸天宮殿。下從護世四天王，上至淨居天，沒有不照耀周遍的。而那些天人等，都了知菩薩將從兜率天下生人間。他們無不戀慕、悲歎憂惱，各自拿著種種華鬘、衣服、塗香、末香、幡蓋、伎樂前往菩薩所在之處，恭敬供養菩薩，隨著他下生人間乃至涅槃。

五、菩薩摩訶薩將從卐字的金剛莊嚴心藏中放出名為無能勝幢的大光明，普照十方世界金剛力士❿。這時，百億位金剛力士都前來聚集，跟隨菩薩身邊為侍衛，從菩薩下生人間，乃至涅槃。

六、菩薩摩訶薩將會從身上的一切毛孔放出名為分別眾生的大光明，普照大千世界，遍觸所有的菩薩身，再照觸所有的天人。諸位菩薩等心裡都這樣想：「我應當安住在此處，供養如來，教化眾生。」

七、菩薩摩訶薩將會從大摩尼寶藏殿中放出名為善住觀察的大光明，照耀這位菩薩將投生的王宮。這光明照耀之後，其餘的菩薩都會隨他下生閻浮提洲。有的下生在他的家族，有的生在他的聚落中，或有的與菩薩受生同一個城邑，這都是為了要教化眾生而示現的啊！

八、菩薩摩訶薩將會從天上的宮殿及廣大的莊嚴樓閣中放出名為一切宮殿清淨莊嚴的大光明，照耀他即將降生的生母腹中。光明照耀之後，菩薩的母親便會安穩快樂，具足成就一切功德。他母親的腹中自然有以大摩尼寶莊嚴的廣大樓閣，這都是為了要安置菩薩身而示現的啊！

九、菩薩摩訶薩將會從兩足下放出名為善住的大光明。如果諸位天子及諸位梵天的性命將要結束時，凡是被這光明照觸的人，就能延長壽命、供養菩薩，從他下生世間，乃至涅槃。

十、菩薩摩訶薩將會從隨形好相中放出名為眼莊嚴的大光明，示現菩薩的種種諸業。這時，諸位人天，有的看見菩薩安住兜率天；有的看見菩薩入胎；有的看見他初生；有的看見他出家；有的看見他成道；有的看見他降魔；有的看見他轉法輪；有的看見菩薩涅槃。佛子啊！菩薩摩訶薩從身上、從寶座、從宮殿中，或從樓閣中，放出如是等百萬阿僧祇光明，都能示現種種菩薩的業力。示現如是之業後，因為具足一切的功德法，而能從兜率天下生人間。

【註釋】

❶六通三明　六通指六種神通，即：天眼通、天耳通、他心通、宿命通、神足通和漏盡通。三明指的是宿命明、天眼明和漏盡明。宿命明是明了眾生一切宿世之事，天眼明是了知眾生未來之事，漏盡明是指聖者斷盡一切煩惱。

❷法器眾生　有佛性開發之望者。

❸烏波提涅槃　譯作有苦涅槃。外道及二乘的涅槃尚未完全離苦，所以有這個名稱。

❹十種迴向　菩薩的五十二位修行中，第四個十位名為十迴向。一、救護一切眾生，離眾生相迴向。二、不壞迴向。三、等一切佛迴向。四、至一切處迴向。五、無盡功德藏迴向。六、隨順平等善根迴向。七、隨順等觀一切眾生迴向。八、真如相迴向。九、無縛無著解脫迴向。十、等法界無量迴向。

❺六堅固法　指信堅、法堅、修堅、德堅、頂堅、覺堅。

❻十種智　法智、北智、他心智、世智、四諦智、盡智、無生智。

❼隨信行　相信他人所說而行道者。

❽隨法行　自己研讀經論，自得了悟而行道者。

❾無著見　安住世間，不著涅槃之義成正覺，不著生死義。所以要不著生死涅槃者，才能得見此佛。

❿金剛力士　手執金剛杵的護法神祇。

【原典】

佛子！菩薩摩訶薩有十種清淨施。何等為十？所謂：平等施，不揀眾生故；隨意施，滿其所願故；不亂施，令得利益故；隨宜施，知上、中、下故；不住施，不求果報故；開捨施，心不戀著故；一切施，究竟清淨故；迴向菩提施，遠離有為、無為故；教化眾生施，乃至道場不捨故；三輪清淨施，於施者、受者及以施物正念觀察如虛空故。是為十。若諸菩薩安住此法，則得如來無上清淨廣大施。

佛子！菩薩摩訶薩有十種清淨戒。何等為十？所謂：身清淨戒，護身三惡故；語清淨戒，離語四過故；心清淨戒，永離貪、瞋、邪見故；不破一切學處清淨戒，於一切人、天中作尊主故；守護菩提心清淨戒，不樂小乘故；守護如來所制清淨戒，乃至微細罪生大怖畏故；隱密護持清淨戒，善拔犯戒眾生故；不作一切惡清淨戒，誓修一切善法故；遠離一切有見清淨戒，於戒無著故；守護一切眾生清淨戒，發起大悲故。是為十。若諸菩薩安住此法，則得如來無上無過失清淨戒。

佛子！菩薩摩訶薩有十種清淨忍。何等為十？所謂：安受呰辱清淨忍，護諸眾生故；安受刀杖清淨忍，善護自他故；不生恚害清淨忍，其心不動故；不責卑賤清淨忍，為上能寬故；有歸咸救清淨忍，捨自身命故；遠離我慢清淨忍，不輕未學故；殘毀不瞋清淨忍，觀察如幻故；有犯無報清淨忍，不見自他故；不隨煩惱清淨忍，離諸境界故；隨順菩薩真實智知一切法無生清淨忍，不由他教，入一切智境界故。是為十。若諸菩薩安住其中，則得一切諸佛不由他悟無上法忍。

佛子！菩薩摩訶薩有十種清淨精進。何等為十？所謂：身清淨精進，承事供養諸佛菩薩及諸師長，尊重福田不退轉故；語清淨精進，隨所聞法廣為他說，讚佛功德無疲倦故；意清淨精進，善能入出慈、悲、喜、捨、禪定、解脫及諸三昧無休息故；正直心清淨精進，無誑無諂，無曲無偽，一切勤修無退轉故；增勝心清淨精進，志常趣求上上智慧，願具一切白淨法故；不唐捐清淨精進，攝取布施、戒、忍、多聞及不放逸乃至菩提無中息故；摧伏一切魔清淨精進，悉能除滅貪欲、瞋恚、愚癡、邪見、一切煩惱、諸纏蓋故；成滿智慧光清淨精進，有所施為悉善觀察，咸使究竟，不令後悔，得一切佛不共法故；無來無去清淨精進，得如實智，入法界門，身、語及心皆悉平等，了相非相，無所著故；成就法光清淨精進，超過諸地，得佛灌頂，以無漏身而示歿生、出家、成道、說法、滅度，具足如是普賢事故。是為十。若諸菩薩安住此法，則得如來無上大清淨精進。

佛子！菩薩摩訶薩有十種清淨禪。何等為十？所謂：常樂出家清淨禪，捨一切所有故；得真善友清淨禪，示教正道故；住阿蘭若忍風雨等清淨禪，離我、我所故；離憒鬧眾生清淨禪，常樂寂靜故；心業調柔清淨禪，守護諸根故；心智寂滅清淨禪，一切音聲、諸禪定刺不能亂故；覺道方便清淨禪，觀察一切皆現證故；離於味著清淨禪，不捨欲界故；發起通明清淨禪，知一切眾生根性故；自在遊戲清淨禪，入佛三昧，知無我故。是為十。若諸菩薩安住此法，則得如來無上大清淨禪。

佛子！菩薩摩訶薩有十種清淨慧。何等為十？所謂：知一切因清淨慧，不壞果報故；知一切緣清淨慧，不違和合故；知不斷不常清淨慧，了達緣起皆如實故；拔一切見清淨慧，於眾生相無取捨故；觀一切眾生心行清淨慧，了知如幻故；廣大辯才清淨慧，分別諸法、問答無礙故；一切諸魔、外道、聲聞、獨覺所不能知清淨慧，深入一切如來智故；見一切佛微妙法身、見一切眾生本性清淨、見一切法皆悉寂滅、見一切剎同於虛空清淨慧，知一切相皆無礙故；一切總持、辯才、方便波羅蜜清淨慧，令得一切最勝智故；一念相應金剛智了一切法平等清淨慧，得一切法最尊智故。是為十。若諸菩薩安住此法，則得如來無障礙大智慧。

佛子！菩薩摩訶薩有十種清淨慈。何等為十？所謂：等心清淨慈，普攝眾生無所揀擇故；饒益清淨慈，隨有所作皆令歡喜故；攝物同己清淨慈，究竟皆令出生死故；不捨世間清淨慈，心常緣念集善根故；能至解脫清淨慈，普使眾生除滅一切諸煩惱故；出生菩提清淨慈，普使眾生發求一切智心故；世間無礙清淨慈，放大光明平等普照故；充滿虛空清淨慈，救護眾生無處不至故；法緣清淨慈，證於如如真實法故；無緣清淨慈，入於菩薩離生性故。是為十。若諸菩薩安住此法，則得如來無上廣大清淨慈。

佛子！菩薩摩訶薩有十種清淨悲。何等為十？所謂：無儔伴清淨悲，獨發其心故。無疲厭清淨悲，代一切眾生受苦，不以為勞故。難處受生清淨悲，為度眾生故。善趣受生清淨悲，示現無常故。為邪定眾生清淨悲，歷劫不捨弘誓故。不著己樂清淨悲，普與眾生快樂故。不求恩報清淨悲，修潔其心故。能除顛倒清淨悲，說如實法故。菩薩摩訶薩知一切法本性清淨、無染著、無熱惱，以客塵煩惱故而受眾苦；如是知已，於諸眾生而起大悲，名：本性清淨，為說無垢清淨光明法故。菩薩摩訶薩知一切法如空中鳥迹，眾生癡翳不能照了；觀察於彼，起大悲心，名：真實智，為其開示涅槃法故。是為十。若諸菩薩安住此法，則得如來無上廣大清淨悲。

佛子！菩薩摩訶薩有十種清淨喜。何等為十？所謂：發菩提心清淨喜；悉捨所有清淨喜；不嫌棄破戒眾生而教化成就清淨喜；能忍受造惡眾生，誓願救度清淨喜；捨身求法不生悔心清淨喜；自捨欲樂，常樂法樂清淨喜；令一切眾生捨資生樂，常樂法樂清淨喜；見一切佛恭敬供養無有厭足，法界平等清淨喜；令一切眾生愛樂禪定、解脫、三昧遊戲入出清淨喜；心樂具行順菩薩道一切苦行，證得牟尼寂靜不動無上定慧清淨喜。

是為十。若諸菩薩安住此法，則得如來無上廣大清淨喜。

佛子！菩薩摩訶薩有十種清淨捨。何等為十？所謂：一切眾生恭敬供養，不生愛著清淨捨；一切眾生輕慢毀辱，不生瞋恚清淨捨；常行世間，不為世間八法所染清淨捨；於法器眾生待時而化，於無法器亦不生嫌清淨捨；不求二乘學、無學法清淨捨；心常遠離一切欲樂、順煩惱法清淨捨；不歎二乘，厭離生死清淨捨；遠離一切世間語，非涅槃語、非離欲語、不順理語、惱亂他語、聲聞獨覺語，略說乃至一切障菩薩道語皆悉遠離清淨捨；或有眾生，根已成熟發生念慧而未能知最上之法，待時方化清淨捨；或有眾生，菩薩往昔已曾教化至於佛地方可調伏，彼亦待時清淨捨；菩薩摩訶薩於彼二人，無高無下，無取無捨，遠離一切種種分別，恒住正定入如實法心，得堪忍清淨捨。是為十❶。若諸菩薩安住其中，則得如來無上廣大清淨捨。

佛子！菩薩摩訶薩有十種義。何等為十？所謂：多聞義，堅固修行故；法義，善巧思擇故；空義，第一義空故；寂靜義，離諸眾生諠憒故；不可說義，不著一切語言故；如實義，了達三世平等故；法界義，一切諸法一味故；真如義，一切如來順入故；實際義，了知究竟如實故；大般涅槃義，滅一切苦而修菩薩諸行故。是為十。若諸菩薩安住此法，則得一切智無上義。

佛子！菩薩摩訶薩有十種法。何等為十？所謂：真實法，如說修行故；離取法，能取、所取悉離故；無諍法，無有一切惑諍故；寂滅法，滅除一切熱惱故；離欲法，一切貪欲皆斷故；無分別法，攀緣分別永息故；無生法，猶如虛空不動故；無為法，離生、住、滅諸相故；本性法，自性無染清淨故；捨一切烏波提涅槃法，能生一切菩薩行，修習不斷故。是為十。若諸菩薩安住其中，則得如來無上廣大法。

佛子！菩薩摩訶薩有十種福德助道具。何等為十？所謂：勸眾生起菩提心，是菩薩福德助道具；不斷三寶種故。隨順十種迴向，是菩薩福德助道具；斷一切不善法，集一切善法故。智慧誘誨，是菩薩福德助道具；超過三界福德故。心無疲倦，是菩薩福德助道具；究竟度脫一切眾生故。悉捨內外一切所有，是菩薩福德助道具；於一切物無所著故。為滿足相好精進不退，是菩薩福德助道具；開門大施無所限故。上、中、下三品善根，悉以迴向無上菩提，心無所輕，是菩薩福德助道具；善巧方便相應故。於邪定、下劣、不善眾生，皆生大悲，不懷輕賤，是菩薩福德助道具；常起大人弘誓心故。恭敬供養一切如來，於一切菩薩起如來想，令一切眾生皆生歡喜，是菩薩福德助道具；守本志願極堅牢故。菩薩摩訶薩於阿僧祇劫積集善根，自欲取證無上菩提如在掌中，然悉捨與一切眾生，心無憂惱亦無悔恨，其心廣大等虛空界，此是菩薩福德助道具；起大智慧證大法故。是為十。若諸菩薩安住其中，則具足如來無上廣大福德聚。

佛子！菩薩摩訶薩有十種智慧助道具。何等為十？所謂：親近多聞真善知識，恭敬供養，尊重禮拜，種種隨順，不違其教，是為一；一切正直無虛矯故。永離憍慢，常行謙敬，身、語、意業無有麁獷，柔和善順，不偽不曲，是為二；其身堪作佛法器故。念慧隨覺未曾散亂，慚愧柔和，心安不動，常憶六念，常行六敬，常隨順住六堅固法，是為三；與十種智為方便故。樂法、樂義，以法為樂，常樂聽聞無有厭足，捨離世論及世言說，專心聽受出世間語，遠離小乘，入大乘慧，是為四；一心憶念無散動故。六波羅蜜心專荷負，四種梵住行已成熟，隨順明法悉善修行，聰敏智人皆勤請問，遠離惡趣，歸向善道，心常愛樂，正念觀察，調伏己情，守護他意，是為五；堅固修行真實行故。常樂出離，不著三有，恒覺自心，曾無惡念，三覺已絕，三業皆善，決定了知心之自性，是為六；能令自他心清淨故。觀察五蘊皆如幻事，界如毒蛇，處如空聚，一切諸法如幻、如焰、如水中月、如夢、如影、如響、如像、如空中畫、如旋火輪、如虹霓色、如日月光，無相無形，非常非斷，不來不去，亦無所住，如是觀察，知一切法無生無滅，是為七；知一切法性空寂故。菩薩摩訶薩聞一切法無我、無眾生、無壽者、無補伽羅、無心、無境、無貪瞋癡、無身、無物、無主、無待、無著、無行，如是一切皆無所有、悉歸寂滅，聞已深信，不疑不謗，是為八；以能成就圓滿解故。菩薩摩訶薩善調諸根，如理修行，恒住止觀，心意寂靜，一切動念皆悉不生，無我、無人、無作、無行、無計我想、無計我業、無有瘡疣、無有瘢痕，亦無於此所得之忍，身、語、意業無來無去，無有精進亦無勇猛，觀一切眾生、一切諸法，心皆平等而無所住，非此岸、非彼岸，此彼性離，無所從來，無所至去，常以智慧如是思惟，是為九；到分別相彼岸處故。菩薩摩訶薩見緣起法故見法清淨，見法清淨故見國土清淨，見國土清淨故見虛空清淨，見虛空清淨故見法界清淨，見法界清淨故見智慧清淨，是為十；修行積集一切智故。佛子！是為菩薩摩訶薩十種智慧助道具。若諸菩薩安住此法，則得如來一切法無障礙清淨微妙智慧聚。

佛子！菩薩摩訶薩有十種明足。何等為十？所謂：善分別諸法明足；不取著諸法明足；離顛倒見明足；智慧光照諸根明足；巧發起正精進明足；能深入真諦智明足；滅煩惱業成就盡智無生智明足；天❷眼智普觀察明足；宿住念知前際清淨明足；漏盡神通智斷眾生諸漏明足。是為十。若諸菩薩安住此法，則得如來於一切佛法無上大光明。

佛子！菩薩摩訶薩有十種求法。何等為十？所謂：直心求法，無有諂誑故；精進求法，遠離懈慢故；一向求法，不惜身命故；為斷一切眾生煩惱求法，不為名利恭敬故；為饒益自他一切眾生求法，不但自利故；為入智慧求法，不樂文字故；為出生死求法，不貪世樂故；為度眾生求法，發菩提心故；為斷一切眾生疑求法，令無猶豫故；為滿足佛法求法，不樂餘乘故。是為十。若諸菩薩安住此法，則得不由他教一切佛法大智慧。

佛子！菩薩摩訶薩有十種明了法。何等為十？所謂：隨順世俗生長善根，是童蒙凡夫明了法；得無礙不壞信，覺法自性，是隨信行人明了法；勤修習法，隨順法住，是隨法行人明了法；遠離八邪，向八正道，是第八人明了法；除滅眾結，斷生死漏，見真實諦，是須陀洹人明了法；觀味是患，知無往來，是斯陀含人明了法；不樂三界，求盡有漏，於受生法乃至一念不生愛著，是阿那含人明了法；獲六神通，得八解脫，九定、四辯悉皆成就，是阿羅漢人明了法；性樂觀察一味緣起，心常寂靜，知足少事，解因自得，悟不由他，成就種種神通智慧，是辟支佛人明了法；智慧廣大，諸根明利，常樂度脫一切眾生，勤修福智助道之法，如來所有十力、無畏、一切功德具足圓滿，是菩薩人明了法。是為十。若諸菩薩安住此法，則得如來無上大智明了法。

佛子！菩薩摩訶薩有十種修行法。何等為十？所謂：恭敬尊重諸善知識修行法；常為諸天之所覺悟修行法；於諸佛所常懷慚愧修行法；哀愍眾生不捨生死修行法；事必究竟心無變動修行法；專念隨逐發大乘心諸菩薩眾精勤修學修行法；遠離邪見勤求正道修行法；摧破眾魔及煩惱業修行法；知諸眾生根性勝劣而為說法令住佛地修行法；安住無邊廣大法界除滅煩惱令身清淨修行法。是為十。若諸菩薩安住其中，則得如來無上修行法。

佛子！菩薩摩訶薩有十種魔。何等為十？所謂：蘊魔，生諸取故；煩惱魔，恒雜染故；業魔，能障礙故；心魔，起高慢故；死魔，捨生處故；天魔，自憍縱故；善根魔，恒執取故；三昧魔，久耽味故；善知識魔，起著心故；菩提法智魔，不願捨離故。是為十。菩薩摩訶薩應作方便，速求遠離。

佛子！菩薩摩訶薩有十種魔業。何等為十？所謂：忘失菩提心修諸善根，是為魔業；惡心布施，瞋心持戒，捨惡性人，遠懈怠者，輕慢亂意，譏嫌惡慧，是為魔業；於甚深法心生慳吝，有堪化者而不為說，若得財利恭敬供養，雖非法器而強為說，是為魔業；不樂聽聞諸波羅蜜，假使聞說而不修行，雖亦修行多生懈怠，以懈怠故，志意狹劣，不求無上大菩提法，是為魔業；遠善知識，近惡知識，樂求二乘，不樂受生，志尚涅槃離欲寂靜，是為魔業；於菩薩所起瞋恚心，惡眼視之，求其罪釁，說其過惡，斷彼所有財利供養，是為魔業；誹謗正法不樂聽聞，假使得聞便生毀呰，見人說法不生尊重，言自說是，餘說悉非，是為魔業；樂學世論巧述❸文詞，開闡二乘，隱覆深法，或以妙義授非其人，遠離菩提住於邪道，是為魔業；已得解脫、已安隱者常樂親近而供養之，未得解脫、未安隱者不肯親近亦不教化，是為魔業；增長我慢，無有恭敬，於諸眾生多行惱害，不求正法真實智慧，其心弊惡難可開悟，是為魔業。是為十。菩薩摩訶薩應速遠離，勤求佛業。

佛子！菩薩摩訶薩有十種捨離魔業。何等為十？所謂：近善知識恭敬供養，捨離魔業；不自尊舉，不自讚歎，捨離魔業；於佛深法信解不謗，捨離魔業；未曾忘失一切智心，捨離魔業；勤修妙行恒不放逸，捨離魔業；常求一切菩薩藏法，捨離魔業；恒演說法，心無疲倦，捨離魔業；歸依十方一切諸佛，起救護想，捨離魔業；信受憶念一切諸佛，神力加持，捨離魔業；與一切菩薩同種善根，平等無二，捨離魔業。是為十。若諸菩薩安住此法，則能出離一切魔道。

佛子！菩薩摩訶薩有十種見佛。何等為十？所謂：於安住世間成正覺佛無著見；願佛出生見；業報佛深信見；住持佛隨順見；涅槃佛深入見；法界佛普至見；心佛安住見；三昧佛無量無依見；本性佛明了見；隨樂佛普受見。是為十。若諸菩薩安住此法，則常得見無上如來。

佛子！菩薩摩訶薩有十種佛業。何等為十？所謂：隨時開導，是佛業；令正修行故。夢中令見，是佛業；覺昔善根故。為他演說所未聞經，是佛業；令生智斷疑故。為悔纏所纏者說出離法，是佛業；令離疑心故。若有眾生起慳悋心，乃至惡慧心、二乘心、損害心、疑惑心、散動心、憍慢心，為現如來眾相莊嚴身，是佛業；生長過去善根故。於正法難遇時，廣為說法，令其聞已，得陀羅尼智、神通智，普能利益無量眾生，是佛業；勝解清淨故。若有魔事起，能以方便現虛空界等聲，說不損惱他法以為對治，令其開悟，眾魔聞已威光歇滅，是佛業；志樂殊勝，威德大故。其心無間，常自守護，不令證入二乘正位，若有眾生根性未熟，終不為說解脫境界，是佛業；本願所作故。生死結漏一切皆離，修菩薩行相續不斷，以大悲心攝取眾生，令其起行究竟解脫，是佛業；不斷修行菩薩行故。菩薩摩訶薩了達自身及以眾生本來寂滅不驚不怖而勤修福智無有厭足，雖知一切法無有造作而亦不捨諸法自相，雖於諸境界永離貪欲而常樂瞻奉諸佛色身，雖知不由他悟入於法而種種方便求一切智，雖知諸國土皆如虛空而常樂莊嚴一切佛剎，雖恒觀察無人無我而教化眾生無有疲厭，雖於法界本來不動而以神通智力現眾變化，雖已成就一切智智而修菩薩行無有休息，雖知諸法不可言說而轉淨法輪令眾心喜，雖能示現諸佛神力而不厭捨菩薩之身，雖見入於大般涅槃而一切處示現受生，能作如是權實雙行法，是佛業。是為十。若諸菩薩安住此法，則得不由他教無上無師廣大業。

佛子！菩薩摩訶薩有十種慢業。何等為十？所謂：於師、僧、父母、沙門、婆羅門、住於正道向正道者，尊重福田所而不恭敬，是慢業；或有法師獲最勝法，乘於大乘，知出要道，得陀羅尼，演說契經廣大之法無有休息，而於其所起高慢心，及於所說法不生恭敬，是慢業；於眾會中聞說妙法，不肯歎美令人信受，是慢業；好起過慢，自高陵物，不見己失，不知自短，是慢業；好起過過慢，見有德人應讚不讚，見他讚歎不生歡喜，是慢業；見有法師為人說法，知是法、是律、是真實、是佛語，為嫌其人亦嫌其法，自起誹謗亦令他謗，是慢業；自求高座，自稱法師，應受供給，不應執事，見有者舊久修行人不起逢迎、不肯承事，是慢業；見有德人，顰蹙不喜，言辭麁獷，伺其過失，是慢業；見有聰慧知法之人，不肯親近恭敬供養，不肯諮問：「何等為善？何等不善？何等應作？何等不應作？作何等業，於長夜中而得種種利益安樂？」愚癡頑很，我慢所吞，終不能見出要之道，是慢業；復有眾生慢心所覆，諸佛出世不能親近恭敬供養，新善不起，舊善消滅，不應說而說，不應諍而諍，未來必墮險難深坑，於百千劫尚不值佛，何況聞法！但以曾發菩提心故，終自醒悟，是慢業。是為十。

若諸菩薩離此慢業，則得十種智業。何等為十？所謂：信解業報，不壞因果，是智業；不捨菩提心，常念諸佛，是智業；近善知識恭敬供養，其心尊重終無厭怠，是智業；樂法、樂義無有厭足，遠離邪念，勤修正念，是智業；於一切眾生離於我慢，於諸菩薩起如來想，愛重正法如惜己身，尊奉如來如護己命，於修行者生諸佛想，是智業；身、語、意業無諸不善，讚美賢聖，隨順菩提，是智業；不壞緣起，離諸邪見，破闇得明，照一切法，是智業；十種迴向隨順修行，於諸波羅蜜起慈母想，於善巧方便起慈父想，以深淨心入菩提舍，是智業；施、戒、多聞、止觀、福慧，如是一切助道之法常勤積集無有厭倦，是智業；若有一業為佛所讚，能破眾魔煩惱鬪諍，能離一切障、蓋、纏、縛，能教化調伏一切眾生，能隨順智慧攝取正法，能嚴淨佛剎，能發起通明，皆勤修習無有懈退，是智業。是為十。若諸菩薩安住其中，則得如來一切善巧方便無上大智業。

佛子！菩薩摩訶薩有十種魔所攝持。何等為十？所謂：懈怠心，魔所攝持；志樂狹劣，魔所攝持；於少行生足，魔所攝持；受一非餘，魔所攝持；不發大願，魔所攝持；樂處寂滅，斷除煩惱，魔所攝持；永斷生死，魔所攝持；捨菩薩行，魔所攝持；不化眾生，魔所攝持；疑謗正法，魔所攝持。是為十。

若諸菩薩能棄捨此魔所攝持，則得十種佛所攝持。何等為十？所謂：初始能發菩提之心，佛所攝持；於生生中持菩提心不令忘失，佛所攝持；覺諸魔事，悉能遠離，佛所攝持；聞諸波羅蜜，如說修行，佛所攝持；知生死苦而不厭惡，佛所攝持；觀甚深法，得無量果，佛所攝持；為諸眾生說二乘法，而不證取彼乘解脫，佛所攝持；樂觀無為法而不住其中，於有為、無為不生二想，佛所攝持；至無生處而現受生，佛所攝持；雖證得一切智，而起菩薩行，不斷菩薩種，佛所攝持。是為十。若諸菩薩安住此法，則得諸佛無上攝持力。

佛子！菩薩摩訶薩有十種法所攝持。何等為十？所謂：知一切行無常，法所攝持；知一切行苦，法所攝持；知一切行無我，法所攝持；知一切法寂滅涅槃，法所攝持；知諸法從緣起，無緣則不起，法所攝持；知不正思惟故起於無明，無明起故乃至老死起，不正思惟滅故無明滅，無明滅故乃至老死滅，法所攝持；知三解脫門出生聲聞乘，證無諍法出生獨覺乘，法所攝持；知六波羅蜜、四攝法出生大乘，法所攝持；知一切剎、一切法、一切眾生、一切世是佛智境界，法所攝持；知斷一切念，捨一切取，離前後際，隨順涅槃，法所攝持。是為十。若諸菩薩安住其中，則得一切諸佛無上法所攝持。

佛子！菩薩摩訶薩住兜率天，有十種所作業。何等為十？所謂：為欲界諸天子說厭離法言：「一切自在皆是無常，一切快樂悉當衰謝。」勸彼諸天發菩提心。是為第一所作業。為色界諸天說入出諸禪解脫三昧，若於其中而生愛著，因愛復起身見、邪見、無明等者，則為其說如實智慧；若於一切色、非色法起顛倒想，以為清淨，為說不淨皆是無常，勸其令發菩提之心。是為第二所作業。菩薩摩訶薩住兜率天，入三昧，名：光明莊嚴，身放光明，遍照三千大千世界，隨眾生心，以種種音而為說法；眾生聞已，信心清淨，命終生於兜率天中，勸其令發菩提之心。是為第三所作業。菩薩摩訶薩在兜率天，以無障礙眼普見十方兜率天中一切菩薩，彼諸菩薩皆亦見此；互相見已，論說妙法，謂：降神母胎、初生、出家、往詣道場、具大莊嚴；而復示現往昔已來所行之行，以彼行故成此大智；所有功德不離本處，而能示現如是等事。是為第四所作業。菩薩摩訶薩住兜率天，十方一切兜率天宮諸菩薩眾，皆悉來集，恭敬圍遶；爾時，菩薩摩訶薩欲令彼諸菩薩皆滿其願生歡喜故，隨彼菩薩所應住地、所行所斷、所修所證，演說法門；彼諸菩薩聞說法已，皆大歡喜，得未曾有，各還本土所住宮殿。是為第五所作業。菩薩摩訶薩住兜率天時，欲界主天魔波旬，為欲壞亂菩薩業故，眷屬圍遶詣菩薩所；爾時，菩薩為摧伏魔軍故，住金剛道所攝般若波羅蜜方便善巧智慧門，以柔軟、麁獷二種語而為說法，令魔波旬不得其便；魔見菩薩自在威力，皆發阿耨多羅三藐三菩提心。是為第六所作業。菩薩摩訶薩住兜率天，知欲界諸天子不樂聞法；爾時，菩薩出大音聲，遍告之言：「今日菩薩當於宮中現希有事，若欲見者宜速往詣。」時，諸天子聞是語已，無量百千億那由他皆來集會；爾時，菩薩見諸天眾皆來集已，為現宮中諸希有事；彼諸天子曾未見聞，既得見已，皆大歡喜，其心醉沒；又於樂中出聲告言：「諸仁者！一切諸行皆悉無常，一切諸行皆悉是苦，一切諸法皆悉無我，涅槃寂滅。」又復告言：「汝等皆應修菩薩行，皆當圓滿一切智智。」彼諸天子聞此法音，憂歎諮嗟而生厭離，靡不皆發菩提之心。是為第七所作業。菩薩摩訶薩住兜率宮，不捨本處，悉能往詣十方無量一切佛所，見諸如來親近禮拜恭敬聽法；爾時，諸佛欲令菩薩獲得最上灌頂法故，為說菩薩地，名：一切神通，以一念相應慧，具足一切最勝功德，入一切智智位。是為第八所作業。菩薩摩訶薩住兜率宮，為欲供養諸如來故，以大神力興起種種諸供養具，名：殊勝可樂，遍法界、虛空界、一切世界供養諸佛；彼世界中無量眾生見此供養，皆發阿耨多羅三藐三菩提心。是為第九所作業。菩薩摩訶薩住兜率天，出無量無邊如幻如影法門，周遍十方一切世界，示現種種色、種種相、種種形體、種種威儀、種種事業、種種方便、種種譬諭、種種言說，隨眾生心皆令歡喜。是為第十所作業。佛子！是為菩薩摩訶薩住兜率天十種所作業。若諸菩薩成就此法，則能於後下生人間。

佛子！菩薩摩訶薩於兜率天將下生時，現十種事。何等為十？佛子！菩薩摩訶薩於兜率天下生之時，從於足下放大光明，名：安樂莊嚴，普照三千大千世界一切惡趣諸難眾生；觸斯光者，莫不皆得離苦安樂；得安樂已，悉知將有奇特大人出興于世。是為第一所示現事。佛子！菩薩摩訶薩於兜率天下生之時，從於眉間白毫相中放大光明，名曰：覺悟，普照三千大千世界，照彼宿世一切同行諸菩薩身；彼諸菩薩蒙光照已，咸知菩薩將欲下生，各各出興無量供具，詣菩薩所而為供養。是為第二所示現事。佛子！菩薩摩訶薩於兜率天將下生時，於右掌中放大光明，名：清淨境界，悉能嚴淨一切三千大千世界，其中若有已得無漏諸辟支佛覺斯光者，即捨壽命；若不覺者，光明力故，徙置他方；餘世界中一切諸魔及諸外道、有見眾生，皆亦徙置他方世界，唯除諸佛神力所持應化眾生。是為第三所示現事。佛子！菩薩摩訶薩於兜率天將下生時，從其兩膝放大光明，名：清淨莊嚴，普照一切諸天宮殿，下從護世，上至淨居，靡不周遍；彼諸天等，咸知菩薩於兜率天將欲下生，俱懷戀慕，悲歎憂惱，各持種種華鬘、衣服、塗香、末香、幡蓋、妓樂，詣菩薩所恭敬供養，隨逐下生乃至涅槃。是為第四所示現事。佛子！

菩薩摩訶薩於兜率天將下生時，於卐❹字金剛莊嚴心藏中放大光明，名：無能勝幢，普照十方一切世界金剛力士；時，有百億金剛力士皆悉來集，隨逐侍衛，始於下生，乃至涅槃。是為第五所示現事。佛子！菩薩摩訶薩於兜率天將下生時，從其身上一切毛孔放大光明，名：分別眾生，普照一切大千世界，遍觸一切諸菩薩身，復觸一切諸天世人；諸菩薩等咸作是念：「我應住此，供養如來，教化眾生。」是為第六所示現事。佛子！菩薩摩訶薩於兜率天將下生時，從大摩尼寶藏殿中放大光明，名：善住觀察，照此菩薩當生之處所託王宮；其光照已，諸餘菩薩皆共隨逐下閻浮提，若於其家、若其聚落、若其城邑而現受生，為欲教化諸眾生故。是為第七所示現事。佛子！菩薩摩訶薩於兜率天臨下生時，從天宮殿及大樓閣諸莊嚴中放大光明，名：一切宮殿清淨莊嚴，照所生母腹；光明照已，令菩薩母安隱快樂，具足成就一切功德，其母腹中自然而有廣大樓閣大摩尼寶而為莊嚴，為欲安處菩薩身故。是為第八所示現事。佛子！菩薩摩訶薩於兜率天臨下生時，從兩足下放大光明，名為：善住；若諸天子及諸梵天其命將終，蒙光照觸皆得住壽，供養菩薩從初下生乃至涅槃。是為第九所示現事。佛子！菩薩摩訶薩於兜率天臨下生時，從隨好中放大光明，名曰：眼莊嚴，示現菩薩種種諸業；時，諸人、天或見菩薩住兜率天，或見入胎，或見初生，或見出家，或見成道，或見降魔，或見轉法輪，或見入涅槃。是為第十所示現事。佛子！菩薩摩訶薩於身、於座、於宮殿、於樓閣中，放如是等百萬阿僧祇光明，悉現種種諸菩薩業；現是業已，具足一切功德法故，從兜率天下生人間。

註釋

❶本段共舉出十一種清淨捨。

❷「天」，大正本原作「大」，今依三本及宮本改之。

❸「述」，大正本原作「術」，今依三本、宮本及聖本改之。

❹「卐」，大正本原作「卍」，今依三本改之。

大方廣佛華嚴經卷　第五十九

離世間品　第三十八之七

【白話語譯】

佛子啊！菩薩摩訶薩示現身處母胎時，有十種莊嚴事。是哪十種莊嚴事呢？

佛子啊！菩薩摩訶薩為了要成就發心狹小、信解低劣的眾生，不讓他們生起：「現在這位菩薩是自然化生的，所以他根本不必修學就能證得智慧與善根。」的念頭，所以，菩薩示現處於母胎。這是第一種莊嚴事。

菩薩摩訶薩為了要成熟父母，以及諸位眷屬以及宿世共同修行眾生的善根，所以示現處於母胎。為什麼呢？他們都會因為看見處於母胎的菩薩，而成熟所有的善根，這是菩薩第二種莊嚴事。

菩薩摩訶薩進入母胎，能夠正念、正知，沒有迷惑。住入母胎之後，心還是恆繫正念，沒有錯亂，這是菩薩的第三種莊嚴事。

菩薩摩訶薩在母胎中，恆常演說佛法，十方世界的許多菩薩、帝釋、四大天王都來聚會，菩薩都能讓他們獲得無量的神力、無邊的智慧，這是菩薩處於母胎時成就的無礙辯才，殊勝妙用。這是菩薩的第四種莊嚴事。

菩薩摩訶薩在母胎中，能聚集大眾，以本願的力量教化諸位菩薩，這是菩薩的第五種莊嚴事。

菩薩摩訶薩在人間成佛時，具足人間最殊勝的投胎受生，以此而示現處於母胎，這是菩薩的第六種莊嚴事。

菩薩摩訶薩在母胎時，三千大千世界的眾生無不看見菩薩，就好像從明鏡中看到他的面容一樣。這時，大心天、龍、夜叉、乾闥婆、阿修羅、迦樓羅、緊那羅、摩睺羅伽、人、非人等，都前去拜見菩薩，恭敬供養，這是菩薩的第七種莊嚴事。

菩薩摩訶薩在母胎時，他方世界一切最後投生母胎的菩薩，都前來集會，演說名為「廣大智慧藏」的大集法門，這是菩薩的第八種莊嚴事。

菩薩摩訶薩在母胎，能進入「離垢藏三昧」，以本願的力量教化諸位菩薩，並以這三昧的力量，雖身處母胎，但仍示現大宮殿。各種莊嚴的裝飾都非常美好，連兜率天宮也無法相比。而且菩薩還會使他母親的身心安穩沒有憂患，這是菩薩的第九種莊嚴事。

菩薩摩訶薩在母胎時，能以他名為「開大福德離垢藏」的大威力興起一切供養，供養十方世界的諸佛。這些諸佛都前來為他演說無邊菩薩所住的法界藏，這是菩薩的第十種莊嚴事。

佛子啊！以上就是菩薩摩訶薩示現處於母胎時的十種莊嚴事。如果各位菩薩了知通達這些法，就能示現甚為微細的趣向。

佛子啊！菩薩摩訶薩有十種甚為微細的趣向示現。是哪十種呢？就是：一、在母胎中示現初發菩提心，乃至於灌頂地。二、在母胎中示現安住兜率天。三、在母胎中示現初生相。四、在母胎中示現童子。五、在母胎中示現處於王宮。六、在母胎中示現出家相。七、在母胎中示現苦行相。前往參訪道場，成就正等正覺。八、在母胎中示現轉法輪相。九、在母胎中示現般若涅槃。十、在母胎中示現大微細❶，即「一切菩薩行及一切如來的自在神力無量差別法門」。佛子啊！這些就是菩薩摩訶薩在母胎中的十種微細趣向。如果諸位菩薩能安住於此法，就可以修得如來無上廣大的智慧微細趣向。

佛子啊！菩薩摩訶薩有十種清淨莊嚴的出生境界。是哪十種呢？就是：一、遠離愚痴，而正念正知的出生。二、放大光明網，普照三千大千世界的出生。三、住最後有更不受後身生的出生。四、不生不起生。五、了知三界如幻的出生。六、在十方世界普遍示現化身的出生。七、證得一切智智身的出生。八、放出諸佛光明，普照覺悟眾生身的出生。九、進入大智慧觀察三昧身的出生。十、菩薩出生時，能震動一切的佛國剎土，解脫所有的眾生，消除毀滅所有的惡道。光明映照，一切的諸魔都因此而隱藏起來，而無數的菩薩也都前來聚會。佛子啊！以上就是菩薩摩訶薩十種清淨莊嚴的出生境界，菩薩都是為了調伏眾生，才如此示現。

佛子啊！菩薩摩訶薩能以十種因緣，而示現微笑清淨莊嚴的心來自起誓願。是哪十種呢？就是：

一、菩薩摩訶薩心想：「世人都埋沒在欲望的泥淖中，除了我之外無人能救度。」他如是了知之後，就以清淨莊嚴的心安然微笑而自起誓願。

二、他又生起這樣的念頭：「世人都被煩惱矇蔽，唯有我能具足智慧。」他如是了知之後，就以清淨莊嚴的心安然微笑而自起誓願。

三、他心裡又想：「我現在將用這虛假的色身修證如來遍滿過去、現在、未來三世的無上法身。」他如是了知之後，就以清淨莊嚴的心安然微笑而自起誓願。

四、這時，他用無障礙的法眼普遍觀察十方所有的梵天，乃至於一切大自在天，而這樣想：「這些眾生，都自稱有大智慧的神力。」他如是了知之後，就以莊嚴的心安然微笑而自起誓願。

五、這時菩薩觀察眾生久遠以前所種的善根，現在都退沒了。他如是了知之後，就以清淨莊嚴的心安然微笑而自起誓願。

六、菩薩觀察看見世間的眾生，所種的因雖然很少，但所獲得的果報卻很多。他如是了知之後，就以清淨莊嚴的心安然微笑而自起誓願。

七、菩薩看見凡諸佛教化的眾生，無不得到大利益。他如是了知之後，就以清淨莊嚴的心安然微笑而自起誓願。

八、菩薩觀見過去世中共同修行的許多菩薩，現在已染汙執著他事，不能證得佛法的廣大功德。他如是了知之後，就以清淨莊嚴的心安然微笑而自起誓願。

九、菩薩觀見過去世與他共同集會的許多天人等，至今仍在凡夫的境地，不能捨下離棄世間的欲樂，也不嫌疲倦厭煩。他如是了知之後，就以清淨莊嚴的心安然微笑而自起誓願。

十、這時菩薩被一切如來的光明所觸及，更加欣慰，就以清淨莊嚴的心安然微笑而自起誓願。

以上就是菩薩以十種清淨莊嚴心示現微笑、自起誓願的因緣。佛子啊！菩薩都是為了調伏眾生，才如此示現。

佛子啊！菩薩摩訶薩能以十種因緣，示現初生時行走七步。是哪十種呢？就是：

一、為了示現菩薩的威力，所以示現出生時行走七步。二、為了示現他布施的七聖財❷，所以示現出生時行七步。三、為了滿足地神的心願，所以示現出生時行走七步。四、為了示現超脫欲界、色界、無色界三界相，所以示現初出生時行走七步。五、為了示現菩薩最殊勝的行儀，超過象王、牛王、師子王的行走，所以示現出生時行走七步。六、為了示現莊嚴的金剛寶地地相，所以示現出生行走七步。七、為了示現給予眾生勇猛的力量，所以示現出生時行走七步。八、為了示現修行擇法菩提分、精進菩提分、喜菩提分、輕安菩提分、念菩提分、定菩提分、捨菩提分等七覺支的法寶，所以示現出生時行走七步。九、為了示現所證得的法不是由他人所教導的，所以示現出生時行走七步。十、為了示現生於世間是最殊勝無比，所以示現出生時行走七步。這就是菩薩示現初出生時行走七步的十種因緣。佛子啊！菩薩都是為了調伏眾生才如此示現。

佛子啊！菩薩摩訶薩能以十件事的因緣，示現童子的模樣。是哪十種呢？就是：一、為了示現通達一切世間的文字、計算、圖書、印璽等種種的學問事業，所以示現童子的模樣。二、為了示現通達一切世間一切的象馬、車乘、弧矢射箭、劍戟等種種事業，而示現童子的模樣。三、為了示現通達一切世間一切的文筆、談論、下棋、嬉戲等種種事情，而示現童子的模樣。四、為了示現遠離身、語、意業各種過失，而示現童子的模樣。五、為了示現入定安住涅槃，法身遍滿十方無量世界，而示現童子的模樣。六、為了示現他的威力超過一切的天、龍、夜叉、乾闥婆、阿修羅、迦樓羅、緊那羅、摩睺羅伽、釋、梵、護世、人、非人等，而示現童子的模樣。七、為了示現菩薩的色相威光超過帝釋、天王、護世，而示現童子的模樣。八、為了讓耽迷執著欲望享樂的眾生喜歡聞法，而示現童子的模樣。九、為了尊重正法，精勤供養周遍十方世界的諸佛，而示現童子的模樣。十、為了得到諸佛加持，為法的光明照耀，而示現童子的模樣。這就是十種菩薩摩訶薩示現童子的模樣因緣。

佛子啊！菩薩摩訶薩示現童子的模樣之後，又以十種因緣示現身處王宮為太子。是哪十種呢？就是：一、為了讓宿世共同修行的眾生善根成熟，而示現身處王宮為太子。二、為了顯現菩薩善根的威力，而示現身處王宮為太子。三、為了許多耽迷各種娛樂器具的人天，而示現菩薩大威德的樂具，示現身處王宮為太子。四、為了順應五濁惡世眾生的心念，而示現身處王宮為太子。五、為了顯現菩薩的大威德力量即使在深宮中也能進入三昧，而示現身處王宮為太子。六、為了滿足宿世和他共同發起誓願眾生的心意，而示現身處王宮為太子。七、為了滿足父母、親戚、眷屬的願望，而示現身處王宮為太子。八、希望能以妓藝娛樂演出微妙的法音，供養諸佛，而示現身處王宮為太子。九、為了要在王宮中安住廣大微妙的三昧，示現成佛乃至涅槃的全部過程，而示現身處王宮為太子。十、為了隨順地守護諸佛法，而示現身處王宮為太子。以上就是十種菩薩身處王宮為太子的因緣。最後一次受生的菩薩，如是示現身處王宮為太子之後，就出家了。

佛子啊！菩薩摩訶薩能以十種因緣，示現出家。是哪十種呢？就是：一、因為厭離住在家裡，而示現出家。二、為了讓執著家庭的眾生能心生捨離，而示現出家。三、為了隨順信樂聖人之道，而示現出家。四、為了宣揚讚歎出家的功德，而示現出家。五、為了顯示離常、斷二邊見，而示現出家。六、為了讓眾生離欲樂及我樂，而示現出家。七、為了示現出脫三界相，而示現出家。八、為了示現不附屬他人的自在，而示現出家。九、為增長眾生善根而修苦行。十、為得到如來十力的無所畏懼法，而示現出家。十、最後投胎的菩薩在法上應如是，而示現出家的因緣。因為菩薩能以這些因緣調伏眾生，所以示現出家。

佛子啊！菩薩摩訶薩為了十種因緣，而示現修苦行。是哪十種呢？就是：一、為了成就信解低劣的眾生而修苦行。二、為了拔除眾生的邪見而修苦行。三、為了讓不相信業報的眾生看見業報而修苦行。四、為了隨順如是雜染的世間法而修苦行。五、為了示現忍耐勞苦，精勤修道而修苦行。六、為了讓眾生樂於求法而修苦行。七、為了執著欲樂及愛著自己所妄執之「我」的我樂眾生而修苦行。八、為了顯現菩薩行之殊勝，即使最後一次受生，仍舊勤奮精進不捨，而修苦行。九、為了許多的善根未成熟的天人、世人，正等待因緣時機成熟而修苦行。以上就是菩薩摩訶薩為了善巧方便調伏眾生，而示現的十種修苦行因緣。

佛子啊！菩薩摩訶薩參訪菩提道場的時候，有十種現象發生。是哪十種呢？就是：一、參訪菩提道場時，佛光照耀一切世界。二、參訪菩提道場時，神威震動一切世界。

三、菩薩參訪菩提道場時，能夠在所有的世界示現化身。四、菩薩參訪菩提道場時，能覺悟所有的菩薩，及宿世共同修行的所有眾生。五、菩薩參訪菩提道場時，能示現道場的一切莊嚴。六、菩薩參訪菩提道場時，能隨順眾生的希望而為他示現種種身相威儀，及菩提樹的一切莊嚴。七、他參訪菩提道場時，立刻得證面見十方諸佛。八、他參訪菩提道場時，不管是舉手投足，一舉一動都恆常證入三昧，念念成佛，沒有任何的超阻隔礙。九、菩薩參訪菩提道場時，一切天、龍、夜叉、乾闥婆、阿修羅、迦樓羅、緊那羅、摩睺羅伽、帝釋、天王、護世等一切諸王莫不相知，而作種種上好微妙的供養。十、他參訪菩提道場時，能以無障礙的智慧，普遍觀察諸佛在所有世界修持菩薩行而成就正等正覺。這是菩薩摩訶薩參訪菩提道場的時候所產生的十種事，菩薩能藉這些因緣教化眾生。

佛子啊！菩薩摩訶薩端坐在菩提道場修行時有十種瑞象發生。是哪十種呢？就是：一、他端坐在菩提道場修行時，有種種的震動，震動一切世界。二、他端坐在菩提道場修行時，佛光平等照耀一切世界。三、他端坐在菩提道場修行時，能除去消滅所有的過惡、痛苦。四、他端坐在菩提道場修行時，能讓一切世界都變成以金剛寶藏莊嚴修飾的世界。五、他端坐菩提道場修行時，能普遍示現諸佛如來的師子寶座。六、他端坐菩提道場修行時，心就像虛空一樣，沒有分別。七、他端坐在菩提道場修行時，能隨自己的應化之身，示現種種威儀身相。八、他端坐在菩提道場修行時，能隨順安住在金剛三昧中。九、他端坐在菩提道場修行時，能承受諸佛威神力的加持，具足一切清淨勝妙。十、他端坐在菩提道場修行時，自身的善根威力恆能加持所有的眾生。這就是菩薩摩訶薩端坐在菩提道場修行時所產生的十種瑞相。

佛子啊！菩薩摩訶薩端坐在菩提道場修行時，有十種奇特未曾有的微妙莊嚴事。是哪十種呢？就是：

佛子啊！菩薩摩訶薩端坐在菩提道場修行時，十方世界的諸佛都示現在他面前，舉起右手稱讚說：「善哉！善哉！偉大的無上導師！」這是菩薩第一種未曾有的微妙莊嚴的事。

菩薩摩訶薩端坐菩提道場修行時，一切的如來都前來護念，給他威德力量，這是菩薩第二種未曾有的微妙莊嚴的事。

菩薩摩訶薩端坐菩提道場修行時，宿世共同修行的菩薩們都來圍繞，用種種莊嚴的供品恭敬供養，這是菩薩第三種未曾有的微妙莊嚴的事。

菩薩摩訶薩端坐菩提道場修行時，一切世界的草木、叢林等無情識，都彎曲低下身體，朝向菩提道場，這是菩薩第四種未曾有的微妙莊嚴的事。

菩薩摩訶薩端坐菩提道場修行時，能進入名為觀察法界的三昧，這種三昧的威力能圓滿菩薩的所有行持，這是菩薩第五種未曾有的微妙莊嚴的事。

菩薩摩訶薩端坐菩提道場修行時，證得名為最上離垢妙光海藏的陀羅尼門，因此能承受諸佛如來廣大雲海的法雨，這是菩薩第六種未曾有的微妙莊嚴的事。

菩薩摩訶薩端坐菩提道場修行時，能以威德神力興起最上妙好的供養器具，供養十方世界的諸佛，這是菩薩第七種未曾有的微妙莊嚴的事。

菩薩摩訶薩端坐菩提道場修行時，安住在最殊勝的妙智慧，現證了知所有眾生的各種根器、意念、行持，這是菩薩第八種未曾有的微妙莊嚴的事。

菩薩摩訶薩端坐菩提道場修行時，能進入名為善覺的三昧，這種三昧能讓他的身形遍滿三世無盡的虛空及一切世界，這是菩薩第九種未曾有的微妙莊嚴事。

菩薩摩訶薩端坐菩提道場修行時，證得離垢光明無礙大智的法門，因此他的身業能普入過去、現在、未來三世，這是菩薩第十種未曾有的微妙莊嚴的事。

佛子啊！以上就是菩薩摩訶薩端坐菩提道場修行時，十種未曾有的微妙莊嚴的事。

佛子啊！菩薩摩訶薩端坐菩提道場修行時，能觀察十種意義，而示現降魔的因緣。是哪十種呢？就是：一、因為五濁惡世的眾生樂於鬪爭戰事，菩薩為了顯現大威德的力量，而示現降魔。二、因為許多天人、世人始終懷疑法，菩薩為了斷除他們的疑慮，而示現降魔。三、菩薩為了教化調伏眾魔軍，而示現降魔。四、菩薩為了讓諸天人、世人喜樂軍隊陣容，都來圍聚觀賞，調伏心性，而示現降魔。五、菩薩為了顯示菩薩所有的威德力量世間無有能敵者，而示現降魔。六、菩薩為了眾生發起勇猛精進的力量，而示現降魔。七、菩薩為了哀愍末法時期的眾生，而示現降魔。八、菩薩為了顯示連菩提道場都會有魔軍擾亂，但是如此才能超越魔障，而示現降魔。九、菩薩為了顯示煩惱業力的羸弱低劣，大慈悲的善根力量才是真正的強盛，而示現降魔。十、菩薩為了要隨順五濁惡世修行的法門，而示現降魔的因緣。以上就是菩薩摩訶薩端坐菩提道場修行時，觀察十種意義，而示現降魔的十種因緣。

佛子啊！菩薩摩訶薩因為十種因緣而成就諸佛的十力。是哪十種呢？就是：一、因為菩薩已超過一切眾魔煩惱業障，而能成就如來威力。二、因為菩薩具足一切的菩薩行，能遊戲菩薩的三昧法門，所以成就如來的威力。三、因為菩薩具足一切菩薩的廣大禪定力，所以能成就如來的威力。四、因為菩薩圓滿一切潔白清淨的助道之法，所以能成就如來的威力。五、因為菩薩證得一切法藏的智慧光明，善於思惟分別，所以能成就如來的威力。六、因為他的法門遍滿一切世界，所以能成就如來的威力。七、因為他所講的話，語言聲音完全等同眾生的心意，所以能成就如來的威力。八、因為菩薩能夠以神力加持一切，所以能成就如來的威力。九、因為菩薩與三世諸佛如來的身、語、意三業平等無差別，一念之間就能了知三世諸法，所以能成就如來的威力。十、因為菩薩能證得善覺智三昧，具足如來的十種威力。從所謂了知一切因緣果報「是處非處智力」，乃至於到永斷的一切疑惑習氣的「漏盡智力」等如來十力都完全具足，所以能成就如來的大威力。以上就是菩薩成就諸佛十力的十種因緣。如果諸位菩薩能具足諸佛的十力，就可以稱為如來、應、正等覺。

佛子啊！如來、應、正等覺轉動大法輪時有十事。是哪十種呢？就是：一、具足清淨的佛陀四無畏智智。二、出生具足法、義、辭、辯等四種無礙辯才的隨順音聲。三、善於宣說開示闡明苦、集、滅、道等四真諦。四、能隨順諸佛如來的無礙解脫。五、能讓眾生都生出清淨正信。六、所宣說的法都功不唐捐，能拔除眾生如毒箭般的眾苦。七、能以大悲願力加持一切。八、隨順菩薩所演說的法音，能普遍十方世界。九、能在阿僧祇的時劫中說法不斷。十、凡隨所說的法都能生起五根、五力、七覺支、八正道、禪定、解脫、三昧等法。佛子啊！諸佛如來在轉法輪時有如是無等無量之事啊！

佛子啊！如來、應、正等覺轉動法輪時，能以十種事的因緣，在眾生心中種下各種潔白清淨的法，凡是聽聞的眾生都不會白費空過。是哪十種呢？就是：一、因為過去世的願力。二、因為大悲心的加持。三、因為不捨棄眾生。四、因為他的大智慧、大自在，而能隨順眾生的悅樂，而為他們說法。五、因為他能順應最適當的時機，未曾失誤。六、因為他會隨順著眾生所適宜攝受的法，沒有妄語。七、因為他能了知三世智慧，並且善巧了知三世的一切諸法。八、因為他的身相最為殊勝，沒有人能夠與他相等。九、他的言語措辭自在，他人無法測知。十、他的智慧自在無礙，眾生只要隨順他所說的話都得以開悟。就是這十種事。

佛子啊！如來、應、正等覺出興作佛事之後，因為觀察十種意義，而示現般涅槃的境界。是哪十種呢？就是：一、示現一切的眾行其實都是無常的。二、示現一切的有為法都不是安穩的。三、示現大涅槃是最安穩的，既沒有恐怖，也沒有畏懼。四、因為諸人、天執著色身的享樂，諸佛為了示現色身的無常，讓他們安住在清淨的法身。五、示現人不可能扭轉無常。六、示現一切的有為法都不能安住心中，不能使人自在。七、示現三界都如幻化，一點兒也不堅牢。八、示現涅槃體性才是究竟的堅牢，沒有人能夠毀壞。九、示現諸法本性無生、無起而只是有聚集、離散、毀壞之相。

佛子啊！諸佛世尊興作佛事之後，已經圓滿所有發起的誓願，法輪已轉，應該度化的眾生也都已經度化，有諸菩薩等應當授記成佛的尊號來成就記別之後，法應如是地進入不變的大般涅槃。

佛子啊！這十種意義的因緣，如來、應、正等覺觀察之後，就示現般涅槃。

佛子啊！❸這種法門稱為：菩薩廣大的清淨行，是無量的諸佛所共同宣說的，能讓大智慧者了知無量義，心生歡喜；讓一切菩薩的大悲願、大悲行都能相續不斷。

佛子啊！如果有眾生能夠聽聞這個法門，聽聞之後能正信了知，了知之後能奉持修行，一定能夠很快就成就正覺。為什麼呢？因為他能按照所說的法修持。

佛子啊！若諸佛菩薩不能照諸佛所宣說的法修行，必可知道此人與佛菩提是永遠背離的，所以菩薩一定要照佛陀所說的法修行。

佛子啊！菩薩所有功德的所行處都是由決定不壞的義理所生，因此他能普遍進入一切法，普遍生出一切智慧。超出所有的世間，永離二乘之道，不同於一切的眾生。並且完全觀照了知任一個法門，增長眾生出世間的善根。所以你們對〈離世間法門品〉應當尊重、聽受、誦持、思惟、願樂、修行，如果能夠這樣做，那麼這個人一定會很快就證得正覺。

菩薩在宣說這離世間品的時候❹，因為佛陀的神力，以及這個法門本來如是，十方無量無邊的阿僧祇世界都發生大震動，普照大光明。

這時，十方的諸佛全都示現在普賢菩薩的面前，讚歎地說：

善哉！善哉！佛子啊！你能宣說這個諸菩薩摩訶薩的功德所行處由決定不壞的義理所生，普遍趣入一切佛法的出世間法門品。佛子啊！因為你長於修學這個法門，宣說這個法門，所以你能以威力護持這個法門，所以諸佛都前來隨喜讚歎這種法門。如同一位佛陀隨喜讚歎你一般，諸佛也全都是如此讚歎你。佛子啊！諸佛如來都會共同護持此經，讓現在、未來未曾聽聞此法的菩薩，都能在適當的時機聽聞此法。

這時，普賢菩薩摩訶薩蒙受諸佛的威神力加持，觀察十方一切大眾，浸潤法界而稱頌說：

於無量劫勤修苦行，從無量佛正法出生，
令無量眾安住菩提，彼無等行聽我宣說。
供無量佛而捨執著，廣度群生不作心想，
求佛功德心無所依，彼勝妙行我今宣說。
離三界魔煩惱眾業，具聖功德最勝妙行，
滅諸痴惑心體寂然，我今說彼所行妙道。
永離世間諸欺誑幻，種種變化示諸眾生，
心生住滅示現眾事，說彼所能令眾歡喜。
見諸眾生生老病死，煩惱憂悲橫所纏迫，
欲令解脫教彼發心，彼功德行今應聽受。
施戒忍進禪定智慧，方便慈悲喜捨等心，
百千萬劫恆常修行，彼人功德仁者應聽。
千萬億劫勤求菩提，所有身命悉皆無吝，
願益群生不為己利，彼慈愍行我今宣說。
無量億劫演其功德，如海一滴未為稀少，

功德無比不可譬諭，以佛威神如今略說。
其心無有高下，求道亦無厭倦，
普使一切眾生，安住善增淨法。
智慧普皆饒益，如樹亦如河泉，
亦如同於大地，一切所依止處。
菩薩宛如蓮華，慈根為安穩莖，
智慧為眾華藥，戒品甚為香潔。
佛放妙法光明，令彼而得開敷，
不著有為之水，見者悉皆欣樂。
菩薩妙法大樹，生於直心大地，
信種慈悲為根，智慧以為樹身。
方便作為枝幹，五度為彼繁密，
定葉神通妙華，一切智慧為果。
最上大力為鳥，垂陰覆蓋三界，
菩薩大師子王，白淨妙法為身。
四諦為其雙足，正念以為頸項，

慈眼智慧為首，頂繫解脫絲繒。
勝義空谷之中，吼法驚怖眾魔，
菩薩能為商主，普見一切群生。
在生死曠野中，煩惱險惡之處，
魔賊之所攝持，痴盲失於正道。
示其正直大路，令人無畏寶城，
菩薩見諸眾生，三毒煩惱惡病。
種種諸般苦惱，長夜中所煎迫，
為發大慈悲心，廣說對治法門。
八萬四千種法，滅除一切苦患，
菩薩能為法王，正道化導眾生。
令彼遠惡修善，專求諸佛功德，
一切諸佛所在，灌頂授彼尊記。
廣施一切聖財，眾菩提分珍寶，
菩薩轉大法輪，宛如佛之所轉。
戒轂三昧為輞，智莊嚴慧為劍，

既破彼煩惱賊，亦殄滅眾魔怨。
一切諸外道等，見之無不失散，
菩薩智慧大海，深廣無涯無際。
正法妙味盈洽，眾覺分寶充滿，
大心無有邊岸，一切智慧為潮。
眾生莫能測度，說之不可窮盡，
菩薩如須彌山，超出於諸世間。
神通三昧為峯，大心安住不動，
若有能親近者，如同其智慧色。
逈絕種種境界，一切無不親覩，
菩薩宛如金剛，志求一切智慧。
信心以及苦行，堅固不可動搖，
其心無所畏懼，饒益諸群生等。
眾魔與諸煩惱，一切悉皆摧滅，
菩薩廣大慈悲，譬如深重密雲。
三明迅發電光，神足震動雷音，

普以四種辯才，雨下八功德水❺。
潤洽於一切處，令除眾煩惱熱，
菩薩正法大城，般若以為城牆。
慚愧作為深塹，智慧為彼卻敵，
廣開解脫妙門，正念恆為防守。
四諦平坦王道，六通積集兵仗，
復建廣大法幢，周迴遍滿其下。
三有諸魔軍眾，一切無能趣入，
菩薩迦樓羅鳥，如意以為堅足。
方便為勇猛翅，慈悲成明淨眼，
安住一切智樹，觀察三有大海。
搏撮天人眾龍，安置涅槃彼岸，
菩薩正法大日，出現於諸世間。
戒品圓滿輪寶，神足速疾而行，
照以智慧光明，長養諸根力藥。
滅除煩惱黑闇，消竭愛欲大海，

菩薩智光明月，法界以為其輪。
遊於畢竟空中，世間無不親見，
三界識心之內，隨時或有增減。
二乘星宿之中，一切無能儔匹，
菩薩如大法王，功德莊嚴其身。
相好現皆具足，人天悉皆瞻仰，
方便清淨眼目，智慧金剛寶杵。
於法已得自在，以道化導群生，
菩薩如大梵王，自在超於三有。
業惑悉皆斷絕，慈捨靡不具足，
處處示現其身，開悟眾以法音。
於彼三界之中，拔除諸邪見根，
菩薩如自在天，超過於生死地。
境界恆常清淨，智慧無有退轉，
絕彼下乘之道，受諸灌頂大法。
功德智慧具足，名稱靡不聽聞，

菩薩大智慧心，清淨如同虛空。
無性無依止處，一切了不可得，
有大自在威力，能成世間眾事。
自具清淨妙行，令諸眾生亦然，
菩薩於方便地，饒益一切眾生。
菩薩慈悲法水，澣滌一切煩惱；
菩薩智慧大火，燒諸惑習薪材；
菩薩無住之風，遊行三有空中；
菩薩宛如珍寶，能濟貧窮困厄；
菩薩宛如金剛，能摧顛倒見解；
菩薩宛如瓔珞，莊嚴三有之身；
菩薩宛如摩尼，增長一切勝行；
菩薩妙德如華，常發菩提分法；
菩薩願如寶鬘，恆繫眾生之首；
菩薩清淨戒香，堅持行無缺犯；
菩薩智慧塗香，普熏三界之中；

菩薩力如寶帳，能遮煩惱塵勞；
菩薩智如大幢，能摧毀我慢敵。
以妙行為繒綵，莊嚴成於智慧；
慚愧作為衣服，普覆一切群生。
菩薩無礙妙乘，巾之出於三界；
菩薩大力象王，其心善能調伏；
菩薩神足馬寶，騰步超於諸有；
菩薩說法如龍，普雨眾生之心；
菩薩如優曇華，世間難得值遇；
菩薩為大勇將，眾魔悉皆降伏；
菩薩轉大法輪，如同佛之所轉；
菩薩燈明破闇，眾生見於正道；
菩薩功德大河，恆順正道而流；
菩薩精進橋樑，廣度一切群品；
大智與弘誓願，共作堅牢之船，
引接諸眾生等，安置菩提彼岸。

菩薩遊戲園林，真實利樂眾生；
菩薩解脫妙華，莊嚴智慧宮殿；
菩薩宛如妙藥，滅除諸煩惱病；
菩薩亦如雪山，出生智慧妙藥；
菩薩等同於佛，覺悟一切群生，
佛心豈有他意，正覺覺於世間。
如佛之所後來，菩薩亦如是來，
亦如一切智者，以智入於普門。
菩薩善巧開導，一切諸群生等，
菩薩自然覺悟，一切智慧境界。
菩薩無量威力，世間莫能沮壞；
菩薩無畏智慧，了知眾生及法。
一切諸世間中，色相各有差別，
音聲以及名字，悉能分別了知。
雖遠離於名色，而示現種種相，
一切諸眾生中，莫能測量其道。

如是等諸功德，菩薩悉皆成就，
了性皆悉無性，有無皆無所著。
如是一切智慧，無盡亦無所依，
我今應當演說，令諸眾生歡喜。
雖了知諸法相，如幻本悉空寂，
而以大悲願心，以及佛威神力。
示現神通變化，種種無量妙事，
如是諸種功德，汝等應當聽受。
一身悉能示現，無量差別妙身，
無心亦無境界，普應一切大眾。
一音中皆具演，一切所有言音，
眾生語言諸法，隨類皆能創作。
永離煩惱之身，而現自在妙身，
知法不可宣說，而作種種言說。
其心恆常寂滅，清淨宛如虛空，
而普莊嚴剎土，示現一切大眾。

於身亦無所著，而能示現其身，
一切世間之中，隨相應而受生。
雖生一切處中，亦不住於受生，
了知身如虛空，種種隨心示現。
菩薩身亦無邊，普現一切處所，
恆常恭敬供養，最勝兩足至尊。
香華及眾妓樂，幢幡以及寶蓋，
恆以甚深淨心，供養於諸佛陀。
不離一佛大會，普示在諸佛所，
於彼大眾之中，問難及聽受法。
聞法入于三昧，一一無量法門，
起定亦復皆然，示現無有窮盡。
智慧善巧方便，了世皆如幻化，
而能示現世間，無邊諸幻化法。
示現種種色相，亦示現心及語，
入諸心想網中，而恆無所執著。

或示現初發心，利益於諸世間，
或現長久修行，廣大無邊無際。
施戒忍及精進，禪定及智慧度，
四梵❻與四攝❼等，一切最殊勝法。
或現諸行成滿，得證忍無分別；
或現一生所繫，諸佛與之灌頂；
或現聲聞之相，或復示現緣覺，
處處入般涅槃，不捨菩提妙行。
或現為帝釋天，或現身為梵王，
或示天女圍遶，或時獨坐宴默，
或示現為比丘，寂靜調伏其心；
或現自在大王，統理世間諸法；
或現為巧術女，或現勤修苦行，
或現身受五欲，或現入諸禪定，
或現初始出生，或現少或老、死，
若有心思議者，則心疑發狂亂；

或現身在天宮，或現始降神識，
或入或住胎中，或成佛轉法輪，
或生或入涅槃，或現入於學堂，
或在采女之中，或離俗世修禪，
或坐菩提樹下，自然成就正覺；
或示現轉法輪，或現初始求道，
或示現為佛身，宴坐❽無量剎土；
或修不退轉道，積集菩提資具；
深入無數時劫，皆悉到達彼岸。
無量劫入一念，一念中無量劫，
一切劫與非劫，為世示現時劫。
無來亦無積集，成就諸劫中事，
於一微塵之中，普見一切諸佛。
十方一切處所，無處而不示現，
國土眾生之法，次第悉皆得見。
經於無量劫數，究竟不可窮盡，

菩薩了知眾生，廣大無有邊際。
彼一眾生之身，無量因緣所起，
如知一身無量，一切身悉亦然。
隨其所通達者，教化諸未學者，
悉了知眾生根，上中下各不同。
亦知諸根轉移，應化及不應化，
一根與一切根，展轉因緣之力，
微細各有差別，次第無有錯亂。
又了知其欲解，一切煩惱習氣，
亦知過去來今，所有種種心行，
了達一切所行，無來亦無有去，
既知其所行已，為說無上妙法。
雜染與清淨行，種種皆悉了知，
一念得證菩提，成就一切智慧。
住佛不可思議，究竟智慧妙心，
一念悉能了知，一切眾生心行。

菩薩神通智慧，功力已得自在，
能於一念之中，往詣無邊剎土。
如是速疾往詣，盡於無數時劫，
無處而不周遍，莫動毫毛端分。
譬如工巧幻師，示現種種色相，
於彼幻化中求，無色及無非色。
菩薩亦復如是，以方便智幻化，
種種悉皆示現，充滿於諸世間。
譬如清淨日月，皎鏡在虛空中，
影現映於眾水，不為眾水所雜。
菩薩清淨法輪，當知亦復如是，
示現世間心水，不為世水所雜。
如人於睡夢中，造作種種情事，
雖經億千歲時，一夜未曾終盡。
菩薩安住法性，示現一切情事，
無量劫可極致，一念智慧無盡。

譬如山谷之中，及以宮殿之間，
種種悉皆響應，而實無所分別。
菩薩安住法性，能以自在智慧，
廣出隨類音聲，亦復無所分別。
如有見於陽焰，心想之以為水，
馳逐而不得飲，展轉更增乾渴。
眾生煩惱之心，應知亦復如是，
菩薩心起慈愍，救之令得出離。
觀色宛如聚沫，受如水上之泡，
想如熱時火焰，諸行如同芭蕉。
心識猶如幻化，示現種種情事，
如是了知諸蘊，智者無所執著。
諸處悉皆空寂，宛如機關動轉，
一切界性永離，虛妄現於世間。
菩薩安住其實，寂滅第一義中，
種種廣大宣暢，而心無所依止。

無來亦復無去，亦復無有安住，
煩惱惑業苦因，三種恆相流轉。
緣起非有非無，非實亦復非虛，
如是入於中道，說之無所染著。
能於一念之中，普現三世眾心，
欲色及無色界，一切種種情事。
隨順於三律儀❾，演說三解脫門，
建立三乘之道❿，成就一切智慧。
了達處與非處，諸業以及諸根，
界解與諸禪定，一切至處要道。
宿命念天眼通，滅除一切疑惑，
了知佛十種力，而未全能成就。
了達諸法性空，而常勤求妙法，
不與煩惱合和，而亦不盡諸漏。
廣知出離要道，而以濟度眾生，
於此得證無畏，不捨勤修諸行。

具無謬無違道，亦不失於正念，
精進欲入三昧，觀慧無有損減。
三聚皆得清淨，三世悉皆明達，
大慈愍諸眾生，一切無有障礙。
由入此大法門，得成如是妙行，
我今說其少分，功德莊嚴要義。
窮於無數時劫，說彼勝行無盡，
我今應說少分，宛如大地一塵。
依於佛智安住，起於奇特心想，
修行最殊勝行，具足廣大慈悲。
精勤自得安穩，教化一切含識，
安住淨戒之中，具足諸授記行。
能入諸佛功德，眾生行及剎土，
劫世悉亦了知，無有疲厭心想。
差別智慧總持，通達真實妙義，
思惟宣說無比，寂靜等同正覺。

發於普賢大心，及修其勝行願，
慈悲因緣大力，趣道心意清淨。
修行諸波羅蜜，究竟隨順覺智，
證如十力自在，成就無上菩提。
成就平等智慧，演說最殊勝法，
能持具足妙辯，逮得法王之處。
遠離於諸執著，演說心本平等，
出生於大智慧，變化得證菩提。
住持一切時劫，智者心大欣慰，
深入以及依止，無畏無有疑惑。
了達不可思議，巧密善妙分別，
善入諸三昧中，普見智慧境界。
究竟諸解脫法，遊戲諸神通明，
纏縛悉皆永離，園林恣遊之處。
白法以為宮殿，諸行極可欣樂，
示現無量莊嚴，於世心無動搖。

深心善巧觀察，妙辯能為開演，
清淨菩提妙印，智光普照一切。
所住無與等比，其心無有下劣，
立志宛如大山，種種宛如深海。
如寶安住妙法，被甲誓願大心，
發起成於大事，究竟無能沮壞。
得授佛菩提記，安住廣大心中，
祕藏無有窮盡，覺悟一切妙法。
世智皆得自在，妙用無有障礙，
眾生一切剎土，及以種種妙法。
身願與諸境界，智慧及神通等，
示現於世間中，無量百千億種。
遊戲及諸境界，自在無能制之，
十力無畏不共，一切淨業莊嚴。
諸身以及身業，語及淨修語業，
以得守護之故，成辦十種大事。

菩薩心初發時，及以心達周遍，
諸根無有散動，獲得最勝妙根。
深心及增勝心，遠離於諸諂誑，
種種決定解悟，普入於世間中。
捨彼煩惱習氣，取茲最勝妙道，
巧修使之圓滿，逮成一切智慧。
離退入於正位，決定證得寂滅，
出生佛法妙道，成就功德名號。
道及無量之道，乃至莊嚴妙道，
次第善巧安住，悉皆無所執著。
手足及腹寶藏，金剛以之為心，
被以慈哀鎧甲，具足眾器兵仗，
智首明達妙眼，以菩提行為耳。
清淨戒律為鼻，滅闇無有障礙，
辯才以為喉舌，無處不至妙身。
最勝智慧為心，行住勤修諸業，

道場師子安坐，梵臥以空為住。
所行以及觀察，普照如來境界，
遍觀眾生心行，奮迅以及哮吼。
離貪行清淨施，捨慢持淨妙戒，
不瞋常行忍辱，不懈恆住精進。
禪定已得自在，智慧空無所行，
慈濟悲心無倦，喜法捨諸煩惱。
於諸境界之中，知義亦了知法，
福德悉成圓滿，智慧宛如利劍。
普照樂於多聞，明了趣向妙法，
了知魔及魔道，誓願咸皆捨離。
見諸佛與佛業，發心悉皆攝取，
離慢修習智慧，不為魔力所持。
為佛之所攝持，亦為妙法所持，
示現住兜率天，又現從彼命終。
示現安住母胎，亦示現微細趣，

現生以及微笑，亦現行走七步。
示修眾妙技術，亦示身處深宮，
出家勤修苦行，往詣住於道場。
端坐大放光明，覺悟一切群生，
降魔圓成正覺，轉動無上法輪，
所現悉已終了，入於大涅槃中。
彼諸菩薩妙行，無量時劫修習，
廣大無有邊際，我今宣說少分。
雖令無量大眾，安住佛功德海，
眾生以及法中，畢竟無有所取。
具足如是妙行，遊戲諸神通力，
毛端巧置眾剎，經於億千時劫。
掌持無量剎土，遍往身無疲倦，
還來置於本處，眾生心不知覺。
菩薩能以一切，種種莊嚴剎土，
置於一毛孔中，真實悉令得見。

復能以一毛孔，普納一切大海，
大海無增無減，眾生亦不嬈害。
無量鐵圍大山，手執碎為微塵，
一塵下為一剎，盡此所有塵數。
以此諸塵剎土，復更末為微塵，
如是微塵可知，菩薩智慧難量。
於一毛孔之中，大放無量光明，
日月星宿光明，摩尼珠火之光。
及以諸天光明，一切悉皆映蔽。
滅除諸惡道苦，為說無上大法，
一切諸世間中，種種差別言音，
菩薩能以一音，一切皆能演說。
決定分別宣說，一切諸佛妙法，
普使一切群生，聞之生大歡喜。
過去一切時劫，安置未來今時，
未來現在時劫，迴置過去世中。

示現無量剎土，燒然以及成住，
一切諸世間中，悉置在一毛孔。
未來及現在世，一切十方諸佛，
靡不於身之中，能分明而顯現。
深知變化妙法，善巧應眾生心，
示現種種色身，而皆無所執著。
或示現於六趣，一切眾生之身，
梵釋及護世身，諸天人眾之身，
聲聞與緣覺身，諸佛如來妙身，
或現菩薩身形，修行一切智慧，
能善入軟中上，眾生諸想網中。
示現圓成菩提，及以諸佛剎土。
了知諸心想網，於想能得自在。
示修菩薩妙行，一切方便勝事，
示現如是等等，廣大諸種神變。
如是一切境界，舉世莫能了知，

雖現亦無所現，究竟輾轉增上。
隨順眾生心想，令行真實之道，
身語及與心念，平等如同虛空。
淨戒以為塗香，眾行作為衣服，
法繒莊嚴淨髻，一切智慧摩尼，
功德靡不周遍，灌頂晉昇王位。
波羅蜜為輪寶，諸神通以為象，
神足以為寶馬，智慧作為明珠，
以妙行為采女，四攝主藏大臣，
方便為主兵寶，菩薩轉輪聖王，
三昧作為城廓，空寂能為宮殿，
慈悲甲智慧劍，念慧弓明利箭，
高張神力寶蓋，迥建智慧大幢，
忍力不可動搖，直破魔王大軍。
總持作為平地，眾行以為河水，
清淨智為涌泉，妙慧作成樹林。

空為澄淨水池，覺分菡萏妙華，
神通力自莊嚴，三昧恆常娛樂。
正思惟為采女，甘露化為美食，
解脫妙味為漿，遊戲於三乘中。
此諸菩薩勝行，微妙轉更增上，
無量時劫修行，其心永不厭足。
供養一切諸佛，嚴淨一切佛剎，
普令一切眾生，安住一切智慧。
一切剎土微塵，悉可了知其數，
一切虛空世界，一沙可為度量。
一切眾生心想，念念皆可數知，
佛子諸般功德，說之不可窮盡。
欲具此功德海，及諸無上妙法，
欲使一切眾生，離苦常得安樂。
欲令身語意業，悉與諸佛平等，
應發大金剛心，學此功德勝行。

【註釋】

❶大微細　指多事於一相中同時齊現，深密難知。
❷七財　七聖財，指信、戒、聞、慚、愧、捨、慧七法。
❸以上本會說分完畢，以下話說勸修學。
❹以下敘述現瑞與證成。
❺八功德水　水的八種功德，一為澄淨，二為清冷，三為甘美，四為輕軟，五為潤澤，六為安和，七為除飢渴等患，八為長養諸根。
❻四梵　四梵行，慈、悲、喜、捨四無量心，這四心為梵天之生因，又叫四梵行。
❼四攝　布施、愛語、利行、同事。
❽宴坐　安樂而坐之意，即是坐禪。
❾三律儀　攝律儀戒、攝善法戒、攝眾生戒三者。
❿三乘道　聲聞道、緣覺道、菩薩道。

【原典】

佛子！菩薩摩訶薩示現處胎，有十種事。何等為十？佛子！菩薩摩訶薩為欲成就小心劣解諸眾生故，不欲令彼起如是念：「今此菩薩自然化生，智慧善根不從修得。」是故菩薩示現處胎。是為第一事。菩薩摩訶薩為成熟父母及諸眷屬、宿世同行眾生善根，示現處胎。何以故？彼皆應以見於處胎成熟所有諸善根故。是為第二事。菩薩摩訶薩入母胎時，正念正知，無有迷惑；住母胎已，心恒正念，亦無錯亂。是為第三事。菩薩摩訶薩在母胎中常演說法，十方世界諸大菩薩、釋、梵、四王皆來集會，悉令獲得無量神力、無邊智慧，菩薩處胎成就如是辯才、勝用。是為第四事。菩薩摩訶薩在母胎中集大眾會，以本願力教化一切諸菩薩眾。是為第五事。菩薩摩訶薩於人中成佛，應具人間最勝受生，以此示現處於母胎。是為第六事。菩薩摩訶薩在母胎中，三千大千世界眾生悉見菩薩，如明鏡中見其面像；爾時，大心天、龍、夜叉、乾闥婆、阿修羅、迦樓羅、緊那羅、摩睺羅伽、人、非人等，皆詣菩薩，恭敬供養。是為第七事。菩薩摩訶薩在母胎中，他方世界一切最後生菩薩在母胎者，皆來共會，說大集法門，名：廣大智慧藏。是為第八事。菩薩摩訶薩在母胎時，入離垢藏三昧，以三昧力，於母胎中現大宮殿，種種嚴飾悉皆妙好，兜率天宮不可為比，而令母身安隱無患。是為第九事。菩薩摩訶薩住母胎時，以大威力興供養具，名：開大福德離垢藏，普遍十方一切世界，供養一切諸佛如來，彼諸如來咸為演說無邊菩薩住處法界藏。是為第十事。佛子！是為菩薩摩訶薩示現處胎十種事。若諸菩薩了達此法，則能示現甚微細趣。

佛子！菩薩摩訶薩有十種甚微細趣。何等為十？所謂：在母胎中，示現初發菩提心，乃至灌頂地；在母胎中，示現住兜率天；在母胎中，示現初生；在母胎中，示現童子地；在母胎中，示現處王宮；在母胎中，示現出家；在母胎中，示現苦行，往詣道場，成等正覺；在母胎中，示現轉法輪；在母胎中，示現般涅槃；在母胎中，示現大微細，謂：一切菩薩行一切如來自在神力無量差別門。佛子！是為菩薩摩訶薩在母胎中十種微細趣。若諸菩薩安住此法，則得如來無上大智慧微細趣。

佛子！菩薩摩訶薩有十種生。何等為十？所謂：遠離愚癡正念正知生；放大光明網普照三千大千世界生；住最後有更不受後身生；不生不起生；知三界如幻生；於十方世界普現身生；證一切智智身生；放一切佛光明普覺悟一切眾生身生；入大智觀察三昧身生；佛子！菩薩生時，震動一切佛剎，解脫一切眾生，除滅一切惡道，映蔽一切諸魔，無量菩薩皆來集會。佛子！是為菩薩摩訶薩十種生，為調伏眾生故，如是示現。

佛子！菩薩摩訶薩以十事故，示現微笑心自誓。何等為十？所謂：菩薩摩訶薩念言：「一切世間歿在欲泥，除我一人無能勉❶濟。」如是知已，熙怡微笑心自誓。復念言：「一切世間煩惱所盲，唯我今者具足智慧。」如是知已，熙怡微笑心自誓。又念言：「我今因此假名身故，當得如來充滿三世無上法身。」如是知已，熙怡微笑心自誓。菩薩爾時，以無障礙眼，遍觀十方所有梵天，乃至一切大自在天，作是念言：「此等眾生，皆自謂為有大智力。」如是知已，熙怡微笑心自誓。菩薩爾時觀諸眾生，久種善根，今皆退沒；如是知已，熙怡微笑心自誓。菩薩觀見世間種子，所種雖少，獲果甚多；如是知已，熙怡微笑心自誓。菩薩觀見一切眾生，蒙佛所教，必得利益；如是知已，熙怡微笑心自誓。菩薩觀見過去世中同行菩薩，染著餘事，不得佛法廣大功德；如是知已，熙怡微笑心自誓。菩薩觀見過去世中同共集會諸天人等，至今猶在凡夫之地，不能捨離，亦不疲厭；如是知已，熙怡微笑心自誓。菩薩爾時，為一切如來光明所觸，倍加欣慰，熙怡微笑心自誓。是為十。佛子！菩薩為調伏眾生故，如是示現。

佛子！菩薩摩訶薩以十事故，示行七步。何等為十？所謂：現菩薩力故，示行七步；現施七財故，示行七步；滿地神願故，示行七步；現超三界相故，示行七步；現菩薩最勝行超過象王、牛王、師子王行故，示行七步；現金剛地相故，示行七步；現欲與眾生勇猛力故，示行七步；現修行七覺寶故，示行七步；現所得法不由他教故，示行七步；現於世間最勝無比故，示行七步。是為十。佛子！菩薩為調伏眾生故，如是示現。

佛子！菩薩摩訶薩以十事故，現處童子地。何等為十？所謂：為現通達一切世間文字、算計、圖書、印璽種種業故，處童子地；為現通達一切世間象馬、車乘、弧矢、劍戟種種業故，處童子地；為現通達一切世間文筆、談論、博弈、嬉戲種種事故，處童子地；為現遠離身、語、意業諸過失故，處童子地；為現入定住涅槃門，周遍十方無量世界故，處童子地；為現其力超過一切天、龍、夜叉、乾闥婆、阿修羅、迦樓羅、緊那羅、摩睺羅伽、釋、梵、護世、人、非人等故，處童子地；為現菩薩色相威光超過一切釋、梵、護世故，處童子地；為令耽著欲樂眾生歡喜樂法故，處童子地；為尊重正法，勤供養佛，周遍十方一切世界故，處童子地；為現得佛加被蒙法光明故，處童子地。是為十。

佛子！菩薩摩訶薩現童子地已，以十事故現處王宮。何等為十？所謂：為令宿世同行眾生善根成熟故，現處王宮；為顯示菩薩善根力故，現處王宮；為諸人、天耽著樂具，示現菩薩大威德樂具故，現處王宮；順五濁世眾生心故，現處王宮；為現菩薩大威德力能於深宮入三昧故，現處王宮；為令宿世同願眾生滿其意故，現處王宮；欲令父母、親戚、眷屬滿所願故，現處王宮；欲以妓樂出妙法音供養一切諸如來故，現處王宮；為隨順守護諸佛法宮；欲於宮內住微妙三昧，始從成佛乃至涅槃皆示現故，現處王宮；為隨順守護諸佛法故，現處王宮。是為十。最後身菩薩如是示現處王宮已，然後出家。

佛子！菩薩摩訶薩以十事故，示現出家。何等為十？所謂：為厭居家故，示現出家；為著家眾生令捨離故，示現出家；為隨順信樂聖人道故，示現出家；為宣揚讚歎出家功德故，示現出家；為顯永離二邊見故，示現出家；為令眾生離欲樂、我樂故，示現出家；為先現出三界相故，示現出家；為現自在不屬他故，示現出家；為顯當得如來十力、無畏法故，示現出家；最後菩薩法應爾故，示現出家。是為十。菩薩以此調伏眾生。

佛子！菩薩摩訶薩為十種事故，示行苦行。何等為十？所謂：為成就劣解眾生故，示行苦行；為拔邪見眾生故，示行苦行；為不信業報眾生令見業報故，示行苦行；為隨順雜染世界法應爾故，示行苦行；示能忍劬勞勤修道故，示行苦行；為令眾生樂求法故，示行苦行；為著欲樂、我樂眾生故，示行苦行；為顯菩薩起行殊勝，乃至最後生猶不捨勤精進故，示行苦行；為令眾生樂寂靜法，增長善根故，示行苦行❷；為諸天、世人諸根未熟，待時成熟故，示行苦行。是為十。菩薩以此方便調伏一切眾生。

佛子！菩薩摩訶薩往詣道場有十種事。何等為十？所謂：詣道場時，照耀一切世界；詣道場時，震動一切世界；詣道場時，於一切世界普現其身；詣道場時，覺悟一切菩薩及一切宿世同行眾生；詣道場時，示現道場一切莊嚴；詣道場時，隨諸眾生心之所欲，而為現身種種威儀，及菩提樹一切莊嚴；詣道場時，現見十方一切如來；詣道場時，舉足、下足常入三昧，念念成佛無有超隔；詣道場時，一切天、龍、夜叉、乾闥婆、阿修羅、迦樓羅、緊那羅、摩睺羅伽、釋、梵、護世一切諸王各不相知，而興種種上妙供養；詣道場時，以無礙智，普觀一切諸佛如來於一切世界修菩薩行而成正覺。是為十。菩薩以此教化眾生。

佛子！菩薩摩訶薩坐道場有十種事。何等為十？所謂：坐道場時，種種震動一切世界；坐道場時，平等照耀一切世界；坐道場時，除滅一切諸惡趣苦；坐道場時，令一切世界金剛所成；坐道場時，普現❸一切諸佛如來師子之座；坐道場時，心如虛空，無所分別；坐道場時，隨其所應，現身威儀；坐道場時，隨順安住金剛三昧；坐道場時，受一切如來神力所持清淨妙處；坐道場時，自善根力悉能加被一切眾生。是為十。

佛子！菩薩摩訶薩坐道場時，有十種奇特未曾有事。何等為十？佛子！菩薩摩訶薩坐道場時，十方世界一切如來皆現其前，咸舉右手而稱讚言：「善哉善哉！無上導師！」是為第一未曾有事。菩薩摩訶薩坐道場時，一切如來皆悉護念，與其威力，是為第二未曾有事。菩薩摩訶薩坐道場時，宿世同行諸菩薩眾悉來圍遶，以種種莊嚴具恭敬供養，是為第三未曾有事。菩薩摩訶薩坐道場時，一切世界草木、叢林諸無情物，皆曲身低影，歸向道場，是為第四未曾有事。菩薩摩訶薩坐道場時，入三昧，名：觀察法界，此三昧力能令菩薩一切諸行悉得圓滿，是為第五未曾有事。菩薩摩訶薩坐道場時，得陀羅尼，名：最上離垢妙光海藏，能受一切諸佛如來大雲法雨，是為第六未曾有事。菩薩摩訶薩坐道場時，以威德力興上妙供具，遍一切世界供養諸佛，是為第七未曾有事。菩薩摩訶薩坐道場時，住最勝智，悉現了知一切眾生諸根意行，是為第八未曾有事。菩薩摩訶薩坐道場時，入三昧，名：善覺，此三昧力能令其身充滿三世盡虛空界一切世界，是為第九未曾有事。菩薩摩訶薩坐道場時，得離垢光明無礙大智，令其身業普入三世，是為第十未曾有事。佛子！是為菩薩摩訶薩坐道場時，十種奇特未曾有事。

佛子！菩薩摩訶薩坐道場時，觀十種義故，示現降魔。何等為十？所謂：為濁世眾生樂於鬪戰，欲顯菩薩威德力故，示現降魔；為諸天、世人有懷疑者，斷彼疑故，示現降魔；為教化調伏諸魔軍故，示現降魔；為欲令諸天、世人樂軍陣者，咸來聚觀，心調伏故，示現降魔；為顯示菩薩所有威力世無能敵故，示現降魔；為欲發起一切眾生勇猛力故，示現降魔；為哀愍末世諸眾生故，示現降魔；為欲顯示乃至道場猶有魔軍而來觸惱，此後乃得超魔境界故，示現降魔；為顯煩惱業用羸劣，大慈善根勢力強盛故，示現降魔；為欲隨順濁惡世界所行法故，示現降魔。是為十。

佛子！菩薩摩訶薩有十種成如來力。何等為十？所謂：超過一切眾魔煩惱業故，成如來力；具足一切菩薩行，遊戲一切菩薩三昧門故，成如來力；具足一切菩薩廣大禪定故，成如來力；圓滿一切白淨助道法故，成如來力；得一切法智慧光明，善思惟分別故，成如來力；其身周遍一切世界故，成如來力；所出言音悉與一切眾生心等故，成如來力；能以神力加持一切故，成如來力；與三世諸佛身、語、意業等無有異，於一念中了三世法故，成如來力；得善覺智三昧，具如來十力，所謂：是處非處智力乃至漏盡智力故，成如來力。是為十。若諸菩薩具此十力，則名：如來、應、正等覺。

佛子！如來、應、正等覺轉大法輪有十種事。何等為十？一者，具足清淨四無畏智；二者，出生四辯隨順音聲；三者，善能開闡四真諦相；四者，隨順諸佛無礙解脫；五者，能令眾生心皆淨信；六者，所有言說皆不唐捐，能拔眾生諸苦毒箭；七者，大悲願力之所加持；八者，隨出音聲普遍十方一切世界；九者，於阿僧祇劫說法不斷；十者，隨所說法皆能生起根、力、覺道、禪定、解脫、三昧等法。佛子！諸佛如來轉於法輪，有如是等無量種事。

佛子！如來、應、正等覺轉法輪時，以十事故，於眾生心中種白淨法，無空過者。何等為十？所謂：過去願力故；大悲所持故；不捨眾生故；智慧自在，隨其所樂為說法故；必應其時，未曾失故；隨其所宜，無妄說故；知三世智，善了知故；其身最勝，無與等故；言辭自在，無能測故；智慧自在，隨所發言悉開悟故。是為十。

佛子！如來、應、正等覺作佛事已，觀十種義故，示般涅槃。何等為十？所謂：示一切行實無常故；示一切有為非安隱故；示大涅槃是安隱處，無怖畏故；以諸人、天樂著色身，為現色身是無常法，令其願住淨法身故；示無常力不可轉故；示一切有為不隨心住，不自在故；示一切三有皆如幻化，不堅牢故；示涅槃性究竟堅牢，不可壞故；示一切法無生無起而有聚集、散壞相故；佛子！諸佛世尊作佛事已，所願滿已，轉法輪已，應化度者皆化度已，有諸菩薩應受尊號成記別已，法應如是入於不變大般涅槃。佛子！是為如來、應、正等覺觀十義故，示般涅槃。

佛子！此法門名：菩薩廣大清淨行。無量諸佛所共宣說，能令智者了無量義皆生歡喜，令一切菩薩大願、大行皆得相續。佛子！若有眾生得聞此法，聞已信解，解已修行，必得疾成阿耨多羅三藐三菩提。何以故？以如說修行故。佛子！若諸菩薩不如說行，當知是人於佛菩提則為永離，是故菩薩應如說行。佛子！此一切菩薩功德行處決定義華，普入一切法，普生一切智，超諸世間，離二乘道，不與一切諸眾生共，悉能照了一切法門，增長眾生出世善根，離世間法門品，應尊重，應聽受，應誦持，應思惟，應願樂，應修行；若能如是，當知是人疾得阿耨多羅三藐三菩提。

說此品時，佛神力故，及此法門法如是故，十方無量無邊阿僧祇世界皆大震動，大光普照。爾時，十方諸佛皆現普賢菩薩前，讚言：善哉善哉！佛子！乃能說此諸菩薩摩訶薩功德行處決定義華普入一切佛法出世間法門品。佛子！汝已善學此法，善說此法。汝以威力護持此法，我等諸佛悉皆隨喜；如我等諸佛隨喜於汝，一切諸佛悉亦如是。佛子！我等諸佛悉共同心護持此經，令現在、未來諸菩薩眾未曾聞者皆當得聞。

爾時，普賢菩薩摩訶薩承佛神力，觀察十方一切大眾洎于法界而說頌言：

於無量劫修苦行，從無量佛正法生，令無量眾住菩提，彼無等行聽我說。

供無量佛而捨著，廣度群生不作想，求佛功德心無依，彼勝妙行我今說。

離三界魔煩惱業，具聖功德最勝行，滅諸癡惑心寂然，我今說彼所行道。

永離世間諸誑幻，種種變化示眾生，心生住滅現眾事，說彼所能令眾喜。

見諸眾生生老死，煩惱憂橫所纏迫，欲令解脫教發心，彼功德行應聽受。

施戒忍進禪智慧，方便慈悲喜捨等，百千萬劫常修行，彼人功德仁應聽。

千萬億劫求菩提，所有身命皆無吝，願益群生不為己，彼慈愍行我今說。

無量億劫演其德，如海一滴未為少，功德無比不可諭，以佛威神今略說。

其心無高下，求道無厭倦，普使諸眾生，住善增淨法。

智慧普饒益，如樹如河泉，亦如於大地，一切所依處。

菩薩如蓮華，慈根安隱莖，智慧為眾蘂，戒品為香潔。

佛放法光明，令彼得開敷，不著有為水，見者皆欣樂。

菩薩妙法樹，生於直心地，信種慈悲根，智慧以為身，

方便為枝幹，五度為繁密，定葉神通華，一切智為果。

最上力為蔦❹，垂陰覆三界。

菩薩師子王，白淨法為身。四諦為其足，正念以為頸，

慈眼智慧首，頂繫解脫繒，勝義空谷中，吼法怖眾魔。

菩薩為商主，普見諸群生，在生死曠野，煩惱險惡處，

魔賊之所攝，癡盲失正道，示其正直路，令入無畏城。

菩薩見眾生，三毒煩惱病，種種諸苦惱，長夜所煎迫；

為發大悲心，廣說對治門，八萬四千種，滅除眾苦患。

菩薩為法王，正道化眾生，令遠惡修善，專求佛功德；

一切諸佛所，灌頂授尊記，廣施眾聖財，菩提分珍寶。

菩薩轉法輪，如佛之所轉，戒轂三昧輞，智莊慧為劍，

既破煩惱賊，亦殄眾魔怨，一切諸外道，見之無不散。

菩薩智慧海，深廣無涯際，正法味盈洽，覺分寶充滿，

大心無邊岸，一切智為潮，眾生莫能測，說之不可盡。

菩薩須彌山，超出於世間，神通三昧峰，大心安不動；

若有親近者，同其智慧色，迴絕眾境界，一切無不睹。

菩薩如金剛，志求一切智，信心及苦行，堅固不可動；

其心無所畏，饒益諸群生，眾魔與煩惱，一切悉摧滅。
菩薩大慈悲，譬如重密雲，三明發電光，神足震雷音，
普以四辯才，雨八功德水，潤洽於一切，令除煩惱熱。
菩薩正法城，般若以為牆，慚愧為深塹，智慧為卻敵，
廣開解脫門，正念恒防守，四諦坦王道，六通集兵仗，
復建大法幢，周迴遍其下；三有諸魔眾，一切無能入。
菩薩迦樓羅，如意為堅足，方便勇猛翅，慈悲明淨眼，
住一切智樹，觀三有大海，搏撮天人龍，安置涅槃岸。
菩薩正法日，出現於世間，戒品圓滿輪，神足速疾行，
照以智慧光，長諸根力藥，滅除煩惱闇，消竭愛欲海。
菩薩智光月，法界以為輪，遊於畢竟空，世間無不見；
三界識心內，隨時有增減；二乘星宿中，一切無儔匹。
菩薩大法王，功德莊嚴身，相好皆具足，人天悉瞻仰，
方便清淨目，智慧金剛杵，於法得自在，以道化群生。
菩薩大梵王，自在超三有，業惑悉皆斷，慈捨靡不具，
處處示現身，開悟以法音，於彼三界中，拔諸邪見根。

菩薩自在天，超過生死地，境界常清淨，智慧無退轉，
絕彼下乘道，受諸灌頂法，功德智慧具，名稱靡不聞。
菩薩智慧心，清淨如虛空，無性無依處，一切不可得，
有大自在力，能成世間事，自具清淨行，令眾生亦然。
菩薩方便地，饒益諸眾生；菩薩慈悲水，浣❺滌諸煩惱；
菩薩智慧火，燒諸惑習薪；菩薩無住風，遊行三有空。
菩薩如珍寶，能濟貧窮厄；菩薩如金剛，能摧顛倒見；
菩薩如瓔珞，莊嚴三有身；菩薩如摩尼，增長一切行。
菩薩德如華，常發菩提分；菩薩願如鬘，恒繫眾生首。
菩薩淨戒香，堅持無缺犯；菩薩智塗香，普熏於三界。
菩薩力如帳，能遮煩惱塵；菩薩智如幢，能摧我慢敵。
妙行為繒綵，莊嚴於智慧，慚愧作衣服，普覆諸群生。
菩薩無礙乘，巾之出三界；菩薩大力象，其心善調伏；
菩薩神足馬，騰步超諸有；菩薩說法龍，普雨眾生心；
菩薩優曇華，世間難值遇；菩薩大勇將，眾魔悉降伏；
菩薩轉法輪，如佛之所轉；菩薩燈破闇，眾生見正道；

菩薩功德河，恒順正道流；菩薩精進橋，廣度諸群品。
大智與弘誓，共作堅牢船，引接諸眾生，安置菩提岸。
菩薩遊戲園，真實樂眾生；菩薩解脫華，莊嚴智宮殿；
菩薩如妙藥，滅除煩惱病；菩薩如雪山，出生智慧藥。
菩薩等於佛，覺悟諸群生，佛心豈有他，正覺覺世間。
如佛之所來，菩薩如是來；亦如一切智，以智入普門。
菩薩善開導，一切諸群生；菩薩自然覺，一切智境界。
菩薩無量力，世間莫能壞；菩薩無畏智，知眾生及法。
一切諸世間，色相各差別，音聲及名字，悉能分別知。
雖離於名色，而現種種相；一切諸眾生，莫能測其道。
如是等功德，菩薩悉成就，了性皆無性，有無無所著。
如是一切智，無盡無所依，我今當演說，令眾生歡喜。
雖知諸法相，如幻悉空寂，而以悲願心，及佛威神力，
現神通變化，種種無量事；如是諸功德，汝等應聽受。
一身能示現，無量差別身，無心無境界，普應一切眾。
一音中具演，一切諸言音；眾生語言法，隨類皆能作。

永離煩惱身，而現自在身，知法不可說，而作種種說。
其心常寂滅，清淨如虛空，而普莊嚴剎，示現一切眾。
於身無所著，而能示現身；一切世間中，隨應而受生。
雖生一切處，亦不住受生，知身如虛空，種種隨心現。
菩薩身無邊，普現一切處，常恭敬供養，最勝兩足尊。
香華眾妓樂，幢幡及寶蓋，恒以深淨心，供養於諸佛。
不離一佛會，普在諸佛所，於彼大眾中，問難聽受法。
聞法入三昧，一一無量門，起定亦復然，示現無窮盡。
智慧巧方便，了世皆如幻，而能現世間，無邊諸幻法。
示現種種色，亦現心及語，入諸想網中，而恒無所著。
或現初發心，利益於世間；或現久修行，廣大無邊際，
施戒忍精進，禪定及智慧，四梵四攝等，一切最勝法。
或現行成滿，得忍無分別；或現一生繫，諸佛與灌頂。
或現聲聞相，或復現緣覺，處處般涅槃，不捨菩提行。
或現為帝釋，或現為梵王，或天女圍遶，或時獨宴默。
或現為比丘，寂靜調其心；或現自在王，統理世間法。

或現巧術女，或現修苦行，或現受五欲，或現入諸禪。
或現初始生，或少或老死。若有思議者，心疑發狂亂。
或現在天宮，或現始降神，或入或住胎，或佛轉法輪。
或生或涅槃，或現入學堂，或在采女中，或離俗修禪。
或坐菩提樹，自然成正覺；或現轉法輪，或現始求道。
或現為佛身，宴坐無量剎；或修不退道，積集菩提具。
深入無數劫，皆悉到彼岸；無量劫一念，一念無量劫。
一切劫非劫，為世示現劫，無來無積集，成就諸劫事。
於一微塵中，普見一切佛；十方一切處，無處而不有。
國土眾生法，次第悉皆見；經無量劫數，究竟不可盡。
菩薩知眾生，廣大無有邊；彼一眾生身，無量因緣起。
如知一無量，一切悉亦然；隨其所通達，教諸未學者。
悉知眾生根，上中下不同；亦知根轉移，應化不應化；
一根一切根，展轉因緣力，微細各差別，次第無錯亂。
又知其欲解，一切煩惱習；亦知去來今，所有諸心行。
了達一切行，無來亦無去；既知其行已，為說無上法。

雜染清淨行，種種悉了知，一念得菩提，成就一切智。
住佛不思議，究竟智慧心，一念悉能知，一切眾生行。
菩薩神通智，功力已自在，能於一念中，往詣無邊剎。
如是速疾往，盡於無數劫，無處而不周，莫動毫端分。
譬如工幻師，示現種種色，於彼幻中求，無色無非色。
菩薩亦如是，以方便智幻，種種皆示現，充滿於世間。
譬如淨日月，皎鏡在虛空，影現於眾水，不為水所雜。
菩薩淨法輪，當知亦如是，現世間心水，不為世所雜。
如人睡夢中，造作種種事，雖經億千歲，一夜未終盡。
菩薩住法性，示現一切事，無量劫可極，一念智無盡。
譬如山谷中，及以宮殿間，種種皆響應，而實無分別。
菩薩住法性，能以自在智，廣出隨類音，亦復無分別。
如有見陽焰，想之以為水，馳逐不得飲，展轉更增渴。
眾生煩惱心，應知亦如是；菩薩起慈愍，救之令出離。
觀色如聚沫，受如水上泡，想如熱時焰，諸行如芭蕉。
心識猶如幻，示現種種事；如是知諸蘊，智者無所著。

諸處悉空寂，如機關動轉；諸界性永離，妄現於世間。
菩薩住真實，寂滅第一義，種種廣宣暢，而心無所依。
無來亦無去，亦復無有住，煩惱業苦因，三種恒流轉。
緣起非有無，非實亦非虛，如是入中道，說之無所著。
能於一念中，普現三世心，欲色無色界，一切種種事。
隨順三律儀，演說三解脫，建立三乘道，成就一切智。
了達處非處，諸業及諸根，界解與禪定，一切至處道。
宿命念天眼，滅除一切惑，知佛十種力，而未能成就。
了達諸法空，而常求妙法，不與煩惱合，而亦不盡漏。
廣知出離道，而以度眾生，於此得無畏，不捨修諸行。
無謬無違道，亦不失正念，精進欲三昧，觀慧無損減。
三聚皆清淨，三世悉明達，大慈愍眾生，一切無障礙。
由入此法門，得成如是行，我說其少分，功德莊嚴義。
窮於無數劫，說彼行無盡，我今說少分，如大地一塵。
依於佛智住，起於奇特想，修行最勝行，具足大慈悲。
精勤自安隱，教化諸含識，安住淨戒中，具諸授記行。

能入佛功德，眾生行及剎，劫世悉亦知，無有疲厭想。
差別智總持，通達真實義，思惟說無比，寂靜等正覺。
發於普賢心，及修其行願，慈悲因緣力，趣道意清淨。
修行波羅蜜，究竟隨覺智，證知力自在，成無上菩提。
成就平等智，演說最勝法，能持具妙辯，逮得法王處。
遠離於諸著，演說心平等，出生於智慧，變化得菩提。
住持一切劫，智者大欣慰，深入及依止，無畏無疑惑。
了達不思議，巧密善分別，善入諸三昧，普見智境界。
究竟諸解脫，遊戲諸通明，纏縛悉永離，園林恣遊處。
白法為宮殿，諸行可欣樂，現無量莊嚴，於世心無動。
深心善觀察，妙辯能開演，清淨菩提印，智光照一切。
所住無等比，其心不下劣，立志如大山，種德若深海。
如實安住法，被甲誓願心，發起於大事，究竟無能壞。
得授菩提記，安住廣大心，祕藏無窮盡，覺悟一切法。
世智皆自在，妙用無障礙，眾生一切剎，及以種種法。
身願與境界，智慧神通等，示現於世間，無量百千億。

遊戲及境界，自在無能制，力無畏不共，一切業莊嚴。
諸身及身業，語及淨修語，以得守護故，成辦❻十種事。
菩薩心初發，及以心周遍，諸根無散動，獲得最勝根。
深心增勝心，遠離於諂誑；種種決定解，普入於世間。
捨彼煩惱習，取茲最勝道，巧修使圓滿，逮成一切智。
離退入正位，決定證寂滅，出生佛法道，成就功德號。
道及無量道，乃至莊嚴道，次第善安住，悉皆無所著。
手足及腹藏，金剛以為心，被以慈哀甲，具足眾器仗。
智首明達眼，菩提行為耳，清淨戒為鼻，滅闇無障礙。
辯才以為舌，無處不至身；最勝智為心，行住修諸業。
道場師子坐，梵臥空為住，所行及觀察，普照如來境。
遍觀眾生行，奮迅及哮吼，離貪行淨施，捨慢持淨戒，
不瞋常忍辱，不懈恒精進，禪定得自在，智慧無所行，
慈濟悲無倦，喜法捨煩惱；於諸境界中，知義亦知法。
福德悉成滿，智慧如利劍，普照樂多聞，明了趣向法。
知魔及魔道，誓願咸捨離；見佛與佛業，發心皆攝取，

離慢修智慧，不為魔力持；為佛所攝持，亦為法所持。

現住兜率天，又現彼命終；示現住母胎，亦現微細趣。

現生及微笑，亦現行七步；示修眾技術，亦示處深宮。

出家修苦行，往詣於道場，端坐放光明，覺悟諸群生，

降魔成正覺，轉無上法輪，所現悉已終，入於大涅槃。

彼諸菩薩行，無量劫修習，廣大無有邊，我今說少分。

雖令無量眾，安住佛功德；眾生及法中，畢竟無所取。

具足如是行，遊戲諸神通：毛端置眾剎，經於億千劫；

掌持無量剎，遍往身無倦，還來置本處，眾生不知覺。

菩薩以一切，種種莊嚴剎，置於一毛孔，真實悉令見。

復以一毛孔，普納一切海，大海無增減，眾生不嬈害。

無量鐵圍山，手執碎為塵，一塵下一剎，盡此諸塵數。

以此諸塵剎，復更末為塵；如是塵可知，菩薩智難量。

於一毛孔中，放無量光明；日月星宿光，摩尼珠火光，

及以諸天光，一切皆映蔽，滅諸惡道苦，為說無上法。

一切諸世間，種種差別音；菩薩以一音，一切皆能演。

決定分別說，一切諸佛法，普使諸群生，聞之大歡喜。
過去一切劫，安置未來今；未來現在劫，迴置過去世。
示現無量剎，燒然及成住；一切諸世間，悉在一毛孔。
未來及現在，一切十方佛，靡不於身中，分明而顯現。
深知變化法，善應眾生心，示現種種身，而皆無所著。
或現於六趣，一切眾生身，釋梵❼護世身，諸天人眾身，
聲聞緣覺身，諸佛如來身；或現菩薩身，修行一切智。
善入軟中上，眾生諸想網，示現成菩提，及以諸佛剎。
了知諸想網，於想得自在，示修菩薩行，一切方便事。
示現如是等，廣大諸神變；如是諸境界，舉世莫能知。
雖現無所現，究竟轉增上，隨順眾生心，令行真實道。
身語及與心，平等如虛空，淨戒為塗香，眾行為衣服，
法繒嚴淨髻，一切智摩尼，功德靡不周，灌頂昇王位。
波羅蜜為輪，諸通以為象，神足以為馬，智慧為明珠。
妙行為采女，四攝主藏臣，方便為主兵，菩薩轉輪王。
三昧為城廓，空寂為宮殿，慈甲智慧劍，念弓明利箭。

高張神力蓋，迥建智慧幢，忍力不動搖，直破魔王軍。
總持為平地，眾行為河水，淨智為涌泉，妙慧作樹林。
空為澄淨池，覺分菡萏華，神力自莊嚴，三昧常娛樂。
思惟為采女，甘露為美食，解脫味為漿，遊戲於三乘。
此諸菩薩行，微妙轉增上，無量劫修行，其心不厭足。
供養一切佛，嚴淨一切剎，普令一切眾，安住一切智。
一切剎微塵，悉可知其數；一切虛空界，一沙可度量；
一切眾生心，念念可數知；佛子諸功德，說之不可盡。
欲具此功德，及諸上妙法，欲使諸眾生，離苦常安樂，
欲令身語意，悉與諸佛等，應發金剛心，學此功德行。

註釋

❶「勉」，大正本原作「免」，今依三本改之。
❷大正本原無「為令眾生……行」十七字，今依明本增之。
❸「現」，大正本原作「觀」，今依明本改之。
❹「蔦」，大正本原作「鳥」，今依明本改之。

❺「浣」，大正本原作「澣」，今依三本及宮本改之。
❻「辨」，大正本原作「辦」，今依宮本改之。
❼「釋梵」，大正本原作「梵釋」，今依三本及宮本改之

白話華嚴經　第六冊

入法界品　第三十九

如是我聞

導讀
卷六十

THE HUA-YEN SUTRA

入法界品　導讀

〈入法界品〉第三十九是《華嚴經》最後一品，共有二十一卷，佔全經四分之一強。就內容和量言，本品可作為《華嚴經》的代表。本品主要敘述善財童子參訪善知識的故事。〈入法界品〉在歷史上常以單行經流傳，而近代在尼泊爾亦發現了梵本 Gaṇḍa-vyūha-sūtra 並予以校訂出版。唐代般若三藏所譯（西元六八五年）的《大方廣佛華嚴經》四十卷，即是〈入法界品〉的別行經。此《四十華嚴》最主要的特色是比起《六十華嚴》或《八十華嚴》的〈入法界品〉，要多出最後一卷說普賢十大行願的部分，可以補後二者的不足。

入法界的意義，即是要探求宇宙人生的實相，要如釋迦牟尼佛一樣證無上正等正覺。因此入法界是依法為師，以一切法為師證入法性成就正覺。所以善財所參所見，無一不是中道，無一不是甚深寂滅。然後由此寂滅甚深中，從容而成普賢廣大行願，無窮無盡演妙法音，成熟有情嚴佛淨土。這樣的精神正是每一個生命追求圓滿的代表，這樣的行動也正是修行者的典範。

入是證悟之義，法界是所要證入的。法有三個意義：一、能保持自己的特性。二、能成軌則使人知解。三、是心意所對的對象。界也有三種意義：一、當「原因」解，因為依界能生聖道。二、當「性質」解，即界是一切法所依止的性質。三、當「分隔」解，即一切法都有分際而不相雜亂，如動物界、植物界。而善財童子所入的法界，法藏在《探玄記》卷十八中舉出了五種意義，即：一、有為法界。二、無為法界。三、亦有為亦無為法界，如《起信論》所說一心法界分為心真如及心生滅，而各總攝一切法。因此是亦有為（心生滅）亦無為（心真如）法界。四、非有為非無為法界，即離有為、無為二種相之故。五、無障礙法界，即華嚴法界。一切法攝入一法，或一微塵中見一切法界，都畢竟無障礙。大小相入，時劫相入，如帝網交映，一多無礙而法界分明。而能入者也有五類，即：一、淨信。二、正解。三、修行。四、證得。五、圓滿。

其次，法藏還舉出入法界的五種類別：所入、能入、能入所入混融無二、能所圓融形奪俱泯、一異存亡無礙具足。所入法界又分五種：法法界、人法界、人法俱融法界、人法俱泯法界、無障礙法界。其中法界是指事、理、境、行、體、用、順、違、教、義法界，人法界指人、天、男、女、在家、出家、外道、諸神、菩薩、佛法界。人法界是因為此十種人法界參而不雜，善財童子一見，便悟入法界，所以稱人法界。而能入法界也有五重，即：身證、智證、俱證、身智俱泯、自在圓滿。

〈入法界品〉是第九會祇園重閣會，五分之中是「依人入證成德分」，五周因果中是「證入因果」。依人入證成德，即是指善財童子參訪善知識而入證法界法門，最終成就普賢實德。證入因果，果即證入法界圓滿果法皆是佛果所收，即如來師子頻申三昧顯現的法界自在。因則是文殊、普賢所現的一切法界法門。

〈入法界品〉的內容大致可分作兩部分，即序文和正文。正文是由卷六十一「爾時文殊師利童子從善住樓閣出」開始，展開善財五十三參的內容。如果依照《四十華嚴》來看，〈入法界品〉總結流通部分應是普賢行願（其卷四十）那部分，現在《八十華嚴》缺普賢菩薩，有美中不足之憾。

序文中，世尊在室羅筏國逝多林給孤獨園重閣，與五百大菩薩及五百聲聞在一起。世尊入師子頻申三昧起大神變嚴淨廣博一切，十方諸佛世界各大菩薩便來雲集，但是聲聞皆看不見諸佛的神力及諸菩薩聚會。接著十方來的十大菩薩便依序讚佛，普賢菩薩再以十種法句開顯諸佛的師子頻申三昧。世尊為了讓菩薩都能安住師子頻申三昧，就從白毫放名為「普照三世法界門」的大光明，普照諸佛世界海，令與會眾人都能得見。文殊菩薩以偈讚頌，諸菩薩因為受佛三昧光明的照明，而進入這個三昧，得證種種法門。

正文由文殊菩薩出善住樓閣開始。文殊出閣與眾菩薩一起朝詣世尊，供養結束後便南行人間，舍利弗等六千比丘也同行。文殊勸發六千比丘發菩提心以後，來到福城，住在城東莊嚴幢婆羅林裡。福城居民知道文殊住在林中，都前往朝禮。優婆塞、優婆夷，還有童子、童女各五百，善財童子也在其中。文殊為大眾說法後，善財童子便發菩提心。而且想要親近善知識，請教菩薩行為何，及如何修菩薩道。善財問菩薩應該如何學、如何修、如何趣向、如何行、如何淨、如何入、如何成就、如何隨順、如何憶念、如何增廣菩薩行、如何令普賢行速得圓滿？

文殊菩薩說：要成一切智智，一定要求真正的善知識。因此介紹善財童子參訪德雲比丘，善財便往南參訪德雲比丘。善財參訪的善知識，共有五十五個人物，但是德生童子與有德童女同在一處問答，只能算作一會。而遍友童子師有問無答，不算一會。而文殊雖是同一人，但處所已異，便成二會，所以合起來共有五十三參。依其人物順序先列其名如下：

（一）文殊師利菩薩　（二）德雲比丘
（三）海雲比丘　（四）善住比丘
（五）彌伽醫生　（六）解脫長者
（七）海幢比丘　（八）休捨優婆夷
（九）毘目瞿沙仙人　（十）勝熱婆羅門

（十）慈行童女
（十二）善見比丘
（十三）自在主童子
（十四）具足優婆夷
（十五）明智居士
（十六）法寶髻長者
（十七）普眼長者
（十八）無厭足王
（十九）大光王
（二十）不動優婆夷
（二十一）遍行外道
（二十二）優鉢羅華長者
（二十三）婆施羅船師
（二十四）無上勝長者
（二十五）師子頻申比丘尼
（二十六）婆須蜜多女
（二十七）鞞瑟胝羅居士
（二十八）觀自在菩薩
（二十九）正趣菩薩
（三十）大天神
（三十一）安住主地神
（三十二）婆珊婆演祇主夜神
（三十三）普德淨光主夜神
（三十四）喜目觀察眾生夜神
（三十五）善救眾生妙德夜神
（三十六）寂靜音海主夜神
（三十七）守護一切城增長威力主夜神
（三十八）開敷一切樹華主夜神
（三十九）大願精進力救護一切眾生夜神
（四十）妙德圓滿神
（四十一）瞿波釋種女
（四十二）摩耶佛母

（四十三）天主光天女
（四十四）善知眾藝童子
（四十五）賢勝優婆夷
（四十六）堅固解脫長者
（四十七）妙月長者
（四十八）無勝軍長者
（四十九）最寂靜婆羅門
（五十）德生童子、有德童女
（五十一）彌勒菩薩
（五十二）文殊菩薩
（五十三）普賢菩薩

慧苑《刊定記》中將五十三參歸成二十類，即：一、比丘。二、醫生。三、長者。四、優婆夷。五、仙人。六、婆羅門。七、童女。八、童子。九、居士。十、人王。十一、外道。十二、船師。十三、比丘尼。十四、女人。十五、菩薩。十六、天神。十七、地神。十八、夜神。十九、林神。二十、先生。

善財南行參訪善知識，慧苑《刊定記》記所謂「南行」，並不是一定指方位上向南。「南」梵音稱作「馱器尼」，根據西域的訓釋，南是「右之意」，右是「順」之意。城邑殿闈多皆向東，南便是右，所以「右繞」皆是依此而說。文殊順化，善財順求，所以南行即是順行。〈離世間品〉說「隨順，是不盡一切尊者教故。」「隨順」一詞，梵文便是「馱器尼」。所以南行即是右行，右行即是隨順行，所以往忉利天宮參訪不違南行之義。

文殊菩薩是善財童子的第一個善知識，第二便是德雲比丘。以下依序簡介五十三參的內容。

（二）德雲比丘。德雲比丘住勝樂園妙峰山（晉譯作可樂國和合山功德雲比丘），修持「憶念一切諸佛境界智慧光明普見法門」。能夠看見十方佛土、佛陀等，但是不能了知諸大菩薩的各種念佛門，因此介紹善財參訪海雲比丘。

（三）海雲比丘。海雲比丘住海門國，十二年中常以大海為對象思惟，直至大海中忽現大蓮華，花上有佛，示現種種不可思議，演說普眼法門。海雲受教一千二百年後，教導十方眾生趣入此一「諸佛菩薩行光明普眼法門」，但不能演說諸大菩薩入一切菩薩行海、入大願海、入一切眾生海等。

（四）善住比丘。善住比丘住楞伽道邊的海岸聚落，比海雲比丘處更南六十由旬，他正在空中往來經行。善住比丘成就了「普速疾供養諸佛成就眾生無礙解脫門」，得智慧光明，叫做「究竟無礙」，能了知眾生的各種心行。但不能知了菩薩所持的種種戒，如大悲戒、波羅蜜戒等。

（五）彌伽醫生。彌伽住達里鼻荼國自在城（晉譯作自在國咒藥城良醫彌伽），坐於師子座上演說「輪字莊嚴法門」。得妙音陀羅尼，知十方無數世界種種語言。但是只成就這個「菩薩妙音陀羅尼光明法門」，而不知普遍趣入眾生種種想海、施設海、名號海等。

（六）解脫長者。解脫長者住在住林聚落。善財南行十二年，會遇了解脫長者。解脫長者已經超入「普攝一切佛剎無邊旋陀羅尼三昧門」，能在身中示現一切佛國剎土等。入出「如來無礙莊嚴解脫門」，普見十方諸佛，而且自知一切如幻皆由自心所現。解脫長者成就「如來無礙莊嚴解脫門」，入出自在，但不能了知菩薩得無礙智、住無礙行的境界等。

（七）海幢比丘。海幢比丘住閻浮提畔摩利伽羅國（晉譯作莊嚴閻浮提頂國海幢比丘）。善財童子來訪時，海幢比丘正入大三昧中，但在三昧中又能出現種種變化教化利益眾生。這個普眼捨得三昧，又叫「般若波羅蜜境界清淨光明」、「普莊嚴清淨門」。能使比丘了知一切世界，往詣、莊嚴一切世界，見諸佛等。但他仍不能知菩薩作智慧海淨法界境等。

（八）休捨優婆夷。休捨意為寂靜，此位優婆夷住海潮住處普莊嚴園林中。休捨優婆夷承事過許多位佛陀，已經發起菩提心。但要嚴淨一切世界、拔一切眾生煩惱習氣盡才成佛。此為「離憂安隱幢解脫門」。

（九）毘目瞿沙仙人。毘目瞿沙仙人住那羅索國之大林中，已經證得「菩薩無勝幢解脫」，能以這個解脫力加持善財，善財便看到自己前往十方佛土見佛，而得毘盧遮那藏三昧光明等。

（十）勝熱婆羅門。勝熱婆羅門住伊沙那聚落，他所修的是上刀山以身投火的苦行。

證得「菩薩無盡輪解脫」。善財依言上刀山跳入大火中，立刻證得「菩薩善住三昧」、「菩薩寂靜樂神通三昧」，清淨安穩。

（十一）慈行童女。住在師子奮迅城的慈行童女，是師子幢王的女兒，住在毘盧遮那藏殿中，證得「般若波羅蜜普莊嚴門」。因此能使諸佛影像一一現於宮中，善財接著便得種種陀羅尼門。

（十二）善見比丘。善見比丘住三眼國，年少而出家不久，卻隨諸佛修梵行。得「菩薩隨順解脫門」，一念之間能使一切世界現前。

（十三）自在主童子。自在主童子住名聞國河渚之中，聚沙嬉戲。自在主曾依文殊修學數法，悟入「一切工巧神通智法門」，而且深知菩薩算數法。

（十四）具足優婆夷。具足優婆夷住海住大城自宅之中，成就「菩薩無盡福德藏解脫門」，能使小碟生出無量的美味飲食供給十方眾生，車乘、香花也是如此。

（十五）明智居士。明智居士住大興城，坐於七寶臺上，得「隨意出生福德藏解脫門」。能隨眾生所需，恣意供給，滿其所願。

（十六）法寶髻長者。法寶髻長者住在師子宮大城，為善財介紹其宅舍，共有十層八門，種種莊嚴及菩薩眾會宣妙法音。此是他過去供養無邊光明法界普莊嚴王如來所得的福報，才能成就「菩薩無量福德寶藏解脫門」。

（十七）普眼長者。普眼長者住藤根國普門城，證得「令一切眾生普見諸佛法門」，能治一切眾生疾病，而且教以佛法。並能做種種香，以香供佛而出無量香雲以為莊嚴。

（十八）無厭足王。無厭足王住多羅幢大城，以地獄法治城，得「菩薩如幻解脫」，令眾生不作十惡業，住十善業，未曾惱害任何眾生。

（十九）大光王。大光王住妙光城，修「菩薩大慈幢行」，能進入「菩薩大慈為首順世三昧」。他並在善財面前趣入這個三昧門，示現眾生的慈心行相。

（二十）不動優婆夷。身為童女的不動優婆夷安住王都自己家中，身相莊嚴，為眾說法。不動童女往昔曾於修臂佛修行，現在成就「求一切法無厭足的三昧光明」。能為眾生說法，讓他們歡喜。

（二十一）遍行外道。遍行外道住在無量都薩羅大城東方善德山上，已經成就了「至一切處菩薩行」、「普觀世間三昧門」、「無依無作神通力」、「普門般若波羅蜜」。

（二十二）優鉢羅華長者。長者是從事賣香為生，知道種種香品及如何調和香品方法，也知道種香品的產地、香品的治病法及天龍八部諸香等。

（二十三）婆施羅船師。婆施羅船師住樓閣大城外海邊，能為大眾開示大海法及佛功德海。已經成就「菩薩大悲行幢」，因此能救度眾生出離生死海。

（二十四）無上勝長者。無上勝長者住在可樂城東邊大莊嚴幢無憂林中，常為商人、居士說法。長者已經成就了「至一切處修菩薩行清淨法門無依無作神通之力」，因此到任何眾生那裡宣說佛法。

（二十五）師子頻申比丘尼。比丘尼住在輸那國迦陵迦林城勝光王布施的日光園中，常為大眾說法。比丘尼已經得證「成就一切智解脫」，所以能在一念之間普照三世一切法，出生三昧王三昧，得意生身，了知一切法都如幻如化。

（二十六）婆須蜜多女。婆須蜜多女住險難國寶莊嚴城城北自宅中，已經得證「菩薩離貪際解脫」，過去是由文殊菩薩勸發修行的。婆須蜜多女因為以淫女身度化眾生遠離貪欲而證得光明解脫。

（二十七）鞞瑟胝羅居士。鞞瑟胝羅居士住善度城，常供養佛塔。了知諸佛沒有涅槃，因此證得佛種的無盡三昧，成就「菩薩所得不般涅槃際解脫」。

（二十八）觀自在菩薩。觀自在菩薩住補怛洛迦山（光明山），宣說大慈悲法，已經成就「菩薩大悲行解脫門」。如果眾生能憶念菩薩，或唱念菩薩的名字，或見到菩薩的身影，都能永離怖畏。

（二十九）正趣菩薩。正趣菩薩由東方空中飛來，成就了「菩薩普疾行解脫」，因此能夠立刻前往任何地方，他是從東方妙藏世界勝生佛那兒學來這個法門的。

（三十）大天神。大天神住墮羅鉢底城。善財來訪，見他以四大海水洗面，而以金花散於善財上。大天神成就了「雲網解脫」，因此能為眾生示現種種寶物、形相等以令眾生捨惡行善。

（三十一）安住主地神。安住神住在摩竭提國的菩提道場，已經成就「不可壞智慧藏菩薩解脫」，所以能以這個法門成就眾生。

（三十二）婆珊婆演底主夜神。夜神住摩竭提國迦毘羅城，成就了「菩薩破一切眾生痴暗法光明解脫」，破眾生愚痴之暗，而予以淨法之光明。

（三十三）普德淨光主夜神。普德淨光夜神也住摩竭提國菩提場內。他已經成就了「菩薩寂靜禪定樂普遊步解脫門」，因此能以種種方便來成就眾生。

（三十四）喜目觀察眾生夜神。夜神也住菩提道場邊，在如來眾會道場坐師子座上，已能趣入「大勢力普喜幢解脫」，令善財得見諸希有事，善財便同得菩薩不思議大勢力普喜幢自在力解脫。

（三十五）普救眾生妙德夜神。夜神也同處如來會中，為善財示現菩薩調伏眾生神力，並說彌勒菩薩、寂靜音海夜神及自己在過去普智寶焰妙德幢如來時的因緣。依普賢菩薩勸發菩提心而修行，成就「菩薩普現一切世間調伏眾生解脫門」。

（三十六）寂靜音海主夜神。此夜神也在菩提道場附近，成就「菩薩念念出生廣大喜莊嚴解脫門」。修十大法藏則能入此解脫，即修布施、淨戒、精進、禪定、般若、方便、諸願、諸力、淨智廣大法藏。

（三十七）守護一切城增長威力主夜神。此夜神也在如來會中，得「菩薩甚深自在妙音解脫」。能令世人斷離戲論的語言，而常說真實清淨的話語。

（三十八）開敷一切樹華主夜神。此夜神也同在如來會中，成就了「菩薩出生廣大喜光明解脫門」，因此能了知如來普攝眾生的巧方便智。並說過去普照法界智慧山寂靜威德王佛時之因緣，那時的法音圓滿蓋王就是現在的毘盧遮那佛，光明王即淨飯王，蓮華光夫人即摩耶夫人，寶光童女即夜神本身。

（三十九）大願精進力救護一切眾生夜神。此夜神也是在道場成就「教化眾生令生善根解脫門」，並宣說他往昔曾在善光時劫供養諸佛，修這法門。

（四十）妙德圓滿神。妙德圓滿神住在藍毘尼園林，告訴善財說只要菩薩能夠成就十種受生藏，就能得生如來家。此神已經成就「菩薩於無量勢遍一切處示現受生自在解脫門」，因此能了知無量的時劫菩薩下生成道情形。

（四十一）瞿波釋種女。此釋迦族女住迦毘羅城，為善財宣說只要成就十法便能圓滿因陀羅網普智光明的菩薩行，並且勸他應以十法承事善知識。釋迦女瞿波已成就「觀察一切菩薩三昧海解脫門」，並說過去於勝日身如來時之因緣。

（四十二）摩耶佛母。摩耶夫人坐在從地上湧出的大寶蓮華座上，示現淨妙的色身。

她已經成就「大願智幻解脫門」，因此能常做諸位菩薩的母親，過去、未來亦作佛母。

（四十三）天主光王女。天主光王女是三十三天正念天王之女，已經成就「菩薩無礙念清淨莊嚴解脫」，因此能憶念過去無量劫供養諸佛之事，銘記不忘。

（四十四）善知眾藝童子。天主光王女介紹善財參訪迦毘羅城遍友童子師，但遍友為善財介紹善知眾藝童子。童子成就了「菩薩善知眾藝解脫」，唱持四十二字門，入般若波羅蜜門。因此他能以四十二般若婆羅蜜門為首，入無量般若門。

（四十五）賢勝優婆夷。賢勝優婆夷住在摩竭提國婆咀那城中，證得「菩薩無依處道場解脫」，又得無盡三昧。

（四十六）堅固解脫長者。堅固解脫長者住在沃田城，已經成就「菩薩無著念清淨莊嚴解脫」，因此能在十方佛所求法無息。

（四十七）妙月長者。妙月長者一樣住在沃田城的自宅中，證得「菩薩淨智光明解脫」。

（四十八）無勝軍長者。無勝軍長者住在出生城，已經成就「菩薩無盡相解脫」，曾經面見無量諸佛，證得無盡藏。

（四十九）最寂靜婆羅門。最寂靜婆羅門住在出生城南的法聚落中，已經成就「菩薩城願語解脫」。不退菩提，能滿一切願。

（五十）德生童子、有德童女。童子、童女住妙意華門城，得「菩薩幻住解脫」──見一切世界皆是幻住。

（五十一）彌勒菩薩。彌勒菩薩住南方海岸國大莊嚴園毘盧遮那莊嚴藏大樓閣中。童子、童女為善財介紹彌勒菩薩所行，善財便依言而到大樓閣前，頂禮攝心思惟觀察，讚歎樓閣及諸位菩薩後。然後見到彌勒由別處來，彌勒菩薩便以偈頌讚歎善財功德。善財啟問如何修菩薩行，彌勒讚發菩提心功德無盡之後，說進入毘盧遮那莊嚴藏大樓閣中周遍觀察，便能了知修菩薩行。善財入閣以後見種種莊嚴，及彌勒所顯之種種相。然後彌勒再為善財介紹文殊師利童子是其善知識，應當參訪。

（五十二）文殊菩薩。善財南參經一百一十城，到了普門國蘇摩那城，欲求見文殊。文殊遙伸右手經過一百一十由旬摩善財頂，說法後令善財成就無數法門，然後隱沒不見。

（五十三）普賢菩薩。善財一心想見文殊，然後同起渴仰欲見普賢菩薩。即在金剛藏菩提場毘盧遮那佛師子座前，起廣大心，見十種瑞相、十種光明。更用心求時便見普賢菩薩坐寶蓮華師子座上，一一毛孔出生無量自在神通境界，十方世界諸佛處也是如此。善財因此便得十種智波羅蜜，普賢以右手摩善財頂，善財便得無數三昧門。普賢神力唯佛能知，而此神力是過去久修菩薩所行。普賢身相清淨，善財觀見普賢相好，又見自身在普賢身中教化眾生。而善財所親近無數善知識所得善根，不及見普賢一毛分。而從初發心到見普賢所入佛剎海，不及一念入普賢一毛孔所見。普賢菩薩因此向諸大菩薩以偈頌宣說諸佛功德大海一滴之相，《八十華嚴》即以此偈結束。

如前所說《四十華嚴》卷四十及〈普賢行願品〉，應該把〈普賢行願品〉接在卷八十，合在一起參究較妥。

〈入法界品〉五十三參影響佛教相當深遠，宋代佛國惟白禪師（作《建中靖國續燈錄》三十卷）即作了《文殊指南圖讚》，有簡短的說明並刻圖及作讚頌德。張商英讚美此書可與李通玄《華嚴經論》、澄觀《疏鈔》、龍樹《二十萬偈》相庇美。

而唐代曹洞宗祖師洞山禪師的五位君臣頌，最終也是以善財五十三參作結，他說：「頭角才生已不堪，擬心求佛好羞慚。迢迢空劫無人識，肯向南詢五十三！」

大方廣佛華嚴經卷　第六十

入法界品　第三十九之一

【白話語譯】

這時，世尊在舍衛國，祇洹精舍❶大莊嚴重閣的給孤獨園❷中，和五百位菩薩摩訶薩同聚一堂，上首是普賢菩薩、文殊師利菩薩。另外其他的菩薩分別名為：光焰幢菩薩、須彌幢菩薩、寶幢菩薩、無礙幢菩薩、華幢菩薩、離垢幢菩薩、日幢菩薩、妙幢菩薩、離塵垢幢菩薩、普光幢菩薩、地威力菩薩、寶威力菩薩、大威力菩薩、金剛智威力菩薩、離塵垢威力菩薩、正法日威力菩薩、功德山威力菩薩、智光影威力菩薩、普吉祥威力菩薩、地藏菩薩、虛空藏菩薩、蓮華藏菩薩、寶藏菩薩、日藏菩薩、淨德藏菩薩、法印藏菩薩、光明藏菩薩、臍藏菩薩、蓮華德藏菩薩、善眼菩薩、淨眼菩薩、離垢眼菩薩、無礙眼菩薩、普見眼菩薩、善觀眼菩薩、青蓮華眼菩薩、金剛眼菩薩、寶眼菩薩、虛空眼菩薩、喜眼菩薩、普眼菩薩、天冠菩薩、普照法界智慧冠菩薩、道場冠菩薩、普照十方冠菩薩、一切佛藏冠菩薩、超出一切世間冠菩薩、普照冠菩薩、不可壞冠菩薩、持一切如來師子座冠菩薩、普照法界虛空冠菩薩、梵王髻菩薩、龍王髻菩薩、一切化佛光明髻菩薩、一切道場髻菩薩、一切願海音寶王髻菩薩、一切佛光明摩尼髻菩薩、示現一切虛空平等相摩尼王莊嚴髻菩薩、示現一切如來神變摩尼王幢網垂覆髻菩薩、出一切佛轉法輪音髻菩薩、說三世一切名字音髻菩薩、大光菩薩、離垢光菩薩、寶光菩薩、離塵光菩薩、焰光菩薩、法光菩薩、寂靜光菩薩、日光菩薩、自在光菩薩、天光菩薩、福德幢菩薩、智慧幢菩薩、法幢菩薩、神通幢菩薩、光幢菩薩、華幢菩薩、摩尼幢菩薩、菩提幢菩薩、梵幢菩薩、普光幢菩薩、梵音菩薩、海音菩薩、大地音菩薩、世主音菩薩、山相擊音菩薩、遍一切法界音菩薩、震一切法海雷音菩薩、降魔音菩薩、大慈方便雲雷音菩薩、息一切世間苦安慰音菩薩、法上菩薩、勝上菩薩、智上菩薩、福德須彌上菩薩、功德珊瑚上菩薩、名稱上菩薩、普光上菩薩、大慈上菩薩、智海上菩薩、佛種上菩薩、光勝菩薩、德勝菩薩、上勝菩薩、普明勝菩薩、法勝菩薩、月勝菩薩、虛空勝菩薩、寶勝菩薩、幢勝菩薩、智勝菩薩、婆羅自在王菩薩、法自在王菩薩、象自在王菩薩、梵自在王菩薩、山自在王菩薩、眾自在王菩薩、速疾自在王菩薩、寂靜自在王菩薩、不動自在王菩薩、勢力自在王菩薩、最勝自在王菩薩、寂靜音菩薩、無礙音菩薩、地震音菩薩、海震音菩薩、雲音菩薩、法光音菩薩、虛空音菩薩、說一切眾生善根音菩薩、示一切大願音菩薩、道場音菩薩、須彌光覺菩薩、虛空覺菩薩、離染覺菩薩、無礙覺菩薩、善覺菩薩、普照三世覺菩薩、廣大覺菩薩、普明覺菩薩、法界光明覺菩薩……，如是等等五百位菩薩摩訶薩都前來集會。

這些菩薩都已完全成就普賢的行願，因為他們能普遍趣入一切的諸佛剎土，所以能證得無礙的境界；因為他們能親近諸佛如來，所以能示現無量法身；因為他們能面見諸佛的神威變化，所以得證以無障礙的清淨法眼；因為他們能普遍前往拜見諸佛成就正覺之處，所以能證得到達無限處所的境地；因為他們能以智慧的光明普照一切如實的法海世界，所以證得無際的光明；因為他們的辯才清淨，無邊無盡，所以能證得說法無盡；因為他們的智慧所行完全清淨，所以能證得等同虛空界的境地；因為他們能隨順眾生的心念而示現色身，所以能證得無所依止；因為他們了知眾生界中實無眾生，所以能證得除滅愚痴翳障；因為他們能以大光明普照法界，所以能證得等同虛空的智慧。

在場的五百位聲聞行者，都完全覺悟了佛法的真諦，已經證得了涅槃實際的聖者境界。深入法性，永遠出離了輪迴苦惱的生死大海。依止諸佛的功德，永離結使煩惱的纏縛，安住於無障礙處。

他們的心念寂靜宛如虛空，已在諸佛世界斷除疑惑，所以能深信趣入諸佛的智慧大海。

在場還有無量世間的王者，都曾供養無量的諸佛，利益眾生，不必等眾生請求，就自動地成為眾生的益友。不斷勤加守護眾生，誓願永不捨棄他們。所以進入世間殊勝的智慧法門，從佛陀的教誨中出生，護持佛陀的正法。發起大願，不斷絕諸佛的種性，出生如來之家，求取一切智慧。

這時，諸位菩薩大德、聲聞、世間諸王及他們的眷屬，心裡都這樣想：如來的境界、如來的智慧心行、如來的加持、如來的神力、如來的無畏、如來的三昧、如來所安住、如來的自在、如來的法身、如來智慧，一切世間的諸天以及世人，無人能夠通達了知；無人能夠趣入；無人能夠真正的信解；無人能夠安忍信受；無人能夠觀察清楚；無人能夠揀擇；無人能夠開曉明示；無人能讓眾生了解。除非諸佛以加被力量、佛的神通力量、佛的大威德力量、佛的本願力量，以及他宿世善根的力量、諸位善知識攝受的力量、深廣清淨正信的力量、大智明解通達的力量、趣向菩提清淨心的力量、求一切智的廣大願力來攝受。

所以，希望世尊能隨順我們以及一切眾生的種種希望、種種知解、種種智慧、種種言語、種種自在、種種安住境地、種種清淨善根、種種意念方便、種種心的境界、種種依止於如來的功德、種種聽聞攝諸佛如來所宣說的法，示現如來過去趣向尋求的一切智；過去所發的菩薩大願；過去所清淨安住的各種波羅蜜；過去所進入的各種菩薩境地；過去所圓滿的各種菩薩行持；過去成就的方便善巧；過去修行的各種道路；過去證得的出離世間法門；過去不現的神通本事；過去所有的本事因緣，以及成就正覺、轉動妙法輪、莊嚴清淨佛國土、調伏眾生、開示一切智慧法門，示現一切眾生道路，進入一切眾生所住境地。接受眾生的布施，為眾生宣說布施的功德，為眾生示現諸佛如來的影像。如此種種法門，希望佛陀都能為大眾圓滿宣說。

這時，世尊知道諸菩薩心中所想的事，於是就以大悲為法身，大悲為法門，大悲為首要，以大悲法門為方便善巧，充滿遍布虛空，證入師子頻申三昧。他進入這個三昧之後，世間都變得非常莊嚴清淨。這時，原本廣大莊嚴的樓閣忽然變得更加廣大博深，沒有邊際。地上鋪滿金剛，上面又覆蓋妙寶，無數的寶華及各種摩尼珠遍撒其中，盈滿處處。又有以眾寶聚合而成的瑠璃柱子，上面還嚴飾著大光明的摩尼寶珠。另外又以閻浮檀金如意寶王，布置四周，莊嚴校飾。高樓迂迴曲折，閣樓台階、軒檻，種種都完備具足的小徑從傍延伸出來。一棟接著一棟，窗闥交相輝映，一切都以妙寶莊嚴。這些寶物完全作成人間天上的形式，堅固美好，可說是世界第一。又有摩尼寶珠網覆蓋上面，在每一道門的兩側又有幢幡豎起，大放光明，普及法界道場之外。階梯欄楯的數量多得說不盡，無一不是以摩尼寶珠建成的。

這時，佛陀又以神力，使祇洹精舍變得更加廣大深博，大小等同不可數說的諸佛淨土。一切的妙好寶物都交錯其間，非常莊嚴。不可數說的寶物也遍布地上，以阿僧祇數的寶物做牆，寶多羅樹莊嚴地種在道路兩旁，中間又有無量的香河，香水充滿其中，湍激洄洹。一切的寶華都隨著水流向右旋轉，自然地演奏佛法的聲音。不可思議的寶芬陀利華，以及蓮華都盛開其中。而且香氣四溢地布滿水面。許多的寶華樹也行列地種在岸邊，種種不可思議的臺榭，都依次第排列岸上，以摩尼寶珠網彌蓋上面，阿僧祇那麼多的寶物都大放光明，莊嚴著這個地方。還有妙好的薰香，香氣氛氳。

還有無數無量的種種寶幢，就是：寶香幢、寶表幢、寶幡幢、寶繒幢、寶華幢、寶瓔珞幢、寶鬘幢、寶鈴幢、摩尼寶蓋幢、大摩尼寶幢、光明遍照摩尼寶幢、出一切如來名號音聲摩尼王幢、師子摩尼王幢、說一切如來本事海摩尼王幢、現一切法界影像摩尼王幢，遍滿十方地行列莊嚴。

這時，祇洹精舍上的虛空，有不可思議的天宮殿雲、無數香樹雲、不可說的須彌山雲、不可說的妓樂雲、出美妙音歌讚如來不可說的寶蓮華雲、不可說的寶座雲，都有敷以天衣的菩薩坐在上面讚歎諸佛功德。還有不可說的諸天王形像摩尼寶雲、不可說的白真珠雲、不可說的赤珠樓閣莊嚴具雲、不可說的雨金剛堅固珠雲，都安住虛空，布滿四周莊嚴校飾。

為什麼呢？因為如來的善根，實在是不可思議；如來潔白的清淨三法，實在是不可思議；如來的威力，實在是不可思議；如來能用一身自在變化遍滿一切世界的神通力，實在是不可思議；如來能夠以神力讓諸佛及佛國莊嚴完全進入他的身體，實在是不可思議；如來能夠在一微塵內普現一切法界的影像，實在是不可思議；如來能夠在一個毛孔中示現過去諸佛，實在是不可思議；如來隨著一一放出的光明都能遍照一切世界，實在是不可思議；如來能夠在一個毛孔中示現一切佛國剎土微塵數變化的雲，充滿諸佛國土，實在是不可思議；如來能夠在一個毛孔中，普現十方世界所有的成住壞劫，實在是不可思議。

就像在這逝多林給孤獨園所看見的清淨莊嚴佛國土一般，十方一切窮盡法界、虛空界、一切世界也是如此。就是：如來法身安住祇洹精舍，菩薩大眾都完全遍滿會場。普遍雨下一切的莊嚴雲；普遍雨下一切寶光明照曜雲；普遍雨下一切摩尼寶雲；普遍雨下一切莊嚴寶蓋遍雨覆蓋佛國剎土雲；普遍雨下一切天身雲；普遍雨下一切華樹雲；普遍雨下一切衣樹雲；普遍雨下一切寶鬘瓔珞，相續不絕、周遍一切大地雲；普遍雨下一切莊嚴具雲；普遍雨下一切如眾生形種種香雲；普遍雨下一切微妙寶華網相續不斷雲；普遍雨下一切諸天女持寶幢幡於虛空周旋來去雲；普遍雨下一切眾寶蓮華於華葉間自然而出種種樂音雲，普遍雨下一切師子座寶網瓔珞而為莊嚴雲。

這時，向東方去，經過不可說佛國剎土微塵數世界海外，有一個名為金燈雲幢的世界。有佛住世，佛號是：毘盧遮那勝德王佛。這些佛眾中有一位名為毘盧遮那願光明菩薩，和不可說佛國剎土微塵數的菩薩一起，來到佛前，以神力興起種種雲，就是：天華雲、天香雲、天末香雲、天鬘雲、天寶雲、天莊嚴具雲、天寶蓋雲、天微妙衣雲、天寶幢幡雲、天一切妙寶諸莊嚴雲等，都充滿虛空。他們到達佛前之後，頂禮佛足，隨即在東方化現以眾寶物莊嚴的樓閣，以及光明普照十方的寶蓮華藏獅子座。以如意寶網覆蓋身上，和他的眷屬結跏趺盤腿而坐。

向南方去，經過不可說佛國剎土微塵數世界海外，有名為金剛藏的世界。其中有佛住世，佛號是：普光明無勝藏王佛。他的佛眾中有名為不可壞精進王的菩薩，和不可說佛國剎土微塵數菩薩一起來到佛前。帶著一切的寶香網、瓔珞、寶華絲帶、寶鬘絲帶、摩尼寶珠網、寶衣帶、寶瓔珞帶，最殊勝光明的摩尼帶、師子摩尼寶瓔珞等，以神力充滿遍布一切的世界海。他們到了佛前之後，頂禮佛足，隨即在南方化現遍照世間摩尼寶珠的莊嚴樓閣，以及普照十方的寶蓮華藏獅子座。然後用一切的寶華網覆蓋身上，和他的眷屬盤腿坐下。

向西方去經過不可說佛國剎土微塵數世界海外，有一個名為摩尼寶燈須彌山幢的世界。其中有佛住世，佛號為：法界智燈佛。他的佛眾中有一位名為普勝無上威德王的菩薩，和世界海微塵數的菩薩一起來到佛前。以神力興起不可說佛國剎土微塵數的種種塗香燒香須彌山雲、不可說佛國剎土微塵數種種色香水須彌山雲、不可說佛國剎土微塵數一切大地微塵等光明摩尼寶王須彌山雲、不可說佛國剎土微塵數種種光焰輪莊嚴幢須彌山雲、不可說佛國剎土微塵數種種色金剛藏摩尼王莊嚴須彌山雲、不可說佛國剎土微塵數普照一切世界閻浮檀摩尼寶幢須彌山雲、不可說佛國剎土微塵數現一切法界摩尼寶須彌山雲、不可說佛國剎土微塵數現一切諸佛相好摩尼寶王須彌山雲、不可說佛國剎土微塵數現一切如來本事因緣說諸菩薩所行之行摩尼寶王須彌山雲、不可說佛國剎土微塵數現一切佛坐菩提場摩尼寶王須彌山雲等，都充滿整個法界。他們到達佛前之後，頂禮佛足，隨即在西方化現一切香王樓閣，上面覆有真珠寶網。又現化帝釋影幢寶蓮華藏獅子座，然後用妙色摩尼網覆蓋他的身體。用心王寶冠莊嚴頭頂，然後和他的眷屬盤腿而坐。

向北方去，經過不可說佛國剎土微塵數世界海外寶衣光明幢的世界。其中有佛住世，佛號為：照虛空法界大光明佛。他的佛眾中有一位名為無礙勝藏王的菩薩，和世界海微塵數的菩薩一起來到佛前。以神力興起一切寶衣雲，就是：黃色寶光明衣雲、種種香所熏衣雲、日幢摩尼王衣雲、金色熾然摩尼衣雲、一切寶光焰衣雲、一切星辰像上妙摩尼衣雲、白玉光摩尼衣雲、光明遍照殊勝赫奕摩尼衣雲、光明遍照威勢熾盛摩尼衣雲、莊嚴海摩尼衣雲等，都充滿整個虛空。他們到達佛前之後，頂禮佛足，隨即在北方化現一座摩尼寶海莊嚴樓閣，及毘琉璃寶蓮華藏獅子座。然後他以獅子威德摩尼王網覆蓋身上，以清淨寶王作明珠髮髻，再和他的眷屬盤腿而坐。

向東北方去，經過不可說佛國剎土微塵數世界海外，有名為一切歡喜清淨光明網的世界。其中有佛住世，佛號為：無礙眼佛。他的佛眾中有一位名為化現法界願月王的菩薩，和世界海微塵數的菩薩一起來到佛前。用神力興作寶樓閣雲、香樓閣雲、華樓閣雲、栴檀樓閣雲、金剛樓閣雲、摩尼樓閣雲、金樓閣雲、衣樓閣雲、蓮華樓閣雲等，完全覆蓋十方世界。他們到佛前之後，頂禮佛足，隨即在東北方幻化一切法界門大摩尼樓閣，以及無等香王蓮華藏獅子座。他並以摩尼華網覆蓋身上，戴上妙寶藏摩尼王冠，然後和他的眷屬盤腿而坐。

向東南方去，經過不可說佛國剎土微塵數世界海外，有一個名為香雲莊嚴幢的世界。其中有佛住世，佛號為：龍自在王佛。他的佛眾中有一位名為法慧光焰王的菩薩，和世界海微塵數菩薩一起，來到佛前。都用神力興起金色圓滿光明雲、無量寶色圓滿光明雲、如來毫相圓滿光明雲、種種寶色圓滿光明雲、蓮華藏圓滿光明雲、眾寶樹枝圓滿光明雲、如來頂髻圓滿光明雲、閻浮檀金色圓滿光明雲、日色圓滿光明雲、星月色圓滿光明雲等，遍滿虛空。他們到佛前之後，頂禮佛足，隨即在東南方化現毘盧遮那最上寶光明樓閣，以及金剛摩尼蓮華藏獅子座。以眾寶光焰摩尼王網覆蓋身上，然後和他的眷屬盤腿而坐。

向西南方去，經過不可說佛國剎土微塵數世界海之外，有一個名為日光摩尼藏的世界。其中有佛住世，佛號為：普照諸法智月王。他的佛眾中有一位名為摧破一切魔軍智幢王的菩薩，和世界海微塵數菩薩一起來到佛前。在每個一毛孔中化現等同虛空的華焰雲、香焰雲、寶焰雲、金剛焰雲、燒香焰雲、電光焰雲、毘盧遮那摩尼寶焰雲、一切金光焰雲、勝藏摩尼王光焰雲、等三世如來海光焰雲等，遍布虛空。他們到達佛前之後，頂禮佛足，隨即在西南方化現普現十方法界光明網的大摩尼寶樓閣，以及香焰寶蓮華藏師子座。並用離垢藏摩尼網覆蓋身上，頭上戴著出生一切眾生發起趣向音聲的摩尼寶王莊飾的寶冠，然後和他的眷屬盤腿而坐。

向西北方去，經過不可說佛國剎土微塵數世界海之外，有名為毘盧遮那願摩尼王藏的世界。其中有佛住世，佛號為：普光明最勝須彌王。他的佛眾中有一位名為願智光明幢的菩薩，和世界海微塵數菩薩一起來到佛前。他們每一念的思惟、一切的相好、一切的身分，都化現過去、現在、未來三世一切如來形像雲、一切菩薩形像雲、一切如來眾會形像雲、一切如來變化身形像雲、一切如來本生身形像雲、一切聲聞辟支佛形像雲、一切如來菩提道場形像雲、一切如來神變形像雲、一切世間主形像雲、一切清淨國土形像雲等，充滿虛空。他們到達佛前之後，頂禮佛足，隨即在西北方化現普照十方摩尼寶莊嚴，以及普照世間寶蓮華師子座。用無能勝光的光明真珠網覆蓋身上，頭戴著光明摩尼寶冠，然後和他的眷屬盤腿而坐。

向下方去，經過不可說佛國剎土微塵數世界海之外，有名為一切如來圓滿光普照的世界。其中有佛住世，佛號為：虛空無礙相智幢王佛。他的佛眾中有一位名為破一切障勇猛智王的菩薩，和世界海微塵數菩薩一起來到佛前。在一切毛孔中，示現演說一切眾生語言海音聲雲，示現演說一切過去、現在、未來三世菩薩修行方便海音聲雲，示現演說一切菩薩所起願方便海音聲雲，示現演說一切菩薩成就圓滿清淨波羅蜜方便海音雲，示現演說一切菩薩成就自在用音聲雲，示現演說一切如來往詣道場破魔軍眾成等正覺自在用音聲雲，示現演說一切如來轉法輪契經門名號音聲雲，示現演說一切隨應教化調伏眾生法方便海音聲雲，示現演說一切隨時隨善根、隨願力普令眾生證得智慧方便海音聲雲。他到達佛前之後，便頂禮佛足，隨即在下方化現一切如來宮殿形像的眾寶莊嚴樓閣，以及一切寶蓮華藏師子座。頭戴著普現道場影摩尼寶冠，然後和他的眷屬盤腿而坐。

向上方去，經過不可說佛國剎土微塵數世界海之外，有名為說佛種性無有盡的世界。其中有佛住世，佛號為：普智輪光明音。他的佛眾中有位名為法界差別願的菩薩，和世界海微塵數菩薩一起。從他們的清淨道場出發來到這個娑婆世界中釋迦牟尼佛前，在每一莊嚴相中、每一毛孔中、每一身相支分中、每一肢節中、每一莊嚴器具中、每一件衣服中，示現毘盧遮那等過去的一切諸佛、未來一切諸佛，已經得授記、未來將授記者。還有現在的十方一切國土、一切諸佛及他們的眾會：也示現過去行布施波羅蜜，及他們受布施者的各種本事海。也示現過去行持持戒波羅蜜的各種本事海；也示現過去修行安忍波羅蜜，割截肢體，心無動亂的各種本事海。也示現過去修行精進波羅蜜，勇猛不退的各種本事海。也示現過去求一切如來禪波羅蜜海，而證得成就的各種本事海。又示現過去求諸佛轉動法輪而成就法，發勇猛心，完全捨棄一切的各種本事海。也示現過去樂於見到諸佛，樂於實踐菩薩道，樂於度化眾生的各種本事海。也示現過去所發一切菩薩大願清淨莊嚴的各種本事海。也示現過去菩薩成就力波羅蜜勇猛清淨的各種本事海。也示現過去一切菩薩所修圓滿智波羅蜜的各種本事海。如是一切的本事海，完全遍滿廣大法界。

法界差別願菩薩來到佛前之後，頂禮佛足，隨即在上方化現一切金剛藏莊嚴的樓閣，以及帝青金剛王蓮華藏師子座。用一切寶光明摩尼網覆蓋身上，用演說三世如來名號為摩尼寶王的寶珠，作成明珠髮髻，然後和他的眷屬盤腿而坐。

像這樣，十方一切菩薩及他們的眷屬，都從普賢菩薩的行願中出生。能以清淨智慧眼看見三世諸佛，普遍聽聞諸佛如來轉動的法輪，修多羅法海，而證得到一切菩薩自在的境地。並且念念都能示現大神通，親近一切如來，並以法身充滿法界如來的眾會道場。在一粒塵沙中示現一切世間，教化成就所有的眾生，未曾錯失時節因緣。他還能從一毛孔中發出諸佛說法的聲音。了知眾生完全都是如幻不實的；了知諸佛都如幻影；了知六道各種生趣的受生其實都像做夢一般；了知一切業報就像鏡中的影像；了知諸有生起時就像滾燙的火焰；了知一切世界都是變化無常的。因此能成就如來的十力、四無畏。像師子吼般勇猛自在大演法音，深入無窮盡的辯才大海。證得一切眾生言辭海諸法智慧，在虛空法界行持無礙，了知一切法沒有障礙。

他清淨一切菩薩神通的境界後，更勇猛精進地摧毀降伏魔軍，恆常以智慧明了通達三世。了知一切法宛如虛空，沒有什麼可違反諍辯的，也沒有能夠獲取執著什麼。他雖然勤奮精進，但也了知一切智慧究竟無所從來。他雖能觀察境界，但是也了知一切的「有」都是幻化而了不可得的。因此能用方便智慧證入一切法界；用平等智慧證入一切佛國剎土；用自在神力讓一切世界展轉證入一個世界。處處受生，並且看見一切世界的種種形相。在微細境界中示現廣大剎土，或在廣大境中示現微細剎土；或在一佛之前的一念之間，得到諸佛威神力的加持，普遍示現十方，沒有任何迷惑。在剎那間，都能前去詣見所有佛土。像上面所說的一切菩薩，都遍滿祇洹精舍，這都是如來威德神力的化現。

這個時候，上座的諸位大聲聞行者，舍利弗❸、大目揵連❹、摩訶迦葉❺、離婆多❻、須菩提❼、阿㝹樓馱❽、難陀❾、劫賓那❿、迦旃延⓫、富樓那⓬等諸位大聲聞行者。在祇洹精舍中完全看不見如來的神力、如來的莊嚴相好、如來的境界、如來的自在遊戲、如來的神通變化、如來的尊貴殊勝、如來的妙行、如來的威德、如來的住持、如來的清淨剎土。也看不見不可思議的菩薩境界、菩薩大會、菩薩普遍證入、菩薩普遍到達、菩薩的普遍詣見十方國土、菩薩的神通變化、菩薩的遊戲、菩薩的眷屬、菩薩的方所、菩薩莊嚴的獅子寶座、菩薩的宮殿、菩薩的雜處、菩薩所入的三昧自在、菩薩的觀察、菩薩宛若獅子般的頻申三昧、菩薩的勇猛、菩薩的供養、菩薩的授記、菩薩的成就、菩薩的勇健、菩薩的法身清淨、菩薩的智身圓滿、菩薩的願身示現、菩薩的色身成就、菩薩的各種相好具足清淨、菩薩常光的眾色莊嚴、菩薩放大光網、菩薩起變化雲、菩薩的身遍十方、菩薩的諸行圓滿……。

如是等等事，一切聲聞諸大弟子，都完全看不見。為什麼呢？因為他們的善根不同，因為他們不曾修習看見諸佛自在的善根；因為他們不曾讚歎宣說十方世界諸佛剎土的清淨功德；因為他們不曾稱揚讚歎諸佛世尊種種的神通變化力；因為他們不曾在生死流轉中發起無上正等正覺；因為他們不曾安住菩提心；因為他們往昔不能夠讓如來種性不斷絕；因為他們往昔不能攝受眾生；因為他們往昔不曾勸請他人修習菩薩波羅蜜；因為他們往昔在生死流轉時不曾勸請眾生發願求取最殊勝的大智慧眼；因為他們往昔不曾修習出生一切智的種種善根；因為他們往昔沒有成就如來出離世間的種種善根；因為他們往昔沒有修得嚴淨佛國剎土的神通智慧；因為他們往昔沒有修得諸菩薩眼所了知的境界；因為他們往昔不求超出世間、不共世間的種種菩提善根；因為他們往昔沒有發起一切菩薩種種廣大的誓願；因為他們往昔不是從如來的加被所生；因為他們往昔不了知諸法如幻、菩薩如夢；因為他們往昔沒有得到諸大菩薩的廣大歡喜。

這些都是普賢菩薩智慧才能得見了知的境界，不同於一切的二乘諸法。由於如此，所以諸大聲聞弟子不能看見、不能了知、不能聽聞、不能證入、不能獲得、不能起念、不能觀察、不能籌量、不能思惟、不能分別。因此，雖然同在祇洹精舍當中，但是卻不能看見如來的諸大神通變化。

又因為這些大聲聞弟子沒有像這樣的善根⓭，沒有像這樣的智慧眼，沒有像這樣的三昧故，沒有像這樣的解脫力，沒有像這樣的神通力，沒有像這樣的威德，沒有像這樣的勢力，沒有像這樣的自在，沒有像這樣的安住於諸處，沒有像這樣的境界。因此不能了知、不能看見、不能證入、不能獲得、不能安住、不能了解、不能觀察、不能安忍信受、不能趣向、不能遊履，又不能廣為他人開示闡揚，解說佛法。稱揚示現，引導勸發精進，讓他人趣向正道，讓他人修習正法，讓他人安住境界，讓他人證入正果。

為什麼呢？諸大弟子都是依聲聞乘而出離，所以只能成就聲聞道，滿足聲聞行，安住聲聞果位。對於「無有」⓮的真諦義理得證決定不壞的智慧，常安住在實際究竟的寂靜，而遠離大悲心，捨離眾生，安住自身解脫的獨善之事。所以不能積集大乘菩薩的智慧，也不能夠修行、安住、願求、成就、清淨、趣入、通達、看見、證得。由於這些緣故，雖然他們與菩薩同在祇洹精舍，對於如來如是廣大神通變化都看不見。

佛子啊！⓯就像恆河的岸邊有百千億無量的餓鬼，裸露形體、腹中飢渴，全身上下都焦黑不已。像烏鷺豺狼相競聚集，因為飢渴逼迫，為了求取水喝，即使住在河邊，卻看不見河。即使有餓鬼能看見那河水，看見的河卻是枯竭的。為什麼呢？因為他的業障深重，層層覆蓋了他的自性。這些大聲聞行者也是如此，雖然都身處祇洹精舍，卻不能看見如來廣大的神通力，捨棄一切智慧。因為他無明的瞖膜覆蓋了他的眼睛，不曾種植薩婆若地的各種善根。

譬如有人⑯，在大會中昏睡安眠，忽然夢見須彌山頂帝釋天所住善見大城的宮殿、園林種種莊嚴妙好。還有百千萬億的天子、天女，散布天華布滿地上，種種的衣樹都生出妙好衣服，種種的華樹也都開出香味芬芳的妙華。各種音樂樹更演奏天上音樂，許多采女也紛紛歌詠美妙的音聲。無量諸天王在裡面遊戲享樂，這個人看見自己穿著天上的衣服，在這地方安止居住，與大家同樂。這大會中一切眾人雖同在一個地方，但是其他人卻不能了知也看不見他夢中所見。為什麼呢？此人夢中所看見的，其他人並沒法看見。

一切的菩薩、諸世間天王也是如此。因為久遠劫以來他們已積集各種善根，發起一切智慧廣大的願力。並且努力學習諸佛如來的功德，修行菩薩種種莊嚴清淨道場的行持。圓滿一切智智法，圓滿俱足普賢菩薩的行願，並且深入一切菩薩的智慧境地，遊戲一切菩薩安住的各種三昧。因為菩薩及諸世間天王能夠觀察一切菩薩的智慧境界，沒有障礙，所以能看見如來不可思議的自在神變。這些都是一切聲聞大弟子不能看見，不能了知的，因為他們沒有菩薩清淨的眼目。

譬如在雪山上⑰，有各種藥草，良醫到此，能夠完全分別。但是捕獵放牧的人，雖然常住此山，卻不知道有這些藥草。同樣的道理，因為諸菩薩證入智慧境界，具足自在力，因此能看見如來的廣大神通變化。而佛陀的諸位大弟子只求利益自己，不求利益他人；只求自己安住，不求他人安住，所以雖然同在祇洹精舍，卻不能了知、不能看見。

又譬如土地中有各種寶藏⓲，種種珍貴異常的寶物都充滿其中，有一個智慧通達的聰明人，善於分別一切埋藏的寶藏。這個人又非常有福氣，因此能隨心所欲地自在取用，奉養父母，幫助親屬、老者、病人、貧窮、匱乏者，都能充足給養他們。而沒有智慧、沒有福德的人，雖然到了有寶藏的地方，卻不能了知、不能看見，不能得到其中的利益。同樣的道理，諸大菩薩因為有清淨智慧眼目，因此能夠進入如來不可思議的甚深境界，能夠看見諸佛的神力，能夠證入各種法門，能夠遊戲於三昧海，能夠供養諸佛如來，能夠用正法開悟眾生，能夠用四攝法攝受眾生。所以這些大聲聞既不能夠看見如來神力，也不能夠看見諸位菩薩。

譬如有盲人到大寶洲⓳，或行、或住、或坐、或臥，怎樣也不能看見各種寶物，因為他們看不見，所以不能挖採，也沒法受用。同樣的道理，佛陀的諸大弟子雖然在祇洹精舍親近世尊，卻不能看見如來的自在神力，也不能看見菩薩大會。為什麼呢？因為他們沒有菩薩無障礙清淨法眼，不能依次第悟入法界，看到如來的自在神力。

譬如有人，證得名為「離垢光明」的清淨眼⓴，一切的黑暗都不能障礙他。這時，此人在黑暗中，身邊有無量百千萬億的人，不管他們是行、住、坐、臥，及其他等等的形相威儀，這個證得離垢光明眼的人沒有不看見的。而這人的威儀進退，這些人卻都看不見。諸佛也是如此，他已成就智慧法眼，清淨沒有障礙，能完全明見世間諸佛如來示現的神通變化，諸大菩薩並共同圍遶，但諸大弟子卻完全不能看見。

譬如比丘在大眾之中㉑，能證入遍一切處定，就是：地遍一切處定、水遍一切處定、火遍一切處定、風遍一切處定、青遍一切處定、黃遍一切處定、赤遍一切處定、白遍一切處定、天遍一切處定、種種眾生身遍一切處定、一切語言音聲遍一切處定、一切所緣遍一切處定。證入這個禪定境界的人，自己能夠見到地、水、火、風、青、黃、赤、白等，他修習這個禪定觀想所緣的境界遍達一切。但是其他人卻都看不見他們所證的禪定三昧。除了修證安住在這個三昧的人。所以，如來示現的諸佛不可思議境界也是如此。菩薩能完全看見，而聲聞則看不見。

譬如有人㉒，用能隱形的藥塗在自己的眼睛，在於眾會中來去坐立都沒人看見，而他卻能完全看見眾會中的事。所以，你們應當知道如來也是如此，他的能力超過世間，因此能夠普見世間所有的事。但是諸位聲聞行者卻不能看見，除了趣向求一切智慧境界的諸大菩薩能看見之外。

就如同凡人出生之後㉓，就有兩個天人，恆常隨從身邊，一位名叫：同生，另一位名叫：同名。天人能夠時常見到人，人卻不能見到天人。所以，你們應知道如來也是如此，在諸菩薩大集會中示現大神通，各個大聲聞都不能看見。譬如已證得心自在的比丘㉔，能證入滅盡定，這時他的眼、耳、鼻、舌、身、意等六根造作行業都完全止息，一切語言問答也不知不覺。同時，因為這個定境的禪定力量所持，他並不會入滅而般涅槃。一切聲聞也是如此，雖然住於祇洹精舍，具足六根，但卻不能了知、不能看見、不能了解、不能證入如來自在於菩薩眾會中所做的種種事情。

為什麼呢？如來的境界甚為深奧廣大，難以看見、難能了知、難測、難量，超過諸世間的一切。非常不可思議，沒有人能破壞，不是二乘的境界。所以，如來自在的神力及菩薩眾會、祇洹精舍中遍一切清淨世界種種化現事，諸大聲聞都不能了知看見，因為他們不是那種根器。

這時，毘盧遮那願光明菩薩，承蒙佛陀神力的加持，觀察十方而稱頌說：

汝等應當觀察，佛道不可思議，
於此逝多林中，示現大神通力。
善逝大威神力，所現無央其數，
一切諸世間中，迷惑不能了知。
法王甚深妙法，無量難以思議，

所現一切神通，舉世莫能測度。
以了法本無相，是故名為佛陀，
而具眾相莊嚴，稱揚不可窮盡。
今於此林之內，示現大威神力，
甚深無有邊際，言辭莫能稱辯。
汝觀具大威德，無量諸菩薩眾，
由十方諸國土，而來拜見世尊。
所願悉皆具足，所行無有障礙，
一切諸世間中，無有能測量者。
一切諸緣覺眾，及彼諸大聲聞，
皆悉不能了知，菩薩妙行境界。
菩薩廣大智慧，諸地悉皆究竟，
高建勇猛大幢，難摧難可動搖。
諸廣大名稱士，無量三昧威力，
所現一切神變，法界悉皆充滿。

這時，不可壞精進王菩薩，承蒙佛的神力加持，觀察十方而稱頌說：

汝觀諸佛真子，智慧功德寶藏，
究竟菩提妙行，安穩於諸世間。
其心本然明達，善入一切三昧，
智慧無有邊際，境界不可計量。
今此逝多林中，種種悉皆嚴飾，
菩薩大眾雲集，親近如來而住。
汝觀無所執著，無量大眾之海，
十方皆來詣此，安坐寶蓮華座。
無來亦無所住，無依亦無戲論，
離垢心無障礙，究竟於法界中。
十方無量剎土，一切諸佛所在，
同時悉皆往詣，而亦不勞分身。
汝今觀釋師子，自在神通威力，
能令菩薩大眾，一切俱來集會。
一切諸佛妙法，法界悉皆平等，

言說故有不同，此眾咸皆通達。
諸佛恆常安住，法界平等之際，
演說差別諸法，言辭無有窮盡。

這時，普勝無上威德王菩薩，承佛的神力加持，觀察十方而稱頌說：

汝觀無上大士，廣大智慧圓滿，
善達時與非時，為眾演說妙法。
摧伏一切外道，一切各種異論，
普隨眾生之心，為示現神通力。
正覺本非有量，亦復非為無量，
若量與若無量，牟尼悉皆超越。
如日在虛空中，照臨一切處所，
佛智亦復如是，了達三世妙法。
譬如十五夜中，月輪無有減缺，
如來亦復皆然，白法悉皆圓滿。
譬如空中日輪，運行無暫已時，

如來亦復如是，神變恆為相續。
譬如十方剎土，於空無所障礙，
世燈示現變化，於世亦復皆然。
譬如世間大地，群生之所依止，
照世明燈法輪，為依亦復如是。
譬如廣大水輪，世界所依止住，
智慧輪亦復爾，三世佛之所依。

這時，無礙勝藏王菩薩，承佛的神力加持，觀察十方而稱頌說：

譬如廣大寶山，饒益一切含識，
佛山亦復如是，普益於諸世間。
譬如大海之水，澄淨無有垢濁，
見佛亦復如是，能除一切渴愛。
譬如須彌山王，出於大海之中，
世間明燈亦爾，從於法海中出。
如海具足眾寶，求者皆得滿足，

無師智慧亦然，見者悉得開悟。
如來甚深智慧，無量亦無有數，
是故神通威力，示現難以思議。
譬如工巧幻師，示現種種化事，
佛智亦復如是，現諸自在威力。
譬如有如意寶，能滿一切所欲，
最勝者亦復然，滿足諸清淨願。
譬如明淨珍寶，普照一切萬物，
佛智慧亦如是，普照群生心念。
譬如八面妙寶，平等鑒照諸方，
無礙明燈亦然，普遍照於法界。
譬如水清寶珠，能清淨諸濁水，
見佛亦復如是，諸根悉皆清淨。

這時，化現法界願月王菩薩，承佛的神力加持，觀察十力而稱頌說：

譬如帝青妙寶，能青一切眾色，

見佛者亦復然，悉發菩提心行。
一一微塵之內，佛陀現神通力，
今彼無量無邊，菩薩悉皆清淨。
甚深微妙威力，清淨妙相莊嚴，
普入於法界中，成就一切菩薩。
難思諸佛國土，於中成等正覺，
一切諸菩薩眾，世主悉皆充滿。
釋迦無上至尊，於法悉得自在，
示現大神通力，無邊不可測量。
菩薩種種勝行，無量無有窮盡，
如來自在神力，為之悉皆示現。
佛子善巧修學，甚深一切法界，
成就無礙智慧，明了一切妙法。
善逝威神之力，為眾轉大法輪，
神變普皆充滿，令世皆得清淨。
如來智慧圓滿，境界亦得清淨，

譬如諸大龍王，普濟一切群生。

這時，法慧光焰王菩薩，承佛的神力加持，觀察十力而稱頌說：

三世諸佛如來，聲聞大弟子眾，
悉不能了知佛，舉足下足之事。
去來現在世中，一切諸緣覺眾，
亦不了知如來，舉足下足之事。
況復凡夫大眾，結使煩惱纏縛，
無明蓋覆心識，而能了知導師？
正覺無礙智慧，超過語言之道，
其量不可測量，孰有能知見者！
譬如明月之光，無能測其邊際，
諸佛神通亦爾，莫見其之終盡。
一一諸種方便，念念之所變化，
盡於無量時劫，思惟不能了知。
思惟一切智慧，不可思議妙法，

一一諸方便門，邊際不可了得。
若有於此法中，而興廣大願力，
彼於此境界中，知見不復為難。
勇猛精勤修習，難思廣大法海，
其心無有障礙，入此方便之門。
心意已得調伏，志願亦甚寬廣，
當獲廣大菩提，最勝微妙境界。

這時，破一切魔軍智幢王菩薩，承佛的神力加持，觀察十方而稱頌說：

智身非是色身，無礙難可思議，
設有可思議者，一切亦無能及。
從不思議業力，生起此清淨身，
殊異特妙莊嚴，不著於三界中。
光明普照一切，法界悉皆清淨，
開示佛菩提門，出生眾種智慧。
譬如世間大日，普放智慧光明，

遠離諸種塵垢，滅除一切障礙。
普淨三有處所，永絕生死之流，
成就菩薩妙道，出生無上大覺。
示現無邊色相，此色無依止處，
所現雖為無量，一切不可思議。
菩提一念之頃，能覺一切妙法，
云何而欲測量，如來智慧邊際？
一念悉皆明達，一切三世妙法，
故說諸佛智慧，無盡亦無能壞。
智者亦應如是，專思諸佛菩提，
此思難以思議，思之亦不可得。
菩提不可宣說，超過語言道路，
諸佛從此出生，是法難可思議。

這時，願智光明幢王菩薩，承佛的神力加持，觀察十方而稱頌說：

若能善巧觀察，菩提無盡大海，

則得離痴心念，決定受持佛法。
若得決定心念，則能修習妙行，
禪寂復自思慮，永斷一切疑惑。
其心永不疲倦，亦復無有懈怠，
展轉增進修習，究竟諸佛妙法。
信智已得成就，念念能令增長，
常樂恆常觀察，無得無依止法。
無量億千時劫，所修功德妙行，
一切悉皆迴向，諸佛所求大道。
雖在於生死中，而心亦無染著，
安住諸佛妙法，常樂如來妙行。
世間一切所有，蘊界處等諸法，
一切悉皆捨離，專求諸佛功德。
凡夫嬰行妄惑，於世恆常流轉，
菩薩心無障礙，救之令得解脫。
菩薩妙行難稱，舉世莫能思量，

遍除一切苦惱，普與群生喜樂。
已獲菩提妙智，復愍諸群生等，
光明普照世間，度脫一切眾生。

這時，破一切障勇猛智王菩薩，承佛的神力加持，觀察十方而稱頌說：

無量億千時劫，佛名難可聽聞，
況復得以親近，永斷一切疑惑！
如來世間明燈，通達一切妙法，
普生三世福德，令眾悉皆清淨。
如來微妙色身，一切之所欽歎，
億劫恆常瞻仰，其心無有厭足。
若有諸佛子等，觀察佛妙色身，
必捨諸有執著，迴向大菩提道。
如來微妙色身，恆演廣大音聲，
辯才永無障礙，開佛大菩提門。
曉悟十方眾生，無量不可思議，

令入智慧之門，授以佛菩提記。
如來出興世間，為世廣大福田，
普導一切含識，令其積集福行。
若有供養於佛，永除惡道怖畏，
消滅一切苦惱，成就大智慧身。
若見兩足至尊，能發廣大妙心，
是人恆值遇佛，增長智慧之力。
若見人中特勝，決意趣向菩提，
是人能自了知，必當成就正覺。

這時，法界差別願智神通王菩薩，承佛的神力加持，觀察十力而稱頌說：

釋迦無上至尊，具足一切功德，
見者心生清淨，迴向廣大智慧。
如來大慈大悲，出現於世間中，
普為一切群生，轉動無上法輪。
如來無數時劫，勤苦為諸眾生，

云何於諸世間，能報廣大師恩？
寧於無量時劫，受諸惡道苦惱，
終不捨棄如來，而心求於出離。
寧代一切眾生，備受一切苦惱，
終不捨棄於佛，而暫求得安樂。
寧在諸惡趣中，恆得聽聞佛名，
不願生於善道，暫時不聞佛名。
寧生諸地獄中，一一經無數劫，
終不遠離佛陀，而求出離惡趣。
何故願得久住，一切諸惡道中？
以得見佛如來，增長智慧之故。
若能得見於佛，除滅一切苦惱，
能入諸佛如來，大智微妙境界。
若得見於佛陀，捨離一切障礙，
長養無盡福德，成就大菩提道。
如來能永斷絕，一切眾生疑惑，

隨其心中所樂，普皆令得滿足。

【註釋】

❶逝多林　逝多是舍衛國太子之名，須達多長者要求買其所有地，於此建精舍獻予佛，即祇洹精舍。

❷給孤獨園　給孤獨即須達多長者，長者能救濟施與孤獨貧困者，故有此名稱。給孤獨長者建立的僧園即祇洹精舍。

❸舍利弗　梵語 Śāriputra，是從母名而命名，譯作鶖鷺子。十大弟子之一，被譽稱為智慧第一。

❹大目犍連　又作摩訶目犍蓮，梵語 Mahāmaudgalyāyana，譯作大採菽。十大弟子之一，被譽稱為神通第一。

❺摩訶迦葉　梵語 Mahā-kāśyapa 的音譯，譯作大飲光。婆羅門族中一姓。同是十大弟子之一，譽稱頭陀第一。

❻離婆多　梵語 Revata 之音譯，譯作室星；祈求星星而得之子，故有此名。譽稱坐禪第一。

❼須菩提　梵語 Subhūti，譯作善現、善吉等，又稱空生。十大弟子中以解空第一聞名。

❽阿㝹樓馱　梵語 Aniruddha，譯作無滅或如意等。十大弟子中，譽稱天眼第一。

❾難陀　梵語 Ānanda，譯作歡喜或慶喜等；佛的常隨侍者，號稱多聞第一。
❿劫賓那　又作摩訶劫賓那，梵語 Mahākalpina，譯作房宿；佛弟子中能知星宿者。
⓫迦旃延　婆羅門姓之一，梵語 Mahākātyāyana，譯作扇繩或好肩。十大弟子中以論議第一聞名。
⓬富樓那　梵語 Pūrṇa，全名為富樓那彌多羅尼子，譯作滿慈子。十大弟子中號稱說法第一
⓭前段說明欠缺宿因，次段說明無現在因緣。
⓮無有諦　指「我空法有」的義理。
⓯次舉十喻，釋二乘不見之所以，初譬喻佛菩薩潤益甚深之德。
⓰次譬顯示佛菩薩高顯廣大之德。
⓱次譬喻幽邃難見之德。
⓲次譬明祕密難知之德。
⓳次譬顯示迥絕難測之德。
⓴次譬顯示智照難量之德。
㉑次譬顯示周遍難思之德。
㉒次譬示隱顯超世之德。
㉓次說明微妙難壞之德。
㉔次譬顯示聲聞安住自乘之無德。

【原典】

爾時，世尊在室羅筏國逝多林給孤獨園大莊嚴重閣，與菩薩摩訶薩五百人俱，普賢菩薩、文殊師利菩薩而為上首，其名曰：光焰幢菩薩、須彌幢菩薩、寶幢菩薩、無礙幢菩薩、華幢菩薩、離垢幢菩薩、日幢菩薩、妙幢菩薩、離塵幢菩薩、普光幢菩薩、地威力菩薩、寶威力菩薩、大威力菩薩、金剛智威力菩薩、離塵垢威力菩薩、正法日威力菩薩、功德山威力菩薩、智光影威力菩薩、普吉祥威力菩薩、地藏菩薩、虛空藏菩薩、蓮華藏菩薩、寶藏菩薩、日藏菩薩、淨德藏菩薩、法印藏菩薩、光明藏菩薩、臍藏菩薩、蓮華德藏菩薩、善眼菩薩、淨眼菩薩、離垢眼菩薩、無礙眼菩薩、普見眼菩薩、善觀眼菩薩、青蓮華眼菩薩、金剛眼菩薩、寶眼菩薩、虛空眼菩薩、喜眼菩薩、普眼菩薩、天冠菩薩、普照法界智慧冠菩薩、道場冠菩薩、普照十方冠菩薩、一切佛藏冠菩薩、超出一切世間冠菩薩、普照冠菩薩、不可壞冠菩薩、持一切如來師子座冠菩薩、普照法界虛空冠菩薩、梵王髻菩薩、龍王髻菩薩、一切化佛光明髻菩薩、一切道場髻菩薩、一切願海音寶王髻菩薩、一切佛光明摩尼髻菩薩、示現一切虛空平等相摩尼王莊嚴髻菩薩、示現一切如來神變摩尼王幢網垂覆髻菩薩、出一切佛轉法輪音髻菩薩、說三世一切名字音髻菩薩、大光菩薩、離垢光菩薩、寶光菩薩、離塵光菩薩、焰光菩薩、法光菩薩、寂靜光菩薩、日光菩薩、自在光菩薩、天光菩薩、福德幢菩薩、智慧幢菩薩、法幢菩薩、神通幢菩薩、光幢菩薩、華幢菩薩、摩尼幢菩薩、菩提幢菩薩、梵幢菩薩、普光幢菩薩、梵音菩薩、海音菩薩、大地音菩薩、世主音菩薩、山相擊音菩薩、遍一切法界音菩薩、震一切法海雷音菩薩、降魔音菩薩、大慈方便雲雷音菩薩、息一切世間苦安慰音菩薩、法上菩薩、勝上菩薩、智上菩薩、福德須彌上菩薩、功德珊瑚上菩薩、名稱上菩薩、普光上菩薩、大慈上菩薩、智海上菩薩、佛種上菩薩、光勝菩薩、德勝菩薩、上勝菩薩、普明勝菩薩、法勝菩薩、月勝菩薩、虛空勝菩薩、寶勝菩薩、幢勝菩薩、智勝菩薩、娑羅自在王菩薩、法自在王菩薩、象自在王菩薩、梵自在王菩薩、山自在王菩薩、眾自在王菩薩、速疾自在王菩薩、寂靜自在王菩薩、不動自在王菩薩、勢力自在王菩薩、最勝自在王菩薩、寂靜音菩薩、無礙音菩薩、地震音菩薩、海震音菩薩、雲音菩薩、法光音菩薩、虛空音菩薩、說一切眾生善根音菩薩、示一切大願音菩薩、道場音菩薩、須彌光覺菩薩、虛空覺菩薩、離染覺菩薩、無礙覺菩薩、善覺菩薩、普照三世覺菩薩、廣大覺菩薩、普明覺菩薩、法界光明覺菩薩……如是等菩薩摩訶薩五百人俱。此諸菩薩皆悉成就普賢行願，境界無礙，普遍一切諸佛剎故；現身無量，親近一切諸如來故；淨眼無障，見一切佛神變事故；至處無限，一切如來成正覺所恒普詣故；光明無際，以智慧光普照一切實法海故；說法無盡，清淨辯才無邊際劫無窮盡故；等虛空界，智慧所行悉清淨故；無所依止，隨眾生心現色身故；除滅癡翳，了眾生界無眾生故；等虛空智，以大光網照法界故。及與五百聲聞眾俱，悉覺真諦，皆證實際，深入法性，永出有海；依佛功德，離結、使、縛，住無礙處；其心寂靜猶如虛空，於諸佛所永斷疑惑，於佛智海深信趣入。及與無量諸世主俱，悉曾供養無量諸佛，常能利益一切眾生，為不請友，恒勤守護，誓願不捨；入於世間殊勝智門，從佛教生，護佛正法，起於大願，不斷佛種，生如來家，求一切智。

時，諸菩薩大德、聲聞、世間諸王并其眷屬，咸作是念：如來境界、如來智行、如來加持、如來力、如來無畏、如來三昧、如來所住、如來自在、如來身、如來智，一切世間諸天及人無能通達、無能趣入、無能信解、無能了知、無能忍受、無能觀察、無能揀擇、無能開示、無能宣明、無有能令眾生解了，唯除諸佛加被之力、佛神通力、佛威德力、佛本願力，及其宿世善根之力、諸善知識攝受之力、深淨信力、大明解力、趣向菩提清淨心力、求一切智廣大願力。唯願世尊隨順我等及諸眾生種種欲、種種解、種種智、種種語、種種自在、種種住地、種種根清淨、種種意方便、種種心境界、種種依止如來功德、種種聽受諸所說法，顯示如來往昔趣求一切智心、往昔所起菩薩大願、往昔所淨諸波羅蜜、往昔所入菩薩諸地、往昔圓滿諸菩薩行、往昔成就方便、往昔修行諸道、往昔所得出離法、往昔所作神通事、往昔所有本事因緣，及成等正覺、轉妙法輪、淨佛國土、調伏眾生、開一切智法城、示一切眾生道、入一切眾生所住、受一切眾生所施、為一切眾生說布施功德、為一切眾生現諸佛影像；如是等法，願皆為說！

爾時，世尊知諸菩薩心之所念，大悲為身，大悲為門，大悲為首，以大悲法而為方便，充遍虛空，入師子頻申三昧；入此三昧已，一切世間普皆嚴淨。于時，此大莊嚴樓閣忽然廣博無有邊際。金剛為地，寶王覆上，無量寶華及諸摩尼普散其中處處盈滿。琉璃為柱，眾寶合成，大光摩尼之所莊嚴，閻浮檀金如意寶王周置其上以為嚴飾。危樓迴帶，閣道傍出，棟宇相承，窓闥交映，階、墀、軒、檻種種備足，一切皆以妙寶莊嚴；其寶悉作人、天形像，堅固妙好，世中第一，摩尼寶網彌覆其上。於諸門側悉建幢幡，咸放光明普周法界道場之外。階蹬、欄楯，其數無量不可稱說，靡不咸以摩尼所成。

爾時，復以佛神力故，其逝多林忽然廣博，與不可說佛剎微塵數諸佛國土其量正等。一切妙寶間錯莊嚴，不可說寶遍布其地，阿僧祇寶以為垣牆，寶多羅樹莊嚴道側。其間復有無量香河，香水盈滿，湍激洄澓；一切寶華隨流右轉，自然演出佛法音聲；不思議寶芬陀利華，菡萏芬敷，彌布水上；眾寶華樹列植其岸；種種臺榭不可思議，皆於岸上次第行列，摩尼寶網之所彌覆。阿僧祇寶放大光明，阿僧祇寶莊嚴其地。燒眾妙香，香氣氛氳。復建無量種種寶幢，所謂：寶香幢、寶表幢、寶幡幢、寶繒幢、寶華幢、寶瓔珞幢、寶鬘幢、寶鈴幢、摩尼寶蓋幢、大摩尼寶幢、光明遍照摩尼寶幢、出一切如來名號音聲摩尼王幢、師子摩尼王幢、說一切如來本事海摩尼王幢、現一切法界影像摩尼王幢，周遍十方，行列莊嚴。

時，逝多林上虛空之中，有不思議天宮殿雲、無數香樹雲、不可說須彌山雲、不可說妓樂雲、出美妙音歌讚如來不可說寶蓮華雲、不可說寶座雲、敷以天衣菩薩坐上歎佛功德不可說諸天王形像摩尼寶雲、不可說白真珠雲、不可說赤珠樓閣莊嚴具雲、不可說雨金剛堅固珠雲，皆住虛空，周匝遍滿，以為嚴飾。何以故？如來善根不思議故，如來白法不思議故，如來威力不思議故，如來能以一身自在變化遍一切世界不思議故，如來能以神力令一切佛及佛國莊嚴皆入其身不思議故，如來能於一微塵內普現一切法界影像不思議故，如來能於一毛孔中示現過去一切諸佛不思議故，如來隨放一一光明悉能遍照一切世界不思議故，如來能於一毛孔中出一切佛剎微塵數變化雲充滿一切諸佛國土不思議故，如來能於一毛孔中普現一切十方世界成、住、壞劫不思議故。如於此逝多林給孤獨園見佛國土清淨莊嚴，十方一切盡法界、虛空界、一切世界亦如是見。所謂：見如來身住逝多林，菩薩眾會皆悉遍滿；見普雨一切莊嚴雲，見普雨一切寶光明照曜雲，見普雨一切摩尼寶雲，見普雨一切莊嚴蓋彌覆佛剎雲，見普雨一切天身雲，見普雨一切華樹雲，見普雨一切衣樹雲，見普雨一切寶鬘、瓔珞相續不絕周遍一切大地雲，見普雨一切莊嚴具雲，見普雨一切如眾生形種種香雲，見普雨一切微妙寶華網相續不斷雲，見普雨一切諸天女持寶幢幡於虛空中周旋來去雲，見普雨一切眾寶蓮華於華葉間自然而出種種樂音雲，見普雨一切師子座寶網瓔珞而為莊嚴雲。

爾時，東方過不可說佛剎微塵數世界海外有世界，名：金燈雲幢，佛號：毘盧遮那勝德王。彼佛眾中有菩薩，名：毘盧遮那願光明，與不可說佛剎微塵數菩薩俱，來向佛所，悉以神力興種種雲，所謂：天華雲、天香雲、天末香雲、天鬘雲、天寶雲、天莊嚴具雲、天寶蓋雲、天微妙衣雲、天寶幢幡雲、天一切妙寶諸莊嚴雲，充滿虛空。至佛所已，頂禮佛足，即於東方化作寶莊嚴樓閣及普照十方寶蓮華藏師子之座，如意寶網羅覆其身，與其眷屬結跏趺坐。

南方過不可說佛剎微塵數世界海外有世界，名：金剛藏，佛號：普光明無勝藏王。彼佛眾中有菩薩，名：不可壞精進王，與不可說佛剎微塵數菩薩俱，來向佛所，持一切寶香網，持一切寶瓔珞，持一切寶華帶，持一切寶鬘帶，持一切金剛瓔珞，持一切摩尼寶網，持一切寶衣帶，持一切寶瓔珞帶，持一切最勝光明摩尼帶，持一切師子摩尼寶瓔珞，悉以神力充遍一切諸世界海。到佛所已，頂禮佛足，即於南方化作遍照世間摩尼寶莊嚴樓閣及普照十方寶蓮華藏師子之座，以一切寶華網羅覆其身，與其眷屬結跏趺坐。

西方過不可說佛剎微塵數世界海外有世界，名：摩尼寶燈須彌山幢，佛號：法界智燈。彼佛眾中有菩薩，名：普勝無上威德王，與世界海微塵數菩薩俱，來向佛所，悉以神力興不可說佛剎微塵數種種塗香燒香須彌山雲、不可說佛剎微塵數種種色香水須彌山雲、不可說佛剎微塵數一切大地微塵等光明摩尼寶王須彌山雲、不可說佛剎微塵數種種光焰輪莊嚴幢須彌山雲、不可說佛剎微塵數種種色金剛藏摩尼王莊嚴須彌山雲、不可說佛剎微塵數普照一切世界閻浮檀摩尼寶幢須彌山雲、不可說佛剎微塵數現一切法界摩尼寶須彌山雲、不可說佛剎微塵數現一切諸佛相好摩尼寶王須彌山雲、不可說佛剎微塵數現一切如來本事因緣說諸菩薩所行之行摩尼寶王須彌山雲、不可說佛剎微塵數現一切佛坐菩提場摩尼寶王須彌山雲，充滿法界。至佛所已，頂禮佛足，即於西方化作一切香王樓閣，真珠寶網彌覆其上，及化作帝釋影幢寶蓮華藏師子之座，以妙色摩尼網羅覆其身，心王寶冠以嚴其首，與其眷屬結跏趺坐。

北方過不可說佛剎微塵數世界海外有世界，名：寶衣光明幢，佛號：照虛空法界大光明。彼佛眾中有菩薩，名：無礙勝藏王，與世界海微塵數菩薩俱，來向佛所，悉以神力興一切寶衣雲，所謂：黃色寶光明衣雲、種種香所熏衣雲、日幢摩尼王衣雲、金色熾然摩尼衣雲、一切寶光焰衣雲、一切星辰像上妙摩尼衣雲、白玉光摩尼衣雲、光明遍照殊勝赫奕摩尼衣雲、光明遍照威勢熾盛摩尼衣雲、莊嚴海摩尼衣雲，充遍虛空。至佛所已，頂禮佛足，即於北方化作摩尼寶海莊嚴樓閣及毘瑠璃寶蓮華藏師子之座，以師子威德摩尼王網羅覆其身，清淨寶王為髻明珠，與其眷屬結跏趺坐。

東北方過不可說佛剎微塵數世界海外有世界，名：一切歡喜清淨光明網，佛號：無礙眼。彼佛眾中有菩薩，名：化現法界願月王，與世界海微塵數菩薩俱，來向佛所，悉以神力興寶樓閣雲、香樓閣雲、燒香樓閣雲、華樓閣雲、栴檀樓閣雲、金剛樓閣雲、摩尼樓閣雲、金樓閣雲、衣樓閣雲、蓮華樓閣雲，彌覆十方一切世界。至佛所已，頂禮佛足，即於東北方化作一切法界門大摩尼樓閣及無等香王蓮華藏師子之座，摩尼華網羅覆其身，著妙寶藏摩尼王冠，與其眷屬結跏趺坐。

東南方過不可說佛剎微塵數世界海外有世界，名：香雲莊嚴幢，佛號：龍自在王。彼佛眾中有菩薩，名：法慧光焰王，與世界海微塵數菩薩俱，來向佛所，悉以神力興金色圓滿光明雲、無量寶色圓滿光明雲、如來毫相圓滿光明雲、種種寶色圓滿光明雲、蓮華藏圓滿光明雲、眾寶樹枝圓滿光明雲、如來頂髻圓滿光明雲、閻浮檀金色圓滿光明雲、日色圓滿光明雲、星月色圓滿光明雲，悉遍虛空。到佛所已，頂禮佛足，即於東南方化作毘盧遮那最上寶光明樓閣、金剛摩尼蓮華藏師子之座，眾寶光焰摩尼王網羅覆其身，與其眷屬結跏趺坐。

西南方過不可說佛剎微塵數世界海外有世界，名：日光摩尼藏，佛號：普照諸法智月王。彼佛眾中有菩薩，名：摧破一切魔軍智幢王，與世界海微塵數菩薩俱，來向佛所，於一切毛孔中出等虛空界華焰雲、香焰雲、寶焰雲、金剛焰雲、燒香焰雲、電光焰雲、毘盧遮那摩尼寶焰雲、一切金光焰雲、勝藏摩尼王光焰雲、等三世如來海光焰雲，一一皆從毛孔中出，遍虛空界。到佛所已，頂禮佛足，即於西南方化作普現十方法界光明網大摩尼寶樓閣及香燈焰寶蓮華藏師子之座，以離垢藏摩尼網羅覆其身，著出一切眾生發趣音摩尼王嚴飾冠，與其眷屬結跏趺坐。

西北方過不可說佛剎微塵數世界海外，有世界，名：毘盧遮那願摩尼王藏，佛號：普光明最勝須彌王。彼佛眾中有菩薩，名：願智光明幢，與世界海微塵數菩薩俱，來向佛所，於念念中，一切相好、一切毛孔、一切身分，皆出三世一切如來形像雲、一切菩薩形像雲、一切如來眾會形像雲、一切如來變化身形像雲、一切如來本生身形像雲、一切聲聞辟支佛形像雲、一切如來菩提場形像雲、一切如來神變形像雲、一切世間主形像雲、一切清淨國土形像雲，充滿虛空。至佛所已，頂禮❶佛足，即於西北方化作普照十方摩尼寶莊嚴樓閣及普照世間寶蓮華藏師子之座，以無能勝光明真珠網羅覆其身，著普光明摩尼寶冠，與其眷屬結跏趺坐。

下方過不可說佛剎微塵數世界海外有世界，名：一切如來圓滿光普照，佛號：虛空無礙相智幢王。彼佛眾中有菩薩，名：破一切障勇猛智王，與世界海微塵數菩薩俱，來向佛所，於一切毛孔中，出說一切眾生語言海音聲雲，出說一切三世菩薩修行方便海音聲雲，出說一切菩薩所起願方便海音聲雲，出說一切菩薩成滿清淨波羅蜜方便海音聲雲，出說一切菩薩圓滿行遍一切剎音聲雲，出說一切菩薩成就自在用音聲雲，出說一切如來往詣道場破魔軍眾成等正覺自在用音聲雲，出說一切如來轉法輪契經門名號海音聲雲，出說一切隨應教化調伏眾生法方便海音聲雲，出說一切隨時、隨善根、隨願力普令眾生證得智慧方便海音聲雲。到佛所已，頂禮佛足，即於下方化作現一切如來宮殿形像眾寶莊嚴樓閣及一切寶蓮華藏師子之座，著普現道場影摩尼寶冠，與其眷屬結跏趺坐。

上方過不可說佛剎微塵數世界海外有世界，名：說佛種性無有盡，佛號：普智輪光明音。彼佛眾中有菩薩，名：法界差別願，與世界海微塵數菩薩俱，發彼道場來向此娑婆世界釋迦牟尼佛所，於一切相好、一切毛孔、一切身分、一切肢節、一切莊嚴具、一切衣服中，現毘盧遮那等過去一切諸佛、未來一切諸佛、已得授記、未授記者，現在十方一切國土、一切諸佛并其眾會，亦現過去行檀那波羅蜜及其一切受布施者諸本事海，亦現過去行尸羅波羅蜜諸本事海，亦現過去行羼提波羅蜜割截肢體心無動亂諸本事海，亦現過去行精進波羅蜜勇猛不退諸本事海，亦現過去求一切如來禪波羅蜜海而得成就諸本事海，亦現過去求一切佛所轉法輪所成就法發勇猛心一切皆捨諸本事海，亦現過去樂見一切佛、樂行一切菩薩道、樂化一切眾生界諸本事海，亦現過去所發一切菩薩大願清淨莊嚴諸本事海，亦現過去菩薩所成力波羅蜜勇猛清淨諸本事海，亦現過去一切菩薩所修圓滿智波羅蜜諸本事海；如是一切本事海，悉皆遍滿廣大法界。至佛所已，頂禮佛足，即於上方化作一切金剛藏莊嚴樓閣及帝青金剛王蓮華藏師子之座，以一切寶光明摩尼王網羅覆其身，以演說三世如來名摩尼寶王為髻明珠，與其眷屬結跏趺坐。

如是十方一切菩薩并其眷屬，皆從普賢菩薩行願中生，以淨智眼見三世佛，普聞一切諸佛如來所轉法輪、修多羅海，已得至於一切菩薩自在彼岸；於念念中現大神變，親近一切諸佛如來，一身充滿一切世界一切如來眾會道場，於一塵中普現一切世間境界，教化成熟一切眾生未曾失時，一毛孔中出一切如來說法音聲；知一切眾生悉皆如幻，知一切佛悉皆如影，知一切諸趣受生悉皆如夢，知一切業報如鏡中像，知一切諸有生起如熱時焰，知一切世界皆如變化；成就如來十力、無畏，勇猛自在，能師子吼，深入無盡辯才大海，得一切眾生言辭海諸法智；於虛空法界所行無礙，知一切法無有障礙；一切菩薩神通境界悉已清淨，勇猛精進，摧伏魔軍；恒以智慧了達三世，知一切法猶如虛空，無有違諍，亦無取著；雖勤精進而知一切智終無所來，雖觀境界而知一切有悉不可得；以方便智入一切法界，以平等智入一切國土，以自在力令一切世界展轉相入於一切世界；處處受生，見一切世界種種形相；於微細境現廣大剎，於廣大境現微細剎；於一佛所一念之頃，得一切佛威神所加，普見十方無所迷惑，於剎那頃悉能往詣。如是等一切菩薩滿逝多林，皆是如來威神之力。

于時，上首諸大聲聞——舍利弗、大目揵連、摩訶迦葉、離婆多、須菩提、阿嵬樓馱、難陀、劫賓那、迦旃延、富樓那等諸大聲聞，在逝多林皆悉不見如來神力、如來嚴好、如來境界、如來遊戲、如來神變、如來尊勝、如來妙行、如來威德、如來住持、如來淨剎，亦復不見不可思議菩薩境界、菩薩大會、菩薩普入、菩薩普至、菩薩普詣、菩薩神變、菩薩遊戲、菩薩眷屬、菩薩方所、菩薩莊嚴師子座、菩薩宮殿、菩薩住處、菩薩所入三昧自在、菩薩觀察、菩薩頻申、菩薩勇猛、菩薩供養、菩薩受記、菩薩成熟、菩薩勇健、菩薩法身清淨、菩薩智身圓滿、菩薩願身示現、菩薩色身成就、菩薩諸相具足清淨、菩薩常光眾色莊嚴、菩薩放大光網、菩薩起變化雲、菩薩身遍十方、菩薩諸行圓滿。如是等事，一切聲聞諸大弟子皆悉不見。何以故？以善根不同故，本不修習見佛自在善根故，本不讚說十方世界一切佛剎清淨功德故，本不稱歎諸佛世尊種種神變故，本不於生死流轉之中發阿耨多羅三藐三菩提心故，本不令他住菩提心故，本不能令如來種性不斷絕故，本不攝受諸眾生故，本不勸他修習菩薩波羅蜜故，本在生死流轉之時不勸眾生求於最勝大智眼故，本不修習生一切智諸善根故，本不成就如來出世諸善根故，本不得嚴淨佛剎神通智故，本不得諸菩薩眼所知境故，本不求超出世間不共菩提諸善根故，本不發一切菩薩諸大願故，本不從如來加被之所生故，本不知諸法如幻、菩薩如夢故，本不得諸大菩薩廣大歡喜故。如是皆是普賢菩薩智眼境界，不與一切二乘所共。以是因緣，諸大聲聞不能見、不能知、不能聞、不能入、不能得、不能念、不能觀察、不能籌量、不能思惟、不能分別；是故，雖在逝多林中，不見如來諸大神變。

復次，諸大聲聞無如是善根故，無如是智眼故，無如是三昧故，無如是解脫故，無如是神通故，無如是威德故，無如是勢力故，無如是自在故，無如是住處故，無如是境界故，是故於此不能知、不能見、不能入、不能證、不能住、不能解、不能觀察、不能忍受、不能趣向、不能遊履；又亦不能廣為他人，開闡解說，稱揚示現，引導勸進，令其趣向，令其修習，令其安住，令其證入。何以故？諸大弟子依聲聞乘而出離故，成就聲聞道，滿足聲聞行，安住聲聞果，於無有諦得決定智，常住實際究竟寂靜，遠離大悲，捨於眾生，住於自事；於彼智慧，不能積集，不能修行，不能安住，不能願求，不能成就，不能清淨，不能趣入，不能通達，不能知見，不能證得。是故，雖在逝多林中對於如來，不見如是廣大神變。

佛子！如恒河岸有百千億無量餓鬼，裸形飢渴，舉體焦然，烏鷲豺狼競來搏撮，為渴所逼，欲求水飲，雖住河邊而不見河；設有見者，見其枯竭。何以故？深厚業障之所覆故。彼大聲聞亦復如是，雖復住在逝多林中，不見如來廣大神力，捨一切智，無明瞖瞙覆其眼故，不曾種植薩婆若地諸善根故。譬如有人，於大會中昏睡安寢，忽然夢見須彌山頂帝釋所住善見大城，宮殿、園林種種嚴好，天子、天女百千萬億，普散天華遍滿其地，種種衣樹出妙衣服，種種華樹開敷妙華，諸音樂樹奏天音樂，天諸采女歌詠美音，無量諸天於中戲樂；其人自見著天衣服，普於其處住止周旋。其大會中一切諸人雖同一處，不知不見。何以故？夢中所見，非彼大眾所能見故。一切菩薩、世間諸王亦復如是，以久積集善根力故，發一切智廣大願故，學習一切佛功德故，修行菩薩莊嚴道故，圓滿一切智智法故，滿足普賢諸行願故，趣入一切菩薩智地故，遊戲一切菩薩所住諸三昧故，已能觀察一切菩薩智慧境界無障礙故，是故悉見如來世尊不可思議自在神變。一切聲聞諸大弟子，皆不能見，皆不能知，以無菩薩清淨眼故。譬如雪山具眾藥草，良醫詣彼悉能分別；其諸捕獵、放牧之人恒住彼山，不見其藥。此亦如是，以諸菩薩入智境界，具自在力，能見如來廣大神變；諸大弟子唯求自利，不欲利他，唯求自安，不欲安他，雖在林中，不知不見。譬如地中有諸寶藏，種種珍異悉皆充滿，有一丈夫聰慧明達，善能分別一切伏藏，其人復有大福德力，能隨所欲自在而取，奉養父母，賑恤親屬，老、病、窮乏靡不均贍；其無智慧、無福德人，雖亦至於寶藏之處，不知不見，不得其益。此亦如是，諸大菩薩有淨智眼，能入如來不可思議甚深境界，能見佛神力，能入諸法門，能遊三昧海，能供養諸佛，能以正法開悟眾生，能以四攝攝受眾生；

諸大聲聞不能得見如來神力，亦不能見諸菩薩眾。譬如盲人至大寶洲，若行、若住、若坐、若臥，不能得見一切眾寶；以不見故，不能採取，不得受用。此亦如是，諸大弟子雖在林中親近世尊，不見如來自在神力，亦不得見菩薩大會。何以故？無有菩薩無礙淨眼，不能次第悟入法界見於如來自在力故。譬如有人得清淨眼，名：離垢光明，一切暗色不能為障。爾時，彼人於夜暗中，處在無量百千萬億人眾之內，或行、或住、或坐、或臥，彼諸人眾形相威儀，此明眼人莫不具見；其明眼者威儀進退，彼諸人眾悉不能覩。佛亦如是，成就智眼，清淨無礙，悉能明見一切世間；其所示現神通變化，大菩薩眾所共圍遶，諸大弟子悉不能見。譬如比丘在大眾中入遍處定，所謂：地遍處定、水遍處定、火遍處定、風遍處定、青遍處定、黃遍處定、赤遍處定、白遍處定、天遍處定、種種眾生身遍處定、一切語言音聲遍處定、一切所緣遍處定；入此定者見其所緣，其餘大眾悉不能見，唯除有住此三昧者。如來所現不可思議諸佛境界亦復如是，菩薩具見，聲聞莫覩。譬如有人以翳形藥自塗其眼，在於眾會去、來、坐、立無能見者，而能悉覩眾會中事。應知如來亦復如是，超過於世，普見世間，非諸聲聞所能得見，唯除趣向一切智境諸大菩薩。如人生已，則有二天，恒相隨逐，一曰：同生，二曰：同名；天常見人，人不見天。應知如來亦復如是，在諸菩薩大集會中現大神通，諸大聲聞悉不能見。譬如比丘得心自在，入滅盡定，六根作業皆悉不行，一切語言不知不覺；定力持故，不般涅槃。一切聲聞亦復如是，雖復住在逝多林中，具足六根，而不知不見不解不入如來自在、菩薩眾會諸所作事。何以故？如來境界甚深廣大，難見難知，難測難量，超諸世間，不可思議，無能壞者，非是一切二乘境界；是故，如來自在神力、菩薩眾會及逝多林普遍一切清淨世界，如是等事，諸大聲聞悉不知見，非其器故。

爾時，毘盧遮那願光明菩薩，承佛神力，觀察十方而說頌言：

汝等應觀察，佛道不思議，於此逝多林，示現神通力。
善逝威神力，所現無央數；一切諸世間，迷惑不能了。
法王深妙法，無量難思議，所現諸神通，舉世莫能測。
以了法無相，是故名為佛，而具相莊嚴，稱揚不可盡。
今於此林內，示現大神力，甚深無有邊，言辭莫能辯。
汝觀大威德，無量菩薩眾，十方諸國土，而來見世尊。
所願皆具足，所行無障礙；一切諸世間，無能測量者。
一切諸緣覺，及彼大聲聞，皆悉不能知，菩薩行境界。
菩薩大智慧，諸地悉究竟，高建勇猛幢，難摧難可動。
諸大名稱士，無量三昧力，所現諸神變，法界悉充滿。

爾時，不可壞精進王菩薩，承佛神力，觀察十方而說頌言：

汝觀諸佛子，智慧功德藏，究竟菩提行，安隱諸世間。
其心本明達，善入諸三昧，智慧無邊際，境界不可量。
今此逝多林，種種皆嚴飾，菩薩眾雲集，親近如來住。
汝觀無所著，無量大眾海，十方來詣此，坐寶蓮華座。
無來亦無住，無依無戲論，離垢心無礙，究竟於法界。
建立智慧幢，堅固不動搖，知無變化法，而現變化事。
十方無量剎，一切諸佛所，同時悉往詣，而亦不分身。
汝觀釋師子，自在神通力，能令菩薩眾，一切俱來集。
一切諸佛法，法界悉平等，言說故不同，此眾咸通達。
諸佛常安住，法界平等際，演說差別法，言辭無有盡。

爾時，普勝無上威德王菩薩，承佛神力，觀察十方而說頌言：

汝觀無上士，廣大智圓滿，善達時非時，為眾演說法；
摧伏眾外道，一切諸異論，普隨眾生心，為現神通力。
正覺非有量，亦復非無量；若量若無量，牟尼悉超越。

如日在虛空，照臨一切處；佛智亦如是，了達三世法。
譬如十五夜，月輪無減缺；如來亦復然，白法悉圓滿。
譬如空中日，運行無暫已；如來亦如是，神變恒相續。
譬如十方剎，於空無所礙，世燈現變化，於世亦復然。
譬如世間地，群生之所依；照世燈法輪，為依亦如是。
譬如猛疾風，所行無障礙；佛法亦如是，速遍於世間。
譬如大水輪，世界所依住；智慧輪亦爾，三世佛所依。

爾時，無礙勝藏王菩薩，承佛神力，觀察十方而說頌言：

譬如大寶山，饒益諸含識；佛山亦如是，普益於世間。
譬如大海水，澄淨無垢濁；見佛亦如是，能除諸渴愛。
譬如須彌山，出於大海中；世間燈亦爾，從於法海出。
如海具眾寶，求者皆滿足；無師智亦然，見者悉開悟。
如來甚深智，無量無有數；是故神通力，示現難思議。
譬如工幻師，示現種種事；佛智亦如是，現諸自在力。
譬如如意寶，能滿一切欲；最勝亦復然，滿諸清淨願。

譬如明淨寶，普照一切物；佛智亦如是，普照群生心。

譬如八面寶，等鑒於諸方；無礙燈亦然，普照於法界。

譬如水清珠，能清諸濁水；見佛亦如是，諸根悉清淨。

譬如帝青寶，能青一切色；見佛者亦然，悉發菩提行。

一一微塵內，佛現神通力，令無量無邊，菩薩皆清淨。

甚深微妙力，無邊不可知；菩薩之境界，世間莫能測。

如來所現身，清淨相莊嚴，普入於法界，成就諸菩薩。

難思佛國土，於中成正覺；一切諸菩薩，世主皆充滿。

釋迦無上尊，於法悉自在，示現神通力，無邊不可量。

菩薩種種行，無量無有盡；如來自在力，為之悉示現。

佛子善修學，甚深諸法界，成就無礙智，明了一切法。

善逝威神力，為眾轉法輪，神變普充滿，令世皆清淨。

如來智圓滿，境界亦清淨；譬如大龍王，普濟諸群生。

爾時，化現法界願月王菩薩，承佛神力，觀察十方而說頌言：

爾時，法慧光焰王菩薩，承佛神力，觀察十方而說頌言：

三世諸如來，聲聞大弟子，悉不能知佛，舉足下足事。
去來現在世，一切諸緣覺，亦不知如來，舉足下足事。
況復諸凡夫，結使所纏縛，無明覆心識，而能知導師！
正覺無礙智，超過語言道，其量不可測，孰有能知見！
譬如明月光，無能測邊際；佛神通亦爾，莫見其終盡。
一一諸方便，念念所變化，盡於無量劫，思惟不能了。
思惟一切智，不可思議法，一一方便門，邊際不可得。
若有於此法，而興廣大願；彼於此境界，知見不為難。
勇猛勤修習，難思大法海；其心無障礙，入此方便門。
心意已調伏，志願亦寬廣，當獲大菩提，最勝之境界。

爾時，破一切魔軍智幢王菩薩，承佛神力，觀察十方而說頌言：

智身非是身，無礙難思議；設有思議者，一切無能及。
從不思議業，起此清淨身，殊特妙莊嚴，不著於三界。
光明照一切，法界悉清淨，開佛菩提門，出生眾智慧。

譬如世間日，普放慧光明，遠離諸塵垢，滅除一切障，
普淨三有處，永絕生死流，成就菩薩道，出生無上覺。
示現無邊色，此色無依處；所現雖無量，一切不思議。
菩提一念頃，能覺一切法；云何欲測量，如來智邊際？
一念悉明達，一切三世法；故說佛智慧，無盡無能壞。
智者應如是，專思佛菩提；此思難思議，思之不可得。
菩提不可說，超過語言路；諸佛從此生，是法難思議。

爾時，願智光明幢王菩薩，承佛神力，觀察十方而說頌言：

若能善觀察，菩提無盡海，則得離癡念，決定受持法。
若得決定心，則能修妙行，禪寂自思慮，永斷諸疑惑。
其心不疲倦，亦復無懈怠，展轉增進修，究竟諸佛法。
信智已成就，念念令增長，常樂常觀察，無得無依法。
無量億千劫，所修功德行；一切悉迴向，諸佛所求道。
雖在於生死，而心無染著，安住諸佛法，常樂如來行。
世間之所有，蘊界等諸法；一切皆捨離，專求佛功德。

凡夫嬰妄惑，於世常流轉；菩薩心無礙，救之令解脫。

菩薩行難稱，舉世莫能思，遍除一切苦，普與群生樂。

已獲菩提智，復愍諸群生，光明照世間，度脫一切眾。

爾時，破一切障勇猛智王菩薩，承佛神力，觀察十方而說頌言：

無量億千劫，佛名難可聞；況復得親近，永斷諸疑惑！

如來世間燈，通達一切法，普生三世福，令眾悉清淨。

如來妙色身，一切所欽歎，億劫常瞻仰，其心無厭足。

若有諸佛子，觀佛妙色身，必捨諸有著，迴向菩提道。

如來妙色身，恒演廣大音，辯才無障礙，開佛菩提門；

曉悟諸眾生，無量不思議，令入智慧門，授以菩提記。

如來出世間，為世大福田，普導諸含識，令其集福行。

若有供養佛，永除惡道畏，消滅一切苦，成就智慧身。

若見兩足尊，能發廣大心；是人恒值佛，增長智慧力。

若見人中勝，決意向菩提；是人能自知，必當成正覺。

爾時，法界差別願智神通王菩薩，承佛神力，觀察十方而說頌言：

釋迦無上尊，具一切功德；見者心清淨，迴向大智慧。
如來大慈悲，出現於世間，普為諸群生，轉無上法輪。
如來無數劫，勤苦為眾生；云何諸世間，能報大師恩？
寧於無量劫，受諸惡道苦；終不捨如來，而求於出離。
寧代諸眾生，備受一切苦；終不捨於佛，而求得安樂。
寧在諸惡趣，恒得聞佛名；不願生善道，暫時不聞佛。
寧生諸地獄，一一無數劫；終不遠離佛，而求出惡趣。
何故願久住，一切諸惡道？以得見如來，增長智慧故。
若得見於佛，除滅一切苦；能入諸如來，大智之境界。
若得見於佛，捨離一切障；長養無盡福，成就菩提道。
如來能永斷，一切眾生疑，隨其心所樂，普皆令滿足。

註釋

❶「禮」，大正本原作「理」，今依前後文意改之。

譯者　洪啟嵩

地球禪者洪啓嵩老師，爲國際知名禪師。年幼深感生死無常，十歲起遍訪各派禪法，尋求不死之道。少年時讀《六祖壇經》，豁然開朗，深有悟入，二十歲開始教授禪定，海內外從學者無數。

其一生修持、講學、著述不綴，足跡遍佈全球。除應邀於台灣政府機關及大學、企業講學，並應邀至美國哈佛大學、麻省理工學院、俄亥俄大學，中國北京、人民、清華大學，上海師範大學、復旦大學等世界知名學府演講。並於印度菩提伽耶、美國佛教會、中國六祖南華寺等地主持禪七。

其畢生致力以禪推展人類普遍之覺性運動，開啓覺性地球，二〇〇九年以中華禪貢獻，獲舊金山市政府頒發榮譽狀表揚，二〇一〇年以菩薩經濟學獲不丹政府表揚。

歷年來在大小乘禪法、顯密教禪法、南傳北傳禪法、教下與宗門禪法、漢藏佛學禪法等均有深入與系統講授。著有《禪觀秘要》、《大悲如幻三昧》等〈高階禪觀系列〉及《現觀中脈實相成就》、《智慧成就拙火瑜伽》等〈密乘寶海系列〉，及〈如何修持佛經系列〉等，著述近二百部。

白話佛經6

《白話華嚴經》第六冊（唐譯　實叉難陀）

譯　者　洪啟嵩
執行主編　許文箽
視覺設計　王桂沺
出　版　全佛文化事業有限公司
永久信箱：台北郵政 26-341 號信箱
訂購專線：(02) 2913-2199
傳真專線：(02) 2913-3693
發行專線：(02) 2219-0898
郵政劃撥：19203747
戶　名：全佛文化事業有限公司
E-mail：buddhall@ms7.hinet.net
http://www.buddhall.com

門　市　心茶堂
新北市新店區民權路95號4樓之1（江陵金融大樓）
門市專線：(02) 2219-8189

行銷代理　紅螞蟻圖書有限公司
台北市內湖區舊宗路二段121巷28之32號4樓（富頂科技大樓）
電話：(02) 2795-3656
傳真：(02) 2795-4100

製版印刷　日動藝術印刷有限公司

二○一二年十月　初版
定價新台幣　六八○元
ISBN　978-986-6936-69-2（第六冊：精裝）

Published by BuddhAll Cultural Enterprise Co., Ltd.

國家圖書館出版品預行編目資料

白話華嚴經／洪啟嵩譯．
-- 初版 .--　新北市：全佛文化，2012.10
冊；公分（白話佛經；6）
ISBN：978-986-6936-69-2（第六冊：精裝）
1. 華嚴部
221.22　　101008671

9 789866 936692
00680
ISBN-13: 978-986693669-2
NT 680元